高等法律职业教育系列教材
审定委员会

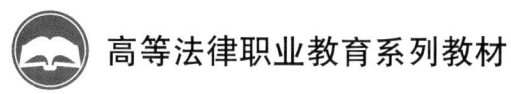

高等法律职业教育系列教材

罪犯心理测量与矫正技术专业实训教程

ZUIFAN XINLI CELIANG YU JIAOZHENG
JISHU ZHUANYE SHIXUN JIAOCHENG

主　编○钟伟芳　陈润龙

副主编○马　洁　朱训明

撰稿人○（按姓氏笔画顺序）

　　　马　洁　朱训明　李小英　李伟兰

　　　陈润龙　钟伟芳

中国政法大学出版社

2020 · 北京

图书在版编目（CIP）数据

罪犯心理测量与矫正技术专业实训教程/钟伟芳，陈润龙主编.—北京：中国政法大学出版社，2020.8
ISBN 978-7-5620-9572-9

Ⅰ.①罪…　Ⅱ.①钟…　②陈…　Ⅲ.①犯罪心理学－教材　Ⅳ.①D917.2

中国版本图书馆CIP数据核字(2020)第140014号

出 版 者　中国政法大学出版社

地　　址　北京市海淀区西土城路 25 号

邮　　箱　fadapress@163.com

网　　址　http://www.cuplpress.com (网络实名：中国政法大学出版社)

电　　话　010-58908435(第一编辑部) 58908334(邮购部)

承　　印　固安华明印业有限公司

开　　本　787mm×1092mm　1/16

印　　张　24.5

字　　数　508 千字

版　　次　2020 年 8 月第 1 版

印　　次　2020 年 8 月第 1 次印刷

印　　数　1~3000 册

定　　价　59.00 元

　　高等法律职业化教育已成为社会的广泛共识。2008 年，由中央政法委等 15 部委联合启动的全国政法干警招录体制改革试点工作，更成为中国法律职业化教育发展的里程碑。这也必将带来高等法律职业教育人才培养机制的深层次变革。顺应时代法治发展需要，培养高素质、技能型的法律职业人才，是高等法律职业教育亟待破解的重大实践课题。

　　目前，受高等职业教育大趋势的牵引、拉动，我国高等法律职业教育开始了教育观念和人才培养模式的重塑。改革传统的理论灌输型学科教学模式，吸收、内化"校企合作、工学结合"的高等职业教育办学理念，从办学"基因"——专业建设、课程设置上"颠覆"教学模式："校警合作"办专业，以"工作过程导向"为基点，设计开发课程，探索出了富有成效的法律职业化教学之路。为积累教学经验、深化教学改革、凝塑教育成果，我们着手推出"基于工作过程导向系统化"的法律职业系列教材。

　　《国家中长期教育改革和发展规划纲要（2010～2020 年）》明确指出，高等教育要注重知行统一，坚持教育教学与生产劳动、社会实践相结合。该系列教材的一个重要出发点就是尝试为高等法律职业教育在"知"与"行"之间搭建平台，努力对法律教育如何职业化这一教育课题进行研究、破解。在编排形式上，打破了传统篇、章、节的体例，以司法行政工作的法律应用过程为学习单元设计体例，以职业岗位的真实任务为基础，突出职业核心技能的培养；在内容设计上，改变传统历史、原则、概念的理论型解读，采取"教、学、练、训"一体化的编写模式。以案例等导出问题，根据内容设计相应的情境训练，将相关原理与实操训练有机地结合，围绕关键知识点引入相关实例，归纳总结理论，分析判断解决问题的途径，充分展现法律职业活动的演进过程和应用法律的流程。

法律的生命不在于逻辑，而在于实践。法律职业化教育之舟只有驶入法律实践的海洋当中，才能激发出勃勃生机。在以高等职业教育实践性教学改革为平台进行法律职业化教育改革的路径探索过程中，有一个不容忽视的现实问题：高等职业教育人才培养模式主要适用于机械工程制造等以"物"作为工作对象的职业领域，而法律职业教育主要针对的是司法机关、行政机关等以"人"作为工作对象的职业领域，这就要求在法律职业教育中对高等职业教育人才培养模式进行"辩证"地吸纳与深化，而不是简单、盲目地照搬照抄。我们所培养的人才不应是"无生命"的执法机器，而是有法律智慧、正义良知、训练有素的有生命的法律职业人员。但愿这套系列教材能为我国高等法律职业化教育改革作出有益的探索，为法律职业人才的培养提供宝贵的经验、借鉴。

2016 年 6 月

前　言
Foreword

　　高等职业学校罪犯心理测量与矫正技术专业人才培养的重要目标是培养掌握罪犯心理测量与矫正相关专业知识和技术技能，能够从事罪犯心理测量与矫正工作的高素质技术技能型警务人才。实践教学，是高等职业学校专业教学的重要甚至最重要的教学环节。作为高职学校罪犯心理测量与矫正技术专业的教师，编者也深知实践教学对于培养学生罪犯心理测量与矫正技术技能的重要意义，然而，编者在教学过程中时常为找不到一本合适的实训教程来指导专业实践教学而烦恼，据了解，不少国内同行也有同样的烦恼。为此，编者有了编写《罪犯心理测量与矫正技术专业实训教程》的构想，一方面，希望为编者及全国罪犯心理测量与矫正技术专业教师开展专业实践教学提供可参考的教材；另一方面，抛砖引玉，引起其他优秀专业工作者的重视，编出更多、更好的专业实训教材。

　　本教程的编写按以下的思路：

　　第一，教程内容模块的选取和实训项目的设计以教育部颁布的《高等职业学院罪犯心理测量与矫正技术专业教学标准》为指导。本教程选取的几个模块与罪犯心理测量与矫正岗位工作任务基本对应，设计的实训项目服务于培养具备完成不同工作任务所需的各种基础及拓展性技能的学生。

　　第二，本教程可用于罪犯心理测量与矫正技术专业各门课程的实训教学，也可用于专业综合技能实训。本教程的模块一至模块四主要用于罪犯心理测量、异常心理诊断、罪犯心理教育与辅导、罪犯心理咨询、罪犯心理矫正等主干课程的实训教学，模块五主要用于专业综合实训、实习。

　　第三，各内容模块的实训单元以及各实训单元的项目整体上按照从基础性实训至拓展性实训的顺序编排。尤其是各实训单元的项目，一般前面的项目为基础性实训项目，即训练学生专业教学标准要求的必备技术技能的实训项目，后面的项目为拓展性项目，即拓展学生专业技术技能的实训项目。教师可按照学校具体的教学标准和学生的情况合理选用实训项目。

本教程的体系是在主编提供的框架的基础上集体讨论而定的。编写的分工如下：模块一由陈润龙编写；模块二由李小英编写；模块三由马洁编写；模块四由朱训明、李小英、李伟兰编写；模块五由钟伟芳编写。

本书初稿由钟伟芳、陈润龙、马洁、朱训明分工审阅并提出修改意见，最后由钟伟芳统校定稿。

由于编者的水平有限，本教程难免有考虑不周和错漏之处，敬请读者批评指正。您的意见与建议请发送至我们的电子邮箱：120984129@qq.com。期待您的宝贵意见与建议！

编　者

2020 年 8 月

模块一 罪犯心理测量与评估技能实训

模块二 罪犯心理问题与异常心理诊断实训

模块三　罪犯心理健康教育与辅导技能实训

模块四　罪犯心理咨询与治疗技能实训

模块五　罪犯心理矫正综合技能实训

模块一　罪犯心理测量与评估技能实训

单 元 一

人格测评

项目1 《16项人格因素问卷》（16PF）的使用

实训目的和要求

学生通过模拟实训，掌握《16项人格因素问卷》（16PF）的操作方法，并能初步运用《16项人格因素问卷》（16PF）对罪犯进行心理评估。

实训内容

1. 《16项人格因素问卷》（16PF）测试操作。

2. 合理使用"指导语"。

3. 《16项人格因素问卷》（16PF）记分表达使用。

4. 根据测验结果进行心理分析。

实训准备

多媒体教室或心理测评实训室、《16项人格因素问卷》（16PF）（纸质版或软件版）、纸、笔、实训教材等。

实施方式

基础性实训：

1. 学生3~5人为一组，每组学生运用《16项人格因素问卷》（16PF）相互进行测试。

2. 每组学生组内相互进行记分、评估，了解受测者的人格特点。

3. 每组学生对测验情况进行讨论。

4. 每组学生代表对讨论结果进行陈述。

5. 老师进行总结陈述。

拓展性实训：

1. 学生3~5人为一组，每组学生运用《16项人格因素问卷》（16PF）对某一类人群进行测试（罪犯、民警或警校大学生等，建议样本量不少于100），并收集人群的性别、年龄等人口学信息。

2. 每组学生计算每个及所有测试对象在16PF的得分，通过与常模比较等分析测试对象的整体人格特点，并在SPSS（"统计产品与服务解决方案"软件）上实现。

3. 按人口学信息等将测试对象进行分组（如男性和女性），计算他们在16PF的得分，比较不同组别测试对象的人格特点，并在SPSS统计软件上实现。

4. 每组学生代表对测试及分析结果进行展示与陈述，其他组对其采用的测试和统计方法、分析结果等进行讨论。

5. 老师对每组的展示与陈述，以及其他学生的讨论进行点评。

6. 各组展示与陈述完毕后，老师作总结陈述。

注意事项

1. 老师需在讨论之前约一周布置实训任务，预留足够时间给学生开展测试及数据分析。

2. 老师需提供《16项人格因素问卷》（16PF）的测试题本及使用手册。

3. 学生代表展示与陈述时，需要注意保护受测人员的隐私。

实训作业

基础性实训：完成《16项人格因素问卷》（16PF）使用实训报告。

拓展性实训：完成《××（人群）人格特征分析报告》。

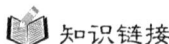 **知识链接**

16项人格因素问卷（16PF）

16项人格（个性）因素问卷（简称16PF）是美国伊利诺州立大学人格及能力测验研究所（Institute of Personality and Ability Testing）卡特尔教授（Raymond B. Cattell）经过几十年的系统观察、科学实验，以及用因素分析统计法慎重确定和编制而成的一种精确可靠的测验。这一测验能以约45分钟的时间测量出16种主要的人格特征。凡具有相当于初三以上文化程度的青、壮年和老年人都可以适用。卡特尔16项人格量表在国际上颇有影响，目前已译成法、意、德、日、中等多国文字，且被许多国家修订。采用此测验者一致认可该量表是具有效度和信度的测量工具。

16PF中文版本有187个项目，每10~13个项目组成一个分量表测量一个人格因素（根源特质），这16项人格因素或分量表的名称和符号是：乐群性（A）、聪慧性（B）、稳定性（C）、特强性（E）、兴奋性（F）、有恒性（G）、敢为性（H）、敏感性（I）、怀疑性（L）、幻想性（M）、世故性（N）、忧虑性（O）、实验性（Q1）、独立性（Q2）、自律性（Q3）、紧张性（Q4）。经许多心理学家研究证实，这些因素普遍地存在于年龄及文化背景不同的人群之中。这些因素的不同组合，就构成了一个人不同于他人的独特人格。

一、计分方式

首先仔细查看整个问卷，看回答是否圈画清楚。对连续回答同一选项的题目做好记号。如被试不能回答的题目太多，应该查明原因，或作补充。除聪慧性（B）量表的测题外，其他各分量表的测题无对错之分，每一测题各有a、b、c三个答案，可按0、1、2三等记分（B量表的测题有正确答案，采用二级记分，答对给1分，答错给0分）。使用计分模板得出各因素的原始分，再将原始分按常模表换算成标准分。计算公式如下：

Z＝（X-x̄）/s（Z是标准分，X是被试原始得分，x̄是常模平均分，s是常模标准差）。

16PF采用标准10计分，范围是1~10，平均分为5.5，标准差为2。

二、16个因素的解释

16PF的16个因素各自独立，每个因素和其他因素的相关性很低。每一种因素的测量可以了解被试一个方面的人格特征，整个问卷则可以全面地评估被试的人格特点。对于16个因素的解释是根据标准分的高低来判断的。标准分3分以下（含3分）为低分，标准分8分以上（含8分）为高分，4~7分为中间状态。

16个因素高低分特征：

因素A乐群性：高分者外向、热情、乐群；低分者缄默、孤独、内向。

因素B聪慧性：高分者聪明、富有才识；低分者迟钝、学识浅薄。

因素C稳定性：高分者情绪稳定而成熟；低分者情绪易激动、不稳定。

因素E恃强性：高分者好强固执、支配性、攻击性强；低分者谦虚顺从。

因素F兴奋性：高分者轻松兴奋、逍遥放纵；低分者严肃审慎、沉默寡言。

因素G有恒性：高分者有恒负责、重良心；低分者权宜敷衍、原则性差。

因素H敢为性：高分者冒险敢为、少有顾忌、主动性强；低分者害羞、畏缩、退却。

因素I敏感性：高分者细心、敏感、好感情用事；低分者粗心、理智、着重实际。

因素L怀疑性：高分者怀疑、刚愎、固执己见；低分者真诚、合作、宽容、信赖随和。

因素M幻想性：高分者富于想象、狂放不羁；低分者现实、脚踏实地、合乎成规。

因素N世故性：高分者精明、圆滑、世故、人情练达、善于处世；低分者坦诚、直率、天真。

因素O忧虑性：高分者忧虑抑郁、沮丧悲观、自责、缺乏自信；低分者安详沉着、有自信。

因素Q1实验性：高分者自由开放、激进；低分者保守、循规蹈矩、尊重传统。

因素Q2独立性：高分者自主、当机立断；低分者依赖、随群附众。

因素 Q3 自律性：高分者知己知彼、自律谨严；低分者不能自制、不守纪律、自我矛盾、松懈、随心所欲。

因素 Q4 紧张性：高分者紧张、有挫折感、常缺乏耐心、心神不定、时常感到疲乏；低分者心平气和、镇静自若、知足常乐。

三、次级人格因素解释

在 16 个人格因素的基础上，卡特尔进行了二阶因素分析，得到了 4 个二阶公共因素，并计算出从一阶因素求二阶因素的多重回归方程。这 4 个二阶公共因素即综合相应一阶因素信息的次元人格因素，次级人格因素的解释是根据计算的原始分。其计算公式和解释为：

X1：适应与焦虑

$$X1 = （38+2L+3O+4Q4-2C-2H-2Q3）/10$$

公式中字母分别代表相应量表的标准分（以下同）。由公式求得的最后分数即代表"适应与焦虑性"之强弱。低分者生活适应顺利，通常感觉心满意足，但极端低分者可能缺乏毅力，事事知难而退，不肯艰苦奋斗与努力。高分者不一定有神经症，但通常易于激动、焦虑，对自己的境遇常常感到不满意；高度的焦虑不但降低工作的效率，而且也会影响身体的健康。

X2：内向与外向

$$X2 = （2A+3E+4F+5H-2Q2-11）/10$$

运算结果即代表内外向性。低分者内向，通常羞怯而审慎，与人相处多拘谨不自然；高分者外倾，通常善于交际，开朗，不拘小节。

X3：感情用事与安详机警性

$$X3 = （77+2C+2E+2F+2N-4A-6I-2M）/10$$

所得分数即代表安详机警性。低分者感情丰富，情绪多困扰不安，通常感觉挫折气馁，遇问题需经反复考虑才能决定，平时较为含蓄敏感，讲究生活艺术。高分者安详警觉、果断刚毅、有进取精神，但常常过分现实，忽视了许多生活的情趣，遇到困难有时会不经考虑、不计后果、贸然行事。

X4：怯懦与果断

$$X4 = （4E+3M+4Q1+4Q2-3A-2G）/10$$

低分者常人云亦云，优柔寡断，受人驱使而不能独立，依赖性强，因而事事迁就，以获取别人的欢心。高分者独立、果敢，锋芒毕露，有气魄，常常自动寻找可以施展所长的环境或机会。

四、综合人格因素分析（应用性人格因素分析）

综合人格因素分析是以统计标准和社会适应性标准这双重标准为根据的。尽管从理论上讲，经过因素分析处理后 16 个因素中各因素间是相互独立的，但由于在社会适应的现实情境中某种行为表现往往是多种人格因素共同作用的结果，因此，要分析人在某一实践领域的实际表现，就必须将多种人格因素的得分结合起来进行综合分析。于是卡特尔通过对实验资料的统计，并搜集了 7500 名从事 80 多种职业及 5000 多名有各种生活问题的人的人格因素测验答案，详细分析各种职业部门和各种生活问题者的人格因素的特征和类型，提出了综合多种人格因素得分进行分析的"预测应用公式"。在这些公式中，卡特尔根据各因素在实际的社会情境中的某种行为表现中所起的作用大小，对不同因素进行了加权处理，因而在综合分析中所依据的标准是在统计标准上加上了社会适应性标准。按照这样的双重综合标准对受测者作出评价，就不仅要考虑每个因素的得分，还要考虑各因素的作用方向和权重以及它们之间的协调情况。比较常用的公式及其解释有以下几种：

Y1：心理健康

$Y1 = C+F+ (11-O) + (11-Q4)$

公式中字母为各量表的标准分（以下同）。公式运算结果代表了人格层次的心理健康水平。通常在 0~40 分之间，平均值为 22 分，一般不及 12 分者情绪很不稳定，仅占人数分布的 10%。

Y2：专业成就因素

$Y2 = 2Q3+2G+2C+E+N+Q2+Q1$

通常总和分数介于 10~100 分之间，平均为 55 分，60 分约等于标准分 7，63 分以上约等于标准分 8、9、10，总和 67 分以上者一般应有所成就。

Y3：创造能力因素

$Y3 = 2 (11-A) +2B+E+2 (11-F) +H+2I+M+ (11-N) +Q1+2Q2$

由此，公式得到的总分可通过下表换算成相应的标准分，标准分越高，其创造力越强。

因素总分 15~62、63~67、68~72、73~77、78~82、83~87、88~92、93~97、98~102、103~150 相当于标准分 1、2、3、4、5、6、7、8、9、10。

Y4：环境适应因素

$Y4 – B+G+Q3+ (11-F)$

在新环境中有成长能力的人格因素总分介于 4~40 分之间，平均值为 22 分。17 分以下者（约占 10%）不太适应新环境，27 分以上者有成功的希望。

项目 2　《明尼苏达多相个性测查表》（MMPI）的使用

👉 **实训目的和要求**

学生通过模拟实训，掌握《明尼苏达多相个性测查表》（MMPI）操作方法，并能初步运用《明尼苏达多相个性测查表》（MMPI）对罪犯进行心理评估。

实训内容

1. 《明尼苏达多相个性测查表》（MMPI）测试操作。

2. 合理使用"指导语"。

3. 《明尼苏达多相个性测查表》（MMPI）记分表达使用。

4. 根据测验结果进行心理分析。

实训准备

多媒体教室或心理测评实训室、《明尼苏达多相个性测查表》（MMPI）（纸质版或软件版）、纸、笔、实训教材等。

实施方式

基础性实训：

1. 学生 3~5 人为一组，每组学生运用《明尼苏达多相个性测查表》（MMPI）相互进行测试。

2. 每组学生组内相互进行记分、评估，了解受测者的人格特点。

3. 每组学生对测验情况进行讨论。

4. 每组学生代表对讨论结果进行陈述。

5. 老师进行总结陈述。

拓展性实训：

1. 学生 3~5 人为一组，每组学生运用《明尼苏达多相个性测查表》（MMPI）对某一类人群进行测试（罪犯、民警或警校大学生等，建议样本量不少于 100），并收集人群的性别、年龄等人口学信息。

2. 每组学生计算每个及所有测试对象在 MMPI 的得分，通过与常模比较等分析测试对象的整体人格特点，并在 SPSS 统计软件上实现。

3. 按人口学信息等将测试对象进行分组（如男性和女性），计算他们在 MMPI 的得分，比较不同组别测试对象的人格特点，并在 SPSS 统计软件上实现。

4. 每组学生代表对测试及分析结果进行展示与陈述，其他组对其采用的测试和统计方法、分析结果等进行讨论。

5. 老师对每组的展示与陈述，以及其他学生的讨论进行点评。

6. 各组展示与陈述完毕后，老师作总结陈述。

注意事项

1. 老师需在讨论之前约一周布置实训任务，预留足够时间给学生开展测试及数据分析。

2. 老师需提供《明尼苏达多相个性测查表》（MMPI）的测试题本及使用手册。

3. 学生代表展示与陈述时，需要注意保护受测人员的隐私。

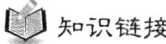实训作业

基础性实训：完成《明尼苏达多相个性测查表》（MMPI）使用实训报告。

拓展性实训：完成《××（人群）人格特征分析报告》。

知识链接

明尼苏达多相人格（个性）测查表（MMPI）

明尼苏达多相人格（个性）测查表（简称 MMPI）自 20 世纪 40 年代由美国明尼苏达大学教授哈撒韦（S. R. Hathaway）、主麦金利（J. C. McKinley）制定后，多年来，一直被广泛使用。有关 MMPI 的论文及书籍已出版的达 8000 多篇（本），翻译成各种版本的问卷有 100 余种。应用范围也扩展到各个领域，如人类学、心理学、医学、社会学等研究工作中。

本测查表对每个受试者的个性特点提供的客观评价，是临床医师与心理学工作者所关注的。在选择测查表的每个问题时哈撒韦与主麦金利进行了深入细致的工作。首先从大量病史、早期出版的个性量表及医生笔记中选出了 550 个题目。然后对正常与异常受试者进行测试。通过重复测验、交叉测验，以验证每个量表的信度与效度。在临床实践中反复验证、修订，最后确定下 13 个量表（其中包括 10 个临床量表、3 个效度量表）：

临床量表：

1. Hs（hypochondriacs）疑病

2. D（depression）抑郁

3. Hy（hysteria）癔病

4. Pd（psychopathic deviate）精神病态

5. MF（masculinity-femininity）男子气、女子气

6. Pa（paranoia）妄想狂

7. Pt（psychasthenia）精神衰弱

8. Sc（schizophrenia）精神分裂症

9. Ma（hypomania）轻躁狂

10. Si（social introversion）社会内向

效度量表：

1. L（lie）说谎分数。分数高表示答案不真实。

2. F（infrequency or Fake bad）诈病分数。分数高表示诈病或确系严重偏执。

3. K（defensiveness）校正分数。分数高表示一种自卫反应。

每个量表题数不等，L 共 15 题，F 共 64 题，K 共 30 题，Hs 共 33 题，D 共 60 题，Hy 共 60 题，Pd 共 50 题，MF 共 60 题，Pa 共 40 题，Pt 共 48 题，Sc 共 78 题，Ma 共

46 题，Si 共 70 题。

另外，在效度量表中可加 Q 量表，即"无法回答"的题目数，数目超过一定的标准，则认为此答卷不可靠。以上这些临床量表虽然不能对各种精神病进行确切的分类，也不能在发病机制上提出科学的依据，但在临床诊断、治疗及预防复发方面有着重要的意义。

MMPI 题目手册中共包括 556 个自我报告形式的题目，实际上为 550 题，其中 16 个为重复题。16 个重复项目的题号是：8/318，13/290，15/314，16/315，20/310，21/308，22/326，23/288，24/333，32/328，33/323，35/331，37/302，38/311，305/366，317/362。如果受试者对同一问题，两次应答的差距较大，则应该考虑到该受试者是否在认真回答问题。MMPI 的题目内容范围很广，包括身体各方面的情况（如神经系统、心血管系统、消化系统、生殖系统等）、精神状态以及对家庭、婚姻、宗教、政治、法律、社会等的态度。要求受试者根据自己的情况将所有题目分为两类范畴："是"及"否"。如果受试者无法回答，则可让他不答，但应尽量鼓励受试者尝试作答。这些题目有的分别印在卡片上，有的印在小册子上。使用时可分个人式及分组式两种。所需时间最多的是 90 分钟，经常是 45 分钟，如果文化水平低可能超过 2 个小时，精神病来访者更长。如果只为了精神病临床诊断使用，可做前 399 题。

1. 受试者条件：年满 16 岁，具有小学毕业以上文化水平，没有可能影响测验结果的生理缺陷者均可参加此测验。也有一些研究者认为，如果受试者合作并能阅读测查表上的每个问题，13～16 岁的少年也可以完成此测验。但是，少年受试者往往由于年轻，生活经历少，对问题的内容不易理解，会影响测验结果。因此成年人和少年的测验结果是不能相比的。

另外，受试者的临床表现也是重要因素之一。填答此测查表是个需要较长时间而又枯燥的任务，如果一个人焦虑或情绪不稳定，经常表现出对完成这个任务的不耐烦，这时，可将测验分成几次完成。如果一个人较慌乱，不能理解指导语并按照指导语去做，可以用录音带或由一个固定的人将题目读给受试者听，由受试者或主试者记录下反应，这样可能得到满意的结果。

虽然进行此项测验不像某些智力测验需要提前严格训练，但是，不要忘记个性的测定是一个严肃的工作。测验开始时，只有一个简单指导语，然后由受试者自己对题目进行回答。在这种情况下，有些受试者很想从主试者那里得到一些暗示，因此，主试者一定要注意自己的态度和所说的每句话，切勿因自己的疏忽而影响测验结果。

如果是没有经过特殊训练的心理测验工作者施测，他们（医生、护士或其他工作人员）在熟习测查表全部材料的情况下，也可进行此项工作。这个工作可以作为接受病人入院时的常规手续。例如，向病人说明："你要认真地回答这些问题，医生需要了解你的情况，以便更好地进行治疗。"进行测试之前，一定要让受试者知道这个测验的重要性以及对他的好处，以便得到他的合作。如果有的受试者仍然轻率从事或不愿暴露自己，主试者就要凭自己的经验尽可能弄清情况，做好工作，争取受试者的合作，并详细记录测验时受试者的表现。

另外，应该向受试者讲清楚，如果他遇到什么问题不能回答，可以空着，但要尽可能回答，不要让空着的问题太多。还要告诉受试者不要对每个问题做过多的考虑，个性各有不同，对每个问题的回答无所谓正确与不正确、好与不好。如果受试者问到，有些想法以前有过，而现在已没有了，该如何回答，可告诉他以目前情况为准。

2. 计分方法有两种。一种是计算机计分。将答卷放入机器内，自动计算出结果。这种计分方法需要有特制的带磁性铅笔及固定型号的答卷纸。另一种方法是人工计分，这种计分方法需借助 14 张模板，每个量表一张，MF 为两张，男女各一张。每张模板上均有一定数量的和题号相应的计分圆洞。

具体步骤如下：

第一步：将答卷纸按受试者性别分开。

第二步：将答卷纸上同一题画有两种答案的题号用颜色笔画去，算做没回答，与"无法回答"的题数相加，作为 Q 原始分数。如果超过 30 分则答卷无效。如重复题前后不一致超过 6 个，则应考虑此答卷的可靠性。

第三步：将每个量表的模板依次覆盖在答卷纸上并对准。数好模板上有多少圆洞，在里画上了记号，这个数目就是此量表的原始分数，然后登记在答卷纸上此量表的原始分数栏内。

第四步：在 Hs、Pd、Pt、Sc、Ma 的原始分数上分别加上一定比例的 K 分，如 Hs+0.5K，Pd+0.4K，Pt+1.0K，Sc+1.0K，Ma+0.2K。例如某个受试者，K 量表原始分数为 10 分，则在其 Hs 原始分数上加 5 分，Pd 加 4 分，Pt 加 10 分，Sc 加 10 分，Ma 加 2 分。

第五步：将各量表的原始分数登记在剖析图纸（profile）的原始分数栏内，并在图中找出该受试者在每一量表所得的原始分数点，各点相连即成为剖析图。Hs、Pd、Pt、Sc、Ma 则登记加 K 后的分数。但要注意将剖析图按性别分为男女两种。

第六步：由于每个量表的题目数量不等，得分的基数也不一样，各量表的原始分数无法比较，因此需要换算成 T 分数，换算公式为：

$$T = 50 + \frac{10 + (X_1 - M)}{SD}$$

X_1 为某一量表所得的原始分数，M 与 SD 为常模团体在该量表上所得的原始分数的平均数及标准差。在测验说明书中附有换算表，可通过查表将原始分数直接转换成 T 分数。MMPI 各量表 T 分超过 70（高于平均数两个标准差）即属异常，但相同分数在不同量表上可能具有不同的意义。一般在制定常模后，T 分即换算出来，在 MMPI 的剖析图右侧的分数，即为 T 分数。T 分的平均数为 50 分，标准差为 10。T 分 60 的原始分数为加一个标准差的平均数，T 分 70 的原始分数为加两个标准差的平均数。

随着计算机的发展，现在国内外很多心理测验已用计算机代替了纸笔测验。只要将 MMPI 的项目、操作方法、打分标准编成程序，输入计算机。受试者面对荧光屏，注视着呈现的每一条题目，然后在按键上做出"是"或"否"的回答。当整个测验进行完毕，打印机即可将该受试者的测验结果全部打印出来。

项目3 《艾森克人格问卷》（EPQ）的使用

实训目的和要求

学生通过模拟实训，掌握《艾森克人格问卷》（EPQ）操作方法，并能初步运用《艾森克人格问卷》（EPQ）对罪犯进行心理评估。

实训内容

1. 《艾森克人格问卷》（EPQ）测试操作。

2. 合理使用"指导语"。

3. 《艾森克人格问卷》（EPQ）记分表达使用。

4. 根据测验结果进行心理分析。

实训准备

多媒体教室或心理测评实训室、《艾森克人格问卷》（EPQ）（纸质版或软件版）、纸、笔、实训教材等。

实施方式

基础性实训：

1. 学生 3~5 人为一组，每组学生运用《艾森克人格问卷》（EPQ）相互进行测试。

2. 每组学生组内相互进行记分、评估，了解受测者的人格特点。

3. 每组学生对测验情况进行讨论。

4. 每组学生代表对讨论结果进行陈述。

5. 老师进行总结陈述。

拓展性实训：

1. 学生 3~5 人为一组，每组学生运用《艾森克人格问卷》（EPQ）对某一类人群进行测试（罪犯、民警或警校大学生等，建议样本量不少于100），并收集人群的性别、年龄等人口学信息。

2. 每组学生计算每个及所有测试对象在 EPQ 的得分，通过与常模比较等分析测试对象的整体人格特点，并在 SPSS 统计软件上实现。

3. 按人口学信息等将测试对象进行分组（如男性和女性），计算他们在 EPQ 的得分，比较不同组别测试对象的人格特点，并在 SPSS 统计软件上实现。

4. 每组学生代表对测试及分析结果进行展示与陈述，其他组对其采用的测试和统计方法、分析结果等进行讨论。

5. 老师对每组的展示与陈述，以及其他学生的讨论进行点评。

6. 各组展示与陈述完毕后，老师作总结陈述。

注意事项

1. 老师需在讨论之前约一周布置实训任务，预留足够时间给学生开展测试及数据分析。

2. 老师需提供《艾森克人格问卷》（EPQ）的测试题本及使用手册。

3. 学生代表展示与陈述时，需要注意保护受测人员的隐私。

实训作业

基础性实训：完成《艾森克人格问卷》（EPQ）使用实训报告。

拓展性实训：完成《××（人群）人格特征分析报告》。

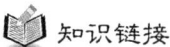 **知识链接**

艾森克人格问卷（EPQ）

艾森克人格问卷（Eysenck Personality Questionnaire，EPQ）是英国伦敦大学艾森克领导编制的有关人格研究的测验。我国陈仲庚和龚耀先分别主持和修订了这一量表。本手册是龚耀先修订的 88 题版本。

EPQ 是从艾森克以往几个个性调查量表发展来的。首先是 Maudsley 医学问卷（Eysenck，1952），有 40 个项目，主要调查神经质（N 量表，即 Neuroticism 之略）；其后是个性调查表（Maudsley Personality Inventory，简称 MPI，1959），由 E 量表（外向 Extroversion 和内向 Introversion）和 N 量表所组成；1964 年在上述 N 和 E 量表外再加上 L 量表（Lie，掩饰，虚假）成为艾森克个性调查目录（EPI）；1975 年再加入 P 量表（Psychotics 之略写，精神质）成为现在的艾森克个性问卷（EPQ）。EPQ 由 P、E、N 和 L 四个量表组成，主要调查内外向（E）、神经质或情绪的稳定性（N）和精神质（P）三个个性维度（Dimension）。他认为个性可分析出三个维度，这就是艾森克的多维个性论。

内外向个性维度首先是 C. G. Jung 提出的，他是从精神动力学出发，按力必多（Libido）的表现方式来划分的。艾森克采用此名称，实际上是以实验室和临床依据为基础来分类。他认为 E 维因素与中枢神经系统的兴奋、抑制的强度密切相关，N 维因素与植物神经的不稳定性密切相关。艾森克认为遗传不仅对 E 和 N 因素有强烈影响，而且也与 P 维因素有关。

他认为正常人也具有神经质和精神质，高级神经的活动如果在不利因素影响下向病理方面发展，神经质可以发展成为神经症，精神质可以发展成为精神病。因此，神经质和精神质并不是病理性的，不过有些精神病和罪犯是在前者的基础上发展来的。

P量表发展较晚，其中的项目是根据正常人和病人具有的特质经过筛选而得出的，不及 E 和 N 量表成熟。L 量表是测验受试者的"掩饰"倾向，即不真实的回答。同时也有测量受试者的纯朴性的作用。它没有划分有无掩饰的确切标准，要看所测样本的一般水平以及受试者的年龄。一般来说成人的 L 分因年龄而升高，儿童的 L 分则因年龄而减低。

在 E 维中，极端内向与极端外向之间有各种程度的移行状态。实际生活中，多数人属于两极端之间，或者倾向于内向或外向。外向或内向的人，又可有情绪稳定或不稳定。N 维也如 E 维一样，是从情绪极端稳定到极不稳定两极。如果以 E 维为 X 轴，N 为 Y 轴，交叉成十字，在外画一圆，在圆周上的各移行点，成为具有各种不同程度的 E 和 N 特点的人。同理，具有各种不同程度 E 和 N 特点的人，还具有不同程度的 P 特点。

该测验用 E、N、P、L 四个量表分别计分。其中 E、N、P 分别代表了艾森克人格理论中关于人格结构的三个维度。L 是效度量表，但也代表一种稳定的人格功能。

EPQ 计分表													
P（心理变态倾向/精神质）		2	6	9	11	18	22	26	30	34	38	42	46	共23题
	A	0	0	0	0	0	1	1	1	1	0	0	1	11题反向
	B	1	1	1	1	1	0	0	0	0	0	1	0	
		50	56	62	66	68	72	75	76	81	85	88		
	A	1	0	0	1	1	0	1	1	1	1	0		
	B	0	1	1	0	0	1	0	0	0	0	1		
E（内外倾性）		1	5	10	13	14	17	21	25	29	33	37	41	共21题
	A	1	1	1	1	1	1	0	1	0	1	1	1	3题反向
	B	0	0	0	0	0	0	1	0	1	0	0	0	
		45	49	53	55	61	65	71	80	84				
	A	0	1	1	1	1	1	1	1	1				
	B	1	0	0	0	0	0	0	0	0				

续表

		3	7	12	15	19	23	27	31	35	39	43	47	共24题
N（情绪性）	A	1	1	1	1	1	1	1	1	1	1	1	1	无反向题
	B	0	0	0	0	0	0	0	0	0	0	0	0	
		51	57	59	63	67	69	73	74	77	78	82	86	
	A	1	1	1	1	1	1	1	1	1	1	1	1	
	B	0	0	0	0	0	0	0	0	0	0	0	0	
		4	8	16	20	24	28	32	36	40	44	48	52	共20题
L（说谎分）	A	0	0	0	1	0	0	1	1	0	0	0	0	15题反向
	B	1	1	1	0	1	1	0	0	1	1	1	1	
		54	58	60	64	70	79	83	87					
	A	0	1	0	0	0	0	0	1					
	B	1	0	1	1	1	1	1	0					

项目4 《中国罪犯心理测试量表个性分测验》（COPA-PI）的使用

实训目的和要求

学生通过模拟实训，掌握《中国罪犯心理测试量表个性分测验》（COPA-PI）操作方法，并能初步运用《中国罪犯心理测试量表个性分测验》（COPA-PI）对罪犯进行心理评估。

实训内容

1. 《中国罪犯心理测试量表个性分测验》（COPA-PI）测试操作。

2. 合理使用"指导语"。

3. 《中国罪犯心理测试量表个性分测验》（COPA-PI）记分表达使用。

4. 根据测验结果进行心理分析。

实训准备

多媒体教室或心理测评实训室、《中国罪犯心理测试量表个性分测验》（COPA-PI）（纸质版或软件版）、纸、笔、实训教材等。

实施方式

基础性实训：

1. 学生 3~5 人为一组，每组学生运用《中国罪犯心理测试量表个性分测验》（COPA-PI）相互进行测试。

2. 每组学生组内相互进行记分、评估。

3. 每组学生对测验情况进行讨论。

4. 每组学生代表对讨论结果进行陈述。

5. 老师进行总结陈述。

拓展性实训：

1. 学生 3~5 人为一组，每组学生运用《中国罪犯心理测试量表个性分测验》（COPA-PI）对罪犯（建议为暴力犯等某一类罪犯）进行测试（建议样本量不少于100），并收集罪犯的性别、年龄等人口学信息。

2. 每组学生计算每个及所有测试对象在 COPA-PI 的得分，通过与常模比较等分析测试对象的整体人格特点，并在 SPSS 统计软件上实现。

3. 按人口学信息等将测试对象进行分组（如男性和女性），计算他们在 COPA-PI 的得分，比较不同组别测试对象的人格特点，并在 SPSS 统计软件上实现。

4. 每组学生代表对测试及分析结果进行展示与陈述，其他组对其采用的测试和统计方法、分析结果等进行讨论。

5. 老师对每组的展示与陈述，以及其他学生的讨论进行点评。

6. 各组展示与陈述完毕后，老师作总结陈述。

注意事项

1. 老师需在讨论之前约一周布置实训任务，预留足够时间给学生开展测试及数据分析。

2. 老师需提供《中国罪犯心理测试量表个性分测验》（COPA-PI）的测试题本及使用手册。

实训作业

基础性实训：完成《中国罪犯心理测试量表个性分测验》（COPA-PI）使用实训报告。

拓展性实训：完成《罪犯人格特征分析报告》。

 **知识链接**

中国罪犯心理评估个性分测验（COPA-PI）

指导语：本测验由一些与你有关的题目组成。每道题目设有"是"和"否"两个答案。当你阅读每道题目时，请考虑它是否符合你自己的实际情况或看法。如果某道题目符合或更倾向于符合你的实际情况或看法，请在答案纸上将该题号旁边"是"字圈起来；如果不符合或更倾向于不符合你的情况，请在答案纸上将该题号旁边"否"字圈起来。

1. 我容易和众人打成一片。	是	否
2. 稍不如意，我就会发脾气。	是	否
3. 假如别人认为我对某些事情的做法不妥当，我很容易放弃。	是	否
4. 我干事情时高涨的热情总是胜过周密的安排。	是	否
5. 我会为某种小动物落入我的圈套并被杀死而自豪。	是	否
6. 如果他人来挑衅，我一定与他针锋相对，决不让步。	是	否
7. 如果别人对我过于友善，我常常会怀疑他别有用心。	是	否
8. 看到小动物受折磨，我会很难过。	是	否
9. 我总觉得谁都比我强。	是	否
10. 我有很多心事，内心总是七上八下的。	是	否
11. 大家都说我学习新东西比别人快一些。	是	否
12. 异性使用过的物品最具有刺激性。	是	否
13. 大多数人宁愿用不正当的手段谋取利益，而不愿失掉机会。	是	否
14. 我从来没有吵过架。	是	否
15. 我喜欢交朋友。	是	否
16. 近来我的心情时好时坏。	是	否
17. 有的事虽然自己想好了，但别人一说，我就会改变主意。	是	否
18. 我总爱追随着别人去干一些事情，很少考虑目的与后果。	是	否
19. 假如我身怀武功绝技，我便会闯荡天下。	是	否
20. 迟早我会让我的仇人后悔万分。	是	否
21. 对那些出人意料友好的人，我常常有戒备。	是	否
22. 当别人找我诉苦时，我很能理解他们。	是	否
23. 我感到我经常缺乏自信。	是	否
24. 我常常做噩梦。	是	否
25. 我理解力很强。	是	否
26. 有人想偷走我的思想和计划。	是	否

续表

27. 只要不被发现,做点坏事也不算什么。	是	否
28. 我从来没有出过什么差错。	是	否
29. 在集体活动中,我觉得自己很活跃。	是	否
30. 平时一点小事,就会弄得我心神不宁。	是	否
31. 对待任何事我同意多数人的看法。	是	否
32. 当看到别人打群架时,我会上前帮助熟悉的人。	是	否
33. 争论时,我总是找出各种理由反驳不同意我的人。	是	否
34. 我感到厌烦的时候,喜欢挑起刺激性的事端。	是	否
35. 我认为想接近我的人别有用心。	是	否
36. 看到他人受骗上当,我觉得很可怜。	是	否
37. 在表现好的同事面前,我总感到局促不安。	是	否
38. 我觉得内心的忧虑很多。	是	否
39. 做什么事情我总比别人有办法。	是	否
40. 不断地偷拿别人的东西,我感到刺激。	是	否
41. 撑死胆大的,饿死胆小的。	是	否
42. 我的头脑中从来没有出现过不好的念头。	是	否
43. 我爱开玩笑,在任何场合都有说有笑,无拘无束。	是	否
44. 我的心情容易受周围人的影响。	是	否
45. 如果大家都同意做某件事,那我也会表示同意。	是	否
46. 我做事总是鲁莽,缺少考虑。	是	否
47. 热闹的舞会远远胜过安静的娱乐。	是	否
48. 只要有人侵犯了我,我一定饶不了他。	是	否
49. 最安全的,是对谁也不要相信。	是	否
50. 看到年老体弱的人上车,我会主动让座。	是	否
51. 我感到我处处不如人。	是	否
52. 我经常失眠,很容易惊醒。	是	否
53. 我对新的东西有一种强烈的好奇心。	是	否
54. 看到别人受伤害我很高兴。	是	否
55. 马无夜草不肥,人无外财不富。	是	否

56. 我从未拿过别人的东西（哪怕是一针一线）。	是	否
57. 交新朋友时，我总是采取主动的态度。	是	否
58. 我的心情常常起伏不定。	是	否
59. 我原来想做的事，假如别人认为不值得做，我容易放弃。	是	否
60. 工作和学习中，我常常粗心大意。	是	否
61. 我真受不了过于平静、单调的生活。	是	否
62. 报复他人后，心理才感到平衡。	是	否
63. 别人对我说的事，我总不相信是真的。	是	否
64. 我同情残疾人。	是	否
65. 我有时觉得自己是别人的负担。	是	否
66. 我常常睡不着，翻来覆去地折腾。	是	否
67. 我理解事情总是比别人快。	是	否
68. 我喜欢折磨小动物。	是	否
69. 我觉得大多数人是为了向上爬而不惜说谎的。	是	否
70. 我的身体从来没有不舒服过。	是	否
71. 我喜欢参加热闹的聚会。	是	否
72. 我常对一些无所谓的小事感到烦恼。	是	否
73. 大多数人怎么说，我就怎么说。	是	否
74. 干一桩事，如果事先思考过多，事情就难以办成。	是	否
75. 别人说我很霸道、野蛮。	是	否
76. 别人与我作对时，我总会想出办法来教训他一顿。	是	否
77. 对任何人都不信任，是比较安全的。	是	否
78. 听到虐待老人或儿童的报道，我会十分气愤。	是	否
79. 在众人面前，我总是很少说话，以免被别人笑话。	是	否
80. 每周有好几次，我感到好像某些可怕的事情就要发生。	是	否
81. 我能在较短时间内独立操作一种以前没使用过的机械。	是	否
82. 我认为自己有点神经过敏。	是	否
83. 我认为人与人之间处处是相互利用的，很少有真诚的友谊。	是	否
84. 我从未说过谎话。	是	否

85. 在火车、轮船或汽车上，我常与陌生人交谈。	是	否
86. 有时我十分烦躁，坐立不安。	是	否
87. 我遇到棘手问题总去征求他人意见。	是	否
88. 我做事往往凭一时冲动，事后才发觉不妥。	是	否
89. 如果我很富有，我想购买一些精良的武器。	是	否
90. "顺我者昌，逆我者亡"应该成为人生的信条。	是	否
91. "害人之心不可有，防人之心不可无"，我对任何人都抱有戒心。	是	否
92. 路上遇到有人推车上坡，我会帮他一把。	是	否
93. 有好几次我放弃正在做的事，因为我感到自己的能力太差了。	是	否
94. 我时常感到悲观失望。	是	否
95. 我有时希望从别人的愤怒中得到快乐。	是	否
96. 我总感到有些人在躲避我。	是	否
97. 为了钱可以不择手段。	是	否
98. 在我认识的干警里，个个我都喜欢。	是	否
99. 我能很快和周围的人熟起来。	是	否
100. 我对某些问题很容易动火，简直无法提及它们。	是	否
101. 我说话做事喜欢随大流。	是	否
102. 凡事都安排周详，反而会失去人生情趣。	是	否
103. 我经常有想找人打上一架的欲望。	是	否
104. 对伤害自己的人绝不手软。	是	否
105. 我提防那些对我过分亲近的人。	是	否
106. 我常被电视中的感人情节所感动。	是	否
107. 我做事常常犹豫不决。	是	否
108. 有时我会无缘无故地产生一种面临大祸的恐惧。	是	否
109. 我一直认为有人控制着我的思想。	是	否
110. 我总在担心会发生对我不利的事情。	是	否
111. 不管对别人有无损害，只要自己痛快就行。	是	否
112. 当受到干部批评时，哪怕我是冤枉的，我也觉得干部是在关心我。	是	否
113. 我交的朋友很多。	是	否

续表

114. 我有时会一会儿快乐、一会儿沮丧。	是	否
115. 我喜欢交朋友。	是	否
116. 别人常说我莽撞。	是	否
117. 在表现好的同事面前，我总感到局促不安。	是	否
118. 我喜欢攻击与我观点相反的看法。	是	否
119. 相信别人，肯定要吃大亏。	是	否
120. 能帮助有困难的人是愉快的。	是	否
121. 我确实缺乏自信心。	是	否
122. 我常为自己的前途感到惶惶不安。	是	否
123. 有人一直想陷害我。	是	否
124. 放火焚烧东西给人一种快乐享受的感觉。	是	否
125. 犯点小错没有什么了不起。	是	否
126. 我常常睡不着，翻来覆去地折腾。	是	否
127. 别人在干事情时，我总是爱凑过去看看，帮帮忙。	是	否
128. 我在干事情时，别人凑过来看，让我很气愤。	是	否
129. 如果我很富有，我想购买一些精良的武器。	是	否
130. 我想做什么就去做。	是	否
131. 不管对别人有无损害，只要自己痛快就行。	是	否
132. 我会给威胁我的人以沉重的打击。	是	否
133. 和别人相处时，我总怕被别人所利用。	是	否
134. 有人向我乞讨，我会给他们一点钱。	是	否
135. 有人在旁边看我做事时，我会感到无所适从。	是	否
136. 我常感到心里不踏实。	是	否
137. 我能看见或听见别人感觉不到的奇怪现象。	是	否
138. 看到异性受到惊吓，我心里很兴奋。	是	否
139. 又想学好，又很难改掉毛病。	是	否
140. 我想做什么就去做。	是	否
注意：回答以下4道题时请在答案纸上将所选择的那个选项的号码圈起来		
141. 下面三个分数，哪一个与另外两个不属于同一类：		

续表

①5/11；②3/12；③7/15		
142. 找出与"随后"意义相反的词：		
①初期；②新近；③先前		
143. 下面三个词，哪个与另外两个不属于同一类：		
①羊；②树；③鸟		
144. "电视"与"电影"犹如"钢笔"与：		
①书信；②金属；③铅笔		

一、COPA-PI 简介

《中国罪犯心理评估个性分测验》（Chinese Offender Psychological Assessment-Personality Inventory，COPA-PI）（以下简称罪犯个性分测验）是中国第一个自行研制的、符合中国国情与犯情的、拥有全国常模的、用于初步测查罪犯个性心理特征的专用量表。该量表由中国罪犯心理评估课题组（由司法部监狱管理局、司法部预防犯罪研究所、中央司法警官学院和中国心理学会法制心理专业委员会联合组成）历时十余年（1994～2006 年）研制而成，属于《中国罪犯心理评估》系列量表之一。

罪犯个性分测验主要采用经验归纳法，严格按照量表编制的程序与要求编制而成。经多种信度（克劳巴赫 a 系数、分半信度和重测信度）与效度（结构效度、区分效度和量表效标效度）检验，各项指标均符合心理测量学标准。

全国大范围（200 余所监狱）长时间试用实践表明，罪犯个性分测验能够比较准确地测查出罪犯的个性心理特征与行为模式，进而为监狱监管与改造罪犯工作提供参考依据。

罪犯个性分测验由 2 个效度指标（说谎和同一性）、13 个临床指标（内外倾、情绪稳定性、同众性、冲动性、攻击性、报复性、信任感、同情心、自信心、焦虑感、聪慧性、心理变态倾向、犯罪思维模式）组成，共 144 道题目。

二、施测对象与方式

罪犯个性分测验对测试对象的文化程度没有什么特殊要求。不过，对于文化程度较低的对象，应采取由主试念读的方式进行测试。整个测验由 144 道题组成，一般需要 20～50 分钟。

本测验既可用于团体测验，也可进行个别测验。团体测验时，建议每 20 名被试配备一名主试。

本测验目前有纸笔型和软件型两种方式。其中纸笔型设有 A 型和 B 型两种答案纸，A 型答案纸的结果适用于计算机分析，B 型答案纸的结果适用于手工分析。

三、计分方法

第一步是获得每个项目的得分。罪犯个性分测验每个项目的分数计为 1 分或 0 分，具体如下：

从第 1 题至 140 题，每题答"是"计 1 分，答"否"则计 0 分；

第 141 题，选择"②3/12"计 1 分，选择其余两项则计 0 分；

第 142 题，选择"③先前"计 1 分，选择其余两项则计 0 分；

第 143 题，选择"②树"计 1 分，选择其余两项则计 0 分；

第 144 题，选择"③铅笔"计 1 分，选择其余两项则计 0 分。

第二步是计算出说谎指标和同一性指标的分数。计算方式如下：

L 分数（说谎指标）由 14，28，42，56，70，84，98，112 八个项目组成，这八个项目得分之和便是 L 分数；

S 分数（同一性指标）由 6 对项目组成，即 115-15，117-37，126-66，129-89，131-111，140-130。每一对若回答不一致，计 1 分；若回答一致，则计 0 分。最后 6 对之和便是 S 分数。

第三步是计算出每个维度总分，即计算每个维度各个项目的得分之和。各维度的项目构成为：

1. PD1 内外倾（10 题）：1，15，29，43，57，71，85，99，113，127

2. PD2 情绪稳定性（10 题）：2，16，30，44，58，72，86，100，114，128

3. PD3 同众性（8 题）：3，17，31，45，59，73，87，101

4. PD4 冲动性（10 题）：4，18，32，46，60，74，88，102，116，130

5. PD5 攻击性（8 题）：5，19，33，47，61，75，89，103

6. PD6 报复性（10 题）：6，20，34，48，62，76，90，104，118，132

7. PD7 信任感（10 题）：7，21，35，49，63，77，91，105，119，133

8. PD8 同情心（10 题）：8，22，36，50，64，78，92，106，120，134

9. PD9 自信心（10 题）：9，23，37，51，65，79，93，107，121，135

10. PD10 焦虑感（10 题）：10，24，38，52，66，80，94，108，122，136

11. PD11 聪慧性（10 题）：11，25，39，53，67，81，141，142，143，144

12. PD12 心理变态倾向（14 题）：12，26，40，54，68，82，95，96，109，110，123，124，137，138

13. PD13 犯罪思维模式（10 题）：13，27，41，55，69，83，97，111，125，139

其中，同情心和聪慧性维度上的项目均为负向题，需要转换。转换公式为（10-总分）。

在实际的使用过程中，如果运用计算机软件，那么上述计分步骤将全部由计算机来完成；如果采取手工操作，则建议使用 B 型答案纸，并借助"个性分测验计分模板"来完成计分。

项目5 《房树人测验》（THP）的使用

实训目的和要求

学生通过模拟实训，掌握《房树人测验》（THP）操作方法，并能初步运用《房树人测验》（THP）对罪犯进行心理评估。

实训内容

1. 《房树人测验》（THP）测试操作。

2. 合理使用"指导语"。

3. 《房树人测验》（THP）记录。

4. 根据测验结果进行心理分析。

实训准备

多媒体教室或心理测评实训室、《房树人测验》（THP）、纸、笔、实训教材等。

实施方式

1. 学生3~5人为一组，每组学生运用《房树人测验》（THP）相互进行测试。

2. 每组学生组内相互进行记录、评估。

3. 每组学生对测验情况进行讨论。

4. 每组学生代表对讨论结果进行陈述。

5. 老师进行总结陈述。

实训作业

完成《房树人测验》（THP）使用实训报告。

知识链接

房树人测验

房树人测验（Tree-House-Person，THP），又称屋树人测验，它始于John Buck的"画树测验"。John Buck于1948年发明此方法，受测者只需在三张白纸上分别画屋、树及人就完成测试。而动态屋、树、人分析学则由Robert C. Burn在1970年发明，受测者会在同一张纸上画屋、树及人。这三者有互动作用，例如从屋及人的位置与距离都可看出受测者与家庭的关系，所以这两种分析学多数会结合使用。"房树人测验"相对来说方法多种多样，在测验的形式上又有许多变通。例如：有的简单要求被测者画出房、树、人，有的要求被测者在画完房、树、人后，再用蜡笔对画涂抹上彩，还有的对人物画要求画性别相反的两个人物；另有一种为综合性"房树人测验"（或称统合性"房树人测验"），要求被测者在同一张纸上画房、树、人来进行测试。总而言之，"房树人测验"不仅是一种人格测验，而且是一种智力测验。它可以动态地掌握病人病情的演变，并且能促发病人的创造力，甚至通过绘画，起到治疗作用。通过多次绘画达到治疗目的的方法之后逐步形成了心理治疗中的绘画疗法。

1. 测验前的准备：准备测验纸、A4纸、没有橡皮胶的铅笔一支（2B）。

2. 测验要求：

（1）画好的线条不可用橡皮胶擦掉，但可以重画；

（2）画完一部分或整幅图画后，不得重画；

（3）想怎么画就怎么画，但必须有房、树、人；

（4）画人的时候，不可以画火柴人；

（5）画图时不可用尺子；

（6）构思的时间最好不要超过5分钟。

3. 测验指导语：

首先让被测者填写姓名、年龄等一般资料，然后把测验纸放在被测者面前。告诉被测者："请拿铅笔，认真地画一座房屋，画任何结构的房屋都可以，只要你努力地画，就可以了。自己觉得画得不满意，可以修改，在时间上没有特别限制，只要你认认真真地画就可以了。"

被测者中有中年、老年，还有儿童，有时候，他们会提出"我不是画家，在学校念书的时候也没有学过绘画"，从而对该测验表现出抵制。在这种情况下，作为测验者，要明确地告诉他们，"房树人测验"不是一个有关艺术能力的测验，在描绘的时候，并不要求你画得跟画家一样，只要使他们能够认真地配合，顺利进行描绘就行。当有的被测者提出要求用尺子，要明确告诉他们，画这些画不能使用尺子等工具，请采用手描的方式进行。

4. 内容分析：

房子表示个体出生、成长的家庭、环境，也是指个体对一般家庭、家族关系的想法、感情、态度。通过对屋顶、窗户、门和地面线等构成部分的分析，可以了解到个体在家庭中的自我形象，空想与现实之间的关系，家庭亲子关系，安全感，家庭与环境之间的关系等。

树表现的是个体自己在无意识状态下感到的自我形象、姿态，表示其内心的平衡状态，由此可显示出个体的精神及个性的成熟性；当然树还具有的直接含义是个体与环境的关系，具有生命意义的象征，所以可称为生命树，表现出个体生命成长的历程，过去个体所受的创伤或十分难过的事都会显现在树干上。

人反映的是自我现实像，所以画人时，会自发动用心理防御机制。一般反映心理上的和躯体上的自我，当然还表现着个体的理想像，印证着自我的人格内容。

单 元 二

能力测评

项目1 《瑞文标准推理测验》（SPM）的使用

实训目的和要求

学生通过模拟实训，掌握《瑞文标准推理测验》（SPM）操作方法，并能初步运用《瑞文标准推理测验》（SPM）对罪犯进行心理评估。

实训内容

1. 《瑞文标准推理测验》（SPM）测试操作。

2. 合理使用"指导语"。

3. 《瑞文标准推理测验》（SPM）记分表达使用。

4. 根据测验结果进行心理分析。

实训准备

多媒体教室或心理测评实训室、《瑞文标准推理测验》（SPM）（纸质版或软件版）、纸、笔、实训教材等。

实施方式

基础性实训：

1. 学生3~5人为一组，每组学生运用《瑞文标准推理测验》（SPM）相互进行测试。

2. 每组学生组内相互进行记分、评估，了解受测者的智力状况。

3. 每组学生对测验情况进行讨论。

4. 每组学生代表对讨论结果进行陈述。

5. 老师进行总结陈述。

拓展性实训：

1. 学生3~5人为一组，每组学生运用《瑞文标准推理测验》（SPM）对某一类人群进行测试（罪犯或警校大学生等，建议样本量不少于 100），并收集人群的性别、年龄等人口学信息。

2. 每组学生计算每个及所有测试对象在 SPM 的得分，通过与常模比较等分析测试对象的整体智力状况，并在 SPSS 统计软件上实现。

3. 按人口学信息等将测试对象进行分组（如男性和女性），计算他们在 SPM 的得分，比较不同组别测试对象的智力状况，并在 SPSS 统计软件上实现。

4. 每组学生代表对测试及分析结果进行展示与陈述，其他组对其采用的测试和统计方法、分析结果等进行讨论。

5. 老师对每组的展示与陈述，以及其他学生的讨论进行点评。

6. 各组展示与陈述完毕后，老师作总结陈述。

注意事项

1. 老师需在讨论之前约一周布置实训任务，预留足够时间给学生开展测试及数据分析。

2. 老师需提供《瑞文标准推理测验》（SPM）的测试题本及使用手册。

3. 学生代表展示与陈述时，需要注意保护受测人员的隐私。

实训作业

基础性实训：完成《瑞文标准推理测验》（SPM）使用实训报告。

拓展性实训：完成《××（人群）智力状况分析报告》。

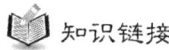 **知识链接**

瑞文标准推理测验

瑞文标准推理测验（简称 SPM）是英国心理学家瑞文（J. C. Raven）于 1938 年设计的非文字智力测验。自问世以来，许多国家对它进行了修订，直至现在仍在广泛使用，有着重要的理论意义和实用价值。

瑞文测验的编制在理论上依据斯皮尔曼的智力二因素论。该理论认为智力主要由两个因素构成，一个是一般因素，又称为"g"因素，它可以渗入所有的智力活动中，每个人都具有这种能力，但水平上有差异；另一个是特殊因素，可以用"s"表示，这类因素很多，与特定的任务高度相关。人们认为瑞文测验是测量"g"因素的有效工具，尤其与测量人的问题解决，清晰知觉和思维，发现和利用自己所需的信息，以及有效地适应社会生活的能力有关。

该测验的优点在于适用的年龄范围宽，测验对象不受文化、种族与语言的限制，并且可用于一些生理缺陷者。测验既可以个别进行，也可以团体实施，使用方便，省时省力，结果解释直观简单，测验具有较高的信度和效度。

瑞文标准推理测验可以用于智能诊断和人才的选拔与培养。用该测验可以进行各类的比较性研究，特别有利于跨文化研究，以及正常人、聋哑者和智力迟钝者之间的比较研究。

瑞文测验的编制者在 1947 年和 1956 年对标准推理测验做过小规模的修订，1947 年又编制了适用于更小年龄儿童的和智力落后者的彩色推理测验（CPM）以及适用于高智力水平者的高级推理测验（APM）。一般正常三年级以上儿童与 65 岁以下成人均可以用团体测验，其他则用个体测验。

一、团体施测主试的注意事项

1. 准备足够的答题纸和测验图册（每个被试一份并有少量剩余），测验图册可多次使用。要求被试只在答题纸上用铅笔作答。除要求被试自备铅笔之外，主试还应该准备一些铅笔。

2. 团体施测对象如果超过 30 人，除主试外还应该有助理 1~2 人。每次施测团体以不超过 50 人为限。

3. 主试应该是熟悉《使用手册》、掌握施测方法的专业人员。

4. 测验场所应该保持安静、通风透光。确保测验不受干扰、被试座位应该留出空间使主试可以巡视。

5. 主试逐字照读指导语，对被试的提问可以重复指导，不应擅自补充或更改。

6. 测验一般无严格时间限制，待被试完成后收回答题纸与测验图册，一般可以在 40 分钟左右完成全部测验。

7. 主试与助理在被试进行前 5 题时，应注意巡视，对不能理解答题方式或前 5 题基本不能正确回答者，单独重复指导语。被试完成整个测验时，主试与助理也应查看，如有填错题号者，即时提醒。

团体施测步骤和指导语：

1. 先发答题纸，带领被试逐栏填写答题纸上部的姓名、性别、出生年月日等。填写完毕后发测验图册，在没有指示时不允许翻开，主试再三强调不要往测验图册上写任何字或做记号。

2. 主试根据指导语向被试解释说："这是一个有趣的练习，完成它时要认真看、认真想，前面的题目认真了，会对后面的题目有好处，下面我们开始。"

"打开你的测验册的第一页，像这样"（主试示范给团体），"答题纸上有 5 栏，最上面的是 A 系列，标着 A1、A2……（画出这 5 栏）。图册上的第一张是 A1，在这张图中，上面的图案缺少了一部分，图案下面的这些块块形状都与空白部分一样，但内容不同，不是每块都能补全上面的图案，第一块是相当不同的，第二、第三块也不一样，对不上，第六块怎么样呢？图案一样，但是也有一小块空白，用你的手指点出最合适的一块。对了，第四块是最合适的，所以 A1 的答案是 4，把'4'写在答题纸上 A 栏的第一个格里面，填完的人先不要往后翻。"

等到每个人都完成了 A1，继续说"在你的图册里面的每一页都有一幅幅图案，每一幅图案都要决定图案下面的哪个块块补在图案缺少的空白上合适。当你找出正确的一块，你就要把它的序号写在答题纸上与图案相对应的一格里。不要往测验图册上写任何东西。题目由易到难，如果你注意做容易的题目，你会发现做后面的题目就不太难了，按顺序做每个题，从一开始到做完。不要翻回来检查，填写答案时要看对题号。这个测验没有时间限制，你要认真做，一般人完成它需要 40 分钟左右。记住，每个题目只有一个正确的答案。"

3. 被试完成测验的全部题目后可以自行离开，临走前应该收回他的答题纸与测验图册，检查一下是否有填错格子或者漏答题，没有问题时再让被试离开。必要时记录时间。

二、个别施测主试的注意事项

如果个别测试的被试是三年级以上学生或可以自行书写答案的成人，指导语基本同于团体施测指导，由被试自己填写答案。个别施测的指导语主要是年龄较小的儿童、老年人或智力迟钝者，主要采取主试提问、被试回答的形式，主试对被试的答案做记录。

三、测验计分

计分时对照标准答案表给被试计分，每答对一题计一分，测验 A、B、C、D、E 各列先分别计分，满分为 12 分。整个测验的满分是 60 分。

瑞文标准推理测验标准答案

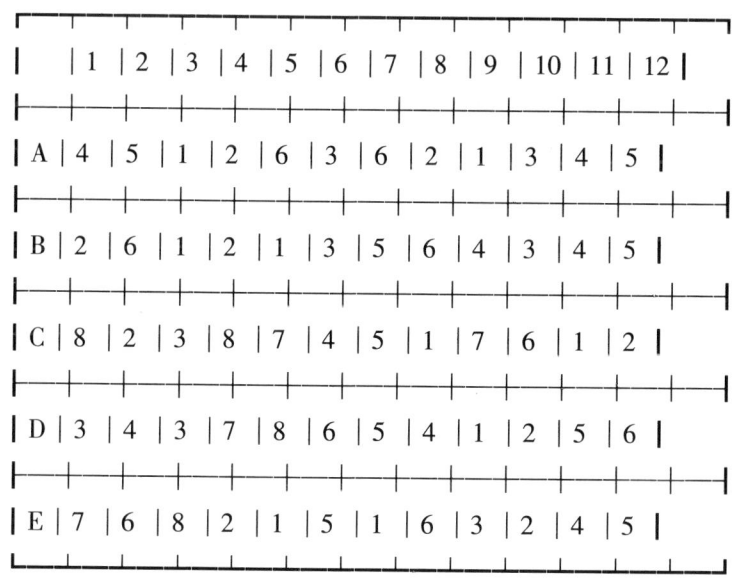

	1	2	3	4	5	6	7	8	9	10	11	12
A	4	5	1	2	6	3	6	2	1	3	4	5
B	2	6	1	2	1	3	5	6	4	3	4	5
C	8	2	3	8	7	4	5	1	7	6	1	2
D	3	4	3	7	8	6	5	4	1	2	5	6
E	7	6	8	2	1	5	1	6	3	2	4	5

四、分数解释

标准瑞文推理测验平滑百分等级换算表

年龄（岁）	标准分（%）							年龄（岁）
	95	90	75	50	25	10	5	
5.5	34	29	25	16	13	12	9	5.5
6	36	31	25	17	13	12	9	6
6.5	37	31	25	18	13	12	10	6.5
7	43	36	25	19	13	12	10	7
7.5	44	38	31	21	13	12	10	7.5
8	44	39	31	23	15	13	10	8
8.5	45	40	33	29	20	14	12	8.5
9	47	43	37	33	25	14	12	9
9.5	50	47	39	35	27	17	13	9.5
10	50	48	42	35	27	17	13	10
10.5	50	49	42	39	32	25	18	10.5
11	52	50	43	39	33	25	19	11
11.5	53	50	45	42	35	25	19	11.5
12	53	50	46	42	37	27	21	12
12.5	53	52	50	45	40	33	28	12.5
13	53	52	50	45	40	35	30	13
13.5	54	52	50	46	42	35	32	13.5
14	55	52	50	48	43	36	34	14
14.5	55	53	51	48	43	36	34	14.5
15	57	54	51	48	43	36	34	15
15.5	57	55	52	49	43	41	34	15.5
16	57	56	53	49	44	41	36	16
16.5	57	56	53	49	45	41	37	16.5
17	58	57	55	52	47	40	37	17
20	57	56	54	50	44	38	33	20
30	57	55	52	48	34	32	28	30
40	57	54	50	47	41	31	28	40
50	54	52	48	42	34	24	21	50
60	54	52	46	37	30	22	19	60
70	52	49	44	33	26	18	17	70
年龄（岁）	95	90	75	50	25	10	5	年龄（岁）

项目2　《一般能力测试》（GATB）的使用

实训目的和要求

学生通过模拟实训，掌握《一般能力测试》（GATB）操作方法，并能初步运用《一般能力测试》（GATB）对罪犯进行心理评估。

实训内容

1. 《一般能力测试》（GATB）操作流程。
2. 合理使用"指导语"。
3. 《一般能力测试》（GATB）记分表达使用。
4. 根据测验结果进行心理分析的技能。

实训准备

多媒体教室或心理测评实训室、《一般能力测试》（GATB）、纸、笔、实训教材等。

实施方式

基础性实训：

1. 学生3~5人为一组，每组学生运用《一般能力测试》（GATB）相互进行测试。
2. 每组学生组内相互进行记分、评估，了解受测者的一般能力状况。
3. 每组学生对测验情况进行讨论。
4. 每组学生代表对讨论结果进行陈述。
5. 老师进行总结陈述。

拓展性实训：

1. 学生3~5人为一组，每组学生运用《一般能力测试》（GATB）对某一类人群进行测试（罪犯或警校大学生等，建议样本量不少于100），并收集人群的性别、年龄等人口学信息。

2. 每组学生计算每个及所有测试对象在GATB的得分，通过与常模比较等分析测试对象的一般能力状况，并在SPSS统计软件上实现。

3. 按人口学信息等将测试对象进行分组（如男性和女性），计算他们在GATB的得分，比较不同组别测试对象的一般能力状况，并在SPSS统计软件上实现。

4. 每组学生代表对测试及分析结果进行展示与陈述，其他组对其采用的测试和统计方法、分析结果等进行讨论。

5. 老师对每组的展示与陈述，以及其他学生的讨论进行点评。

6. 各组展示与陈述完毕后，老师作总结陈述。

注意事项

1. 老师需在讨论之前约一周布置实训任务，预留足够时间给学生开展测试及数据分析。

2. 老师需提供《一般能力测试》（GATB）的测试题本及使用手册。

3. 学生代表展示与陈述时，需要注意保护受测人员的隐私。

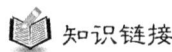 实训作业

基础性实训：完成《一般能力测试》（GATB）使用实训报告。

拓展性实训：完成《××（人群）一般能力分析报告》。

📖 知识链接

一般能力测试

一般能力测试（General Aptitude Test Battery，GATB）最初是美国劳工部自1934年起花了10多年的时间研究制定的。它是对许多职业群同时检查各自的不适合者的一种成套测验。这套测验曾风行全世界。

日本劳动省对GATB进行了日本版的标准化，制订成《一般职业适应性检查》（1969年修订版）。下面对这种测验作一简要介绍。

一、测验目的

测验在多个职业领域中工作所必需的几种能力倾向。

二、测验构成

本套测验由15种测验构成，其中11种是纸笔测验，其余4种是器具测验，可以测定9种能力倾向，这9种能力倾向对完成各种工作是必要的。

三、测验项目

1. 工具匹配测验（Tool Matching）。用简单的工具之类的图形，让被检查者判别4个图形中哪个与所呈现的图形一样。图形的差异仅仅是黑白的涂法不同。答对的合计为得分。

2. 名称比较测验（Name Comparison）。比较判定左右一对名词或数字等的异同，例如：3569-3596。答对的合计为得分。

3. 画纵线测验（H Marking）。不要碰到H两侧的线，但必须切到H的横线，尽量多地画短线。正确画出短线数的合计为得分。

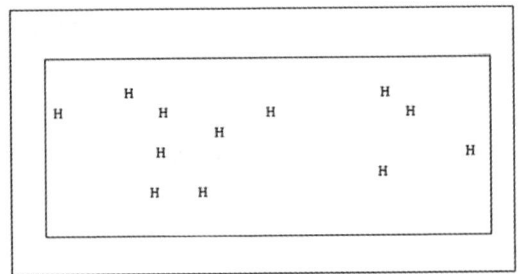

4. 计算测验（Computation）。进行加减乘除的计算，答对的合计得分。

5. 平面图判断测验（Two-Dimensional Space）。让被检查者判别和改变左框中的图形的位置，能构成右边的哪个图形。答对的合计为得分。

6. 打点速度测验（Speed）。在连续排列的四方框中，用铅笔在每个框中尽快地打三个点，所打点数为得分。

7. 立体图判断（Three-Dimensional Space）。让被测者判断将左框中展开的图形折叠或弄圆等，能构成右边图中的哪一个。答对的合计为得分。

8. 算术应用（Arithmetic Reason）。解算术应用题，答对的合计为得分。

9. 词义（Vocabulary）。选出词义相同或相反的两个词语。

10. 打⊥记号（⊥ Mark Marking）。在四方框中，尽快地写入记号⊥。填入⊥的数为得分。

11. 形状匹配（Form Matching）。从一组图形中选出在形状、大小与另一组图形一样的各个图形。答对的合计为得分。

12. 插入（Place）。手腕作业检查盘（Peg Board）的上部与下部各有48个孔，上部盘插着48根圆棒。被检查者两手同时从上盘中一个一个地拔出圆棒，将其插在对应的下盘的孔中。以正确插入下半部的数为得分。

13. 调换（Turn）。同样适用手腕作业检查盘，用单手拔出一根棒，用另一只手将拔出的棒上下翻转，插入原来的孔中。正确插入数为得分。

14. 组装（Assemble）。手指灵巧检查盘（Finger Dexterity Board）。

15. 分解（Disassemble）。手指灵巧检查盘。

GATB 测验项目及测验时间限制如下表：

		测验项目	测验时间			测验项目	测验时间
纸笔测验	1	工具匹配	1′3″	纸笔测验	9	词义	2′
	2	名称比较	3′		10	打⊥记号	30″
	3	画纵线	15″		11	形状匹配	2′
	4	计算	3′30″				
	5	平面图判断	2′	器具测验	12	插入	（3次）15″
	6	打点速度	30″		13	调换	（3次）30″
	7	立体图判断	1′30″		14	组装	1′30″
	8	算术应用	3′30″		15	分解	1′

四、GATB 测验的功能

本测验可以检查出以下 7~9 种能力。

1. G—智能（Intelligence）。一般的学习能力。对说明、指导语和诸原理的理解能力，推理判断能力，迅速适应新环境的能力。

2. V—言语能力（Verbal aptitude）。理解言语的意思及与它相关联的概念，并有效地掌握它的能力。

3. N—数理能力（Numerical aptitude）。在正确迅速地进行计算的同时，能进行推理并解决问题的能力。

4. Q—书写知觉（Clerical perception）。对词、印刷物、票据之细微部分正确知觉的能力。直观地比较辨别词和数字，发现错误或校对的能力。

5. S—空间判断能力（Spacial aptitude）。对立体图形以及平面图形与立体图形之关系的理解能力。

6. P—形状知觉（Form perception）。对实物或图形之细微部分正确知觉的能力。根据视觉能够进行比较辨别的能力。对图形的形状和阴影的细微差异及长宽的细小差别，进行辨别的能力。

7. K—运动协调（Motor coordination）。正确而迅速地使用眼和手或指协调完成作业的能力。正确而迅速地作出反应动作的能力。使手能跟随着眼所看到的东西迅速运动，进行正确控制的能力。

8. F—手指灵活度（Finger dexterity）。迅速而正确地活动手指，用手指能很好地操作细小的东西的能力。

9. M—手腕灵活度（Manual dexterity）。灵活地活动手及腕的能力。拿取、放置、调换、翻转物体时手的精巧运动和腕的自由运动能力。

五、测验项目与能力的关系

能力	测验项目
言语能力（V）	测验9
书写知觉（Q）	测验4和测验8
空间判断能力（S）	测验1和测验11
手指灵活度（F）	测验14和测验15
手腕灵活度（M）	测验12和测验13
智能（G）	测验7、8、9
运动协调（K）	测验3、6、10
数理能力（N）	测验4、7
形状知觉（P）	测验2、5

单 元 三

心理卫生状况测评

项目 1 《症状自评量表》（SCL-90）的使用

实训目的和要求

学生通过模拟实训，掌握《症状自评量表》（SCL-90）操作方法，并能初步运用《症状自评量表》（SCL-90）对罪犯进行心理评估。

实训内容

1. 《症状自评量表》（SCL-90）测试操作。

2. 合理使用"指导语"。

3. 《症状自评量表》（SCL-90）记分表达使用。

4. 根据测验结果进行心理分析。

实训准备

多媒体教室或心理测评实训室、《症状自评量表》（SCL-90）（纸质版或软件版）、纸、笔、实训教材等。

实施方式

基础性实训：

1. 学生 3~5 人为一组，每组学生运用《症状自评量表》（SCL-90）相互进行测试。

2. 每组学生组内相互进行记分、评估，了解受测者的心理健康状况。

3. 每组学生对测验情况进行讨论。

4. 每组学生代表对讨论结果进行陈述。

5. 老师进行总结陈述。

拓展性实训：

1. 学生 3~5 人为一组，每组学生运用《症状自评量表》（SCL-90）对某一类人群进行测试（罪犯或警校大学生等，建议样本量不少于100），并收集人群的性别、年龄等人口学信息。（为进一步拓展与提高，可同时用其他量表，如16FP等，对测验对象进行测试，分析相关心理品质对测试对象心理健康的影响。）

2. 每组学生计算每个及所有测试对象在SCL-90的得分，通过与常模比较等分析测试对象的心理健康状况，甄别有心理健康问题的受测对象，并在SPSS统计软件上实现。

3. 按人口学信息等将测试对象进行分组（如男性和女性），计算他们在SCL-90的得分，比较不同组别测试对象的心理健康状况，并在SPSS统计软件上实现。（如用量表同时收集了测试对象的其他心理品质，进一步分析这些心理品质对测试对象心理健康的影响，并在SPSS统计软件上通过相关分析等实现。）

4. 每组学生代表对测试及分析结果进行展示与陈述，其他组对其采用的测试和统计方法、分析结果等进行讨论。

5. 老师对每组的展示与陈述，以及其他学生的讨论进行点评。

6. 各组展示与陈述完毕后，老师作总结陈述。

注意事项

1. 老师需在讨论之前约一周布置实训任务，预留足够时间给学生开展测试及数据分析。

2. 老师需提供《症状自评量表》（SCL-90）的测试题本及使用手册。

3. 学生代表展示与陈述时，需要注意保护受测人员的隐私。

4. 如发现受测者存在心理健康问题，需作出专业、规范的处理。

实训作业

基础性实训：完成《症状自评量表》（SCL-90）使用实训报告。

拓展性实训：完成《××（人群）心理健康状况分析报告》。

知识链接

症状自评量表（SCL-90）

指导语：本测验列出了一些有关身体或心理方面的症状，请仔细阅读每一条，然后根据你近期（一周内）的情况，选择最适合的一个。

1. 头痛。	没有	很轻	中等	偏重	严重
2. 神经过敏，心中不踏实。	没有	很轻	中等	偏重	严重
3. 头脑中有不必要的想法和字句盘旋。	没有	很轻	中等	偏重	严重
4. 头昏或昏倒。	没有	很轻	中等	偏重	严重
5. 对异性的兴趣减退。	没有	很轻	中等	偏重	严重

6. 对旁人求全责备。	没有	很轻	中等	偏重	严重
7. 感到别人能控制你的思想。	没有	很轻	中等	偏重	严重
8. 责怪别人制造麻烦。	没有	很轻	中等	偏重	严重
9. 忘记性大。	没有	很轻	中等	偏重	严重
10. 担心自己的衣饰是否整齐及仪态是否端正。	没有	很轻	中等	偏重	严重
11. 容易烦恼和激动。	没有	很轻	中等	偏重	严重
12. 胸痛。	没有	很轻	中等	偏重	严重
13. 害怕空旷的场所或街道。	没有	很轻	中等	偏重	严重
14. 感到自己的精力下降，活动减慢。	没有	很轻	中等	偏重	严重
15. 想结束自己的生命。	没有	很轻	中等	偏重	严重
16. 听到别人听不到的声音。	没有	很轻	中等	偏重	严重
17. 发抖。	没有	很轻	中等	偏重	严重
18. 感到大多数人都不可信任。	没有	很轻	中等	偏重	严重
19. 胃口不好。	没有	很轻	中等	偏重	严重
20. 容易哭泣。	没有	很轻	中等	偏重	严重
21. 同异性相处时感觉害羞不自在。	没有	很轻	中等	偏重	严重
22. 感到受骗、中了圈套或有人想抓住你。	没有	很轻	中等	偏重	严重
23. 无缘无故地突然感到害怕。	没有	很轻	中等	偏重	严重
24. 自己不能控制地大发脾气。	没有	很轻	中等	偏重	严重
25. 怕单独出门。	没有	很轻	中等	偏重	严重
26. 经常责怪自己。	没有	很轻	中等	偏重	严重
27. 腰痛。	没有	很轻	中等	偏重	严重
28. 感到难以完成任务。	没有	很轻	中等	偏重	严重
29. 感到孤独。	没有	很轻	中等	偏重	严重
30. 感到苦闷。	没有	很轻	中等	偏重	严重
31. 过分担忧。	没有	很轻	中等	偏重	严重
32. 对事物不感兴趣。	没有	很轻	中等	偏重	严重
33. 感到害怕。	没有	很轻	中等	偏重	严重
34. 你的感情容易受到伤害。	没有	很轻	中等	偏重	严重
35. 旁人能知道你的私下想法。	没有	很轻	中等	偏重	严重
36. 感到别人不理解你，不同情你。	没有	很轻	中等	偏重	严重
37. 感到人们对你不友好，不喜欢你。	没有	很轻	中等	偏重	严重
38. 做事必须做得很慢以保证做得正确。	没有	很轻	中等	偏重	严重
39. 心跳得很厉害。	没有	很轻	中等	偏重	严重

续表

40. 恶心或胃部不舒服。	没有	很轻	中等	偏重	严重
41. 感到自己比不上他人。	没有	很轻	中等	偏重	严重
42. 肌肉酸痛。	没有	很轻	中等	偏重	严重
43. 感到有人在监视你，谈论你。	没有	很轻	中等	偏重	严重
44. 难以入睡。	没有	很轻	中等	偏重	严重
45. 做事必须反复检查。	没有	很轻	中等	偏重	严重
46. 难以作出决定。	没有	很轻	中等	偏重	严重
47. 怕乘电车、公共汽车、地铁或火车。	没有	很轻	中等	偏重	严重
48. 呼吸有困难。	没有	很轻	中等	偏重	严重
49. 一阵阵发冷或发热。	没有	很轻	中等	偏重	严重
50. 因为感到害怕而避开某些东西、场合或活动。	没有	很轻	中等	偏重	严重
51. 脑子变空了。	没有	很轻	中等	偏重	严重
52. 身体发麻或刺痛。	没有	很轻	中等	偏重	严重
53. 喉咙有梗塞感。	没有	很轻	中等	偏重	严重
54. 感到前途没有希望。	没有	很轻	中等	偏重	严重
55. 不能集中注意。	没有	很轻	中等	偏重	严重
56. 感到身体的某一部分软弱无力。	没有	很轻	中等	偏重	严重
57. 感到紧张或容易紧张。	没有	很轻	中等	偏重	严重
58. 感到手或脚发重。	没有	很轻	中等	偏重	严重
59. 想到死亡的事。	没有	很轻	中等	偏重	严重
60. 吃得太多。	没有	很轻	中等	偏重	严重
61. 当别人看着你或谈论你时感到不自在。	没有	很轻	中等	偏重	严重
62. 有一些不属于你自己的想法出现。	没有	很轻	中等	偏重	严重
63. 有想打人或伤害他人的冲动。	没有	很轻	中等	偏重	严重
64. 醒得太早。	没有	很轻	中等	偏重	严重
65. 必须反复洗手、点数目或触摸某些东西。	没有	很轻	中等	偏重	严重
66. 睡得不稳不深。	没有	很轻	中等	偏重	严重
67. 有想摔坏东西或破坏东西的冲动。	没有	很轻	中等	偏重	严重
68. 有一些别人没有的想法或念头。	没有	很轻	中等	偏重	严重
69. 感到对别人神经过敏。	没有	很轻	中等	偏重	严重
70. 在商店或电影院等人多的地方感到不自在。	没有	很轻	中等	偏重	严重

续表

71. 感到做任何事情都很困难。	没有	很轻	中等	偏重	严重
72. 一阵阵恐惧或惊恐。	没有	很轻	中等	偏重	严重
73. 感到在公共场合吃东西很不舒服。	没有	很轻	中等	偏重	严重
74. 经常与人争论。	没有	很轻	中等	偏重	严重
75. 单独一人时神经很紧张。	没有	很轻	中等	偏重	严重
76. 别人对你的成绩没有作出恰当的评价。	没有	很轻	中等	偏重	严重
77. 即使和别人在一起也感到孤单。	没有	很轻	中等	偏重	严重
78. 感到坐立不安、心神不定。	没有	很轻	中等	偏重	严重
79. 感到自己没有什么价值。	没有	很轻	中等	偏重	严重
80. 感觉熟悉的东西变得陌生或不像是真的。	没有	很轻	中等	偏重	严重
81. 大叫或摔东西。	没有	很轻	中等	偏重	严重
82. 害怕在公共场合昏倒。	没有	很轻	中等	偏重	严重
83. 认为别人想占你的便宜。	没有	很轻	中等	偏重	严重
84. 为一些与性有关的想法而很苦恼。	没有	很轻	中等	偏重	严重
85. 认为自己应该因为自己的过错而受到惩罚。	没有	很轻	中等	偏重	严重
86. 感到需要很快把事情做完。	没有	很轻	中等	偏重	严重
87. 感到自己的身体有严重问题。	没有	很轻	中等	偏重	严重
88. 从未感到和其他人很亲近。	没有	很轻	中等	偏重	严重
89. 感到自己有罪。	没有	很轻	中等	偏重	严重
90. 感到自己的脑子有毛病。	没有	很轻	中等	偏重	严重

症状自评量表有时候也叫做霍普金斯清单（HSCL）。现在的版本是由 Dergoratis L. R. 于 1973 年编制的。HSCL 最早的版本编制于 1954 年，称为"不适应感量表"（Discomfort scale）。1965 年，HSCL 被发展为 64 项。20 世纪 70 年代初，Dergoratis 编制了 58 项的 HSCL-58。这是在 SCL-90 问世之前应用和研究的最广泛的版本，至今仍然有人使用。后来人们发现，HSCL-58 版本中关于恐怖性焦虑、愤怒—敌对的症状项目不足，而且缺乏反映更严重的精神病理症状——偏执观念和精神病性的项目，因此诞生了 SCL-90。SCL-90 在国外应用非常广泛，20 世纪 80 年代引入我国，迅速得以推广，是各种自评量表中最受欢迎的，目前普遍适用的是王征翻译的版本。量表有 90 个项目，包含广泛的精神症状学内容，从感觉、情感、思维、意识、行为直至生活习惯、人际关系、饮食睡眠等均有涉及。

测验因子：

SCL-90 表包括 90 个条目，共 10 个分量表，即躯体化、强迫症状、人际关系敏感、抑郁、焦虑、敌对、恐怖、偏执、精神病性和其他。

（1）躯体化：包括1，4，12，27，40，42，48，49，52，53，56和58，共12项，主要反映主观的身体不适感。

（2）强迫症状：3，9，10，28，38，45，46，51，55和65，共10项，反映临床上的强迫症状群。

（3）人际关系敏感：包括6，21，34，36，37，41，61，69和73，共9项，主要指某些个人的不自在感和自卑感，尤其是在与其他人相比较时更突出。

（4）抑郁：包括5，14，15，20，22，26，29，30，31，32，54，71和79，共13项，反映与临床上抑郁症状群相联系的广泛的概念。

（5）焦虑：包括2，17，23，33，39，57，72，78，80和86，共10项，指在临床上明显与焦虑症状群相联系的精神症状及体验。

（6）敌对：包括11，24，63，67，74和81，共6项，主要从思维、情感及行为三方面来反映病人的敌对表现。

（7）恐怖：包括13，25，47，50，70，75和82，共7项，它与传统的恐怖状态或广场恐怖所反映的内容基本一致。

（8）偏执：包括8，18，43，68，76和83，共6项。主要是指猜疑和关系妄想等。

（9）精神病性：包括7，16，35，62，77，84，85，87，88和90，共10项，其中包括幻听、思维播散、被洞悉感等反映精神分裂样症状的项目。

（10）19，44，59，60，64，66及89共7个项目，未能归入上述因子，它们主要反映睡眠及饮食情况，有些资料分析将之归为因子10"其他"。

测验记分：

SCL-90的每一个项目均采用1、2、3、4、5五级评分制，具体如下：

（1）没有：自觉无该项问题；

（2）很轻：自觉有该项症状，但对被试者并无实际影响，或者影响轻微；

（3）中度：自觉有该项症状，对被试者有一定影响；

（4）偏重：自觉有该项症状，对被试者有相当程度的影响；

（5）严重：自觉该症状的频度和强度都十分严重，对被试者的影响严重。

这里的"影响"包括症状所致的痛苦和烦恼，也包括症状造成的心理社会功能损害。"轻、中、重"的具体定义，由被试者自己体会，不必作硬性规定。

SCL-90的统计指标主要为两项，即总分和因子分。

总分项目：

（1）总分：90个项目单项分相加之和，能反映其病情严重程度。

（2）总均分：总分/90，表示从总体情况看，该受检者的自我感觉位于1～5级间的哪一个分值程度上。

（3）阳性项目数：单项分≥2的项目数，表示受检者在多少项目上呈现"病状"。

（4）阴性项目数：单项分=1的项目数，表示受检者"无症状"的项目有多少。

（5）阳性症状均分：（总分-阴性项目数）/阳性项目数，表示受检者在"有症状"项目中的平均得分。反映受检者自我感觉不佳的项目，其严重程度究竟属于哪个范围。

因子分项目：

因子分共包括10个因子，即所有90个项目分为10大类。每一因子反映受检者某一方面的情况，因而通过因子分可以了解受检者的症状分布特点，并可作廓图（Profile）分析项目。

结果分析：

量表作者未提出分界值，按全国常模结果，总分超过160分，或阳性项目数超过43项，或任一因子分超过2分，需考虑筛选阳性，需进一步检查。

应用评价：

本测验适用对象为成人（16岁以上）。它对有心理症状（即有可能处于心理障碍或心理障碍边缘）的人有良好的区分能力。适用于测查某人群中哪些人可能有心理障碍，某人可能有何种心理障碍及其严重程度如何。不适用于测查躁狂症和精神分裂症。本测验不仅可以自我测查，也可以对他人（如其行为异常，有患精神或心理疾病的可能）进行核查，假如发现得分较高，则应进一步筛查。

项目2　《焦虑自评量表》（SAS）的使用

实训目的和要求

学生通过模拟实训，掌握《焦虑自评量表》（SAS）操作方法，并能初步运用《焦虑自评量表》（SAS）对罪犯进行心理评估。

实训内容

1. 《焦虑自评量表》（SAS）测试操作。

2. 合理使用"指导语"。

3. 《焦虑自评量表》（SAS）记分表达使用。

4. 根据测验结果进行心理分析。

实训准备

多媒体教室或心理测评实训室、《焦虑自评量表》（SAS）（纸质版或软件版）、纸、笔、实训教材等。

实施方式

基础性实训：

1. 学生3~5人为一组，每组学生运用《焦虑自评量表》（SAS）相互进行测试。

2. 每组学生组内相互进行记分、评估，了解受测者的焦虑状况。

3. 每组学生对测验情况进行讨论。

4. 每组学生代表对讨论结果进行陈述。

5. 老师进行总结陈述。

拓展性实训：

1. 学生 3~5 人为一组，每组学生运用《焦虑自评量表》（SAS）对某一类人群进行测试（罪犯或警校大学生等，建议样本量不少于 100），并收集人群的性别、年龄等人口学信息。（为进一步拓展与提高，可同时用其他量表，如 16FP、应对方式量表等，对测验对象进行测试，分析相关心理品质对测试对象焦虑状况的影响。）

2. 每组学生计算每个及所有测试对象在 SAS 的得分，通过与常模比较等分析测试对象的焦虑状况，甄别存在焦虑状况的受测对象，并在 SPSS 统计软件上实现。

3. 按人口学信息等将测试对象进行分组（如男性和女性），计算他们在 SAS 的得分，比较不同组别测试对象的焦虑状况，并在 SPSS 统计软件上实现。（如用量表同时收集了测试对象的其他心理品质，进一步分析这些心理品质对测试对象焦虑状况的影响，并在 SPSS 统计软件上通过相关分析等实现。）

4. 每组学生代表对测试及分析结果进行展示与陈述，其他组对其采用的测试和统计方法、分析结果等进行讨论。

5. 老师对每组的展示与陈述以及其他学生的讨论进行点评。

6. 各组展示与陈述完毕后，老师作总结陈述。

注意事项

1. 老师需在讨论之前约一周布置实训任务，预留足够时间给学生开展测试及数据分析。

2. 老师需提供《焦虑自评量表》（SAS）的测试题本及使用手册。

3. 学生代表展示与陈述时，需要注意保护受测人员的隐私。

4. 如发现受测者存在明显的焦虑症状，需作出专业、规范的处理。

实训作业

基础性实训：完成《焦虑自评量表》（SAS）使用实训报告。

拓展性实训：完成《××（人群）焦虑状况分析报告》。

 **知识链接**

焦虑自评量表（SAS）

请仔细阅读每一条内容，然后根据您最近一周的实际情况，选择符合自己的选项。

1—没有或很少时间；2—少部分时间；3—相当多的时间；4—绝大部分或全部时间。

1. 我觉得比平时容易紧张和着急。	1	2	3	4
2. 我无缘无故地感到害怕。	1	2	3	4
3. 我容易心里烦乱或觉得惊恐。	1	2	3	4
4. 我觉得我可能将要发疯。	1	2	3	4
5. 我觉得一切都很好，也不会发生什么不幸。	1	2	3	4
6. 我手脚发抖打颤。	1	2	3	4
7. 我因为头痛、颈痛和背痛而苦恼。	1	2	3	4
8. 我感觉容易衰弱和疲乏。	1	2	3	4
9. 我觉得心平气和，并且容易安静坐着。	1	2	3	4
10. 我觉得心跳得快。	1	2	3	4
11. 我因为一阵阵头晕而苦恼。	1	2	3	4
12. 我有晕倒发作，或觉得要晕倒似的。	1	2	3	4
13. 我呼气吸气都感到很容易。	1	2	3	4
14. 我手脚麻木和刺痛。	1	2	3	4
15. 我因胃痛和消化不良而苦恼。	1	2	3	4
16. 我常常要小便。	1	2	3	4
17. 我的手常常是干燥温暖的。	1	2	3	4
18. 我脸红发热。	1	2	3	4
19. 我容易入睡并且一夜睡得很好。	1	2	3	4
20. 我做噩梦。	1	2	3	4

　　焦虑自评量表（Self Rating Anxiety Scale，SAS）由 Zung 于 1971 年编制，从量表构造的形式到具体评定的方法，都与抑郁自评量表（SDS）十分相似，它也是一个含有 20 个项目、分为四级评分的自评量表，用于评出焦虑病人的主观感受。

　　适用对象：

　　SAS 适用于具有焦虑症状的成年人。同时，它与 SDS 一样，具有广泛的适用性。

　　评定方法：

　　在自评者自评之前，要让他把整个量表的填写方法及每条问题的含义都弄明白，然后作出独立的、不受任何人影响的自我评定。

　　在开始评定之前，主试应该指着 SAS 量表告诉他：下面有 20 条文字，请仔细阅读每一条，把意思弄明白，然后根据您最近一星期的实际情况，在适当的地方画"√"。

如果被试的文化程度太低不能理解或看不懂 SAS 问题的内容，可由主试念给他听，逐条念，让被试独立地作出自己的评定。完成整个问卷，大概需要 10 分钟时间。

注意事项：

1. 评定的时间范围，应强调是"现在或过去的一周"。

2. 在评定结束时，工作人员应仔细地检查一下自评结果，应提醒被试不要漏评某一项目，也不要在相同项目上打两个勾（不要重复评定）。

3. SAS 应在开始治疗前由被试评定一次，然后至少在治疗后（或研究结束时）再让他评定一次，以便通过 SAS 总分变化来分析被试的症状变化情况。

结果分析：

SAS 的主要统计指标为总分。由被试评定结束后，将 20 个项目的各个得分相加，即得到粗分，经过下列公式计算：$Y = int（1.25x）$；即用粗分乘以 1.25 以后取整数部分，就得到标准分 Y，或者查附录中的表格做相同的转换。

需要注意的是，SAS 的 20 个项目中，第 5，9，13，17，19 项共 5 个项目的计分，必须反向计算。

按照中国常模结果，SAS 标准分的分界值为 50 分，其中 50~59 分为轻度焦虑，60~69 分为中度焦虑，69 分以上为重度焦虑。

应用评价：

SAS 是一种分析病人主观症状的相当简便的临床工具。吴文源等人对 36 个神经官能症来访者进行 SAS 评定同时采用 HAMA 量表做询问检查，两表总分的相关系数为 0.365，表明 SAS 的效度很高。许多国外的研究认为，SAS 能比较准确地反映有焦虑倾向的精神病来访者的主观感受。焦虑是心理咨询门诊中比较常见的一种情绪障碍，近年来，SAS 已作为咨询门诊中了解焦虑症状的一种自评工具。

项目 3　《抑郁自评量表》（SDS）的使用

实训目的和要求

学生通过模拟实训，掌握《抑郁自评量表》（SDS）操作方法，并能初步运用《抑郁自评量表》（SDS）对罪犯进行心理评估。

实训内容

1.《抑郁自评量表》（SDS）测试操作。

2. 合理使用"指导语"。

3.《抑郁自评量表》（SDS）记分表达使用。

4. 根据测验结果进行心理分析。

实训准备

多媒体教室或心理测评实训室、《抑郁自评量表》(SDS)(纸质版或软件版)、纸、笔、实训教材等。

实施方式

基础性实训:

1. 学生3~5人为一组,每组学生运用《抑郁自评量表》(SDS)相互进行测试。

2. 每组学生组内相互进行记分、评估。

3. 每组学生对测验情况进行讨论。

4. 每组学生代表对讨论结果进行陈述。

5. 老师进行总结陈述。

拓展性实训:

1. 学生3~5人为一组,每组学生运用《抑郁自评量表》(SDS)对某一类人群进行测试(罪犯或警校大学生等,建议样本量不少于100),并收集人群的性别、年龄等人口学信息。(为进一步拓展与提高,可同时用其他量表,如16FP、应对方式量表等,对测验对象进行测试,分析相关心理品质对测试对象抑郁状况的影响。)

2. 每组学生计算每个及所有测试对象在SDS的得分,通过与常模比较等分析测试对象的抑郁状况,甄别存在抑郁状况的受测对象,并在SPSS统计软件上实现。

3. 按人口学信息等将测试对象进行分组(如男性和女性),计算他们在SDS的得分,比较不同组别测试对象的抑郁状况,并在SPSS统计软件上实现。(如用量表同时收集了测试对象的其他心理品质,进一步分析这些心理品质对测试对象抑郁状况的影响,并在SPSS统计软件上通过相关分析等实现。)

4. 每组学生代表对测试及分析结果进行展示与陈述,其他组对其采用的测试和统计方法、分析结果等进行讨论。

5. 老师对每组的展示与陈述,以及其他学生的讨论进行点评。

6. 各组展示与陈述完毕后,老师作总结陈述。

注意事项

1. 老师需在讨论之前约一周布置实训任务,预留足够时间给学生开展测试及数据分析。

2. 老师需提供《抑郁自评量表》(SDS)的测试题本及使用手册。

3. 学生代表展示与陈述时,需要注意保护受测人员的隐私。

4. 如发现受测者存在明显的抑郁症状,需作出专业、规范的处理。

实训作业

基础性实训:完成《抑郁自评量表》(SDS)使用实训报告。

拓展性实训：完成《××（人群）抑郁状况分析报告》。

 知识链接

抑郁自评量表（SDS）

请仔细阅读每一条内容，然后根据您最近一周的实际情况，选择符合自己的选项。

1—没有或很少时间；2—少部分时间；3—相当多时间；4—绝大部分或全部时间。

1. 我感到情绪沮丧、郁闷。	1	2	3	4
2. 我感到早晨心情最好。	1	2	3	4
3. 我要哭或想哭。	1	2	3	4
4. 我夜间睡眠不好。	1	2	3	4
5. 我吃饭像平时一样多。	1	2	3	4
6. 我的性功能正常。	1	2	3	4
7. 我感到体重减轻。	1	2	3	4
8. 我为便秘烦恼。	1	2	3	4
9. 我的心跳比平时快。	1	2	3	4
10. 我无故感到疲劳。	1	2	3	4
11. 我的头脑像往常一样清楚。	1	2	3	4
12. 我做事情像平时一样不感到困难。	1	2	3	4
13. 我坐卧不安，难以保持平静。	1	2	3	4
14. 我对未来感到有希望。	1	2	3	4
15. 我比平时更容易激怒。	1	2	3	4
16. 我觉得决定什么事很容易。	1	2	3	4
17. 我感到自己是有用的和不可缺少的人。	1	2	3	4
18. 我的生活很有意义。	1	2	3	4
19. 假若我死了别人会过得更好。	1	2	3	4
20. 我仍旧喜爱自己平时喜爱的东西。	1	2	3	4

抑郁自评量表（SDS）由 W. K. Zung 于 1965 年编制。本量表含有 20 个反映抑郁主观感受的项目，每个项目按症状出现的频度分为四级评分，其中 10 个为正向评分、10 个为反向评分。

适用范围：

本量表可以评定抑郁症状的轻重程度及其在治疗中的变化，特别适用于发现抑郁症病人。其评定对象为具有抑郁症状的成年人。

施测步骤：

1. 在自评者评定以前，一定要让受测者把整个量表的填写方法及每条问题的含义

都弄明白，然后作出独立的、不受任何人影响的自我评定。

对 20 个项目评定时依据的等级标准为：

（1）没有或很少时间；

（2）少部分时间；

（3）相当多时间；

（4）绝大部分或全部时间。

填写时，要求受测者仔细阅读每一条，把意思弄明白，然后根据最近一周的实际感觉，在适当的数字上标记。

2. 如果评定者的文化程度太低，不能理解或看不懂 SDS 问题的内容，可由工作人员逐条念给他听，让评定者独自作出决定。

3. 评定时，应让自评者理解反向评分的各题，SDS 有 10 项反向项目，如不能理解会直接影响统计效果。

4. 评定结束时，工作人员应仔细检查一下评定结果，应提醒自评者不要漏评某一项目，也不要在相同一个项目上重复评定。

测验的记分：

若为正向评分题，依次评为 1、2、3、4 分；反向评分题则评为 4、3、2、1。待评定结束后，把 20 个项目中的各项分数相加，即得总粗分（X），然后将粗分乘以 1.25 以后取整数部分，就得标准分（Y）。

结果的解释：

按照中国常模结果，SDS 标准分的分界值为 53 分，其中 53～62 分为轻度抑郁，63～72 分为中度抑郁，73 分以上为重度抑郁。

SDS 总粗分的正常上限为 41 分，分值越低状态越好。标准分为总粗分乘以 1.25 后所得的整数部分。我国以 SDS 标准分≥50 为有抑郁症状。

抑郁严重度＝各条目累计分/80。结果：0.5 以下者为无抑郁；0.5～0.59 为轻微至轻度抑郁；0.6～0.69 为中至重度抑郁；0.7 以上为重度抑郁。仅做参考。

注意事项：

1. SDS 主要适用于具有抑郁症状的成年人，它对心理咨询门诊及精神科门诊或住院精神病人均可使用。对严重阻滞症状的抑郁病人，评定有困难。

2. 关于抑郁症状的分级，除参考量表分值外，主要还要根据临床症状，特别是参考要害症状的程度来划分，量表分值仅能作为一项参考指标而非绝对标准。

项目4　《生活事件量表》（LES）的使用

实训目的和要求

学生通过模拟实训，掌握《生活事件量表》（LES）操作方法，并能初步运用《生活事件量表》（LES）对罪犯进行心理评估。

实训内容

1. 《生活事件量表》（LES）测试操作。
2. 合理使用"指导语"。
3. 《生活事件量表》（LES）记分表达使用。
4. 根据测验结果进行心理分析。

实训准备

多媒体教室或心理测评实训室、《生活事件量表》（LES）（纸质版或软件版）、纸、笔、实训教材等。

实施方式

1. 学生3~5人为一组，每组学生运用《生活事件量表》（LES）相互进行测试。
2. 每组学生组内相互进行记分、评估，对受测者的精神刺激进行定性和定量。
3. 每组学生对测验情况进行讨论。
4. 每组学生代表对讨论结果进行陈述。
5. 老师进行总结陈述。

注意事项

1. 老师需在讨论之前约一周布置实训任务，预留足够时间给学生开展测试及数据分析。
2. 老师需提供《生活事件量表》（LES）的测试题本及使用手册。
3. 学生代表展示与陈述时，需要注意保护受测人员的隐私。

实训作业

完成《生活事件量表》（LES）使用实训报告。

知识链接

生活事件量表（LES）

指导语：下面是每个人都有可能遇到的一些日常生活事件，究竟是好事还是坏事，可根据个人情况自行判断。这些事件可能对个人有精神上的影响（体验为紧张、压力、兴奋或苦恼等），影响的轻重程度是各不相同的，影响持续的时间也不一样。请您根据自己的情况，实事求是地回答下列问题。

生活事件名称	事件发生时间				性质		精神影响程度				影响持续时间				备注
	未发生	一年前	一年内	长期性	好事	坏事	无影响	轻度	中度	重度	极重	三月内	半年内	一年内	一年以上	
举例：房屋拆迁															
第一部分：家庭有关问题															
1. 恋爱或订婚															
2. 恋爱失败、破裂															
3. 结婚															
4. 自己（爱人）怀孕															
5. 自己（爱人）流产															
6. 家庭增加新成员															
7. 与爱人父母不和															
8. 夫妻感情不好															
9. 夫妻分居（因感情不好）															
10. 夫妻两地分居（工作需要）															
11. 性生活不满意或独居															
12. 配偶一方有外遇															
13. 夫妻重归于好															
14. 超指标生育															
15. 本人（爱人）做绝育手术															
16. 配偶死亡															
17. 离婚															

18. 子女升学（就业）失败										
19. 子女管教困难										
20. 子女长期离家										
21. 父母不和										
22. 家庭经济困难										
23. 欠债500元以上										
24. 家庭经济状况显著改善										
25. 家庭成员重病、重伤										
26. 家庭成员死亡										
27. 本人重病、重伤										
28. 住房紧张										
第二部分：工作学习中的问题										
29. 待业、无业										
30. 开始就业										
31. 高考失败										
32. 扣发奖金或罚款										
33. 突出的个人成就										
34. 晋升、提级										
35. 对现职工作不满意										
36. 工作学习中压力大（如成绩不好）										
37. 与上级关系紧张										
38. 与同事邻居不和										
39. 第一次远走他乡异国										
40. 生活规律重大变动（饮食、睡眠规律改变）										
41. 本人退休、离休或未安排具体工作										
第三部分：社交与其他问题										
42. 好友重病或重伤										
43. 好友死亡										

续表

44. 被人误会、错怪、诬告、议论											
45. 介入民事法律纠纷											
46. 被拘留、受审											
47. 失窃、财产损失											
48. 意外惊吓、发生事故、自然灾害											
如果您还经历过其他的生活事件，请依次填写											
49.											
50.											

生活事件量表，采用杨德森、张亚林 1986 年编写的版本。LES 是自评量表，含有 48 条我国较常见的生活事件，包括三个方面的问题：一是家庭生活方面（有 28 条），二是工作学习方面（有 13 条），三是社交及其他方面（7 条），另设有 2 条空白项目，供填写当事者已经经历而表中并未列出的某些事件。

适用范围：

LES 适用于 16 岁以上的正常人、神经症、心身疾病、各种躯体疾病来访者以及自知力恢复的重性精神病来访者。

实施步骤：

填写者须仔细阅读和领会指导语，然后逐条一一过目。根据调查者的要求，将某一时间范围内（通常为一年内）的事件记录下来。有的事件虽然发生在该时间范围之前，如果影响深远并延续至今，可作为长期性事件记录。对于表上已列出但并未经历的事件应一一注明"未经历"，不留空白，以防遗漏。然后，由填写者根据自身的实际感受，而不是按常理或伦理道德观念去判断那些经历过的事件对本人来说是好事或是坏事？影响程度如何？影响持续的时间有多久？一过性的事件如流产、失窃要记录发生次数；长期性事件如住房拥挤、夫妻分居等不到半年记为 1 次，超过半年记为 2 次。影响程度分为 5 级，从毫无影响到影响极重分别记 0、1、2、3，4 分。影响持续时间分为三月内、半年内、一年内、一年以上共 4 个等级，分别记 1、2、3、4 分。

测验记分：

1. 某事件刺激量＝该事件影响程度分×该事件持续时间分×该事件发生次数

2. 正性事件刺激量＝全部好事刺激量之和

3. 负性事件刺激量＝全部坏事刺激量之和

4. 生活事件总刺激量＝正性事件刺激量＋负性事件刺激量。

另外，还可以根据研究需要，按家庭问题、工作学习问题和社交问题进行分类统计。

结果解释：

LES 总分越高反映个体承受的精神压力越大。95% 的正常人一年内的 LES 总分不超过 20 分，99% 的不超过 32 分。负性事件的分值越高对心身健康的影响越大；正性事件分值的意义尚待进一步的研究。

应用评价：

1. 用于神经症、心身疾病、各种躯体疾病及重性精神疾病的病因学研究，可确定心理因素在这些疾病发生、发展和转归中的作用分量。

2. 用于指导心理治疗、危机干预，使心理治疗和医疗干预更具针对性。

3. 甄别高危人群、预防精神障碍和心身疾病，对 LES 分值较高者加强预防工作。

4. 指导正常人了解自己的精神负荷、维护心身健康，提高生活质量。

项目 5　《简明精神病量表》（BPRS）的使用

📖 **实训目的和要求**

学生通过模拟实训，掌握《简明精神病量表》（BPRS）操作方法，并能初步运用《简明精神病量表》（BPRS）对罪犯进行心理评估。

📖 **实训内容**

1. 《简明精神病量表》（BPRS）测试操作。

2. 合理使用"指导语"。

3. 《简明精神病量表》（BPRS）记分表达使用。

4. 根据测验结果进行心理分析。

📖 **实训准备**

多媒体教室或心理测评实训室、《简明精神病量表》（BPRS）、纸、笔、实训教材等。

📖 **实施方式**

1. 学生 3~5 人为一组，每组学生运用《简明精神病量表》（BPRS）相互进行测试（如实训条件允许，最好选择可能有精神病性症状的罪犯进行测试）。

2. 每组学生对测验进行记分、分析，了解受测者是否存在精神病性症状及严重程度。

3. 每组学生对测验情况进行讨论。

4. 每组学生代表对讨论结果进行陈述。

5. 老师进行总结陈述。

📖 **注意事项**

1. 老师需在讨论之前约一周布置实训任务，预留足够时间给学生开展测试及数据分析。

2. 老师需提供《简明精神病量表》（BPRS）的测试题本及使用手册。

3. 学生代表展示与陈述时，需要注意保护受测人员的隐私。

4. 如发现受测者存在明显的精神病性症状，需作出专业、规范的处理。

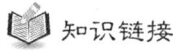 **实训作业**

完成《简明精神病量表》（BPRS）使用实训报告。

知识链接

简明精神病量表（BPRS）

圈出最适合病人情况的分数									
依据病人口头叙述	依据观测	未测	无	很轻	轻度	中度	偏重	重度	极重
1. 关心身心健康									
2. 焦虑									
	3. 情感交流障碍								
4. 概念紊乱									
5. 罪恶观念									
	6. 紧张								
	7. 装相和作态								
8. 夸大									
9. 心境抑郁									
10. 敌对									
11. 猜疑									
12. 幻觉									
	13. 动作迟缓								
	14. 不合作								
15. 不寻常思维内容									
	16. 情感平淡								
	17. 兴奋								
18. 定向障碍									

《简明精神病量表》（BPRS）是一个评定精神病性症状严重程度的他评量表，适用于具有精神病性症状的大多数重性精神病来访者，尤适用于精神分裂症来访者。

评定由评定人员对病人做精神病量表检查后，分别根据病人的口述和观察情况，依据症状定义和临床经验进行评分。一次评定大概需要20分钟的会谈和观察。评定的时间范围一般定在前一周。评定需由受过专业训练的精神科专业人员来进行。

BPRS 最常使用的是 18 项版本。所有项目采用 1~7 级的评定方法，具体为：无症状（1），很轻（2），轻度（3），中度（4），偏重（5），重度（6），极重（7），如果未测就记"0"分，统计时应该删除。

各项目的名称和定义：

1. 关心身心健康：指对自己的健康过分关心，不考虑其主诉是否有客观基础。

2. 焦虑：指精神性焦虑，即对当前和未来的情况担心、恐惧或过分关注。

3. 情感交流障碍：指与检查者之间如同存在无形的隔膜，无法实现正常的情感交流和沟通。

4. 概念紊乱：指联想散漫、零乱或解体的程度。

5. 罪恶观念：指对以往言行的过分关注、内疚和悔恨。

6. 紧张：指焦虑性运动表现。

7. 装相和作态：指不寻常的或不自然的运动性行为。

8. 夸大：即过分自负，确信有不寻常的才能和权力等。

9. 心境抑郁：即心境不佳，沮丧、悲伤和情绪低落的程度。

10. 敌对：指对他人（不包括检查者）的仇恨、敌对和蔑视。

11. 猜疑：指检查当时认为有人正在或曾经恶意对待他。

12. 幻觉：指没有相应外界刺激的感觉。

13. 动作迟缓：指言语、动作、行为减少和迟缓。

14. 不合作：指会谈时对检查者的对立、不友好、不满意或不合作。

15. 不寻常思维内容：指荒谬古怪的思维内容。

16. 情感平淡：指情感基调低，明显缺乏相应的正常情感反应。

17. 兴奋：指情感基调增高、激动，对外界反应增强。

18. 定向障碍：指对人物、地点、时间分辨不清。

此外，该量表的编写组曾经增加两个项目：

X1：自知力障碍：指对自己精神疾病、精神症状和异常言行缺乏认识。

X2：工作不能：指对日常工作或活动的影响。

其中第 1, 2, 4, 5, 8, 9, 10, 11, 12, 15, 18 项，根据量表检查时病人的回答评分；而第 3, 6, 7, 13, 14, 16, 17 项则依据对病人的观察评分。原版中第 16 项"情感平淡"是根据病人的口头叙述来评定，编写组认为还是根据"观察评定"更为合适。

原版的 BPRS 本来没有工作用评分标准，这对于初学者来说会影响评定的一致性，具体评分时也会有困难。国内的编写组专门制定了一份工作用评分标准作为参考。

统计指标和结果分析：

（1）总分（18~126 分），反映疾病严重性，分数越高，病情越严重。治疗前后总分的变化反映疗效的好坏。差值越大说明疗效越好，一般的标准是大于 35 分。

（2）单项分（0~7分），反映症状的分布和靶症状的严重程度。治疗前后的分数变化可以反映对靶症状治疗的效果。

（3）因子分（0~7分），反映症状群的分布和疾病的临床特点，并可以根据这个画出症状群轮廓图。一般归为5个因子。

焦虑因子：1，2，5，9四项；

缺乏活力因子：3，13，16，18四项；

思维障碍因子：4，8，12，15四项；

激活性：6，7，17三项；

敌对和猜疑：10，11，14三项。

应用评价：

BPRS是精神科应用得最广泛的量表之一。量表长度适中，症状项目合理，既能比较全面地反映来访者的精神状况，又比较简便，容易掌握，为大多数精神科医生所接受，适用于临床常规检查和研究。国内外多年的实践应用证明了它具有良好的可靠性和真实性。

单 元 四

罪犯改造评估

项目 1　入监初期评估

实训目的和要求

学生通过模拟实训，掌握入监初期评估操作方法，并能初步运用《症状自评量表》（SCL-90）、《罪犯个性分测验》（COPA-PI）对罪犯进行心理评估。

实训内容

1. 《症状自评量表》（SCL-90）、《罪犯个性分测验》（COPA-PI）测试操作。

2. 合理使用"指导语"。

3. 《症状自评量表》（SCL-90）、《罪犯个性分测验》（COPA-PI）记分表达使用。

4. 根据测验结果进行心理分析。

实训准备

多媒体教室或心理测评实训室、《症状自评量表》（SCL-90）、《罪犯个性分测验》（COPA-PI）（纸质版或软件版）、纸、笔、实训教材等。

实施方式

1. 学生 3~5 人为一组，每组学生在监狱心理矫治科等民警的指导下开展罪犯入监初期心理评估工作。

2. 每组学生对测验情况进行讨论。

3. 每组学生代表对讨论结果进行陈述。

4. 老师进行总结陈述。

注意事项

1. 测验需在遵守监狱管理制度的前提下进行，并注意测试不能对受测者和施测者产生不良影响。

2. 测试过程中要保证学生的人身安全和监管安全等。

 **实训作业**

完成罪犯入监初期心理评估实训报告。

知识链接

罪犯刑罚心理状况分测验

1. 不论事情大小，我从不将自己的过错推给别人。

2. 我觉得自己很难适应监管生活。

3. 我虽然犯了罪，但我正努力改造，我希望能得到家人和社会的理解。

4. 我比较喜欢自由自在，被束缚真难受。

5. 劳动改掉了我懒惰的习惯。

6. 只有认真、积极地投身于改造，才能有好的结果。

7. 我从来没有吵过嘴。

8. 我现在变得不想吃东西，胃口不好。

9. 我希望得到别人的理解和尊重。

10. 比我坏的人多的是，只是我的运气不好。

11. 为了能早日回到父母、妻儿身边，我才去认真改造。

12. 我悔恨自己的犯罪行为，并能经常反思自己走上犯罪道路的原因。

13. 我从来没有出现过什么差错。

14. 晚上，我经常被噩梦惊醒。

15. 丰富多彩的娱乐活动，能使我减轻烦恼，精神振作。

16. 我承认自己有罪，但不承认自己应该背负这么重的刑期。

17. 为了向人民赎罪，我踏实地改造。

18. 社会对我的帮教更坚定了我弃恶从善的信心。

19. 入监后我常常心神不宁，坐卧不安。

20. 我深切地懂得了自由的可贵。

21. 我不会忘记是谁害得我进监狱。

22. 为了不辜负管教我的警官的关怀教育，我认真地改造。

23. 我要利用服刑期间，抓紧更新自己、完善自己，以开创一个美好的未来。

24. 沉重的刑期压得我喘不过气来，使我对一切事情都冷漠无趣。

25. 如果警官、家庭和社会不歧视我，能以爱心感化我，我会信心百倍地改恶从善。

26. 我犯罪是因为别人的引诱。

27. 为了在今后的人生途中不再跌跤或少跌跤，我真诚悔过，认真改造。

28. 狱内生活固然艰苦，但能磨砺我的意志。

29. 我不愿意接近那些能够洞察别人心事的人。

30. 我有时想到一些坏得说不出口的事情。

31. 在我认识的警官里，个个我都喜欢。

32. 入监后我常常变得喜怒无常，常无端想笑，又常为一件小事而大动肝火。

33. 我常为过去的犯罪而感到悔恨。

34. 用"人在屋檐下，怎能不低头"来形容我现在的处境是最恰当不过了。

35. 为了开创美好的未来，我抓紧学习以充实自己。

36. 家里人对我期望很高，我不能辜负他们。

37. 即使电影院里没有检票员，我也不会逃票。

38. 我无法集中心思学习。

39. 我常为有罪恶感而苦恼。

40. 我实在学不进去，但又不得不应付。

41. 我觉得政府对我很宽大，我必须接受改造。

42. 我欠别人很多感情债，需要用自己的劳动来偿还。

43. 我从未拿过别人的东西（哪怕一针一线）。

44. 我真希望变成一只鸟。

45. 我无法集中心思学习。

46. 劳动改掉了我懒惰的习惯。

47. 现在多参加劳动，学有一技之长，将来能用得着。

48. 我常为过去的错事而心里不安。

49. 当警官批评时，哪怕是冤枉的，我也觉得警官是在关心我。

50. 一天到晚我总感到口干舌燥。

51. 如果警官、家庭和社会不歧视我，能以爱心感化我，我会信心百倍地改恶从善。

52. 我认为学到的东西是自己的，将来有用。

53. 我认为自己的过错应该受到惩罚。

54. 我感受到压抑而焦虑。

55. 服刑期间，我心里紧张、忧虑。

56. 我承认自己有罪，但不承认自己应该背负这么重的刑期。

57. 我觉得自己的经历是失败的。

项目 2 服刑中期评估

实训目的和要求

学生通过模拟实训，掌握罪犯服刑中期评估操作方法，并能初步运用《罪犯犯罪心理结构变化状况分测验》（COPA-TCMI）对罪犯进行心理评估。

实训内容

1. 《罪犯犯罪心理结构变化状况分测验》（COPA-TCMI）测试操作。
2. 合理使用"指导语"。
3. 《罪犯犯罪心理结构变化状况分测验》（COPA-TCMI）记分表达使用。
4. 根据测验结果进行心理分析。

实训准备

多媒体教室或心理测评实训室、《罪犯犯罪心理结构变化状况分测验》（COPA-TCMI）（纸质版或软件版）、纸、笔、实训教材等。

实施方式

1. 学生3~5人为一组，每组学生在监狱心理矫治科等民警的指导下开展罪犯入监中期心理评估工作。
2. 每组学生对测验情况进行讨论。
3. 每组学生代表对讨论结果进行陈述。
4. 老师进行总结陈述。

注意事项

1. 测验需在遵守监狱管理制度的前提下进行，并注意测试不能对受测者和施测者产生不良影响。
2. 测试过程中要保证学生的人身安全和监管安全等。

实训作业

完成罪犯入监中期心理评估实训报告。

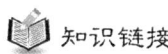 知识链接

中国罪犯心理评估系统各分测验的适用范围

1. 罪犯个性分测验（COPA-PI，简称测验Ⅰ）：既可用作入监诊断量表，以了解罪犯的个性特点及其社会心理缺陷；也可在矫治过程中和释放前用来验证改造效果，了解罪犯的个性变化。还可用来与其他分量表进行对比，验证其真伪，并对罪犯予以综合评价。

2. 罪犯心理结构状况分测验（COPA-SCMI，简称测验Ⅱ）：是罪犯入监诊断量表，以摸清罪犯实施犯罪行为的内部动力，准确诊断其犯罪心理的特殊性和个别差异，以便采取有针对性的矫治措施，为制定矫治、处遇方案打下基础。

3. 罪犯刑罚心理状况分测验（COPA-MPI，简称测验Ⅲ）：是罪犯入监诊断量表，主要是了解罪犯的服刑态度和监禁心理状态，掌握其对刑罚惩罚的适应性和态度，以

便通过心理健康教育和心理咨询，矫正其不良的服刑心态。

4. 罪犯犯罪心理结构变化状况分测验（COPA-TCMI，简称测验Ⅳ）：是矫治效果和行为预测量表，既可用于矫治过程中阶段性的效果检验，也可用于罪犯释放前矫治质量的总体评估和行为预测，主要是了解罪犯原有犯罪心理结构的变化状况，判断其犯罪心理良性转化或恶性发展的趋势，预测其重新犯罪的可能性。

5. 罪犯社会适应状况分测验（COPA-SAI，简称测验Ⅴ）：是矫治效果检验和行为预测量表，用于罪犯即将刑满或假释出狱前，主要是检测罪犯再社会化的程度和水平，了解其对社会的态度和对现实社会的适应状况，以确定其回归社会后能否与社会、他人和谐相处，从而预测其重新犯罪概率的大小。

6. 三个附加测验（简称测验Ⅵ）：既可在入监时用来辅助诊断，也可在罪犯临近出监时用来辅助评估其改造质量。

（1）物欲型罪犯测验（COPA-PCI，简称测验Ⅵ-1）：是针对财产型罪犯心理的辅助性测量工具，主要是了解该类罪犯强烈的物质欲望消长情况，以及用非法手段攫取财物的犯罪动机是否减退等情况。

（2）性欲型罪犯测验（COPA-SCI，简称测验Ⅵ-2）：是针对性犯罪型罪犯心理的辅助性测量工具，主要是对该类罪犯强烈的、畸变的性欲和变态的性满足方式的变化状况作出判断。

（3）情绪型罪犯测验（COPA-EOI，简称测验Ⅵ-3）：是针对由于消极情绪和情感的驱使或情绪、情感障碍而导致犯罪的在押罪犯的辅助性心理测量工具，主要是监测该类罪犯冲动性的情绪是否有所改变，自控能力是否加强。

项目3　服刑后期评估

实训目的和要求

学生通过模拟实训，掌握服刑后期评估操作方法，并能初步运用《罪犯社会适应状况分测验》（COPA-SAI）对罪犯进行心理评估。

实训内容

1. 《罪犯社会适应状况分测验》（COPA-SAI）测试操作。
2. 合理使用"指导语"。
3. 《罪犯社会适应状况分测验》（COPA-SAI）记分表达使用。
4. 根据测验结果进行心理分析。

实训准备

多媒体教室或心理测评实训室、《罪犯社会适应状况分测验》（COPA-SAI）（纸质版或软件版）、纸、笔、实训教材等。

实施方式

1. 学生 3~5 人为一组，每组学生在监狱心理矫治科等民警的指导下开展罪犯入监后期心理评估工作。

2. 每组学生对测验情况进行讨论。

3. 每组学生代表对讨论结果进行陈述。

4. 老师进行总结陈述。

注意事项

1. 测验需在遵守监狱管理制度的前提下进行，并注意测试不能对受测者和施测者产生不良影响。

2. 测试过程中要保证学生的人身安全和监管安全等。

实训作业

完成罪犯入监后期心理评估实训报告。

知识链接

物欲型罪犯测验（COPA-PCI，简称测验Ⅵ-1）

1. 我的人生追求就是吃喝玩乐。

2. 只要能过上好日子，可以不择手段。

3. "人为财死，鸟为食亡"是天经地义的。

4. 见到自己喜欢的东西，总想将它搞到手。

5. 一见到好的东西，心里不由产生一种占有的念头。

6. 见到心爱的东西，不弄到手我决不罢休。

7. 人生才短短几十年，不好好享受一番太不值得了。

8. 没有人能抗拒享受的诱惑。

9. 评价一个人的能力，是看他有多少金钱。

10. 我没有养成吃苦的习惯。

11. 有钱，才会有幸福；没钱，就谈不上幸福。

12. 大多数人对财物的欲望是没有止境的。

13. 有钱就有一切。

14. 再严的网，我认为总会有漏洞的。

15. "有权不用，过期作废"，如果我有权，我也会以权谋私。

16. 大多数人认为，一时的侥幸会带来享受不尽的利益。

17. 马无夜草不肥，人无外财不富。

18. 人的欲望是很难克制的。

19. 当今世界，只有多捞些钱才是最实惠的。

20. 我希望不付出或少付出劳动而能得到较多报酬。

21. 有钱能使鬼推磨。

22. 人人都贪图安逸。

23. 享乐是人的天性，而劳动是被迫的，只是迫不得已。

24. 我认为人人都有可能作弊，我也不例外。

25. 我用一切手段维护自己的利益。

26. 当有人出口伤我时，我会用同样的语气回敬或出手回敬。

27. 在现代社会中，不用劳动而能赚钱的人，那才是有本事。

28. 如果不被发现，任何人都会偷税漏税。

29. 我非常希望得到像有钱人一样的房子、汽车。

30. 我喜欢抽奖，因为说不准会抽到大奖。

31. 多数人认为，钱是人的地位与身份的尺度，是享受的保障。

32. 有钱能使鬼推磨，我对此深信不疑。

33. 我常常为自己很穷而苦恼。

34. 假如我能不买票坐车不被发觉，我肯定会做。

35. "马无夜草不肥，人无外财不富"一点不错。

36. 我常幻想自己一夜之间成为暴发户。

37. 我很羡慕那些腰缠万贯的暴发户。

38. 在银行取款，别人多给 3000 元，我是不会主动去退还的。

39. 大款的生活方式是我所追求的。

40. 走到监狱这一步是我的手段不高明。

41. 别人有的我一定得有。

42. 只要做事周密，就不会被人发现。

43. 判刑入狱，只因我命不好。

44. 看见我喜欢的东西就想窃为己有。

45. 老实忠厚的人总是不得好。

46. 我认为别人所拥有的东西我也应该有。

47. 我捡到钻石该多好。

项目 4　罪犯危险性评估

实训目的和要求

学生通过模拟实训，掌握罪犯危险性评估操作方法，并能初步运用《罪犯危险性评估量表》（目前国内外开发了较多罪犯危险性相关评估量表，可按需要选用）对罪犯进行心理评估。

实训内容

1. 《罪犯危险性评估量表》测试操作。

2. 合理使用"指导语"。

3. 《罪犯危险性评估量表》记分表达使用。

4. 根据测验结果进行心理分析。

实训准备

多媒体教室或心理测评实训室、《罪犯危险性评估量表》（纸质版或软件版）、纸、笔、实训教材等。

实施方式

1. 学生 3~5 人为一组，每组学生在监狱心理矫治科等民警的指导下开展罪犯危险性评估，甄别再犯罪、脱逃、暴力行凶、自杀等风险高的罪犯。

2. 每组学生对测验情况进行讨论。

3. 每组学生代表对讨论结果进行陈述。

4. 老师进行总结陈述。

注意事项

1. 测验需在遵守监狱管理制度的前提下进行，并注意测试不能对受测者和施测者产生不良影响。

2. 测试过程中要保证学生的人身安全和监管安全等。

实训作业

完成罪犯危险性评估实训报告。

 知识链接1

威斯康辛危险性评估工具

1. 过去 12 个月中改变住址的次数

A. 没有改变

B. 改变 1 次

C. 改变 2 次或更多次

2. 过去 12 个月中就业时间的百分数

A. 60% 或更多的时间

B. 40%~59%

C. 不到 40%

3. 饮酒问题

A. 没有明显问题

B. 有中等程度的问题

C. 有严重问题

4. 其他药物使用问题

A. 没有明显问题

B. 有中等程度的问题

C. 有严重问题

5. 态度

A. 希望转变，接受帮助

B. 有依赖性或不愿意承担责任

C. 将行为合理化，消极地不愿意转变

6. 初次判罪（或少年判决）时的年龄

A. 24 岁或更大

B. 20~23 岁

C. 19 岁或更小

7. 以前被处以缓刑或假释监督的次数

A. 无

B. 1 次或更多

8. 以前被撤销缓刑或假释的次数

A. 无

B. 1 次

C. 2 次或更多

9. 以前被判决犯有重罪的次数

A. 无

B. 1 次

C. 2 次或更多

10. 判罪或少年判决的犯因

A. 盗窃/抢劫

B. 伪造支票

11. 因（使用武器、体力或武力威胁进行）伤害犯罪而被判罪或少年判决

A. 是

B. 否

在罪犯危险性评估方面，比较有影响的一种评估工具，是美国威斯康辛危险性评估工具。威斯康辛危险性评估工具（The Wisconsin Risk-Assessment Instrument）也叫做

"威斯康辛危险性评价工具"，是由贝尔德、海因茨和贝莫斯在1979年编制的。这个量表包括11个方面的问题，每个问题有2~3个答案，不同的答案有不同的得分，最后根据总分的多少评定犯罪人的危险性。这个量表是为评估缓刑设计的，但是也适合假释犯和被监禁的罪犯。

需要注意的是，这个量表是美国编制的，很多条目并不适合中国的罪犯的实际情况，而且在中国暂时没有关于这个清单的相关研究和修订情况报告，所以，该量表暂不适合应用于实际，还只能应用于教学，用于研究危险性评估工具的设计理念。

威斯康辛危险性评估工具是一个他评工具，由监管人员或者其他司法人员根据调查和面谈确定每个项目的得分，计分方式如下：

威斯康辛危险性评估工具计分方式

项目	A	B	C
1	0	2	3
2	0	1	2
3	0	2	3
4	0	2	3
5	0	3	5
6	0	2	4
7	0	4	
8	0	2	4
9	0	2	4
10	2	3	
11	15	0	

一般认为该量表得分超过20分，该罪犯存在潜在的危险性。

知识链接2

中国罪犯危险性评估研究进展[1]

罪犯危险性指罪犯自杀、脱逃、行凶、暴狱、抗拒改造等行为发生的可能性，以及刑释后的再犯罪可能性。中国罪犯危险性评估研究近年来在理论研究、数据获取和分析、预测效用及实务应用、制度保障等方面取得了长足进展。

1. 在理论研究方面，基于勒温的场论、群体动力学理论、暴力攻击双峰模型等，

---

〔1〕 宋胜尊、章恩友、傅小兰："重新犯罪风险评估的理论与方法"，载《河南司法警官职业学院学报》2006年第4期。

对罪犯的暴力危险性评估开展了实证研究；基于迪尔凯姆、凯文等的自杀理论、多重动机理论，开展罪犯自杀危险性预测研究；基于能力优先原则，并逐步结合因素论、整体论、信号检测理论等，对罪犯脱逃危险性开展预测研究。

2. 在数据来源和数据分析方面，随着狱政管理系统、应急指挥系统、心理测试系统、劳动现场信息管理系统等不断完善，罪犯的多种数据，无论是结构化数据还是非结构化数据，为大数据预测提供了可能。有的监狱已经建立大数据平台，基于大数据驱动模型的罪犯危险性等级排序，不同类型危险性的甄别有望实现。

3. 罪犯危险性评估的预测效用不断提升，随着预测工具的不断发展而提高，当前危险性评估在选择优质工具、合理配置、重新编制三个方向均得到发展，其中，对于罪犯的特质类测验、状态类测验、情景投射类测验、关键事件突发背景下的应激反应和应付方式测验，分别对应于潜在危险性、现实危险性和即时危险性评估取得了一定的效果。

4. 在实务部门，监狱实务工作者对发生过危险行为的"典型样本"，开展剖析类研究；对"顽危犯"开展"评估—干预—再评估"研究，通过"顽危犯"干预研究前、后的情绪、态度、信念、行为的对照，显示出了显著的干预效果；对狱内预谋犯罪的正确识别检验了预测的准确性。

5. 在制度保障方面，司法部监狱管理局以文件的形式统筹规划全国监狱的罪犯危险性评估工作，极大地推动和保障了该项研究工作的进展。罪犯危险性评估研究对于维护监管秩序、预防刑释人员再犯罪具有重要的理论价值和实践意义。

单 元 五

心理测验的编制

项目1 心理测验题目设计

实训目的和要求

学生通过模拟实训，掌握"心理测验题目设计"操作方法，并能独立或合作完成心理问卷或量表的设计与编制。

实训内容

1. 测量目标的分析。
2. "指导语"的设计。
3. 心理测验格式的设计。
4. 心理测验题目的编写。

实训准备

多媒体教室或心理测评实训室、纸、笔、实训教材等。

实施方式

1. 学生3~5人为一组，每组学生确定测验编制计划（如编制"大学生手机依赖性问卷""服刑人员犯罪认知问卷"等）。
2. 收集测验资料、确定理论框架。
3. 每组学生编写与修订测验题目。
4. 每组派学生代表对编题设计进行展示与陈述，其他组学生对该组的编题设计进行讨论，提出改进意见与建议等。
5. 老师对每组的展示与陈述，以及其他组学生的讨论进行点评，并对该组的编制设计提出改进意见与建议。
6. 各组展示与陈述完毕后，老师作总结陈述。

注意事项

1. 老师需提前一周左右布置实训任务。

2. 老师需指导每组学生确定测验编制计划，以保证之后的实训顺利、有效地进行。必要时可增加一次集体或小组讨论。

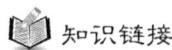 **实训作业**

1. 各组按老师及同学的意见及建议对测验题目进行修改、完善。
2. 完成心理测验题目设计实训报告。

知识链接

问卷的编制

一、明确问题的变量

编制问卷的第一步是建立理论构架，即根据问卷的题目，分析问题所包含的变量——问题包含哪些成分。如何建立理论构架？一般有两种方式：

（一）理论推导方式

从一个或若干个概念入手，找出与这些概念相联系的态度、行为、价值观念等方面的表现。比如"自我意识"，首先从这个概念入手，考虑自我意识从理论上包括哪几个方面——自我评价、自我控制、自我体验。

（二）因素分析方式

将实际收集到的资料或理论归纳为若干个项目，以此测试为数众多的被试，找出相关的项目，抽出主要因素，每一种因素代表一个特质，依次编制问卷。

二、问题的编制

（一）编制问题注意事项

1. 避免双重问题。如"你是否认为小学应该减少竞赛而多开展一些文体活动？"

2. 避免诱导性或倾向性暗示的问题。如："生理学家认为人在早晨记忆最佳，您的看法是？""大多数同学都喜欢自学，您呢？"

3. 避免过于书面化的文字，语言要通俗易懂，尽量不使用专业术语。如："你认为大学的隐性课程主要包括哪些？"

4. 避免用含义含糊、可作多种解释、不肯定、容易产生歧义的词。如："你认为学生的负担够重吗？""您认为您的老师是好老师吗？""转校前你参加过学校或者地方举行的各种比赛吗？""您是否听说过您身边的同学、朋友或亲戚通过走捷径而找到工作？"

5. 避免敏感性、刺激性问题。如：敏感的政治问题或有关伤害被试感情的问题，"您认为自己比其他同学聪明还是笨？"

6. 问卷的题目要适当，回答问卷的时间一般不要超过30分钟，题目数量一般控制在70题以内。

（二）编制备选答案注意事项

1. 备选答案要按同一标准分类。

如：您在课外：

a　从不进行自学

b　极少进行自学

c　老师布置自学就自学

d　较多进行自学

2. 备选答案之间的距离要大致相等。

如：您每个月的零花钱是：

a　0~50 元

b　51~100 元

c　101~200 元

d　201~500 元

3. 备选答案应该穷尽，如果答案难以罗列完全，可加一个选项"其他"。但如果在许多问题项过多而被试选择"其他"选项，则说明答案的设计遗漏了带有普遍情况的内容，或者答案的分类不恰当。

如："你平时主要有什么娱乐活动?"

a　参加学校里的活动

b　看电视

c　看小说

d　体育活动

如：您每天自学的时间大概为：

a　0~0.5 小时

b　1~2 小时

c　2~4 小时

d　4 小时以上

4. 答案无交集。

如：您每天晚自修的时间一般是：

a　0~1 小时

b　1~2 小时

c　2~3 小时

d　3 小时以上

可改为：

a　1 小时以内（含 1 小时）

b　1 小时以上至 2 小时

c　2小时以上至3小时

d　3小时以上

5. 一个选项不能出现两个答案。

如"就大学生谈恋爱对自己的影响，你怎么看？"

a　学习、生活更有动力

b　分散精力、浪费时间、成绩下降

如"如果对方提出分手，你会："

a　坦然面对

b　伤心欲绝，但只好接受

c　报复

d　死缠烂打，决不放手

（三）问题的序列

问题序列应从易到难，由近及远或由远及近，由低水平到高水平，复杂、敏感的问题尽量靠后，先定案型再不定案型。

为统计方便，每个因素的具体问题可等距间隔。如：1，6，11，16，21，26，31，36。

问题不能按固定逻辑联系排列，以免造成被试的心理定势。

项目2　测验项目分析

实训目的和要求

学生通过模拟实训，掌握测验项目分析操作方法，并能通过测验项目分析对测验题目优劣进行鉴定。

实训内容

1. 测验项目的难度计算。

2. 不同测验的难度水平确定。

3. 测验项目的区分度计算。

4. 根据区分度标准鉴定测验项目优劣。

实训准备

多媒体教室或心理测评实训室、学生自编心理测验或某一常用测验、纸、笔、实训教材等。

实施方式

1. 学生3~5人为一组（最好沿用本单元项目1的分组），每组学生对心理测验施

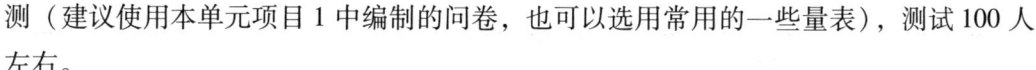

测（建议使用本单元项目 1 中编制的问卷，也可以选用常用的一些量表），测试 100 人左右。

2. 回收问卷，并按 SPSS 要求的格式将数据录入电脑。

3. 进行项目难度计算，并在 SPSS 上实现。

4. 进行项目区分度计算，并在 SPSS 上实现。

5. 每组派学生代表对项目分析结果及问卷的修订方案进行展示与陈述，其他组学生对该组的分析结果和修订方案进行讨论，提出改进意见与建议等。

6. 老师对每组的展示与陈述，以及其他组学生的讨论进行点评，并对该组的分析及修订方案提出改进意见与建议。

7. 各组展示与陈述完毕后，老师作总结陈述。

注意事项

1. 老师需提前一周左右布置实训任务。

2. 学生展示与陈述最好在心理测评实训室中进行，以便学生即时进行修改。

实训作业

1. 各组按老师和同学的意见及建议对项目分析及问卷修订方案进行修改、完善。

2. 完成测验项目分析实训报告。

 知识链接

题目区分度指数与优劣评价

区分度指数（D）	试题评价
0.40 分以上	非常优良
0.30~0.39 分	良好
0.20~0.29 分	尚可，须修改
0.19 分以下	劣，必须淘汰

项目难度和区分度指数最大值的关系

P	D 最大值
1.00	0.00
0.90	0.20
0.80	0.40
0.70	0.60
0.60	0.80

续表

0.50	1.00
0.40	0.00
0.30	0.60
0.20	0.40
0.10	0.20
0.00	0.00

单 元 六

测量的误差检验

项目1　测验信度分析

实训目的和要求

学生通过模拟实训，掌握信度估计方法，并能初步运用信度分析结果分析测验稳定性。

实训内容

1. 重测信度计算。

2. 复本信度计算。

3. 分半信度计算。

4. 同质性信度计算。

5. 评分者信度计算。

实训准备

多媒体教室、心理测评实训室、学生自编心理测验或某一常用测验、纸、笔、实训教材等。

实施方式

1. 学生 3~5 人为一组，每组学生根据测试数据对信度估计方法进行讨论。

2. 每组学生根据公式计算各种信度，并在 SPSS 统计软件上实现。

3. 每组学生代表对信度估计结果及问卷修订方案进行展示与陈述，其他组学生对该组的分析结果和修订方案进行讨论，提出改进意见与建议等。

4. 老师对每组的展示与陈述，以及其他组学生的讨论进行点评，并对该组的分析及修订方案提出改进意见与建议。

5. 各组展示与陈述完毕后，老师作总结陈述。

注意事项

1. 老师需提前一周左右布置实训任务。

2. 学生展示与陈述最好在心理测评实训室中进行，以便学生可以即时对分析及方案进行修改。

实训作业

1. 各组按老师和同学的意见及建议对信度分析及问卷修订方案进行修改、完善。
2. 完成信度分析实训报告。

知识链接

若以信度系数来表示信度的大小。信度系数越大，表示测量的可信度越高。究竟信度系数要多少才算有高的信度呢？学者 DeVellis（1991）认为，0.60~0.65（最好不要）；0.65~0.70（最小可接受值）；0.70~0.80（相当好）；0.80~0.90（非常好）。由此，一份信度系数好的量表或问卷，最好在 0.80 以上，0.70 至 0.80 之间还算是可以接受的范围；分量表最好在 0.70 以上，0.60~0.70 之间可以接受。若分量表的内部一致性系数在 0.60 以下或者总量表的信度系数在 0.80 以下，应考虑重新修订量表或增删题项。

信度的估计：

在对问卷的信度进行估计之前，需要通过采用适当的量表（如 Likert 量表）将问卷中的各类主观的或客观的备选答案转化为数字形式，然后在此基础上进行问卷评分（包括单项评分、相关题目分组评分和总评分等）。信度分析的常用具体方法有重测信度、复本信度、内部一致性信度、评分者信度等四种。

一、重测信度

重测信度（Test-Retest Reliability）也称为再测信度，是对同一组被调查人员采用相同的调查问卷，在不同的时间点先后调查两次，两次调查结果之间的差异程度。重测信度反映了随机误差的影响。

重测信度所考察的误差来源是时间的变化所带来的随机影响。在评估重测信度时，必须注意重测间隔的时间。对于人格测验，重测间隔在 2 周到 6 个月之间比较合适。

在进行重测信度的评估时，还应注意以下两个重要问题：①重测信度一般只反映由随机因素导致的变化，而不反映被试行为的长久变化。②不同的行为受随机误差影响不同。

重测信度的缺点在于其有个两难的矛盾。缩短两次测试的时间间隔，被测试者较容易回忆出测试的题目；而延长两次测试的时间间隔，则被测试者较容易受外部影响而变化。

二、复本信度

复本信度（Parallel-Forms Reliability）又称为等值性系数，是等值性信度（Equivalence Reliability）的一种，指问卷调查结果相对另一个非常相同的问卷调查结果的变异程度，是对同一组被调查人员运用两份内容等价但题目不同的问卷进行调查，然后比较两组数据的相关程度。

它比重测信度工作量大，因为，同一个测量工具（调查问卷、心理量表等）要构建两个等值的复本，两个复本要包含相同的数量、类型、内容、难度的题目。评估复本信度要用两个复本对同一群受试者进行测试，再估算两种复本测量分数的相关系数，相关系数越大，说明两个复本构成带来的变异越小，这与再测稳定性信度中考虑时间产生的变异不同，也就是说，相关系数反映的是测量分数的等值性程度，故复本信度又称作等值性信度。

复本信度的主要优点在于：①能够避免重测信度的一些问题，如记忆效果、练习效应等；②适用于进行长期追踪研究或调查某些干涉变量对测验成绩的影响；③减少了辅导或作弊的可能性。复本信度的局限性在于：①如果测量的行为易受练习的影响，则复本信度只能减少而不能消除这种影响；②有些测验的性质会由于重复而发生改变；③有些测验很难找到合适的复本。

三、内部一致性信度

它主要反映的是测验内部题目之间的关系，考察测验的各个题目是否测量了相同的内容或特质。内部一致性信度又分为分半信度和同质性信度。

1. 分半信度（Split-Half Reliability）指一项调查中，调查问卷的两半题目的调查结果的变异程度。是通过将测验分成两半，计算这两半测验之间的相关性而获得的信度系数。测验愈长，信度系数愈高。修正公式是斯皮尔曼-布朗公式。斯皮尔曼-布朗公式为校正分半信度的经验公式 [rtt=2rhh/（1+rhh）一般来说，如果将测试分为均匀两半，分半系数 rtt 为 0.5，它的假设是两半测验分数的变异数相等。当假设不成立时，可以采用弗朗那根（Flanagan）公式或卢伦（Kulon）公式之一，直接求得测验的信度系数]。

2. 同质性信度是指测验内部的各题目在多大程度上考察了同一内容。同质性信度低时，即使各个测试题看起来似乎是测量同一特质的，但测验实际上是异质的，即测验测量了不止一种特质。同质性分析与项目分析中的内部一致性分析相类似。几个计算同质性信度的公式是：①库德-理查逊公式；②克伦巴赫 α 系数。对于一些复杂的、异质的心理学变量，采用单一的同质性测验是不行的，因而常常采用若干个相对异质的分测验。

四、评分者信度

它是指不同评分者对同样对象进行评定时的一致性。最简单的估计方法就是随机抽取若干份答卷，由两个独立的评分者打分，再求每份答卷两个评判分数的相关系数。这种相关系数的计算可以用积差相关方法，也可以采用斯皮尔曼等级相关方法。

项目2　测验效度分析

实训目的和要求

学生通过模拟实训，掌握效度估计方法，并能初步运用估计结果分析测验效度。

实训内容

1. 内容效度。

2. 结构效度。

3. 实证效度。

实训准备

多媒体教室或心理测评实训室、学生自编心理测验或某一常用测验、纸、笔、实训教材等。

实施方式

1. 学生3~5人为一组，每组学生根据测验数据对效度估计方法进行讨论（采用本单元项目1测试数据，也可以选择一个常用量表进行测试）。

2. 每组学生根据公式计算各种效度，并在SPSS统计软件上实现（主要实现实证效度和结构效度分析，如学生的统计学基础较好，可尝试指导学生采用探讨性因子分析法分析测验的结构效度）。

3. 每组学生代表对效度估计结果及问卷修订方案进行展示与陈述，其他组学生对该组的分析结果和修订方案进行讨论，提出改进意见与建议等。

4. 老师对每组的展示与陈述，以及其他组学生的讨论进行点评，并对该组的分析及修订方案提出改进意见与建议。

5. 各组展示与陈述完毕后，老师作总结陈述。

注意事项

1. 老师需提前一周左右布置实训任务，尤其要指导学生选择有效的效标分析测试的实证效度。

2. 学生展示与陈述最好在心理测评实训室中进行，以便学生可以即时对分析及方案进行修改。

实训作业

1. 各组按老师和同学的意见及建议对效度分析及问卷修订方案进行修改、完善。

2. 完成效度分析实训报告。

 **知识链接**

因子分析在 SPSS 上的操作过程

第一步：准备数据文件，打开对话框，加载观测变量。数据文件主要是由较多的（一般在 10 个以上）可观测变量组成，个案数应比较大。然后点击"Analyze"，选择"Data Reduction"中的"Factor"打开因子分析对话框，将参与分析的所有观测变量加载到"Variables"下边的方框中。

第二步：点击"Descriptives"设置描述性统计要求。这里关键的是要求输出因子分析适合度的检验，一般要求输出：计算相关系数矩阵（选中 Coefficients）、相关系数显著性水平矩阵（选中 Significancelevels）、反像相关矩阵检验（选中 Anti-image）、KMO 和巴特利特球形检验（选中 KMO and Bartlett's test of sphericity）。

第三步：点击"Extraction"打开对话框，设置因子提取方式。在界定因子提取方法中需要设置以下几个方面的参数：①因子构造方法：大多数情况下认为因子是变量的线性组合，所以使用最多的是主成分分析法（Principal components）；②提取因子数（选中 Number of factors 后输入一个因子数），如果还无法确定可以不设定因子数，先以默认状态进行尝试性分析；③在"Display"下选中"Unrotated factor solution"和"Screeplot"以输出未经旋转的因子载荷矩阵、碎石图。执行之后根据输出信息确定提取因子数，比如根据碎石图来确定。

第四步：点击"Rotation"按钮打开选择因子载荷矩阵的旋转方法。一般使用最多的是正交旋转（选中 Varimax）或斜交旋转方法（选中 Promax），其中斜交旋转速度快，所以大样本时多选此方法。同时可选中"Rotated solution"和"Loadingplot（s）"，以输出旋转后因子旋转矩阵、载荷散点图。

第五步：点击"Scores"设置因子得分计算方法。一般最多的是选择回归方法，由此可以计算每个因子分数并记录到数据文件中。为此，可在对话框中选中"Saveasvariables"，然后在计算方法中选择"Rcgression"或其他方法。还要选中"Displayfactorscorecoefficientmatrix"。

第六步：点击"Options"设置因子载荷系数的显示格式：①选中"Sortedbysize"，则因子载荷系数按照大小顺序排列，并构成矩阵，使得在同一因子上具有较高载荷的变量排在一起，便于得到结论；②选中"Suppressabsolutevalueslessthan："并在其后的方格中输入一个 0~1 间的数，则因子载荷矩阵中就不再显示那些小于这个数值的载荷系数了，而只显示那些比此数值大的载荷值，从而使因子所解释的主要变量一目了然。

KMO 统计量是取值在 0 和 1 之间。当所有变量间的简单相关系数平方和远远大于偏相关系数平方和时，KMO 值接近 1。KMO 值越接近于 1，意味着变量间的相关性越强，原有变量越适合作因子分析；当所有变量间的简单相关系数平方和接近 0 时，

KMO 值接近 0。KMO 值越接近于 0，意味着变量间的相关性越弱，原有变量越不适合作因子分析。

Kaiser 给出了常用的 KMO 度量标准：0.9 以上表示非常适合；0.8 表示适合；0.7 表示一般；0.6 表示不太适合；0.5 以下表示极不适合。

单元七

测验的合成与标准化

项目1 测验的合成

实训目的和要求

学生通过模拟实训，掌握测验分数合成的类型，并能根据不同的测量目的选择相应的分数合成方法。

实训内容

1. 测验分数的临床诊断——直觉合成。
2. 测验分数的加权求和合成。
3. 测验分数的多重回归合成。
4. 测验分数的多重划分合成。

实训准备

多媒体教室或心理测评实训室、学生自编心理测验或某一常用测验、纸、笔、实训教材等。

实施方式

1. 学生3~5人为一组，每组学生根据选用的测验对测验分数合成方法进行讨论。
2. 每组学生代表对讨论结果进行陈述，主要介绍选用的测验所采用的分数合成方法，其他组学生对该组的陈述进行讨论。如该组选用的是自编测验，其他组对其采用的分数合成方法进行点评及提出改进意见与建议。
3. 老师对每组的陈述，以及其他组学生的讨论进行点评。
4. 各组展示与陈述完毕后，老师作总结陈述。

注意事项

老师需提前一周左右布置实训任务，让各组选好测验并讨论该测验采用的分数合成方法。

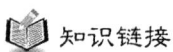 **实训作业**

完成测验的合成实训报告。

📖 **知识链接**

心理测验分数的合成

一、分数合成的概念

心理测验编制时，常常需要将几个分数或者几个预测源组合起来获得一个合成分数或作出总的预测。分数合成可以在不同层次上进行。

1. 项目组合：每个测验都包含许多独立的项目，不同的项目可以组成量表或分测验，从而得到量表分或分测验分，所有项目也可以合成一个测验总分。

2. 分测验或量表的组合：有些测验是由几个分测验或量表组成的。职业兴趣测验得到的各分数就不需要合成。

3. 测验或预测源的组合：大学招生对政审、体检结果以及高考分数的评估，实际上都采用了不同的预测源。这种按照某种规则将原始分数转换为导出分数的过程称为分数的转换。

二、分数合成的方法

1. 临床判断。即主观的将各种因素组合得出结论或预测的方法，这是一种直觉合成方法。其优点是：有高度综合性，有灵活的针对性。其缺点是：主观加权易受决策者偏见影响，缺乏精确数量分析。

2. 推理方法（加权求和），包括单位加权和等量加权。

（1）单位加权：将变异量最大的题目或测验作最重的加权。这意味着变异较大的变量将在作预测或决定时起较大的作用。$X = X_1 + X_2 + \cdots\cdots X_n$。

（2）等量加权：将所有分数转换成标准分数（Z 分数），然后再把它们加以组合。适用于各分数对预测效标具有同等重要性或者各变量离散程度相差较大时（每个学科同等重要）。

加权系数的确定方法有：抽象推理、统计方法。

3. 多重分段法。即将测验按照顺序排列起来，只有通过前一个测验才能进行下一个，否则就淘汰。

4. 多重回归。即研究一种事物或现象与其他多种事物或现象在数量上相互联合和相互制约的统计方法。其方程式为：$Y = a + b_1 X_1 + b_2 X_2 + \cdots\cdots + b_n X_n$（Y 为预测的效标分数；$X_1$，$X_2$，$\cdots\cdots$，$X_n$ 为各个预测源分数；b_1，$\cdots\cdots$，b_n 为每个预测源的加权数；a 为常数），用来矫正预测源与效标平均数的差异。一个预测源上的低分数可以由另一个预测源上的高分数来弥补。

项目2　测验的标准化

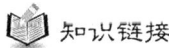 **实训目的和要求**

学生通过模拟实训，掌握测验的标准化技术，形成测验的编制、施测、评分以及解释测验分数的程度的一致性。

实训内容

1. 测验内容标准化。

2. 施测过程标准化。

3. 测验评分标准化。

4. 测验分数解释标准化。

实训准备

多媒体教室或心理测评实训室、学生自编心理测验或某一常用测验、纸、笔、实训教材等。

实施方式

1. 学生3~5人为一组，每组学生根据选用的测验对测验的标准化进行讨论［采用本单元项目1测验，也可以选择一个常用量表（测验）］。

2. 每组学生代表对讨论结果进行陈述，主要介绍选用的测验标准化的方法，其他组学生对该组的陈述讨论。如该组选用的是自编测验，其他组对其采用的标准化方法进行点评及提出改进意见与建议。

3. 老师对每组的陈述，以及其他组学生的讨论进行点评。

4. 各组展示与陈述完毕后，老师作总结陈述。

实训作业

完成测验的标准化实训报告。

知识链接

测验标准化

测验项目经过预测、分析、选择、修订、编排后集合成一个测验，至此，根据测验的定义，我们只能说有了一组好的测题，还不能说有了一个好的测验。一个测验的好坏，还取决于该测验的标准化水平。所谓标准化，是指测验的编制、施测、评分以及解释测验分数的程度具有一致性。具体地说，测验标准化包括下列内容：

1. 测验内容。标准化的首要前提，是对所有被试施测相同的或等值的题目，这样才能对被试的行为和反应进行比较，测验内容如果不同，所测得的结果则无法比较。

另外，测验题目要对测验内容域有较好的代表性。

2. 施测过程。标准化的第二个条件是所有被试必须在相同的条件下施测。其中包括：①相同的测验情境：如采光条件、场所布置、设备材料等要尽量统一，尽量接近标准化的情境要求。②相同的指导语：指导语一般包括两部分，一是向被试说明测验的目的，以便解除被试的顾虑；二是向被试说明如何对测验项目反应。指导语必须事先拟好，印在测验项目的前面，并且力求清晰、简单、明了，不致引起误解。对被试不熟悉的测题类型，应当有1~2个例题。③相同的测验时限：测验的时间限制是测验程序中的重要方面。不过，不同的测验对时限要求不相同。一般来说，人格测验对时限的要求不太严格，甚至不要求时间限制；但能力测验和学绩测验必须考虑时限问题。确定时限一般采用尝试法，即通过预测来决定。通常的时限定为大约90%的被试在预定的时间完成全部测验项目即可。

3. 测验评分。评分的客观性是标准化测验的第三个条件，评分的客观性意味着两个或两个以上的评分者对同一份测验试卷的评定是一致的。只有当评分是客观的时候，才能将分数的差异归于被试本身的差异。但要做到完全客观（一致）的评分是较困难的。一般来说，不同评分者之间的一致性达到90%以上，便可认为评分是客观的。客观性评分要求：①对反应要及时清楚地记录，以免由于记忆丧失造成混乱，尤其是在口头测验和操作测验中更应如此。②要有一张标准答案或正确反应的表格，即记分键。选择题测验的记分键包括每一测验项目正确反应的号码或字母；问答题的记分键包括一系列的正确答案和允许变化的范围；论文题的记分键包括一致可接受答案的要点；人格测验没有正确答案，记分键上指明的是各种可能反应的记分标准。③将被试的反应与记分键比较，确定被试反应应得的分数。

4. 测验分数的解释。一个标准化的测验，不仅指测验内容、施测过程和评分程序的标准化，而且指对测验结果的解释的标准化。如果对同一测验结果（分数）可作出不同的解释，那么测验便失去了客观性。某一测验分数只有与一定的参照标准相比较，才能显现出它所代表的意义。在许多心理测验中，建立参照标准的过程也就是建立常模的过程。

模块二　罪犯心理问题与异常心理诊断实训

单元一

一般心理问题的诊断

项目1　一般心理问题的诊断（1）

实训目的和要求

通过对一般心理问题案例进行分析，掌握一般心理问题的诊断技术，包括与严重心理问题、神经症性（可疑神经症）心理问题的鉴别，以及与异常心理的鉴别，并能初步运用相应诊断技术对罪犯进行心理评估。

实训内容

一般心理问题的诊断。

实训准备

多媒体课室、实训教材、纸、笔等。

实训案例

一、一般资料

求助罪犯李某，男，22岁，高中文化，汉族，家住农村，未婚，父母都在农村务农。

二、来访者自诉

转监近2个多月来，内心烦躁不安、心慌头疼、情绪低落，晚上翻来覆去无法入睡、多梦、半夜易惊醒，有焦虑、紧张、郁闷的情绪，不愿和其他服刑人员交往，不愿与民警、同犯沟通，对一切都持无所谓的态度，劳动效率下降。经主管民警建议，接受心理咨询。

三、心理咨询师与李某的一段咨询对话

来访者：最近这几天我的精神好一些了，晚上能够勉强入睡。但还是觉得生活无趣，改造没有希望，不知道什么时候才可以出狱。

咨询师：按你所说，因为推人，民警的批评是自己改造不顺利的原因？

来访者：是的。

咨询师：因此如果别人也推人的话，改造也没希望了？

来访者：那当然是的。

咨询师：因此，你认为只要犯错了，改造就没有希望了？

来访者：（插话）当然了，犯错扣分不能减刑，什么时候能出去，改造什么时候是个头啊？

咨询师：因此，你认为只要推过人（犯过错）的转监犯都不会有好的改造前途了？

来访者：（沉默了一分钟）那倒也不完全是，和我一起来的刘某也在刚来时被民警教育过，后来超额完成生产任务，现在考核分也比较高。

咨询师：因此，你认为违纪以后就没有希望了吗？

来访者：（语塞）可是我违纪以后，民警用异样的眼光看我，不再信任我了，这个月扣分，不能评优，也减不了刑了。

咨询师：按你所说因为你违纪扣分了，民警就不再信任你了吗？以后也不会再给你计分评优了吗？那你们监区其他同改犯错了以后，管教民警也不再信任他们了吗？也不再给他们计分评优了吗？以后他们都不能再减刑了，对吗？

来访者：（犹豫）好像也不是的，刘某刚来时违纪被扣分了，可是上个月他还得了一个优呢！

咨询师：你前面说只要是挨过批评，违纪扣分的人干警都不会信任他，不给他改造的机会；而你后面又说也有违纪被民警批评扣分的同改现在改造比较顺利的，上个月还记优了。你的话前后矛盾，请你解释一下好吗？

来访者：（思考）我好像明白了，我对自己改造的前途的看法也有一些绝对了。

咨询师：是，由于绝对化的认知，你产生了不良的情绪和症状。

实施方式

1. 学生 3~5 人为一组，每组学生阅读实训教程提供的案例，了解案例的基本情况。

2. 每组学生对案例进行分析、讨论，对案主的心理问题作出初步诊断。

3. 每组学生代表对分析、讨论结果进行陈述，重点陈述诊断的流程、依据及结果。其他组学生对该组的陈述进行点评、讨论。

4. 老师对每组的陈述作出点评。

5. 各组陈述完毕后，老师进行总结陈述。

注意事项

注意区分一般心理问题和严重心理问题。

实训作业

撰写一般心理问题案例分析实训报告。

 知识链接1

正常心理与异常心理的概念

心理的正面，即正常的心理活动，具有三大功能：能保障人作为生物体顺利地适应环境、健康地生存发展；能保障人作为社会实体正常地进行人际交往，在家庭、社会团体、机构中正常地肩负责任，使人类赖以生存的社会组织正常运行；能使人类正常地、正确地反映、认识客观世界的本质及其规律性，以便创造性地改造世界，创造出更适合人类生存的环境条件。

心理的反面，即异常心理活动，是丧失了正常功能的心理活动。由于丧失了正常心理活动的上述三大功能，所以无法保障人的正常生活，而且以其异常的心理特点，随时破坏人的身心健康。

以上所述，便是正常心理活动和异常心理活动这两个概念的内涵。但是，在临床实践中，或者在实际生活中，人们是从不同角度，按照不同的经验，在不同学科领域中，按照不同的标准，去看待心理的正常和异常的，所以，它们各有不同的区分方式。

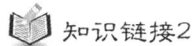 知识链接2

心理正常与异常的临床区分原则（心理学的区分原则）

郭念锋（1986，1995）认为，既然目的是区分心理的正常与异常，就应该从心理学角度切入，以心理学对人类心理活动的一般性定义为依据，只有如此，才能使该问题明朗化。

根据心理学对心理活动的定义，即"心理是客观现实的反映，是脑的机能"，我们有理由提出以下三条原则，作为确定心理正常与异常的依据：

一、主观世界与客观世界的统一性原则

因为心理是客观现实的反映，所以任何正常心理活动或行为，必须在形式和内容上与客观环境保持一致性。不管是谁，也不管是在怎样的社会历史条件和文化背景中，如果一个人说他看到或听到了什么，而客观世界中，当时并不存在引起他这种知觉的刺激物，那么，我们必须肯定，这个人的精神活动不正常了，他产生了"幻觉"。另外，一个人的思维内容脱离现实，或思维逻辑背离客观事物的规律性，这时，我们便说，他产生了"妄想"。这些都是我们观察和评价人的精神与行为的关键，我们称它为统一性（或同一性）标准。人的精神或行为只要与外界环境失去同一性，必然不能被人理解。

在精神科临床上，常把有无"自知力"作为判断精神病的指标，其实这一指标已涵盖在上述标准之中。所谓无"自知力"或"自知力不完整"，是来访者对自身状态的错误反映，或者说是"自我认知"与"自我现实"的统一性的丧失。

在精神科临床上，还把有无"现实检验能力"作为鉴别心理正常与异常的指标，其实，这一点也包含在上述标准之中。因为若要以客观现实来检验自己的感知和观念，必须以认知与客观现实的一致性为前提。

上述标准，对鉴别精神分裂症的幻觉、妄想等症状很有效。

二、心理活动的内在协调性原则

人类的精神活动虽然可以被分为认知、情绪情感、意志行为等部分，但它是一个完整的统一体，各种心理过程之间具有协调一致的关系，这种协调一致性，保证人在反映客观世界过程中的高度准确和有效。比如一个人遇到一件令人愉快的事，会产生愉快的情绪，手舞足蹈，欢快地向别人述说自己内心的体验。这样，我们就可以说他有正常的精神与行为。如果不是这样，一边用低沉的语调，一边向别人述说令人愉快的事；或者对痛苦的事，作出快乐的反应，我们就可以说他的心理过程失去了协调一致性，称为异常状态。

典型的强迫性神经症，也可以表现出认知与意志行为的不协调性。

三、人格的相对稳定性原则

每个人在长期的生活道路上，都会形成自己独特的人格心理特征。这种人格特征一旦形成，便有相对的稳定性；在没有重大外界变革的情况下，一般是不易改变的。如果在没有明显外部原因的情况下，一个人的个性相对稳定性出现问题，我们也要怀疑这个人的心理活动出现了异常。这就是说，我们可以把"人格的相对稳定性"作为区分心理活动正常与异常的标准之一。比如一个用钱很仔细的人，突然挥金如土；或者一个待人接物很热情的人，突然变得冷淡。如果我们在他的生活环境中，找不到足以促使他发生改变的原因，那么，他的精神活动已经偏离了正常轨道。

📖 知识链接3

一般心理问题的诊断标准

一、一般心理问题的主导症状

求助犯感到痛苦而迫切需要解决的问题，有些主导症状可能具有诊断或鉴别诊断的意义。

二、一般心理问题的特点

诊断为一般心理问题，必须满足以下条件：

1. 由于现实生活、工作压力、处事失误等因素而产生内心冲突，并因此体验到不良情绪（如厌烦、后悔、懊丧、自责等）。

2. 不良情绪不间断地持续满1个月，或不良情绪间断地持续2个月仍不能自行化解。

3. 不良情绪反应仍在相当程度的理智控制下，始终能保持行为不失常态，基本维持正常生活、学习、社会交往，但效率有所下降。

4. 自始至终，不良情绪的激发因素仅仅局限于最初事件；即使是与最初事件有联系的其他事件，也不会引起此类不良情绪。

综合描述"一般心理问题"可概括为如下："心理问题"是由现实因素激发，持续时间较短，情绪反应能在理智控制之下，不严重破坏社会功能，情绪反应尚未泛化的心理不健康状态。

三、对照症状学鉴别标准

1. 一般心理问题：由现实生活、工作压力等因素而产生内心冲突，引起的不良情绪反应，有现实意义且带有明显的道德色彩；严重心理问题：是较强烈的、对个体威胁较大的现实刺激引起心理障碍，体验着痛苦情绪。

2. 一般心理问题：来访者的情绪体验持续时间未超过2个月；严重心理问题：超过2个月，未超过半年，不能自行化解。

3. 一般心理问题：不良情绪反应在理智控制下，不失常态，基本维持正常生活、社会交往，但效率下降，没有对社会功能造成影响；严重心理问题：遭受的刺激越大，反应越强烈。多数情况下，会短暂失去理智控制，难以解脱，对生活、工作和社会交往有一定程度的影响。

4. 一般心理问题：情绪反应的内容没有泛化；严重心理问题：反应对象被泛化。

总结：一般心理问题和严重心理问题没有严格的界限，但也有一些区别的标准。自己能够判断是最好的。要预防一般心理问题转化为严重心理问题，也要注意别把轻度的问题严重化了。

注意事项：

很多情况下我们是自己给自己贴心理标签，比如一个人仅有轻度心理问题，给自己贴标签，认为自己有严重的心理问题，这样就可能向不好的方向发展。尽量轻化问题，大事化小、小事化无，心理问题上升到真正的心理疾病之前，一般都可以做自己的心理咨询师，自助解决，关键是不要把一些轻度问题严重化。

项目2　一般心理问题的诊断（2）

实训目的和要求

通过对一般心理问题案例进行分析，掌握一般心理问题的诊断技术，包括与严重心理问题、神经症性（可疑神经症）心理问题的鉴别，以及与异常心理的鉴别，并能初步运用相应诊断技术对罪犯进行心理评估。

实训内容

一般心理问题的诊断。

实训准备

多媒体课室、实训教材、纸、笔等。

实训案例

一、服刑人员一般资料

刘某，男，23岁，汉族，出监监区服刑人员，初中文化程度，身高1.65米左右，体型稍显清瘦，无重大躯体疾病史。父亲、母亲病逝，调查父母无人格障碍和其他神经症障碍，家族无精神疾病史。

二、主诉及个人自述

主诉：失眠、食欲不振、注意力不集中、发脾气、焦虑、心情不好1个多月，感到渺茫，生活环境紧张，感觉时间过得慢，最近半月加重。暂时没有出狱后的生活打算。出狱后的第一件事就是去给母亲上坟。

三、咨询师观察到的情况

1. 首次来访时精神行为状况：服刑人员仪表整齐、面容清秀，但神情紧张、举止拘谨，目光较少直接与人接触；情感活动与内心体验及周围环境基本协调，情绪低落；欲言又止，话语很少，一直流泪、叹气，在咨询师再三申明保密制度后，话语表达逐渐增多，但叙述过程中经常停顿、神情忸怩、不断绞动手指；对近来的改造生活无信心；自知力完整，对自己的情绪现状有一定的认识，提及时忧心、痛苦、焦虑，逻辑思维正常，求治心切。服刑人员咨询过程中叹气、流泪，情绪比较低落，改造任务完成情况尚可，上个月其三姐夫来接见时告诉他，母亲去世，觉得自己无可救药、一无是处，是自己害了母亲，情绪一落千丈，不停自责。认为自己罪不可恕，逐渐出现失眠、心慌、出汗等症状。除上述症状外，还出现食欲不振，睡眠有时多梦，注意力无法集中，心情烦躁，不愿与他人交往。

想到最近自己临近出狱，无法面对亲人，对出狱后的生活计划深感渺茫，非常担心，症状加重，痛苦不堪，听从监区干警建议前来咨询。

2. 了解到的情况：

（1）既往史：据监区干警介绍，刘某平时不爱说话，性格略显内向，最近两个多月以来，发现经常独自一个人叹气，问及原因，只说心情不好，感觉累，其他不愿多说，经常与同犯发脾气，显得心事重重，有时会因小事发火。

（2）个人成长史：我从小生长在一个条件不是很好的家庭里，父亲在我8岁时去世，母亲对我很疼爱。小时候上学不爱学习，上课睡觉，兴趣爱好比较少，与同学交往也不多，16岁就不上学了。我是第二次进监狱，过去我是因为盗窃罪，开始吧，提心吊胆，后来从盗窃的过程中，好像得到一种心理刺激，也不是单单为了钱，每次偷盗成功后，有一种兴奋，说不出来的一种感觉，像是毒品上瘾，后来就收不了手了。

我一直以来在朋友眼中都是够哥们的一个人，但是在姐妹们眼里我是个调皮捣蛋的人，除了母亲认为我好，其他没有人认为我好。我服刑是因为我犯了国家的法律，因为我犯的错，母亲的命没了，其他都可以弥补。以前母亲身体非常好，母亲晕车，我在洛阳监狱，那时母亲60岁，每月去看我。2000年母亲动手术，一下子几个月没来，我特别担心，8个月后，三姐夫来看我，我没敢问为啥母亲没来，我害怕母亲不在人世了。母亲得了一种瘤，母亲告诉我是良性的，手术后遗症有腿肿、脚肿，看到这样的情况，我心里震撼很大。从此，我不敢做坏事，以前打架对于我来说是家常便饭。我回到母亲身边想着自己跑点生意，母亲身体不好，常去医院输液，母亲后来说，家里没人不行，哥哥老家有房，姐姐出嫁了，我就把工人工资清了，回来找工作上班，这次出事也是偶然吧。母亲因为担心我，病情加重，我看过母亲拍的片子，可能是癌变，能坚持几年是最好的，我这次出事，导致母亲病情恶化，我永远无法原谅自己。

四、心理测验的结果

SAS：70分。

SDS：65分。

实施方式

1. 学生3~5人为一组，每组学生阅读实训教程提供的案例，了解案例的基本情况。

2. 每组学生对案例进行分析、讨论，对案主的心理问题作出初步诊断。

3. 每组学生代表对分析、讨论结果进行陈述，重点陈述诊断的流程、依据及结果。其他组学生对该组的陈述进行点评、讨论。

4. 老师对每组的陈述作出点评。

5. 各组陈述完毕后，老师进行总结陈述。

注意事项

注意区分一般心理问题和严重心理问题。

实训作业

撰写一般心理问题案例分析实训报告。

知识链接

一般心理问题诊断报告撰写格式示例（以本单元项目2案例为例）

一、一般资料（略）

二、个人主诉（略）

三、咨询师观察到的情况（略）

四、评估与诊断

1. 综合临床资料，对服刑人员的初步诊断是：一般心理问题。

2. 诊断依据如下：

（1）对是否精神障碍的基本判断。根据判断心理正常与异常三原则，该来访者的主客观世界是统一的，对自己的心理问题有自知力，内心感到痛苦焦虑；精神活动内在协调一致；个性相对稳定；无逻辑思维的混乱，无感知觉异常，无幻觉、妄想等精神病的症状，因此可以排除精神病性问题。

（2）该服刑人员对出监前的焦虑情绪，与其处境相符，为常形冲突，可排除神经症性问题。

（3）该服刑人员的主导症状是焦虑和抑郁情绪，仅局限于当前现实情况，尚未泛化，可排除严重心理问题。

（4）该服刑人员的情绪症状由现实因素引发，尚未泛化，持续时间在2个月以内，对社会功能稍有影响。

据此，初步诊断为一般心理问题。

3. 对刘某的资料进行整理，得出该服刑人员产生问题的原因是：

（1）生理原因：没有明显的生理原因。

（2）社会原因：① 存在负性生活事件，遭遇母亲病逝。② 家庭中因为父亲去世得较早，教育缺失。③ 该服刑人员缺乏社会支持系统的帮助。

（3）心理原因：认知方面，因缺乏有效地解决问题的行为模式，对正常出狱后的生活产生不安和恐惧感。情绪方面，受紧张、害怕情绪的困扰不能自己解决问题。在行为模式上缺乏解决问题的策略与技巧，面对心理和改造上的焦虑，不知所措。

五、咨询目标的制定

根据以上的评估与诊断，经过与服刑人员协商，确定如下咨询目标：

具体与近期目标：缓解紧张情绪，改变烦恼、易激惹的情绪；改变错误认知，改善睡眠状况和当前人际关系。

最终目标和长期目标：使刘某正确看待自我，提高自信心和自我价值感，习得健康有效的自我调节能力。最终达到促进刘某心理健康、人格完善的目标。

六、咨询方案的制定（见模块四单元一项目4）

七、咨询过程（略）

八、咨询效果的评估（见模块四单元一项目5）

项目3 一般心理问题的诊断（3）

实训目的和要求

通过对一般心理问题案例进行分析，掌握一般心理问题的诊断技术，包括与严重心理问题、神经症性（可疑神经症）心理问题的鉴别，以及与异常心理的鉴别，并能初步运用相应诊断技术对罪犯进行心理评估。

📝 **实训内容**

一般心理问题的诊断。

📝 **实训准备**

多媒体课室、实训教材、纸、笔等。

📝 **实训案例** [1]

一、案例背景

合理情绪疗法，旨在通过纯理论性分析和逻辑思辨的途径，改变求助者的非理性观念，以帮助他解决情绪和行为上的问题。强制隔离戒毒人员由于人身自由受到限制，各种合理需求长期受到抑制，如果再受外界不良因素刺激（如亲人亡故、夫妻离婚、天灾人祸等），极易产生不良情绪反应，面对这种对象和问题，作为咨询师民警就应该通过收集资料，确定咨询目标，运用相关方法技能，改变其不合理的认知模式，从而消除其不良情绪，确保场所安全稳定。

二、戒毒人员基本情况

戒毒人员严某，男，27 岁，汉族，已婚，初中文化程度。严某出生后在农村老家由奶奶抚养长大，直到学龄期父母才将其接到县城上学，初中毕业后无正当职业，后因吸毒被强制隔离戒毒。家中有父母、妻子和一双儿女，妻子在其被强制隔离戒毒后丢下儿女独自一人回娘家居住，幼小的儿子、女儿由其父母照顾，家庭经济状况一般。

入所后，严某在生理脱毒期间虽然话语不多但表现基本正常，一次会见中，当得知妻子要起诉离婚后，顿时表现得沉默寡言、愁肠百结，整日唉声叹气，做事情不能集中精神，几乎不与人交流，痛苦迷茫程度进一步加深。

三、信息收集

主诉：心情不好，烦躁不安，情绪稳定性差，前后时间 1 个多月。

求助者自述：一个月前，收到妻子寄来的离婚起诉书，心里实在想不通。在家时对她几乎百依百顺，大事小事都由她做主，现在进了戒毒所，在最需要她的时候，她却选择离开。所以这一段时间，情绪一直低落，打不起精神，脾气也不好，经常和他人因小事发生口角，还打了几次架，晚上睡觉也不踏实，感觉心理有毛病。所以主动申请咨询，希望能帮助他解决心理问题。

他人反映：求助者所在中队民警、同戒一致反映，其近期情绪不好，总闷闷不乐，脾气大，常因一点小事与他人发生矛盾，人际关系不好。

四、评估诊断

1. 咨询师观察：求助者进入咨询室时，衣着整齐，言行举止得体，眼睛稍红，愁

---

〔1〕　引自中国法律服务网司法行政（法律服务）案例库《运用合理情绪疗法帮助因离婚引起心理问题案例》http://alk.12348.gov.cn/Detail? dbID＝25&dbName＝JDJZ&sysID＝2606.

容满面，说话时思维清晰，但语速较快。多次说自己太苦了，她怎么能这样对待我和这个家庭。

2. 资料整理：求助者举止得体，无躯体异常感受，身体健康，未患过病，家庭无精神病史，近期体检报告正常。能正常参加劳动、学习等各项戒治活动，但近期与同戒交流较少，情绪低落，心理健康水平受到影响，表现为心情不好，情绪低落，烦躁不安，自控能力差，但智力水平正常，个性稳定，思维合乎逻辑，人格无异常。

3. 诊断依据：根据求助者主动"求医"行为，其具有"自知力"，排除精神疾病，同时求助者能详细地描述过去的事件和经历以及遇到痛苦时的切身感受，病程较短（仅一个月），心理问题没有泛化，而且主要是反应不太强烈的情绪问题，能找到相应原因，社会功能未受太大影响，自知力完整，思维合乎逻辑，人格无异常。

4. EPQ测验结果：P、E、N、L的标准分65、40、62、40，属于内向不稳定型；SDS（59）、SAS（53），具有轻度焦虑、抑郁症状。

5. 诊断结论：综合分析所获得资料，求助者心理和行为表现为一般心理问题，原因为求助者对妻子离婚有不正确认识从而导致不良情绪产生。

实施方式

1. 学生3~5人为一组，每组学生阅读实训教程提供的案例，了解案例的基本情况。

2. 每组学生对案例进行分析、讨论，对案主的心理问题作出初步诊断。

3. 每组学生代表对分析、讨论结果进行陈述，重点陈述诊断的流程、依据及结果。其他组学生对该组的陈述进行点评、讨论。

4. 老师对每组的陈述作出点评。

5. 各组陈述完毕后，老师进行总结陈述。

注意事项

注意区分一般心理问题和严重心理问题。

实训作业

撰写一般心理问题案例分析实训报告。

知识链接

一般心理问题诊断报告撰写格式示例（以本单元项目3案例为例）[1]

一、一般资料（略）

二、个人主诉（略）

三、咨询师观察到的情况（略）

---

〔1〕 引自中国法律服务网司法行政（法律服务）案例库《运用合理情绪疗法帮助因离婚引起心理问题案例》http：//alk. 12348. gov. cn/Detail？dbID＝25&dbName＝JDJZ&sysID＝2606.

四、评估与诊断

1. 综合临床资料，对服刑人员的初步诊断是：一般心理问题。

2. 诊断依据（略）。

3. 对严某的资料进行整理，得出该服刑人员产生问题的原因（略）。

五、咨询目标的制定

根据以上评估和诊断结论，经与求助者协商，依据有效的咨询目标七要素，确定以下咨询目标：

具体目标：减轻求助者抑郁、焦虑的不良情绪。

近期目标：改变求助者不良认知模式，消除不合理信念，改善情绪状态。

最终目标：提高心理健康水平，促进心理成长，达到人格完善。

六、咨询方案的制定

主要咨询方法与适用原理：

合理情绪疗法又称合理情结疗法，它的基本理论主要是 ABC 理论。在 ABC 理论模式中，A 是指诱发性事件；B 是指个体在遇到诱发事件之后相应而生的信念，即他对这一事件的看法、解释和评价；C 是指特定情景下，个体的情绪及行为结果。ABC 理论指出，诱发性事件 A 只是引起情绪及行为反应的间接原因，而人们对诱发性事件所持的信念、看法、理解——B 才是引起人的情绪及行为反应的更直接的原因。合理情绪疗法实际上是一种对有情绪障碍的人实施再教育的过程。咨询师训练求助者科学地进行逻辑思维与分析，使其学会客观、合理的思维，用以代替旧的非理性的思想。

七、咨询过程

1. 阶段划分及主要任务：

诊断阶段：主要任务是建立咨询关系，收集相关信息，确定咨询目标。

咨询阶段：主要任务是运用相关咨询技术及咨询原理帮助分析和解决问题，改变不良认知情绪。

巩固阶段：主要任务是每次咨询小结和下次咨询准备，做好咨询回顾总结，巩固咨询成果。

2. 咨询内容：

第一次咨询主要内容：求助者主动咨询，说明信任咨询师，并且有接受心理咨询的意愿，但毕竟是在戒毒所，又是第一次寻求咨询，难免心存疑虑。为加强主动咨询的心理优势，咨询师充分肯定其选择咨询的勇气，并对这一行为表示赞赏。咨询在较为轻松、和谐的气氛中展开，咨询师向其了解个人的成长史和家庭情况，得知其从小跟着奶奶在农村长大，直到上小学才和父母在一起，对父母感情一般。初中毕业后混迹社会，后通过微信"摇一摇"和妻子认识，两人迅速同居，20 岁便生下女儿，第二年又生下儿子。由于两人没有正式工作，经济不能独立，长期居住在父母家里，久而久之婆媳关系不好，常常吵得不可开交，为此父母多次要他们从家里搬出，其心里对父母产生怨恨又无可奈何。一次妻子与母亲吵架后讥讽他没本事，连个住的地方都没有，不像个男人。他觉得自己两头受气、两头不落好，为排遣内心郁闷烦躁，独自一人出去喝酒，结果认识了几个毒友，从此染上毒瘾。

第二次咨询主要内容：在比较信任和坦诚的气氛中进行，主要运用合理情绪疗法帮助求助者分析产生认知错误的原因，同时运用相关知识技巧对求助者产生影响。（咨询过程略）

后又进行几次咨询，求助者不良情绪状态基本得到消除。

八、咨询效果的评估

1. 自我评估：通过几次咨询，感觉豁然开朗了，心情好多了，也不烦躁了，知道自己错在哪里，总之受益匪浅。

2. 咨询师评估：通过会谈，咨询目标基本实现，求助者表情放松，情绪有明显改善。

3. 同戒评估：明显和以前不一样，肯讲话了，遇事不太冲动了，吃饭、睡觉也很正常了，情绪比较好。

4. 心理测验评估：咨询前 SDS（59）、SAS（53）；咨询后 SDS（52）、SAS（49）。

单元 二

严重心理问题的诊断

项目1 严重心理问题的诊断（1）

实训目的和要求

通过对严重心理问题案例进行分析，掌握严重心理问题的诊断技术，包括与一般心理问题、神经症性（可疑神经症）心理问题的鉴别，以及与异常心理的鉴别，并能初步运用相应诊断技术对罪犯进行心理评估。

实训内容

严重心理问题的诊断。

实训准备

多媒体课室、实训教材、纸、笔等。

实训案例

一、一般资料

韦某，男，26岁，壮族，初中文化，未婚，2011年因盗窃被判处有期徒刑3年，2011年12月到L监狱服刑，无精神疾病及家族遗传病史，无躯体性疾病。

二、主诉和个人陈述

1. 主诉：睡眠差，食欲不振，心情焦虑，烦躁苦闷，易胡思乱想，持续3个多月。

2. 个人陈述：在来监狱服刑之前，有过一段没有解决的恋情，心里一直挂念。与女友邓某是2009年在广东打工经朋友介绍认识的，感觉对方很老实本分，和自己性格相符，于是经过半年发展，分别见了彼此父母。因为我家条件没有她家里好，女友家里从事小规模养蚕，经父母同意，我到她家里帮助她养蚕。一次采桑叶回来，不知道出了什么问题，她不搭理我，我以为是小事，同时也由于喂蚕比较忙，就没有和她好好沟通。过几天我发现她不见了，向她弟弟询问，得知其到姨妈家去了。于是我赶到她姨妈家，却没有见到她的踪影，直到我入狱也没有再见过她。

服刑期间，我不断地想这个事情，想整个经过，想自己因为什么事情伤害到她，她为什么不理会我，以及现在她过得怎么样了。想不出是什么原因，感觉自己很无能，处理不好恋爱的关系，不会关心别人。肯定是自己的原因造成的后果，想马上获得刑满出去弥补这件事，却又在服刑出不去。我晚上睡觉时会思考，半夜醒来第一个反应就是这个恋情的事，以至于在工场劳动时，在缝球裁线的时候都会思考这个问题。我告诫自己这个时候不要思考这些问题，会影响完成任务的效率，但打不开这个心结，感觉内心很纠结，仍然不停地琢磨。看公示栏时见到自己上个月又未能完成规定的劳动任务，没有获得减刑分，减刑被拖延，我感到痛苦，觉得很后悔，怕警官找我谈话问究竟，自己的恋爱丑事被别人知道。我也担心自己在工场劳动时被警官看到有不正常的表现从而被否定，担心分监区长把我的劳动等级降低。当值班警官巡查到我的劳动位置时，我觉得很紧张。我使用裁缝小刀劳动，当有人在周围活动时，我都把小刀收起来，怕自己误伤别人，导致被免评，影响报减。

三、咨询师观察了解到的其他情况

1. 观察到的情况：来访者相貌一般，身材偏瘦；衣服干净、扣系严格；行动很规矩，手脚略收缩，刚开始不敢落座，经允许后勉强坐下，两只手规矩地放在两膝；精神疲惫，神情飘忽，说话声音较小；言谈切题，叙述思路清楚、神志清楚。

2. 个人成长史：该来访者出身于农民家庭，是家中最小的儿子，上面还有一个姐姐。父母农忙经常没有空带他，由姐姐照看。来访者自小性格偏内向、好面子、不善交际，朋友不多，没有特别的兴趣爱好，无宗教信仰。家庭经济状况一般，对自己要求也不高，认为平平淡淡过日子就行。2011年因盗窃被判处有期徒刑3年，2011年12月到L监狱服刑。服刑前段很认真，文明礼貌做得好，三课学习作业很规范。

3. 来访者目前身体、心理社会活动状况：

（1）身体状态：身体健康，无躯体疾病，最近3个月食欲不振，睡眠差，心痛，心慌。

（2）精神状态：穿着整洁，神志清晰，说话有条理，烦躁苦闷，情绪不稳定，注意力不集中，易受周围无关刺激的影响而左顾右盼。

（3）社会活动中状态："三课"精神不集中，时有打瞌睡的情况，工作效率下降，已有3个月未能完成劳动任务，平时很少和室友一起聊天，与同犯相处较差。

4. 他人反映：

（1）分监区警官介绍：该服刑人员原来一直表现不错，但最近3个月劳动效率下降，不能正常完成劳动任务，而且自由活动时间喜欢独处发呆，与他犯交流少，经常反映身体不舒服，带去医院检查，也没有什么病。

（2）其他服刑人员提供：韦某为人老实谦和，与他交流少但是也不是很难相处。夜晚就寝后有翻来覆去的情况，有时睡到半夜有起来上厕所的情况。

5. 心理测量的结果与分析：

（1）SCL-90 总分 186 分，从测量结果看，该来访者强迫症状 2.2 分，人际关系 2.4 分，抑郁 2.1 分，焦虑 2.8 分，恐怖 2.0 分，其他 2.0 分，各项平均分超过 2 分，提示该来访者情绪不稳定，在人群中有不自在感，焦虑不安、忧虑、烦恼、害怕以及有强迫倾向，睡眠和食欲较差。

（2）SAS（焦虑自评量表）：粗分 55 分，标准分 68 分，中度焦虑。

（3）SDS（抑郁自评量表）：粗分 45 分，标准分 56 分，轻度抑郁，表明抑郁不是主要症状，只是伴有抑郁情绪。

实施方式

1. 学生 3～5 人为一组，每组学生阅读实训教程提供的案例，了解案例的基本情况。

2. 每组学生对案例进行分析、讨论，对案主的心理问题作出初步诊断。

3. 每组学生代表对分析、讨论结果进行陈述，重点陈述诊断的流程、依据及结果。其他组学生对该组的陈述进行点评、讨论。

4. 老师对每组的陈述作出点评。

5. 各组陈述完毕后，老师进行总结陈述。

注意事项

注意区分一般心理问题和严重心理问题。

实训作业

撰写严重心理问题案例分析实训报告。

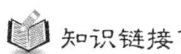 知识链接1

严重心理问题概述

一、严重心理问题表现

病程连续 3 个月，间断半年，问题出现泛化，情绪反映强烈，社会功能部分受损。

二、严重心理问题的诊断

（一）诊断的操作步骤

1. 分析求助者是否经历过强烈的现实刺激。

2. 分析求助者的内心冲突是否属于道德性质或现实意义，是否有求治的愿望。

3. 分析求助者的心理、生理及社会功能各方面是否受到影响。

4. 分析求助者是否有气质性的病变作基础。

5. 与神经衰弱、神经症或其他精神病鉴别。

（二）严重心理问题的特点

诊断为严重心理问题，须满足如下条件：

1. 引起"严重心理问题"的原因，是较为强烈的、对个体威胁较大的现实刺激。不同原因引起的心理障碍，求助者分别体验着不同的痛苦情绪（如悔恨、冤屈、失落、愤怒、悲哀等）。

2. 从产生痛苦情绪开始，痛苦情绪间断或不间断地持续时间在 2 个月以上、半年以下。

3. 遭受的刺激强度越大，反应越强烈。多数情况下，会短暂地失去理性控制。在后来的持续时间里，痛苦可逐渐减弱，但是，单纯依靠"自然发展"或"非专业性的干预"，却难以解脱，对生活、工作和社会交往有一定程度的影响。

4. 痛苦情绪不但能被最初的刺激引起，而且与最初刺激相类似、相关联的刺激，也可以引起此类痛苦，即反应对象被泛化。

综上，"严重心理问题"是由相对强烈的现实因素激发，初始情绪反应剧烈、持续时间长久、内容充分泛化的心理不健康状态。

严重心理问题有时伴有某一方面的人格缺陷。

📖 **知识链接2**

严重心理问题诊断报告撰写格式示例（以本单元项目1案例为例）

一、一般资料（略）

二、个人主诉（略）

三、咨询时观察到的情况（略）

四、评估与诊断

1. 综合临床所收集的资料，对来访者的初步诊断为：严重心理问题。

2. 诊断依据：

（1）引起"严重心理问题"的原因，是较为强烈的、对个体威胁较大的现实刺激。来访者主要症状是焦虑，其程度与其个人处境吻合，内心冲突来源于改造劳动的现实生活，属于常形冲突。

（2）从产生痛苦情绪开始，持续 3 个月以上。

（3）该来访者反应比较强烈；对社会功能造成一定的影响，出现短暂失去理性控制的情况；内心痛苦自己无法摆脱。

（4）痛苦情绪不局限于最初的刺激，出现一定回避和泛化。

3. 鉴别诊断：

（1）该来访者到医院的各项就医检查资料证明：该来访者没有患躯体疾病，即可排除身体器质性疾病。

（2）根据郭念锋"病与非病三原则"，来访者的主客观世界统一、精神活动内在协调一致、人格相对稳定，对自己的心理问题有自知力，希望能摆脱困扰，主动求医，无逻辑思维的混乱，无感知觉异常，无幻觉、妄想等精神病性症状。因此可排除精神病性心理问题。

（3）与焦虑性神经症鉴别：该来访者虽然有焦的情绪体验，但是根据许又新教授心理冲突情况的分析，其心理冲突与现实刺激密切相关，具有明显的道德色彩，属于常形冲突，没有变形。因此排除焦虑神经症。

（4）与一般心理问题相鉴别：一般心理问题的反应强度不大，内容没有泛化，对社会功能没有造成严重影响，病程1个月以内。而来访者的心理问题有泛化，对社会功能造成较大影响，持续时间也较长，已经有3个月。因此不能考虑为一般心理问题。

4. 病因分析：

（1）生理原因：男性，26岁，生理上未见异常。

（2）社会原因：

①存在负性生活事件：与女友闹矛盾未能解决，影响工作效率，造成不能完成劳动任务，减刑被拖延。

②缺乏社会支持系统的帮助：因在服刑，与家人朋友联系不方便，狱内朋友很少。

（3）心理原因：

①对现实事件存在错误认知：认为自己出现失误就会失去信任。

②对现实事件的不正确归因：认为与女友的矛盾都是因为自己的无能。

③人格特征：性格内向、感情细腻。

④缺乏有效的情绪调节方法：受焦虑等不良情绪困扰，无法摆脱。

⑤缺乏有效的解决问题的行为模式：不会与他人沟通，不主动找警官反映情况，劳动效率下降。

五、咨询目标的制定

通过全面了解来访者的年龄特征、性格特征、问题特征、文化特征，准确判断来访者的心理问题的类型和问题程度，选择优先解决来访者的主要问题，同时符合有效咨询目标具体、可行、积极、双方可接受、心理学性质可评估、多层统一的六个要素。

根据心理评估和诊断，经过与来访者共同协商，确定如下咨询目标：

1. 近期目标：缓解焦虑与强迫倾向，改善睡眠状况。

2. 远期目标：在达到上述具体目标的基础上，最终达到促进来访者心理健康、人格完善的目标。

六、咨询方案的制定

1. 针对本案例，计划采用的咨询方法及原理如下：

（1）咨询方法：合理情绪疗法。

具体分四个步骤：

①心理诊断阶段：对来访者的问题进行初步诊断和分析，找出来访者问题的ABC；在此基础上，与来访者共同协商制定咨询目标；最后向来访者解说合理情绪疗法的

ABC 理论，使来访者能够接受这种理论及其对自己问题的解释。

②领悟阶段：主要工作有两个方面：首先，进一步明确来访者的不合理信念，让来访者学会区分合理与不合理信念。其次，使来访者进一步领悟自己的问题与自身不合理信念的关系。

③修通阶段：最重要的部分，主要运用技术手段，使来访者修正或放弃原有的非理性观念，并代之以合理的信念，从而使症状得以减轻或消除。

④再教育阶段：巩固前三个阶段的咨询效果，帮助来访者进一步摆脱原有的不合理信念及思维方向。

（略）

七、咨询过程（略）

八、咨询效果的评估（见模块四单元一项目5）

项目2 严重心理问题的诊断（2）

实训目的和要求

通过对严重心理问题案例进行分析，掌握严重心理问题的诊断技术，包括与一般心理问题、神经症性（可疑神经症）心理问题的鉴别，以及与异常心理的鉴别，并能初步运用相应诊断技术对罪犯进行心理评估。

实训内容

严重心理问题的诊断。

实训准备

多媒体课室、实训教材、纸、笔等。

实训案例

一、一般资料

王某，男，1965 年出生，汉族，已婚，江西省吉安县人，高中毕业，农民，身高1.69 米左右，体重 120 斤。1988 年结婚，妻子也在家务农。育有一女，现年 20 岁，女儿现在正在读大学。王某为养子，家里还有八九十岁的养父母。父母均在家务农，无兄弟姐妹。王某自幼年起一直跟随养父母长大，和养父母感情很深，养父母家里很穷，自幼体验生活的艰辛，读书成绩一般，但自小帮着养父母做家务活，养父母总是夸这个养子特别孝顺。高中毕业后，没有考上大学，一直在家务农。改革大潮掀起后，王某在家做点小生意，积累了一点钱，后又到广东深圳打工。在打工的过程中，学会了开车。20 世纪 90 年代中期，因江西到深圳的交通很不方便，打工人又多，王某伙同几个老乡跑起了深圳到吉安的客运，在跑客运时，因与广东省本地人争客源，发生多次冲突，最终发生团伙打架，将对方一人打成重伤，被判处有期徒刑8年，2005年12月来我监服刑，此前无前科。十多年前曾受过外伤，有肝炎病史，现已痊愈。家庭无精神病史。

二、主诉与个人陈述

1. 主诉：最近3个月，情况很不好，夜间经常失眠，白天犯困，胡思乱想，头痛；感到很累，不想干活，社会功能受损；生活没有目标，感到茫然；对监狱生活不适应，不知该怎么办。

2. 个人陈述：我来这里服刑已经一年多了，自从收到妻子来信中提出要和我离婚的消息后，一开始感到十分愤怒，我对她这么好，没想到她现在竟然提出离婚。我担心离婚后，自己不在家，养父母怎么办？想到我以前在外面是一个有头有脸的人物，可进入监狱后一切都完了。从小就立志要努力读书，长大后一定要赚大钱来报答父母的养育之恩，让父母不再过以前的苦日子。终于我出人头地了，家庭条件也好起来，父母可以享福了，可自己却在最得意时把自己送进了监狱。我不但无法赡养老人和抚养女儿，而且连累了全家，现在妻子也没了，感到无地自容。我的刑期长，出狱遥遥无期，对不起家里的父母和女儿。想到这些事，我更加烦躁不安，有时感到莫名的焦虑，不知如何是好。同监区的服刑人员没有一个可以说知心话的人，没有谁会同情我。虽然劳动强度不大，但我总是放不下面子，不想听一些年轻警察的指挥。想到自己的遭遇，内心感到很痛苦，无法摆脱。

三、观察与他人反映

1. 民警反映：王某性格内向，好强，爱面子。平时做事认真负责，能力强。只是最近劳动效率比较低。烦躁不安，经常与他犯吵架。并且对监区民警的话不太听，认为监狱警察故意为难他，不同情他，与监区民警和同犯关系比较紧张。他说常常感到心里异常烦躁，心情十分压抑和痛苦，一直无法摆脱，便想到来心理咨询中心寻求帮助。

2. 同舍服刑人员反映：他常为小事发火，睡不好觉，常常发呆，不想与人多说话，整天唉声叹气，有时偷偷哭泣。

3. 咨询师的观察：王某衣着整洁，犹犹豫豫走进咨询室。来回搓动双手，显得焦虑不安。情绪低落，反复述说自己对不起父母、对不起孩子，说到伤心处泣不成声，认为活着没有什么意义。其自知力完整，内心体验与现实一致，无感知觉异常，无逻辑思维混乱。

4. 心理测验的结果：

（1）EPQ（艾森克人格问卷）：E（内外向）：40分；P（精神质）：35分；N（神经质）：60分；L（掩饰质）：45分。

（2）SDS（抑郁自评量表）：57分，说明抑郁症状轻。

（3）SAS（焦虑自评量表）：60分，说明焦虑症状明显。

四、资料分析与原因分析

1. 各类资料之间的关系：咨询师观察、监区民警介绍情况、同舍人员介绍情况、心理测验结果、来访者自己陈述的情况十分相符，证明以上资料具有可信性，可以据此作出初步诊断。

2. 生物学因素：家庭无精神病史。十多年前曾受过外伤，有肝炎病史，现已痊愈。

3. 社会学因素：

（1）来访者生于革命老区农村，从小被收养，对养父母很感恩，因此对两位老人非常孝顺。因体会到家庭贫困，养成了较为纯朴的个人品质。

（2）来访者文化水平不高，接触社会较早，在意识形态及人生观、价值观上缺乏正确引导，因此未形成正确的人生观、价值观，缺乏法律意识和忍耐力。这在一定程度上导致来访者走上违法犯罪的道路。

（3）来访者因妻子提出离婚，家中养父母无人照顾，女儿还在上大学，感到自己是导致这种现状的罪魁祸首，自罪、自责，内心充满了后悔感、内疚感，产生了一定负性性格。

4. 心理学因素：来访者性格内向，自小被收养，情绪不稳定。当面临挫折事件时，没有正确的应对模式，感到后悔、内疚、焦虑，继而派生出睡眠障碍等症状。

五、评估与诊断

根据收集的临床资料及心理测验结果，该来访者智力正常，有自知力，心理冲突属于现实意义，有求治愿望，属于心理咨询的范畴。

初步诊断：严重心理问题。

实施方式

1. 学生 3~5 人为一组，每组学生阅读实训教程提供的案例，了解案例的基本情况。

2. 每组学生对案例进行分析、讨论，对案主的心理问题作出初步诊断。

3. 每组学生代表对分析、讨论结果进行陈述，重点陈述诊断的流程、依据及结果。其他组学生对该组的陈述进行点评、讨论。

4. 老师对每组的陈述作出点评。

5. 各组陈述完毕后，老师进行总结陈述。

注意事项

注意区分一般心理问题和严重心理问题。

实训作业

撰写严重心理问题案例分析实训报告。

知识链接

　　严重心理问题诊断报告撰写格式示例（以本单元项目 2 案例为例）

一、一般资料（略）

二、个人主诉（略）

三、咨询时观察到的情况（略）

四、评估与诊断

（一）诊断结果

　　综合临床资料，对其初步诊断是：严重心理问题。

（二）诊断依据

　　1. 根据郭念锋判断正常与异常心理活动的三原则及该来访者的状况，排除精神病的可能。

　　2. 来访者经历较为强烈的现实性刺激，内心冲突有现实意义；痛苦情绪持续时间 3 个月；不良情绪泛化到生活的其他方面；完不成每天的劳动任务，常发呆，与同犯不愿交往，注意力不集中，睡眠状况差；社会功能受到中度影响；体检无器质性的病变。

　　3. 结果显示该服刑人员属于非典型的内向不稳定性人格特征，SAS 评分 60 分，SDS 评分 57 分，支持严重心理问题的诊断。

（三）鉴别诊断

　　1. 与精神病相鉴别。根据判断正常与异常心理活动的三原则来分析，来访者对自己的心理问题有自知力，其认知、情绪、意志三个方面的心理活动是统一、一致的。无逻辑思维的混乱，无感知觉异常，无幻觉、妄想等精神病的症状，因此可以排除精神病的可能。

　　2. 与抑郁症相鉴别。来访者虽然有抑郁情绪、情绪低落，但来访者的情绪症状皆因现实的有关道德等因素的内心冲突引起，对症状有自知力，并有迫切求医行为，因此可以排除抑郁症。

　　3. 与焦虑性神经症相鉴别。焦虑性神经症症状表现主要是：有焦虑的情绪体验和身体表现，有持久的痛苦不能解决，对社会功能造成严重影响，出现泛化和回避，反应也与初始事件本身不相关，持续时间大于 3 个月或半年。而该来访者虽然也以焦虑为主要症状，但焦虑情绪没有泛化和回避，尚未严重影响社会功能和逻辑思维，持续时间只有 3 个月，因此可以排除焦虑性神经症。

五、咨询方案的制定（见模块四单元一项目 4）

六、咨询过程（见模块四单元一项目 4）

七、咨询效果的评估（见模块四单元一项目 5）

项目 3　严重心理问题的诊断（3）

实训目的和要求

通过对严重心理问题案例进行分析，掌握严重心理问题的诊断技术，包括与一般心理问题、神经症性（可疑神经症）心理问题的鉴别，以及与异常心理的鉴别，并能初步运用相应诊断技术对罪犯进行心理评估。

实训内容

严重心理问题的诊断。

实训准备

多媒体课室、实训教材、纸、笔等。

实训案例 [1]

一、案例背景

戒毒人员马某，30 岁，男，汉族，初中文化程度，离异。常常与戒毒人员发生矛盾冲突，民警多次教育后仍然屡犯不改，遂向心理咨询中心寻求心理帮助。针对戒毒人员马某的问题，心理矫治中心采用意象对话、催眠治疗、NLP 等方法，帮助其唤醒亲情良知，改善家庭沟通方式，克服恐惧，学习人际交流方式，并帮助其走上完善自身人格的道路。

二、案例资料

1. 个人资料：马某，男，2017 年 8 月入所，系独生子，身体健壮，身上有文身。

2. 家庭情况：出生在城市，幼年家庭条件贫困，之后父母经商，对其照顾时间减少，大多数时间由爷爷奶奶抚养。初中辍学，父母对其很溺爱，花钱常常大手大脚。与父母之间沟通较少，很少说话。父母之间经常争吵，有时会动手打架。

3. 主诉：我小时候是被爷爷奶奶带大的，他们不会管教我，对我的约束很少。父母在外经商，更很少管我。后来家里经济条件好了一些，自己也和父母一起住了，但是父母经常吵架，有几次还动手。那时候我很无助，再加上青春期，自己也比较叛逆，不想和他们说话，总躲避他们。父母觉得小时候亏待了我，所以在钱的方面有求必应，从来不对我花钱作约束。初中辍学后，我没有工作，在社会上认识了一些朋友，见到他们吸毒，我也就和他们一起开始吸毒。

4. 心理测量结果：对马某进行了三组心理测量量表，分别为：SCL-90、SAS、SDS 量表。在 SCL-90 量表中，阳性项目数有 65 项，敌对、恐惧、焦虑、人际关系敏感因

---

〔1〕 引自中国法律服务网司法行政（法律服务）案例库《对有严重心理问题戒毒人员马某的教育矫治案例》http：//alk. 12348. gov. cn/Detail？ dbID＝25&dbName＝JDJZ&sysID＝2687.

子分数均超过 2 分。SAS 标准分 69 分（中度焦虑），SDS 标准分 61 分（中度抑郁）。

5. 原因分析：在原生家庭中，来访者缺乏父母的关注，导致人际交流能力欠缺，不会用成熟的方式解决问题。再者，由于童年受父母争吵的影响，潜意识中形成了用简单粗暴的方式与别人交流的思维模式，心理发育延迟，思维幼稚。

6. 大队民警简述：马某时常会与他人产生争执。但平时情绪低落，不善言谈，人际关系很差。

实施方式

1. 学生 3～5 人为一组，每组学生阅读实训教程提供的案例，了解案例的基本情况。

2. 每组学生对案例进行分析、讨论，对案主的心理问题作出初步诊断。

3. 每组学生代表对分析、讨论结果进行陈述，重点陈述诊断的流程、依据及结果。其他组学生对该组的陈述进行点评、讨论。

4. 老师对每组的陈述作出点评。

5. 各组陈述完毕后，老师进行总结陈述。

注意事项

注意区分一般心理问题和严重心理问题。

实训作业

撰写严重心理问题案例分析实训报告。

知识链接

严重心理问题诊断报告撰写格式示例（以本单元项目 3 案例为例）[1]

一、一般资料（略）

二、个人主诉（略）

三、咨询时观察到的情况（略）

四、评估与诊断（略）

1. 综合临床所收集的资料，对来访者的初步诊断为：严重心理问题。

2. 诊断依据（略）。

3. 鉴别诊断（略）。

五、咨询目标的制定

与其讨论过后，商定初步咨询目标为：改善人际关系，调整自身消极情绪。长期目标为：家庭关系修复，寻求自己内心与家人的和解。

六、咨询方法的制定

---

〔1〕 引自中国法律服务网司法行政（法律服务）案例库《对有严重心理问题戒毒人员马某的教育矫治案例》http：//alk. 12348. gov. cn/Detail？dbID＝25&dbName＝JDJZ&sysID＝2687.

1. 咨询方法：催眠治疗，意象对话技术，NLP 技术[1]。

2. 心理咨询过程。心理咨询流程包括：1 次初始会谈——2 次催眠治疗与 NLP 技术运用——1 次会谈咨询——2 次意象对话——7 次会谈咨询。整个咨询过程根据马某的心理转变阶段，可以区分为四个阶段：问题呈现阶段、尝试阶段、完善阶段以及结束阶段。

（1）问题呈现阶段（1 次初始会谈）

在初始会谈之后，马某将自己的成长经历以及自己对现状的评价，和自己与他人交流过程中的疑惑和困惑都作了详细的陈述。在交流的过程中，马某认识到自己存在的问题，但不承认自己用武力解决问题的方式存在错误。通过面谈，马某承认了自己的问题，并提出很担忧自己的问题无法解决。此时，咨询师留给马某一个问题，如果自己的孩子也遇到类似的问题，你会如何劝说自己的孩子在不使用暴力的条件下解决这个问题？初始咨询结束。

（2）尝试阶段（2 次催眠治疗与 NLP 技术运用——1 次会谈咨询）

在第二次刚开始，马某表示自己并没有完成上次留下的问题，并表示想知道还有什么其他方法。经过交谈，马某表示愿意通过催眠来寻求解决问题的方法。之后经过准备，将马某催眠到三级催眠状态，利用系统脱敏法将其之前经历过的与人发生争执的情景进行回顾来进行脱敏，并在催眠状态下引导其学会如何处理应激情绪。在此期间对他平复情绪的心理状态加之心锚，保证其在清醒状态下面对类似问题能够利用此心锚辅助情绪进行平复。最后将其唤醒，询问他的感受。"隐约好像抓到了什么窍门，但是还有一些不确定。"醒来之后如是说道。

第三次的咨询也是催眠治疗，经过之前的催眠治疗之后，马某见面时兴奋地告诉咨询师，有些时候其可以通过心锚来平复自己在感到愤怒时的情绪了，但不是任何时候都可以。咨询师为他进行了解答，并鼓励他循序渐进，不要急躁。之后再次进入催眠状态中，在三级催眠状态下，用精神实体化的技术让其将不良情绪转移到自己的右手指甲上，并暗示他在指甲上做好记号，待做记号部分的指甲全部剪掉后，就可以更熟练自如地平复自己的不良情绪。唤醒之后，与他进行确定，不可急躁、冒失，等待指甲慢慢地生长，自然地用指甲刀减掉。

第四次是会谈咨询，主要解答了来访者在本阶段所遇到的一些困惑，并对其心理状态进行观察，判断其状态是否平稳、正常。

---

[1] NLP 是神经语言程序学（Neuro-Linguistic Programming）的英文缩写，N（Neuro）指的是神经系统，包括大脑和思维过程；L（Linguistic）指语言，是指从感觉信号的输入到构成意思的过程；P（Programming）是指为产生某种后果而要执行的一套具体指令。NLP 被解释为研究我们的大脑如何工作的学问，包含了传统的神经学、生理学、心理学、语言学和人脑控制学等。NLP 神经语言程式（Neuro Linguistic Programming）是人工智能的一个领域，是指从破解成功人士的语言及思维模式入手，独创性地将他们的思维模式进行解码后，发现人类思想、情绪和行为背后的规律，并将其归结为一套可复制可模仿的程序。透过策略引导与契合模仿，能快速学习任何作为，并取精用华，进而能青出于蓝而胜于蓝。其核心技巧是模仿。

（3）完善阶段（2次意象对话——5次会谈咨询）

第三阶段治疗之初，在刚见到马某时，其显得很有精神，看得出最近状态不错，抑郁的症状有了很大的改观。面谈中，马某兴奋地列举了最近一段时间的收获，心情也好了很多，并表示自己更有信心完成之后的咨询目标了。

在此阶段，和马某之间的连接更加紧密，咨询师得到了他的信任。会谈中与马某交流了其对亲人的评价，着重点在其父母身上。马某承认自己对于家庭的渴望和恐惧并存的矛盾心理，也表示自己感到懊悔，想寻求一种让自己心灵成长的方法。

之后的几次会谈中，咨询师对马某进行了两次意象对话治疗，内容涉及其对家庭的期望、亲人的关怀、自己的责任等。每次意象对话之间都给其一段时间进行缓冲、消化、理解。这个阶段中，马某的情绪几度起落，抑郁状态频繁出现。但在咨询师的辅助下，每次出现的抑郁症状次第减弱，马某也能很好地面对自己的状态。咨询师也向马某阐释了心理治疗"螺旋式上升"的规律。

在本阶段的结束阶段，马某也逐渐有意识地接受自己的家庭、接受自己的亲人，同时，也开始为自己解除强戒之后的生活作出了初步计划，并与咨询师多次交流。

（4）结束阶段（2次会谈咨询）

在结束阶段，咨询师和马某总结了咨询过程中的收获和一些问题出现的原因，同时向马某征求是否要结束咨询的意见，并告知马某结束咨询的原因以及意义所在。结束阶段需要让求助者脱离拐杖独自行走。在自己帮助自己转变的过程中，让自己获取对自身的认可，并培养自己独立发现问题、提出问题、解决问题的能力。马某在了解了结束咨询的意义之后表示希望脱离要逐步地进行，脱离的速度要适当。咨询师也表示理解和同意。并对马某在咨询过程中表现的勇气表示非常钦佩。

在这一阶段中，咨询结束虽小有波折，但总体顺利。马某也表现出了很强的自立能力。

七、案例思考

1. 催眠治疗这种方法见效快，求助者的感受清晰，很利于建立求助者对于咨询师的信任链接。通过催眠治疗，戒毒人员在回顾情绪剧烈波动的情景时能更清晰、直接地理解自身情绪产生的原因和对自身的影响，并在处理这些情绪的时候，切身地体会到平和心态下处理事情的益处。这样，戒毒人员更容易相信如何处理事情对自己有利、有帮助。

2. 意象对话是从精神分析和心理动力学理论的基础上发展出来的，这一技术创造性地吸取了梦的心理分析技术、催眠技术、人本心理学、东方文化中的心理学思想等。它通过诱导来访者做想象，了解来访者的潜意识心理冲突，对其潜意识的意象进行修改，从而达到治疗效果。

3. 需要让接受咨询的戒毒人员了解咨询的目标、咨询的意义，以及咨询当中会出现的一些让其不舒服的情况。向他解释出现这些情况的原因，并给予其勇气、信心，以帮助其从这种情境中走出来。咨询很少会有一帆风顺的时候，当遇到一些波折时，咨询师要能保持冷静、保持良好心态，只有这样才能让来访者对咨询师建立信心，从而使咨询变得更有意义。

4. 咨询方式的选择需要咨询师根据当下的情况灵活运用，催眠和 NLP 技术的联合运用，使本就效果显著的 NLP 能更长时间地作用在求助者身上，伴随着之后的强化和训练，其效果远远超过 NLP 技术的单独运用。同时，对于任何来访者，咨询师内心永远需要给予其诚挚的希望与爱心。"焦点所至，能量随行"，咨询师的爱与关注是咨询顺利进行的基础条件。

单 元 三

神经症性心理问题的诊断

项目1 神经症性心理问题的诊断（1）

实训目的和要求

通过对神经症性（可疑神经症）心理问题案例进行分析，掌握神经症性（可疑神经症）心理问题的诊断技术，包括与一般心理问题、严重心理问题的鉴别，以及与异常心理的鉴别，并能初步运用相应诊断技术对罪犯进行心理评估。

实训内容

神经症性心理问题的诊断。

实训准备

多媒体课室、实训教材、纸、笔等。

实训案例

一、一般资料

张某，30岁，未婚，服刑人员。

二、来访者自述

近2个月来总是思考一些毫无意义的问题，如"洗碗时是多用一点水好，还是少用一点水好""折页时是正着折好，还是反着折好"。虽然知道正折、反折都一样，根据个人习惯，但是控制不住还要想。洗衣服时总担心洗不干净而反复洗涤，直到自认为洗干净为止，但又认为浪费了很多水，对不起干警的教导，为此耽误了许多时间，正常的改造生活和生产劳动受到了一定程度的影响。逐渐地脾气变得急躁，遇到一点小事就爱发火，常常感到疲惫，做事情的兴趣也不如从前，还出现了睡眠不好的情况，经常到凌晨一两点才能入睡，故感到很苦恼。

三、观察和了解到的情况

来访者自幼健康，未患过严重疾病。2个多月前，干警召开的一次服刑人员会上，要求学员节约用水，对生产上一些不良现象进行了点评。自此，来访者在洗衣服和洗碗时就变得很紧张，总是担心浪费水，情况逐渐加重而不能自控，并且出现只要洗的东西都要反复洗的情况。由于这些问题的困扰，来访者的工作、生活受到了影响，但尚能坚持应对，只是感到苦恼，希望尽快解决，因此前来进行心理咨询。

实施方式

1. 学生 3～5 人为一组，每组学生阅读实训教程提供的案例，了解案例的基本情况。

2. 每组学生对案例进行分析、讨论，对案主的心理问题作出初步诊断。

3. 每组学生代表对分析、讨论结果进行陈述，重点陈述诊断的流程、依据及结果。其他组学生对该组的陈述进行点评、讨论。

4. 老师对每组的陈述作出点评。

5. 各组陈述完毕后，老师进行总结陈述。

注意事项

注意区分神经症性心理问题和神经症。

实训作业

撰写神经症性心理问题案例分析实训报告。

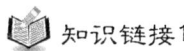 知识链接1

神经症性心理问题及其特点

神经症性心理问题又被称为可疑神经症，属于第三种类型的心理问题，此种问题可能已接近神经衰弱或神经症，或者它本身就是神经衰弱或神经症的早期阶段。神经症性心理问题引起的心理冲突与现实处境没有明显关系，涉及生活中不太重要的事情，且不带有明显的道德色彩。有时，我们也把有严重心理问题但没有严重的人格缺点者（如均衡性较差的人格）列入这一类。神经症类心理问题对当事人影响深远，在人群中分布广泛，但是因为其外在表现具有很大的隐藏性，目前对此类问题的研究也多集中在医学心理治疗领域，心理咨询师对此的接触和研究相对较少，所以较难识别。

神经症类心理问题具有隐藏性，因为此类症候人群会刻意地保持低调，应对世界和他人的方式被动消极。霍妮所倡导的人生而具有建设性力量的主张在他们身上似乎得不到体现，因为他们的全部精力都在关注自己的内心体验，努力去获取安全感，而非应对周围环境，进而提升自己的应对能力。自幼安全感的缺失让他们成年后在生活中疲于应付，主要表现为顺从型、逆反型和独立型三种形态，但他们具有共性特征：常常像"影子人"一样存在，不轻易发表观点，对事情没有倾向性选择，对他人缺乏客观认识，每天在经历事情却缺乏必要的对生活经验的积累，以至于别人经常忽略他们的存在，也不能理解他们频犯不改的低级错误，因为他们获取安全感的努力集中在自己的内心世界，他们的生活是以自我为中心的，周围发生的一切似乎与他们无关。

这类人群常常目不斜视或者对熟人"视而不见"，对时事很淡漠，生活圈子和人际交往圈子非常狭小，像一个生活的旁观者，跟身边的人也是若即若离，因为缺乏安全感的他们需要"安全距离"。其实，他们非常渴望得到他人的关注和认同，希望被重视，希望所有人的世界都围绕自己转，所以敏感多疑，容易受挫，反应僵化。概括地说，他们对人对己要求完美，想法丰富但行动力弱，这类人与自己的关系很糟糕，所以无暇他顾，看似每天没做什么事，却会感觉很累，注意力涣散，神经衰弱，具有一定的强迫性思维，痛苦不堪，无力改变。他们经常被视为性格内向，但是与内向的正常人相比，他们内心焦虑，人格冲突，缺乏自我认同。

综上所述，有神经症心理问题的这类人较少惹人注目，常常被忽略，症状反应具有隐蔽性，所以识别起来具有一定的难度。他们并不清楚自己内心冲突的由来，预约咨询大部分是因其他问题。他们在生活中向别人诉说内心痛苦时，常被视为"无病呻吟"，因为所述说的多为琐碎小事和内心体验，心理健康的常人无法理解他们的想法和内心痛苦，所以他们往往主动向心理中心求助。咨询师要了解神经症的内核，善于识别此类问题，也可在咨询过程中借助 MMPI 等性格测量工具和 SCL-90 症状自评量表以及焦虑自评量表 SAS 等测评手段帮助识别，但应注意对测试结果的合理解释和运用。

神经症性心理问题的特点有以下几点：

1. 强烈的心理冲突（心理冲突开始变形，但还未属于变形冲突），来访者感觉到自己处于一种没办法解脱的矛盾状态。

2. 持续时间相比一般和严重心理问题较长，相比神经症的持续时间要短。

3. 心理冲突已经导致来访者的社会功能受到中度损害。

4. 与引起症状的刺激无关，不类似的刺激也开始引起症状反应（内容开始泛化）。

5. 来访者的异常未查见以任何身体的器质性病变作基础。

📖 **知识链接2**

神经症性心理问题诊断报告撰写格式示例（以本单元项目1案例为例）

一、一般资料（略）

二、个人主诉（略）

三、咨询时观察到的情况（略）

四、评估与诊断

诊断依据：引起的心理冲突与现实没有什么关系，涉及生活中不太重要的事情，且不带有明显的道德色彩。

持续时间：痛苦情绪体验持续时间为 2 个月，未超过 3 个月。

精神状态：精神痛苦程度较重，难以解脱，对工作和生活有一定程度的影响。心理冲突的内容泛化。

本案例虽有强迫症状，但持续时间较短，社会功能受损程度不重，未达到神经症的诊断标准，故考虑神经症性心理问题。

五、咨询目标的确定（略）

六、咨询方案的制定（见模块四单元一项目4）

七、咨询过程（略）

八、咨询效果的评估（见模块四单元一项目5）

项目2 神经症性心理问题的诊断（2）

实训目的和要求

通过对神经症性（可疑神经症）心理问题案例进行分析，掌握神经症性（可疑神经症）心理问题的诊断技术，包括与一般心理问题、严重心理问题的鉴别，以及与异常心理的鉴别，并能初步运用相应诊断技术对罪犯进行心理评估。

实训内容

神经症性心理问题的诊断。

实训准备

多媒体课室、实训教材、纸、笔等。

实训案例

一、一般资料

1. 人口学资料：杨某，男，江苏省沭阳人，26岁，初中文化，因盗窃罪被判刑6年半，现在某监狱羊毛衫车间服刑。哥哥已成家，有小孩，已经分家过日子，父亲在苏州做小生意，母亲已去世。

2. 成长史：杨某出生在农村，家里比较穷。母亲在他15岁初中一年级时因心肌梗塞去世。初中二年级因强奸女同学被劳教。解教后外出打工。这次犯罪被判6年半，是因酒后和朋友一起盗窃玉器加工厂玉器。

3. 精神状态：2010年4月以来，杨某开始感到轻微焦虑、烦躁，对羊毛衫生产机器声音感到有些恐惧，劳动时注意力不集中，还经常完不成劳动任务，认为自己不行，对改造没有信心。之后被调到远离车间的岗位，偶尔听到车间传来的机器声音，还是无法忍受。精神颓废，无法正常改造。

4. 身体状态：最近睡眠很少，一般两三个小时，有时整夜失眠。白天劳动感到头昏，身体很累、乏力。除此之外，无其他不适躯体症状。

5. 社会功能：日常生活中，杨某考虑最多的问题是怎么才能早点出狱回家，但无法静下心来集中注意力。其能参加劳动，但劳动中对机器声音恐惧，经常出错，被警官批评。警官得知他对机器声音恐惧后，把他调到远离机器声音的岗位，但如果隐约听到机器声音，仍然感到非常难受，不想参加监狱、监区组织的各项活动。因对羊毛衫生产机器噪音实在无法忍受，于2010年9月主动求医。

二、主诉与个人陈述

1. 主诉：自感2010年4月以来开始逐渐对机器声音恐惧，内心非常焦虑、烦躁，父亲患高血压，很担心父亲的身体。

2. 个人陈述：我是一个性格内向的人，5个月前担心家人，感觉自己很焦虑、烦躁不安，晚上睡不好觉，特别是最近1个多月来有时整夜睡不着，只好晚上看些书，白天没有精神，头上紧绷绷的，好像戴帽子一样难受，听到机器声音感到烦躁。劳动时总是不能集中注意力，为此经常出错，被警官批评。感觉自己的意思不能被同犯和管教干警理解，自我感觉很难与人沟通。警官把我调到离机器远的地方，还是受不了，完不成劳动任务，对改造失去信心，主动请求咨询。

3. 观察和他人反映：来访者身体和智力均发育正常，讲话声音清晰、文静，意识清楚，接触交谈很配合，言语流利，无幻觉、妄想，自知力完整，急需改变这种痛苦，也作了尝试，但没能摆脱，有明确的求助要求。

4. 心理测验：

SDS（标准分）：54分，提示轻度抑郁情绪。

SAS（标准分）：67分，提示中度焦虑情绪。

SCL-90：焦虑因子2.1分，躯体化因子2.0分，强迫症状1.1分，人际敏感1.2分，抑郁1.8分，敌对1.5分，恐怖3.1分，偏执1.3分，精神病性1.6分，其他1.8分。

EPQ（T分）：E36；P45；N70。

L39：提示内向，情绪不稳定。

实施方式

1. 学生3~5人为一组，每组学生阅读实训教程提供的案例，了解案例的基本情况。

2. 每组学生对案例进行分析、讨论，对案主的心理问题作出初步诊断。

3. 每组学生代表对分析、讨论结果进行陈述，重点陈述诊断的流程、依据及结果。其他组学生对该组的陈述进行点评、讨论。

4. 老师对每组的陈述作出点评。

5. 各组陈述完毕后，老师进行总结陈述。

注意事项

注意区分神经症性心理问题和神经症。

实训作业

撰写神经症性心理问题案例分析实训报告。

知识链接

神经症性心理问题诊断报告撰写格式示例（以本单元项目2案例为例）

一、一般资料（略）

二、个人主诉（略）

三、咨询时观察到的情况（略）

四、评估与诊断

1. 诊断：神经症性心理问题。

2. 诊断依据：

（1）按照"三原则"分析：其主观与客观世界是统一的，知、情、意是协调一致的，个性也是相对稳定的，主动求医，不属于精神疾病。

（2）按照神经症的诊断标准：5个月前有对机器声音恐惧的情绪出现，冲突属变形。刚开始只是对机器有轻微的厌烦感觉，到1个多月前才不能忍受。人格保持完整，思维仍保持逻辑性。虽然劳动效率下降，社会功能有所下降，但行为不失常态。严重冲突时，痛苦时程未达到半年以上，不属于神经症，但冲突已经变形，也不属于严重心理问题。也就是说，介于神经症和严重心理问题之间，即属于神经症性心理问题。

3. 鉴别诊断：

（1）与精神病鉴别：来访者的症状由现实因素引发。未出现幻觉、妄想症状。主动寻求咨询，自知力完整。主观与客观世界是统一的，知、情、意是协调一致的，个性也是相对稳定的，因此，不属于精神疾病。

（2）与神经症鉴别：来访者的症状虽然由现实因素引发，对声音恐惧是变形冲突。5个月前对机器声音恐惧的情绪出现，冲突属变形，但严重痛苦持续不到2个月。社会功能下降，有些泛化，人格稳定。没有器质性病变基础。因为已经属于变形冲突，所以，首先应排除严重心理问题。其次，根据许又新教授的神经症诊断标准：①病程：严重痛苦程度不到3个月为短程，评1分。②精神痛苦程度：中度者自己摆脱不了，需借别人的帮助或处境的改变才能摆脱，评2分。③社会功能：中度社会功能受损害者工作学习或人际交往效率明显下降，不得不减轻工作或改变工作，或只能部分工作，或某些社交场合不得不尽量避免，评2分。根据以上综合情况得出该犯即属于神经症性心理问题（对精神痛苦和社会功能的评定，至少要考虑近3个月的情况）。

4. 原因分析：

（1）生物学原因：医院检查没有器质性病变。

（2）社会原因：①在成长过程中一直受到家长忽略，又是第二次改造，形成了不自信的心理。母亲的早逝、初中二年级被劳教的事件对其心灵有着重要的影响。②自己因犯罪服刑，给家庭造成一定的负面影响，内心感到焦虑不安、恐惧、自责。

（3）心理原因：①个性因素：性格内向，有事情喜欢闷在心里。②错误观念：在初中时遇到母亲病故和自己因强奸被劳教的两次事件，加上这次又"进来了"，认为自己年纪轻轻，遭受挫折这么大，前途灰暗，没有出息。

五、咨询目标的确定（略）

六、咨询方案的制定（见模块四单元一项目4）

七、咨询过程（略）

八、咨询效果的评估（见模块四单元一项目5）

单 元 四

异常心理的识别

项目 1　神经症的识别（焦虑症）

实训目的和要求

通过对神经症案例进行分析，掌握异常心理识别技巧，并能初步运用相关诊断技术对罪犯进行心理评估。

实训内容

神经症（焦虑症）的识别。

实训准备

多媒体课室、实训教材、纸、笔等。

实训案例

一、背景资料

1. 基本资料：罪犯国某某，男；年龄：31 岁；出生地：辽宁省建昌县；民族：汉；婚姻状况：未婚；罪名：强奸、奸幼；有无前科史：无；刑期：无期徒刑。

初诊时间：2008 年 3 月。

2. 个人成长史：该罪犯家在辽宁省建昌县，其父母为学校教师，独生子，家庭经济状况一般。

该犯父母对其要求很严格，从小就约束其言行，内心的想法长期得不到表达和释放。高中以后，对于父母的话言听计从，做任何事情都谨小慎微。参加工作后，在聋哑学校工作，因其性格比较懦弱，对领导和同事经常唯唯诺诺，内心压抑，失落的情感得不到释放，便将这种情绪发泄到女学生身上，多次诱奸女学生，后被捕。

3. 主要症状：入监后，不能较快地适应改造环境，人际关系不好，同时表现为心慌、疲惫、神经质，并伴有紧张、出冷汗、便秘等躯体化现象，症状持续超 6 个月。

二、测评及诊断

1. 心理测试结果：

SDS（标准分）：50分，提示轻度抑郁情绪。

SAS（标准分）：70分，提示重度焦虑情绪。

SCL-90：焦虑因子2.5分，躯体化因子2.5分，强迫症状1.1分，人际敏感1.5分，抑郁1.5分，敌对1.2分，恐怖1.2分，偏执1.3分，精神病性1.6分，其他1.8分，提示焦虑为中到重度。

个性：性格上有遗传及生活环境所致的缺陷，内向、胆怯、敏感、自卑，交往能力不强，环境适应性差，对父母的依赖性太强。

2. 他人反映：同犯反映该犯整天神神叨叨，不是今天腰疼就是明天头疼，同时只要有同犯与其交流，就会手心出汗，语无伦次，有时劝其好好改造，该犯反应激烈，有一定攻击性，反复无常。

本例以焦虑症状为主要临床表现，来访者无论是与人交谈还是改造中都表现出强烈的焦躁、紧张，并主动采取回避方式，故诊断为入监后亚型的焦虑症。

实施方式

1. 学生3~5人为一组，每组学生阅读实训教程提供的案例，了解案例的基本情况。

2. 每组学生对案例进行分析、讨论，对案主的异常心理作出初步诊断。

3. 每组学生代表对分析、讨论结果进行陈述，重点陈述诊断的流程、依据及结果。其他组学生对该组的陈述进行点评、讨论。

4. 老师对每组的陈述作出点评。

5. 各组陈述完毕后，老师进行总结陈述。

注意事项

注意区分神经症性心理问题和神经症。

实训作业

撰写神经症识别案例分析实训报告。

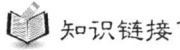 知识链接1

神经症与正常心理的分界线

在精神科的工作中，神经症与正常心理的分界线并不成为一个问题，因为到精神科就诊的病人，几乎都是症状比较重且患病时间比较长的。但是，在内科或基层保健室里，这个问题就会经常发生。从现象或事实的角度来说，心理冲突有常形与变形之分。

心理冲突的常形有两个特点，一是它与现实处境直接相联系，涉及大家公认的重要生活事件，例如，夫妻关系不和，病人长期想离婚又不想离婚，十分苦恼；二是还有明显的道德性质，无论你持什么道德观点，你总可以将冲突的一方视为道德的，而另一方视为不道德的，上述的例子便是如此。

心理冲突的变形也有相应的两个特点，一是它与现实处境没有什么关系，或者它涉及的是生活中的鸡毛蒜皮，一般人认为不值得为它操心，不懂精神病学的人感到难以理解，很容易解决的问题为什么病人却解决不了。例如，某病人路上碰见领导总是陷于打招呼还是不招呼的痛苦冲突之中，打招呼担心别人说自己巴结领导，不打招呼怕得罪领导。这在不懂精神病学的局外人看来是不成问题的。二是不带明显的道德色彩。如上例，你不能说打招呼和不打招呼何者道德何者不道德。

心理冲突的变形是神经症性的，而心理冲突的常形则是大家都有的经验。显然，如果陷于心理冲突的常形，甚至并没有什么痛苦的心理冲突，那么，充其量只是心理生理障碍，而不是神经症。要注意的是，一旦出现头痛、失眠、记忆力差或内脏功能障碍，原来不明显的心理冲突便会尖锐化，也很容易出现变形，例如明显的疑病症状。

心理冲突的解释和分析需要精神病学的知识和技巧，一般通科医生可以用比较简单而容易掌握的方法来进行评定。这包括三个方面：

1. 病程：不到3个月为短程，评1分；3个月到1年为中程，评2分；1年以上为长程，评3分。

2. 精神痛苦的程度：轻度者病人自己可以主动设法摆脱，评1分；中度者病人自己摆脱不了，须靠别人的帮助或处境的改变才能摆脱，评2分；重度病人几乎完全无法摆脱，评3分。

3. 社会功能：能照常工作学习或者工作学习以及人际交往只有轻微妨碍者，评1分；中度社会功能受损害者工作学习或人际交往效率显著下降，不得不减轻工作或改变工作，或只能做部分工作，或某些社交场合不得不尽量避免，评2分；重度社会功能受损害者完全不能工作学习，必须休病假或退学，或某些必要的社会交往完全回避，评3分。

如果总分为3分，可以认定为还不够诊断为神经症。如果总分不小于6分，神经症的诊断是可以成立的。4~5分为可疑病例，需进一步观察确诊。要补充说明的是，对精神痛苦和社会功能的评定，至少要考虑近3个月的情况，评定涉及的时间太短是不可靠的。

📖 知识链接2

神经症案例分析报告撰写格式示例（以本单元项目1案例为例）

一、一般资料（略）

二、个人主诉（略）

三、观察到的情况（略）

四、评估与诊断

（一）主要症状

心慌、疲惫、神经质、躯体化表现明显。

（二）诊断依据

符合神经症的诊断标准：

1. 以持续的原发性焦虑症状为主，并符合下列两项：①经常或持续的无明确对象和固定内容的恐惧或提心吊胆；②伴自主神经症状或运动性不安。

2. 社会功能受损，病人因难以忍受又无法解脱，而感到痛苦。

3. 病程符合症状标准至少已6个月。

（三）鉴别诊断

1. 与精神病相鉴别：根据郭念锋病与非病三项原则，来访者主客观世界一致，问题出现有一定诱因，自己对症状有自知力，没有出现妄想与幻觉等，故可排除精神病。

2. 与严重心理问题相鉴别：该来访者有自身无法排除的性格压抑、懦弱原因，社会功能出现明显损害，改造受到重大影响，持续时间长，症状超过6个月，故可排除严重心理问题。

根据以上诊断依据，该来访者的心理疾病为：焦虑性神经症。

（四）诊断结论

异常心理：焦虑性神经症。

五、咨询方案的制定

1. 根据诊断结果，制定如下咨询目标：

（1）最终目标：消除入监后的焦虑感，完善来访者的个性，促进其心理的健康发展，增强其社会交往能力。

（2）长远目标：运用系统脱敏疗法，将入监后的焦虑症状程度降至0分。

（3）近期目标：运用系统脱敏疗法，将焦虑程度由100分降至50分，能参加生产劳动，从事力所能及的岗位。

2. 系统脱敏疗法及原理。其理论基础是学习理论，即经典的条件反射与操作条件反射，还有交互抑制理论。由于在系统脱敏治疗过程中，心理咨询人员的鼓励、赞许对来访者的操作训练起着强化作用，使来访者在恐怖情境下仍保持放松，不再产生焦虑，这样，恐怖心理和行为就会自然消退。换句话讲，心理咨询人员有步骤地让来访者在放松状态下想象以前曾引起他恐怖和回避的情境，逐步增加其耐受程度；由于处于放松状态，来访者一般不会出现回避行为，并且能直接体验到平静和放松的情绪，因而原先恐怖反应的强化因素被消除，这样经过反复多次治疗以后，来访者的焦虑和回避行为就会逐步减退和削弱。

六、心理治疗过程

治疗分三个阶段进行：

第一阶段：心理治疗，即在治疗师干警的指导下，使求助罪犯充分认识到焦虑症产生的原因和背景，学会转移或化解精神压力。通过与干警和同犯的思想交流或调节日常的改造生活，促使其参加监区文化活动，以减轻精神负担和焦虑。饮食治疗：合理安排生活，防止暴饮暴食或进食无规律，以免增加胃肠道负担，加重症状。远离有刺激性的烟酒、浓茶、咖啡、辛辣食物等，因为它们能引起交感神经兴奋，使求助罪犯所表现出来的攻击性更强。引导其以清淡、易消化的食物为主，进食后不要马上休息。对于便秘的情况，服用助消化和通便的药物。

第二阶段：指导其正常参加以改造为目的的适应训练。待其症状缓解后，对其现状进行有效的干预，劝导其放弃主观臆断，鼓励其以一种崭新的思维方式开展新生活，使其转换人生态度，投入改造中，才能令其产生对生活的向往，树立起战胜疾病的勇气。

第三阶段：结束巩固阶段。这一阶段的任务是帮助求助罪犯巩固咨询所获成果，并把咨询过程中学到的有关知识和分析问题、解决问题的方法应用到日常改造中，提高自己的心理健康水平。使其对改造有一个正确的认知，消除其焦虑心理、提高其抗压能力。

七、治疗效果评估

求助罪犯对治疗效果特别满意，此次治疗所制定的目标分为3次，分布在4周内进行，基本按计划完成任务。来访者现在已能正常地参加劳动改造，并已开始正常的改造生活，身体状况明显好转等。

项目2　神经症的识别（躯体形式障碍）[1]

实训目的和要求

通过对神经症案例进行分析，掌握异常心理识别技巧，并能初步运用相关诊断技术对罪犯进行心理评估。

实训内容

神经症（躯体形式障碍）的识别。

实训准备

多媒体课室、实训教材、纸、笔等。

---

〔1〕 引自中国法律服务网司法行政（法律服务）案例库《识别和诊治海洛因依赖戒毒人员躯体形式障碍的戒毒医疗案例》http：//alk. 12348. gov. cn/Detail？dbID＝24&dbName＝JDYL&sysID＝1074.

实训案例

戒毒人员吉克某某，男，1984 年 2 月出生，四川省凉山彝族自治州人。2013 年 5 月，吉克某某因注射海洛因被公安机关送至山东省鲁中强制隔离戒毒所强制隔离戒毒，入所查体诊断为慢性丙型肝炎和 III 期梅毒。2014 年 2 月，吉克某某感觉左膝关节以下疼痛、麻木，渐渐左脚不能着地，小腿皮肤有灼痛感，经血液检查、CT 和 MRI 检测，均未发现异常，且症状持续不见好转。20 天后，右上肢逐渐出现活动困难和疼痛症状，皮肤出现痛觉过敏现象，以肘关节、腕部、手指为著。经山东省省立医院专家诊断，发现吉克某某右上肢、左下肢周围神经轻度受损。在山东省生建八三医院治疗 4 个月后，其病症体征无明显改善，且关节变得僵直，手腕部屈曲畸形，经公安机关协调将其变更为社区戒毒。据其个人叙述，出所后，吉克某某在户籍所在地医疗机构接受针灸理疗，病情有所好转。

2016 年 12 月，吉克某某再次因注射海洛因被公安机关送至山东省戒毒监测治疗所强制隔离戒毒。入所查体报告显示：吉克某某右上肢恢复正常功能，手指伸曲灵活度达 80%，左下肢可在平地正常行走。2017 年 10 月，吉克某某再次出现左下肢疼痛的症状，以髋关节为著，膝关节次之，左下肢不能活动，且常伴有心慌、胸闷、胸痛、恶心、厌食等症状，且交替出现便秘与腹泻。经辅助检查及 DR、MRI 检查，均未发现明显异常。医务人员为吉克某某做消炎镇痛、营养神经、针灸理疗等康复治疗 4 个月，过程中，吉克某某症状时重时轻，但无范围扩大和症状加重表现。经综合诊断，将吉克某某诊断为患有躯体形式功能障碍。

躯体形式障碍是一类以持久地担心或相信各种躯体不适症状的优势观念为特征的神经症。病人常因躯体症状反复就医，虽经各种医学检查，个别患者确有某种躯体障碍，但症状性质、严重程度、痛苦程度与躯体障碍严重不符。

实施方式

1. 学生 3~5 人为一组，每组学生阅读实训教程提供的案例，了解案例的基本情况。

2. 每组学生对案例进行分析、讨论，对案主的异常心理作出初步诊断。

3. 每组学生代表对分析、讨论结果进行陈述，重点陈述诊断的流程、依据及结果。其他组学生对该组的陈述进行点评、讨论。

4. 老师对每组的陈述作出点评。

5. 各组陈述完毕后，老师进行总结陈述。

注意事项

注意区分神经症性心理问题和神经症。

实训作业

撰写神经症识别案例分析实训报告。

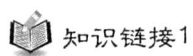 **知识链接1**

常见异常心理分类

第一类　精神分裂症及其他妄想性障碍

一、精神分裂症（schizophrenia）

精神分裂症是一种病因未明的常见精神疾病，具有感知、思维、情感、意志和行为等多方面的障碍，以精神活动的不协调或脱离现实为特征。通常意识清晰、智能完好，可出现某些认知功能损害。多起病于青壮年，常缓慢起病，病程迁延，部分来访者可发展为精神活动的衰退。患病期自知力基本丧失。

临床上可分为以下几种常见类型：①青春型，以联想障碍、精神活动全面紊乱、思维松散破裂、行为愚蠢、恶作剧以及性轻浮为多见。②偏执型，以妄想、幻觉为主。③紧张型，以精神运动性抵制障碍紧张性木僵和紧张性兴奋交替出现为主。④单纯型，以起病缓慢，持续发展意向逐渐减退、退缩、懒散为特征，治疗困难，预后不良。

二、偏执性精神障碍（paranoid mental disorders）

偏执性精神障碍又称妄想性障碍，是一种以系统妄想为突出临床表现的精神性障碍。本病病因不明，起病一般在30岁以后，女性偏多，未婚者多见。病前人格多具固执、主观、敏感、猜疑、好强等特征。本病发展缓慢，多不为周围人所察觉。妄想常有系统化的倾向，内容有一定现实性，并不荒谬，个别可伴有幻觉但历时短暂而不突出。病程演进较慢，有时人格可以保持完整，并有一定的工作及社会适应能力。

三、急性短暂性精神障碍（acute and brief psychotic disorders）

急性短暂性精神障碍包括了诊断名称不同的一组障碍。共同的特点是：①在两周内急性起病；②以精神病性症状为主；③起病前有相应的心因；④在2~3个月内痊愈。

有的来访者临床表现以精神分裂症性症状为主，如果病程不超过1个月，临床可诊断为分裂样精神障碍。

第二类　心境障碍

心境障碍（mood disorder），又称情感性精神障碍（effective disorder），是以明显而持久的心境高涨或心境低落为主的一组精神障碍。伴有相应的认知和行为改变，严重者可有幻觉、妄想等精神病性症状。大多有反复发作倾向，治疗缓解后或发作间期精神状态基本正常，但部分来访者有残留症状或转为慢性。

一、躁狂发作（manic episode）

其特点为：情绪高涨、思维奔逸、精神运动性兴奋。其发作形式有：轻型躁狂、无精神病症状躁狂、有精神病症状躁狂和复发性躁狂症。

二、抑郁发作（depressive episode）

其特点为：情绪低落、思维缓慢、语言动作减少和迟缓。其发作形式有：轻型抑郁症，无精神病症状抑郁症，有精神病症状抑郁症，复发性抑郁症。

三、双相障碍（bipolar disorder）

表现为情绪高涨与情绪低落交错发作。

四、持续性心境障碍（persistent mood disorder）

其特点为：持续性并常有起伏的心境障碍，每次发作极少严重到足以描述为轻躁狂，甚至不足以达到轻度抑郁。其发作形式有：环性心境障碍（反复出现心境高涨或低落）、恶劣心境（持续出现心境低落）、混合状态（躁狂和抑郁症状在一次发作中同时出现）。

第三类　神经症

神经症（neurosis），旧称神经官能症，是一组非精神病性功能性障碍。其共同特征是：是一组心因性障碍，人格因素、心理社会因素是主要致病因素，但非应激障碍；是一组机能性障碍，障碍性质属功能性非器质性；具有精神和躯体两方面症状；具有一定的人格特质基础但非人格障碍；各亚型有其特征性的临床相；神经症是可逆的，外因压力大时加重，反之症状减轻或消失；社会功能相对良好；自知力充分。

一、恐怖症（phobia）

恐怖症主要为三种类型：场所恐怖；社交恐怖；特定恐怖。

二、焦虑症（anxiety disorder）

临床上可分为两种类型：惊恐障碍，又称急性焦虑发作；广泛性焦虑障碍，又称慢性焦虑症。

三、强迫性障碍（obsessive-compulsive disorder，OCD）

又称强迫症，临床上可分为强迫思维和强迫行为两类。

1. 强迫思维包括：强迫性穷思竭虑、强迫性疑虑、强迫性对立观念等。

2. 强迫行为包括：强迫性仪式动作、强迫性洗涤、强迫性询问和强迫性计数等。

四、躯体形式障碍（somatoform disorders）

此类障碍包括：

1. 躯体化障碍（somatization disorders）：是一组反复陈述躯体症状，相应的器质性检查均为阴性，并缺乏充分的生理机制，对症状的说明、解释只能从心理因素或无意识中的冲突来推测的神经症。是以多种多样、经常变化的躯体症状为主的神经症。

2. 疑病症（hypochondriasis）：以担心或想念罹患严重躯体疾病的持久性优势观念为主，各种体检的阴性结果和医生的解释，均不能消除对疾病的疑虑。

3. 躯体形式的植物功能紊乱（somatoform autonomic dysfunction）：是一种主要受自主神经支配器官系统发生躯体障碍所致的神经症样综合症。

4. 躯体形式的疼痛障碍（somatoform pain disorders）：是一种不能用生理过程或躯体障碍予以合理解释的持续、严重的疼痛。精神性疼痛、心因性背痛或头痛以及其他与情绪冲突有关的躯体形式的疼痛归入此类。

五、神经衰弱（neurasthenia）

以脑和躯体功能衰弱为主要特征的神经症。临床表现为：精神疲乏、注意力难集中、效率低等衰弱症状；回忆及联想增多且难以控制；对声、光、噪音敏感；易烦恼、易激惹；紧张性疼痛；入睡困难、多梦、易醒等睡眠障碍。

第四类　应激相关障碍

应激相关障碍（stress related disorders）旧称反应性精神障碍或心因性精神障碍，是指一组主要由心理、社会（环境）因素引起异常心理反应而导致的精神障碍。临床上包括：

一、急性应激障碍（acute stress disorder）

急剧、严重的精神打击，刺激后数分钟或数小时发病，主要表现为意识障碍，意识范围狭隘，定向障碍，言语缺乏条理，对周围事物感知迟钝，可出现人格解体，有强烈恐惧，精神运动性兴奋或精神运动性抑制。

二、创伤后应激障碍（post-traumatic stress disorder，PTSD）

又称延迟性心因性反应，是指在遭受强烈的或灾难性精神创伤事件之后，数月至半年内出现的精神障碍。如创伤性体验反复重现、面临类似灾难境遇可感到痛苦和对创伤性经历的选择性遗忘。

三、适应障碍（adjustment disorders）

是指在易感个性的基础上，遇到了应激性生活事件，出现了反应性情绪障碍，适应不良性行为障碍和社会功能受损。通常在遭遇生活事件后 1 个月内起病，病程一般不超过 6 个月。

第五类　人格障碍及性心理障碍

一、人格障碍（personality disorders）

是指人格特征明显偏离正常，形成了一贯的反映个人生活风格和人际关系的异常行为模式。这种模式明显影响其社会功能和职业功能，可造成对社会环境的适应不良，病人为此感到痛苦。

临床常见的人格障碍有：

1. 偏执性人格障碍（paranoid personality disorder）：以猜疑和偏执为特点。

2. 分裂样人格障碍（schizoid personality disorder）：以观念、行为、外貌、装饰奇特，情感冷漠、人际关系有明显缺陷为特点。

3. 反社会性人格障碍（dissocial personality disorder）：以行为不符合社会规范，具有经常违法乱纪，对人冷酷无情为特点。

4. 冲动性人格障碍（impulsive personality disorder）：以阵发性情感暴发，伴明显冲动性行为为特征，又称攻击性人格障碍。

5. 表演性人格障碍（histrionic personality disorder）：又称为癔症性人格障碍，以过分感情用事或夸张言行以吸引他人注意为特点。

6. 强迫性人格障碍（anancastic personality disorder）：以过分要求严格与完美无缺为特征。

7. 焦虑性人格障碍（anxious personality disorder）：一贯感到紧张、提心吊胆、不安和自卑，总是需要被人喜欢和接纳，对拒绝和批评过分敏感，因习惯性地夸大日常处境中的潜在危险，所以有回避某些活动的倾向。

8. 依赖性人格障碍（dependent personality disorder）：特征是依赖、不能独立解决问题，怕被人遗弃，常感到自己无助、无能和缺乏精力。

二、性心理障碍

既往称为性变态，是指以性行为的心理和行为明显偏离正常，并以这种性偏离作为性兴奋、性满足的主要或唯一方式为主要特征的一组精神障碍，不包括单纯的性欲减退或亢进及性功能障碍。

性心理障碍临床上包括以下几种类型：

1. 性身份障碍（gender identity disorders）：如易性症。

2. 性偏好障碍（disorders of sexual preference）：如恋物症、异装症、露阴症、窥阴症、摩擦症、性施虐与性受虐症。

第六类　心理生理障碍

心理生理障碍是与心理因素相关、以生理活动异常为表现形式的精神障碍。

一、进食障碍（eating nervosa）

包括神经性厌食、神经性贪食及神经性呕吐。

二、睡眠障碍（sleep disorders）

包括失眠症、嗜睡症和某些发作性睡眠异常情况（如睡行症、夜惊、梦魇等）。

三、性功能障碍（sexual dysfunctions）

包括性欲减退、阳痿、早泄、性高潮缺乏、阴道痉挛、性交疼痛等。

第七类　癔症

癔症（hysteria）旧称歇斯底里，是一种没有器质性病变，以解离（精神）症状和转换（躯体）症状为主的精神障碍。本症多以人格倾向为基础，在心理、社会（环境）因素影响下产生，自知力基本完整，病程多反复迁延。

癔症临床表现复杂多样，归纳起来可分为下述三类：

一、分离性障碍（dissociative disorders）

又称癔症性精神障碍，是癔症较常见的表现形式，包括癔症性意识障碍、情感暴发、癔症性假性痴呆、癔症性遗忘、癔症性身份障碍、癔症性漫游、癔症性精神病等。

二、转换性障碍（conversion disorders）

又称癔症性躯体障碍，表现为运动障碍与感觉障碍，其特点是多种检查均不能发现神经系统和内脏器官有相应的器质性病变。

1. 运动障碍，较常见为痉挛发作、局部肌肉抽动或阵挛、肢体瘫痪、行走不能等。

2. 感觉障碍，包括感觉过敏、感觉缺失、感觉异常、癔症性失明与管视、癔症性失聪等。

三、癔症的特殊表现形式

流行性癔症或称癔症的集体发作是癔症的特殊形式。

📖 知识链接2

神经症案例分析报告撰写格式示例（以本单元项目2案例为例）[1]

一、一般资料（略）

二、个人主诉（略）

三、观察到的情况（略）

四、评估与诊断

结合吉克某某不愿接受医学检查结果，拒绝探讨心理病因，且时常伴有焦虑、抑郁情绪等状况，对吉克某某病症作出躯体形式障碍的诊断。诊断依据如下：

1. 症状标准。符合神经症的诊断标准；反复叙述无规律、无固定的胸痛、腹痛、髋关节疼痛，右下肢不敢活动。临床相关检查（CT、MRI、肌电图等）均正常；显示阴性的检查结果和医生的合理解释，均不能打消顾虑。

2. 严重标准。社会功能受损。

3. 病程标准。两次临床症状持续时间均大于6个月。

4. 排除标准。排除其他神经症性障碍、抑郁症、精神分裂症、偏执性精神障碍等。

针对吉克某某的躯体形式障碍症状，决定采取心理干预、药物治疗和物理治疗相结合的方式。

五、治疗方案制定

1. 开展心理干预。戒毒所将吉克某某作为重点关注人员，安排警察对其思想状况和身体状况给予关注。警察对吉克某某进行个别谈话教育，通过运用认知疗法、心理疗法等手段，安排其参加团体心理辅导活动，帮助其正确评估自身身体状况，改变错误思想观念，减轻精神压力。

2. 开展药物治疗。根据不同类药物的性能，把握循序渐进、剂量适当的原则，医务人员为吉克某某制定个性化的药物治疗方案。针对吉克某某的焦虑情绪，采用安定等苯二氮䓬类药物；针对其抑郁心理，采用草酸艾司西酞普兰等五羟色胺再摄取抑制剂；针对其失眠、噩梦、幻觉及妄想症状，采用奥氮平、利培酮等抗精神病药。在用药过程中，向吉克某某详细说明药物可能产生的副作用，增加病人对治疗的依从性。

3. 开展物理治疗。对吉克某某采用重复经磁颅刺激治疗，每日利用生物反馈仪对其开展生物反馈治疗，20天为一疗程，帮助其消除抑郁心理、对抗毒品心瘾。灵活运

---

〔1〕 引自中国法律服务网司法行政（法律服务）案例库《识别和诊治海洛因依赖戒毒人员躯体形式障碍的戒毒医疗案例》，http：//alk. 12348. gov. cn/Detail？dbID＝24&dbName＝JDYL&sysID＝1074.

用针灸理疗、肢体康复训练等物理治疗方法，帮助其恢复身体四肢功能。

六、效果评价

通过6个月的治疗，吉克某某胸痛、腹痛症状基本消失，饮食恢复正常，体重增加3kg，关节疼痛明显减轻，肌力达4级，可正常下地活动，生活自理能力显著增强。

七、案例思考

根据对戒毒人员吉克某某躯体形式障碍的跟踪治疗过程来看，要对同类病患治疗取得良好的效果，需要在以下几个方面下功夫：

1. 建立良好医患关系。要把握好"以病人为中心"的理念，在收治、诊断、治疗疑似躯体形式障碍的戒毒人员时，认识到他们是"有病"而非"装病"、"存在问题"而非"假想问题"、症状和痛苦反复被否定的事实，能够以同情、接纳的态度对待他们，营造出信任、关怀的医疗救治环境，为后续开展戒毒医疗工作奠定基础。

2. 科学做好医学评估。对于疑似躯体形式障碍的戒毒人员，应结合其主观诉说和客观表现，尤其在早期阶段，有针对性地进行系统的医学检查和评估，并以书面报告和口头说明的形式对其作出反馈。要杜绝武断认定病患身体病症都属精神类症状或要求病人做精神科检查等简单粗放的方式，而应对病患进行深入详细检查。

3. 加大教育引导力度。对于确诊为躯体形式障碍的戒毒人员，应结合实际状况制定科学合理的治疗方案。治疗过程中，要注重加强沟通交流，积极探讨挖掘其他心理社会因素对其躯体疾病的影响，对其作出权威科学的医学解释，鼓励病患将不实症状看作情绪因素、社会因素导致的结果。同时，在确保其身体健康的前提下，逐步减少医疗检查安排，降低医生接诊频率，及时控制和弱化病患的不合理要求，帮助其找到病症背后的心理冲突和困惑，从而实现较好的治疗效果。

项目3　神经症的识别（惊恐发作）[1]

实训目的和要求

通过对神经症案例进行分析，掌握异常心理识别技巧，并能初步运用相关诊断技术对罪犯进行心理评估。

实训内容

神经症（惊恐发作）的识别。

实训准备

多媒体课室、实训教材、纸、笔等。

----

〔1〕 引自中国法律服务网司法行政（法律服务）案例库《惊恐发作罪犯肖某的矫治个案》，http：//alk. 12348. gov. cn/Detail？dbID＝22&dbName＝JYJG&sysID＝1185.

 **实训案例**

一、案例背景

罪犯肖某，男，1984 年 9 月出生，河南省三门市人，汉族，中专学历，自幼丧父，跟随母亲长大，已婚，有一个 6 岁的儿子。2014 年 6 月 6 日，肖某因犯抢劫罪被判处有期徒刑 3 年，2014 年 9 月 17 日入监服刑改造。服刑改造期间，肖某能够做到认罪悔罪，遵守监规纪律，于 2016 年 5 月上报假释材料。

自从监区上报假释材料后，肖某开始感觉自己的身体出现了异常，经常莫名地心慌、胸闷、出冷汗、心跳加快，有时晚上睡觉会惊醒，醒来后就难以入睡。近期精神不振，生产效率开始下滑，欠产日益严重，肖某担心自己是不是得了什么病，去医务室检查后并未显示有躯体疾病。2016 年 7 月，肖某通过主管民警主动申请心理咨询。

二、成长史

肖某年幼时，其父亲就因意外去世，因此肖某对父亲几乎没什么印象，从小由母亲照顾长大。由于缺乏父亲的关爱，肖某小时候对母亲特别依赖，其上幼儿园时经常哭闹，随着年龄的增长有所好转，但学习成绩总是不理想，一直排在班级中下游。

18 岁时，肖某服兵役，退役后回原籍开了一家小作坊做加工，并在母亲的操办下相亲结婚。由于经营不善，肖某的小作坊不到两年便倒闭了，为了维持生计，肖某来到上海打工。初到上海时，肖某凭借着自己的努力，事业发展得不错，但在灯红酒绿、声色犬马之中逐渐迷失了自我，染上了赌博恶习，为归还赌债走上了犯罪之路。

三、入监改造表现

肖某较为沉默寡言，不善于表达与沟通，且个性上较为偏执，认死理。2015 年 1～3 月先后因争执和欠产被处以计分考评扣 1.6 分的处罚。但经民警教育后能够认真悔改，无论在行为规范上还是劳动态度上都有较大提升，因此监区根据其改造表现于 2016 年 5 月为其上报假释。

四、原因分析

综合肖某的成长史、犯罪史和咨询情况，确定当前问题的主要原因：

1. 成长经历导致的消极影响。肖某从小失去父亲，因此对母亲特别依赖，特别担心失去母亲，其内心充满了强烈的不安全感，导致了其性格上的敏感、多疑，且存在轻度分离焦虑。

2. 内心矛盾，趋避冲突引发情绪困扰。肖某自从上报假释后，便心态失衡，开始患得患失，一方面担心自己违纪导致来之不易的假释机会流失，另一方面又担心回归社会后家人不接纳自己、儿子不接受自己。因此既期盼着早日回归，又害怕那一天的真正来临。

3. 对自己犯罪的自罪自责。肖某有过服兵役史，接受过浓烈的爱国主义教育，还加入过中国共产党。因此其对自己的犯罪有着强烈的自责感，觉得自己对不起党、对不起国家，也愧对自己的家人，觉得自己没有颜面面对家人，因此服刑期间极少与家人书信来往。

实施方式

1. 学生 3～5 人为一组，每组学生阅读实训教程提供的案例，了解案例的基本情况。

2. 每组学生对案例进行分析、讨论，对案主的异常心理作出初步诊断。

3. 每组学生代表对分析、讨论结果进行陈述，重点陈述诊断的流程、依据及结果。其他组学生对该组的陈述进行点评、讨论。

4. 老师对每组的陈述作出点评。

5. 各组陈述完毕后，老师进行总结陈述。

注意事项

注意区分神经症性心理问题和神经症。

实训作业

撰写神经症识别案例分析实训报告。

知识链接

神经症案例分析报告撰写格式示例（以本单元项目 3 案例为例)[1]

一、一般资料（略）

二、个人主诉（略）

三、观察到的情况（略）

四、评估与诊断

（一）诊断结果

根据 CCMD3 诊断标准，肖某符合神经症的诊断标准，惊恐发作（又称急性焦虑症）需同时符合"发作无明显诱因、无相关的特定情境，发作不可预测；在发作间歇期，除害怕再发作外，无明显症状；发作时表现强烈的恐惧、焦虑，及明显的自主神经症状，并常有人格解体、现实解体、濒死恐惧或失控感等痛苦体验；发作突然开始，迅速达到高峰，发作时意识清晰，事后能回忆"这四个标准，且 1 个月内发作超过 3 次，并已持续 2 个月。

此外，排除其他精神障碍，如恐惧症、抑郁症或躯体形式障碍等继发的惊恐发作，以及躯体疾病如癫痫、心脏病发作、嗜铬细胞瘤、甲亢或自发性低血糖等继发的惊恐发作。

综上：求助者的问题评估系因临近释放所引发的惊恐发作。

---

〔1〕 引自中国法律服务网司法行政（法律服务）案例库《惊恐发作罪犯肖某的矫治个案》，http：//alk. 12348. gov. cn/Detail？ dbID＝22&dbName＝JYJG&sysID＝1185.

（二）诊断依据

1. 类似情况之前在求助者身上并未发生过，只在上报假释材料后才出现。

2. 求助者对材料能否上报、家人能否接纳、亲友是否会用异样眼光看待自己等问题过分担忧。

3. 焦虑自评量表（SAS）测得标准分为 65 分，属于中度焦虑。

五、教育矫治的难点

1. 社会支持系统欠缺。肖某身陷囹圄，觉得自己最对不起的就是妻子，因为自己的错误，让原本好好的一个家变得不像家。如今妻子一人带着孩子在外打工，没有固定住所，一直联系不上。因此，肖某十分担心妻子对于自己的态度，不知道回家后妻子能否接受自己。

2. 自罪自责心理严重。肖某有过参军经历，还曾加入中国共产党，受过党的教育，也曾有不错的事业。从军人、党员、事业上的小有成就者到一名罪犯，这种巨大的现实落差，加上肖某曾经接受的教育，导致肖某存在严重的自责心理，十分害怕亲戚朋友、街坊邻居看不起自己。

六、矫治方案

（一）第一阶段（第 1~2 次咨询）

建立咨访关系，了解具体情况，搜集有效信息，开展心理评估。

1. 通过运用共情、真诚、尊重、无条件接纳、积极关注等咨询技术建立良好的咨访关系，让求助者感到放松，将自己内心的问题以及自身的情况表达出来。

2. 运用具体化技术、内容反应技术，将求助者的问题具体化。根据咨询师与求助者在咨询中谈话确定，其最担心的是家人不接受自己，其次是材料出意外，最后是怕亲戚朋友看不起自己、街坊邻居讲闲话。

3. 运用肌肉放松法对求助者进行放松训练，指导求助者以后在紧张的时候进行放松。

（二）第二阶段（第 3~6 次咨询）

针对咨询过程中肖某出现的问题运用相应的心理咨询方法一一进行解决。

1. 运用意向对话技术，让求助者想象回归家中的情景。求助者通过意向展开自己与妻子、儿子和母亲的对话，随着对话的进行，求助者潜意识中的冲突得以表达，部分内心冲突在意向对话进行过程中得到了解决。

2. 运用认知疗法帮助求助者找出自身的问题——自己存在不良核心信念：妻子一定会十分怨恨自己，儿子也不会接纳自己（绝对化）；无法被家人接纳，以后的日子不知道该如何过（糟糕至极）。并通过柏拉图式对话与其不合理的信念辩论，发现妻子和儿子都不接纳自己的概率只有不到 30%，即使他们不接纳自己，也可以通过自己的努力帮助他们过上好的生活，用自己的行动向他们证明自己。

3. 运用指导技术，对求助者所说的害怕他犯故意挑衅致使自己违纪而无法报材料的问题进行指导，打消求助者心中关于能否顺利上报假释材料的疑虑。

（三）第三阶段（第7~8次咨询）

与求助者回顾咨询的整个过程，对其在咨询过程中的转变予以肯定，对其能够重新走出情绪低谷、树立改造信心表示认可。求助者也分享了自己的体会与收获，同时能够举一反三，表示将会把此次咨询过程中学习到的一些技巧运用到今后的生活中，保持一颗积极健康的心态来面对遇到的一切困难。

七、预期矫治目标

1. 短期目标：让求助者学会放松疗法，自我调节情绪，消除躯体症状，改善睡眠质量。

2. 中期目标：通过意象疗法，帮助求助者体验和认识复杂的内心情绪状态，淡化矛盾焦点，缓解焦虑情绪。

3. 长期目标：转变不合理认知，消除内心冲突与矛盾，树立回归信心。

八、教育改造成效

肖某反映自己的精神状态大有改善，那种心悸的感觉再也没有出现过，睡眠质量也恢复正常，对改造充满了希望，对回归充满了信心；其主管民警认为肖某的改造状态变得平稳了许多，劳动状态也明显有所提升；同犯眼中，肖某的心态变得平和了许多，整个人也变得开朗了些，不像之前，整个人像个火药桶，让身边的人噤若寒蝉，不敢与之接触；再次对求助者使用焦虑自评量表（SAS）进行测量，测得标准分为28，属于正常范围，咨询效果明显。

九、注意事项

许多服刑人员在面临释放时，会产生焦虑情绪，但大多数程度较轻，通过自我调节能有效缓解，但也有极个别会出现过度担忧、紧张导致惊恐发作的情况，如不有效处置，有可能会引发安全事故。在应对惊恐发作时，可以从以下几点着手：

1. 正确看待恐慌。让服刑人员明白，人们会出现惊恐发作是正常的，其产生于中枢神经系统，系大脑察觉到危险后通过大脑皮层向身体发送信号，促使身体产生的反应。这一过程是自发性的，并伴随着肾上腺素等化学物质的分泌，人们会因此而呼吸急促，并出现心跳加剧和流汗的症状。

2. 积极应对惊恐发作。人的战斗或逃跑反应机能虽然有效，却不见得都正确。大部分惊恐发作并非因为真正面临了危险。在惊恐发作快要来袭时，要保持镇定，不要害怕。像"我要死了"或者"我要疯了"这样负面的想法不但会让人精神紧张，还会加剧惊恐发作，正确的做法是告诉自己身边并没有什么危险，然后把这个想法在心中默念几遍。

3. 练习减压技巧。渐进式肌肉放松是缓解恐慌的一种较为有效的方法，对全身的肌肉进行收缩练习，吸气时收紧肌肉，坚持几秒后再放松，这种方法有助于消除紧张，全面地缓解压力。另外，每天多做些舒缓心情的趣事，保持充足睡眠，改善生活习惯也很重要。同时，研究表明，适当地开展运动，也会有效降低惊恐发作的概率，相应症状也会减轻。

项目4　心境障碍（抑郁症）的识别

实训目的和要求

通过对心境障碍（抑郁症）案例进行分析，掌握异常心理识别技巧，并能初步运用相关诊断技术对罪犯进行心理评估。

实训内容

抑郁症的识别。

实训准备

多媒体课室、实训教材、纸、笔等。

实训案例

一、一般情况

1. 基本情况：李某，男，27岁，汉族，初中，未婚，服刑人员，家境一般，自述父系和母系无精神病史。

2. 成长资料：初中毕业后打工（开过三轮车、做过夜总会服务生）。

3. 改造现状：2008年入监，劳动、学习情况差，2010年3月因自杀被处以禁闭，禁闭后严管集训1个月。

4. 精神状态：来访者感到痛苦、压抑、自责、内疚、烦躁不安、情绪低落、注意力不集中、无望。

5. 身体状态：身体瘦弱、脸色苍白、两眼无神；经常失眠、食欲减退；入监检查身体无重大疾病，头部无受伤情况。

6. 社会功能：人际交往少，经常无法完成劳动生产任务，有过自杀行为。

二、主诉和个人陈述

1. 主诉：自2008年杀死女友后，心里就一直感到痛苦、自责、悔恨，觉得自己罪大恶极，希望被枪毙，从今年3月起，心情尤其坏、烦躁、易激惹、情绪十分低落、想死。这次来希望获得心理援助。

2. 个人陈述：我自小十分本分，在父母眼里是个诚实听话的孩子。2007年，我去夜总会当服务生，认识了女友。我很爱她。转眼过了一年，有一天我发现女友背着我发短信，我认为女友有了新的男朋友，多次逼问，女友不说，我很恼怒。一天，我酒后回家，见女友又在打电话，询问女友，她不回答，我气急败坏，错手将女友杀死。事后，我很后悔，自杀未遂。入监后我一直想好好做人，争取早日刑满出狱补偿父母，同时照顾好女友的父母，但一直提不起精神。今年3月，我父母来看我时说，女友的父母现在过得很惨，我心里感到更加痛苦，觉得活着没有意思。每天，我劳动、学习提不起精神，心里总觉很憋闷，晚上一睡觉就梦见女友，饭也吃不下，很想死，我太难受了。我曾经在看守所无法忍受痛苦自杀过两次。我的主管警官说心理咨询能解决问题，现在我来申请心理咨询，请你们帮帮我。

三、咨询师观察

1. 咨询师观察：来访者进入咨询室时，脸色苍白，两眼无神。在谈话中情绪低落，显得非常痛苦，双手不停地相互搓动。语言清晰，认知正常，求助愿望迫切。

2. 他人反映：

来访者的父母反映：来访者从小头脑灵活，胆小谨慎，对自己要求完美，无吸毒、酗酒等不良嗜好，是父母和邻居眼中听话的好孩子。初中毕业后一直打工，无恶习。

管教民警反映：该罪犯自入监（时间为2008年）以来，一直情绪不高、愁眉不展、心不在焉，多次疏导均没有好的效果。今年4月在劳动时，来访者用劳动工具猛击自己的头部，企图自杀，被处以禁闭。

其他服刑人员反映：来访者爱一个人发呆，对别人不理睬，容易生气，多次与人发生纠纷，我们不是很喜欢他。与他一个监舍的服刑人员反映，他晚上睡不着，问他而他又说没什么，饭也吃得很少。

3. 心理测验分析：

SCL-90分值178分，抑郁因子分3分，焦虑因子分2.3分，其他2.1分，表明该来访者阳性症状明显。

SDS标准分73分，表明该来访者有重度抑郁。

SAS标准分61分，表明该来访者有中度焦虑。

4. 摄入性谈话获得的资料：

（1）来访者提出需要解决的问题：使自己心情好起来，好好投入改造。

（2）自我体验、行为表现（自述与观察）：

①情绪极其低落、自责、内疚、焦虑、易激惹、注意力不集中、痛苦。

②失眠、食欲下降。

③爱独处，不想与人交流。

④行为举止正常。

⑤主动求助。

⑥症状持续时间长。

（3）问题的严重程度（参照许又新神经症）：

①病程：来访者症状持续2年。

②精神痛苦程度：症状较重，自己无法化解。

③社会功能：对人际交往有影响，对改造有严重影响。

5. 相关资料：

（1）从小与父母感情很好。

（2）负疚于女友想自杀，曾自杀两次未遂。

（3）有较强的自责、悔恨和内疚感。

（4）目前严管集训完，即将分入分监区。

综上，排除暗示、早期印象、来访者的处境和人格特点等影响因素，经过科学收集，上述资料可靠。

实施方式

1. 学生 3 ~ 5 人为一组，每组学生阅读实训教程提供的案例，了解案例的基本情况。

2. 每组学生对案例进行分析、讨论，对案主的异常心理作出初步诊断。

3. 每组学生代表对分析、讨论结果进行陈述，重点陈述诊断的流程、依据及结果。其他组学生对该组的陈述进行点评、讨论。

4. 老师对每组的陈述作出点评。

5. 各组陈述完毕后，老师进行总结陈述。

注意事项

注意区分心境障碍（抑郁症）和神经症。

实训作业

撰写心境障碍（抑郁症）案例分析实训报告。

知识链接

心境障碍（抑郁症）案例分析报告撰写格式示例（以本单元项目4案例为例）

一、一般资料（略）

二、个人主诉（略）

三、观察到的情况（略）

四、评估与诊断

（一）主要症状

悔恨、自责、痛苦、抑郁、焦虑，有自杀行为。

（二）原因分析

1. 生理原因：男性，现年 27 岁，身体健康，经监狱医院检查无明显脑器质性问题。

2. 心理原因：

（1）错误的认知（主因）：来访者认为女友家人过得很惨完全是自己的责任，自己有罪，只有死了，才不会面对这样的痛苦现状。

（2）来访者的行为：自我封闭，不与人交流，有自杀行为。

（3）来访者的情绪：自责、内疚、悔恨、痛苦、抑郁、焦虑、压抑。

（4）来访者的个性：追求完美，尊重传统观念和道德准则，具有自律谨严的人格特点，从小听话，做事遵规守纪，对父母很有感情，有孝心。

3. 社会原因：

（1）环境原因：因犯罪被关押在监狱。

（2）生活事件：父母告知受害女友父母过得很惨（诱因）。

（3）社会支持系统：社会支持系统不良，入狱后与父母分离，不能及时得到父母的情感支持，其他服刑人员对其产生负面看法使其感受到来自外界的压力。

（三）诊断依据

1. 经监狱医院神经科医生检查，该来访者无明显器质性问题。

2. 因为杀死女友而引发内心冲突，并长期因此而体验到极度的不良情绪，产生自杀行为，与现实严重不符，属于变形的心理冲突。

（四）诊断结论

异常心理：抑郁症。

五、治疗目标的确定（略）

六、治疗方案的制定（见模块四单元一项目4）

七、治疗过程（略）

八、治疗效果的评估（见模块四单元一项目5）

项目5　精神分裂症的识别

实训目的和要求

通过对精神分裂症服刑人员案例进行分析，掌握异常心理识别技术，并能初步运用相关诊断技术对服刑人员进行心理评估。

实训内容

精神分裂症的识别。

实训准备

多媒体课室、实训教材、纸、笔等。

实训案例

一、人口学资料

李某，男，36岁，未婚，汉族，中专毕业，粮食局职员。

二、个人成长史

李某自幼身体健康，无重大疾病，有精神分裂症家族史（母亲）。

2010 年 7 月父亲病故外加失恋，导致其开始出现失眠、呆滞、郁郁寡欢，经常说"我活不了多少天了，我有罪，领导认为是我让单位的其他人犯了错误"。其拒绝就医。其听到火车鸣响就害怕，说"了不得，天下大乱了"。不出门，独处一隅，喃喃自语自笑。其于 8 月被送入某市精神病院，诊断为"抑郁症"，接受阿米替林、冬眠灵等治疗。19 天后家属要求出院，在返家途中突然凝视前方，旋即返身惊恐而逃，说"前面有一道白光太厉害了"，而其两位兄长均未见到。其听见鸟鸣狗叫也恐慌。在家休息数月，至 2011 年 1 月去上班，尚能完成一定的工作任务，对人说他耳边常听到一些说话声，但无法复述内容。至 2011 年 5 月，见到民警就恐惧，口称"我有罪"，回家后即问家人："公安局的人和你们谈过话吗？为什么我想的事别人都知道？"不时侧耳倾听"地球的隆隆响声"。一次，听到汽车声就惶恐地说："社会大乱了"，看见小汽车则恐惧地问家人："那是不是来逮捕我的？"某晚仰卧于床，忽然说："怎么我在屋里能看见天？"经过精神科住院治疗半年恢复正常出院。后因盗窃罪被判处 4 年有期徒刑。

李某 6 个月前开始感到全身疲乏无力，睡眠、食欲不佳，时常感到头痛难忍，大小便正常。特别是最近 2 月出现严重睡眠障碍，整夜无眠，无诱因地哭泣，再次出现幻听和幻视。一次某同犯打开水龙头，在听到流水声时，李某称他脑子里听到一个陌生的声音。另有一次李某突然对电风扇下跪，口称"我有罪，该死"。问其故，说刚才他听到电风扇嗡嗡声的同时，电风扇里还有一男声在责骂他是"叛徒""内奸"，故请罪下跪求饶。其某次在床上侧耳听，说听到他母亲、哥哥及其他人在谈论他，母亲说："他不争气，得了这个病"，哥哥说："他该好好治病，好了再工作"。还有一次其看见两蛾子在飞，就说他父母有大灾大难。

三、精神状态

服刑人员意识清晰，定向力良好，接触合作，言谈切题，记忆智能无障碍。唯孤僻离群，独卧于床，不与同犯交往。生活被动懒散，时而恐惧紧张，时而激愤，时而自语自笑，有时凝神倾听，若有所闻。

四、社会功能

无法参加日常改造，劳动改造效率低，劳动能力下降，回避与他人交往。

实施方式

1. 学生 3～5 人为一组，每组学生阅读实训教程提供的案例，了解案例的基本情况。

2. 每组学生对案例进行分析、讨论，对案主的异常心理作出初步诊断。

3. 每组学生代表对分析、讨论结果进行陈述，重点陈述诊断的流程、依据及结果。其他组学生对该组的陈述进行点评、讨论。

4. 老师对每组的陈述作出点评。

5. 各组陈述完毕后，老师进行总结陈述。

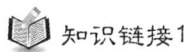 **注意事项**

注意区分精神分裂症和神经症。

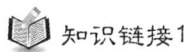 **实训作业**

撰写精神分裂症案例分析实训报告。

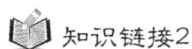 **知识链接1**

Schneide[1] **首级症状（FRS）**

Schneide 认为，以自我意识障碍为中心的所谓一级症状对精神分裂症的诊断最有价值。他提出了以下一级症状：①争论性幻听；②评论性幻听；③思维鸣响或思维回响；④思维被扩散；⑤思维被撤走；⑥思维阻塞；⑦思维插入；⑧躯体被动体验；⑨情感被动体验；⑩冲动被动体验及妄想知觉。Schneide 的首级症状与 E. Bleuler（1911）的 4A 症状对精神分裂症的研究影响很大，但各有其不足之处：Bleuler 的 4A 症状对阳性症状的诊断价值有所忽视，而 Schneide 的一级症状则对阴性症状的诊断价值不够重视。其后的研究表明，"一级症状"并非精神分裂症的特异性症状，在其他一些精神障碍如双相情感障碍、脑器质性精神障碍中均可见到。

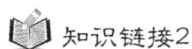 **知识链接2**

常见精神障碍的主要症状表现

一、认知障碍

（一）感知觉障碍

1. 感觉过敏：来访者对外界各种一般强度的刺激如光、声、冷、热有某些不适感的感受性增高以至于不能忍耐。这些虽然不是严重的心理症状，但可使来访者烦躁不安，容易激怒。多见于神经衰弱或由于其他消耗性原因引起的身体虚弱状态。

2. 错觉：是歪曲的知觉，即外界存在某种事物，但感知到的是另一件事物。错觉也可见于正常人，例如在疲劳或光线不充足时，把衣架看成一个人；把桌上的帽子看成小动物；焦急地等待着儿子归来的母亲，可能把别人说话错听为儿子的语声；等等，这都是人们日常生活中经历过的。这类错觉时间都较短暂，物像也不清晰，集中注意即可否定。而病理的错觉持续时间一般较长，形象清晰。

---

〔1〕 1939 年，德国精神病学家 Kurt Schneider 提出了临床诊断分裂症的"首级症状群"（或称一级症状，First Rank Symptoms，FRS）并在所著《临床精神病理学》第 6 版（1962 年）再次肯定。首级症状的发生率在 70% 左右，一致性较高，是精神分裂的基本框架。

3. 幻觉：外界不存在某种事物而感知到这种事物，这种虚幻的知觉叫做幻觉。幻觉在各个感官都可出现，如幻听、幻视、幻嗅、幻味、幻触及内感受器幻觉等。反复出现的幻觉肯定是病理现象。在精神分裂症中，幻听较多见。在心理咨询门诊工作中，如果发现来求助的咨客有确定的幻觉而不自知其虚幻，应细心进行精神检查以确定诊断，这些来访者大多不是心理咨询和治疗的对象。

（二）思维障碍

正常情况下思维具有以下特征：①思维的具体性，是指思维具有与客观事物相符合的具体内容，反映思维的真实性。②思维的目的性，指思维过程是围绕一定目的，有意识地进行的。③思维的实际性，即思维具有实际的效用性。④思维的实践性，即思维内容能够通过实践予以验证。⑤思维的逻辑性，即思维过程符合逻辑规律。思维过程和内容通过语言和文字表达出来，处于精神病理状态时可出现思维障碍，上述五个思维特征发生紊乱。通过交谈和检查病人所书写的内容及相关的行为表现，可以发现思维障碍症状。在心理咨询工作中，可能见到的思维障碍包括思维形式障碍和思维内容障碍。

思维形式障碍包括思维的量和速度的变化、思维联想过程的障碍以及思维逻辑障碍。常见的症状有：

1. 思维贫乏：思维内容空洞，联想贫乏，语量少。来访者不主动讲话，回答问题也很简单。来访者对他的这种表现并不自觉到异常，也不为此感到着急，多见于精神分裂症。

2. 思维迟缓：也叫抵制性思维。来访者外表看来和思维贫乏不易区别，说话少，不主动。但仔细观察就可发现，来访者的思维内容并非空洞、贫乏，而是联想困难。想事情时似乎很费劲，问他什么可以回答，但很缓慢。来访者自己也感到"脑力好像转不动"，并对此着急。常伴有抑郁情绪，多见于抑郁症。

3. 强制性思维：来访者感到脑子里出现大量的思维内容，完全不受自己支配，好像是一种外力强加给自己的。思维没有固定的内容，来访者也不设法去控制它。这个症状多见于精神分裂症。

思维内容障碍包括妄想、超价观念和强迫观念。

1. 妄想：是一种在病理基础上产生的歪曲信念，发生在意识清晰的情况下，是病态判断的结果。其具有如下特点：①所产生的信念无事实根据，但来访者坚信不疑，不能为亲身经历所纠正，亦不能为事实所说服。②妄想内容与切身利益、个人需要和安全密切相关。③妄想具有个人特征，不同于集体所共有的信念。④妄想内容受个人和时代背景的影响。来访者的妄想内容带有浓厚的文化背景和时代色彩，如科学发达时代多有物理影响妄想；而落后地区来访者的妄想则具有迷信的内容。

来访者把和他无关的事物和现象看作和他有关的，叫做关系妄想。例如，认为周围人的一举一动、街上的广告、报纸上的新闻、广播的消息都是针对他的。来访者毫无根据地认为某些人或某个集团在打击他、陷害他，甚至要置他于死地，称为被害妄想。来访者感到自己的心理活动受外力控制、干扰和操纵，或感到有一种外力刺激他的身体使他痛苦、不适，内容多是被害性质的，称为影响妄想。

2. 超价观念：是在意识中占主导地位的错误观念，其发生一般均有事实的根据。此种观念片面而偏激，但在逻辑道理上并不荒谬。超价观念的内容往往与切身生产单位有关，并带有强烈的情感作用，从而影响其行为。如艺术家对自身天才的超价观念。多见于人格障碍和心性障碍。

3. 强迫观念：某一固定的观念在脑子里反复出现，这些观念是来访者不愿意想的，且伴有主观的被迫感觉和痛苦感觉。往往越想控制，这些念头越容易出现。来访者体验到这些念头是自己想的，不是外力强加的。所以，一方面在理智上想控制它，另一方面在内心深处又要去想，好像有两个力量在较量。来访者希望摆脱这种状态并主动求医治疗。这个症状主要见于强迫症。有些不典型的强迫观念也可见于抑郁症。

（三）记忆障碍

记忆是既往事物、经验的重现，是感知过或经历过的印象和体验保存下来，并把这些印象和体验再现出来的心理活动。它是使贮存在脑内的信息重复出现于意识的功能，是以往经验的保存和回忆的过程，包括识记、保质、再识及回忆。

临床常见的记忆障碍有以下几种：

1. 记忆减退：是指记忆的四个基本过程普遍减退。由于大脑器质性病变引起的记忆减退都较严重，是真正的记忆减退。来访者不仅记不住病前能记住的事，而且，在严重的时候，来访者对自己的记忆减退状况大多不能察觉，不承认自己记忆不好。这种情况多见于各种器质性痴呆，如老年性痴呆。非器质性原因引起的记忆减退相当多见。例如神经衰弱来访者经常诉说的健忘现象，大多不是真正的、普遍性的记忆减退。他们对一般的事难以记住，但对引起他们烦恼的事又恢复到以前的平衡状态。

2. 错构：这是一种病理性的记忆错误。通过别人的提醒和对证，也不能纠正。来访者回忆起来的事不但在时间、地点上与事实有出入，在内容上也是错误的。例如，本来是别人做过的事、说过的话，回忆成是他所做所说的，或相反。错构见于精神分裂症和老年性痴呆。

3. 虚构：没有做过的事，没有经历过的体验，而来访者坚持认为他做过或体验过。来访者常表现出非常认真，并非有意说谎。虚构可以说是用想象的内容来填补记忆的空白，但来访者自己并不承认，多见于老年性精神病和酒精中毒性精神病。

（四）注意障碍

注意是指心理活动对一定对象的指向性和集中性。注意具有以下特征：①注意的广度，亦称注意范围，是指在一瞬间能清楚地把握对象的数量，即瞬间知觉活动。②注意的强度，即注意的集中性，是注意指向一定事物时的聚精会神程度。③注意的选择性，是指同一时间内心理活动指向集中并保持在某些对象上而离开另外一些对象。

当发生注意障碍时，上述特征受损。多种精神疾患可发生注意障碍。

常见的注意障碍如下：

1. 注意增强：为主动注意的增强，如有妄想观念的来访者，注意增强指向外在的某些事物，过分地注意别人的一举一动，以为是针对他的；有疑病观念的来访者，注意增强指向来访者本身的某些生理活动，过分地注意自身的健康状况，或使他忧愁的病态思维。

2. 注意涣散：为主动注意的不易集中、注意稳定性分散所致，多见于神经衰弱及精神分裂症。

3. 注意减退：主动及被动注意兴奋性减弱。注意的广度缩小，注意的稳定性也显著下降。多见于疲劳状态、神经衰弱、脑器质性精神障碍及伴有意识障碍等。

4. 注意转移：主要指被动注意的兴奋性增强，注意稳定性降低，注意的对象不断地转换。如双相情感障碍躁狂发作来访者注意力易转移。

5. 注意衰退：来访者不能留意观察和主动将注意集中于外界客观环境，也就是说外界客观事物难以引起来访者的注意。为精神分裂症基本症状之一。

（五）智能障碍

智能是一个复杂的综合精神活动的功能，是对既往获得的知识、经验的运用，用以解决新问题、形成新概念的能力。与感知、记忆、注意、思维有密切关系。智能障碍分精神发育迟滞和痴呆两大类型。

二、情绪情感障碍

情感是指个体对客观事物的态度体验。情绪是指个体在受到生活环境中的刺激时，各种需要是否得到满足而产生的直接反应，持续时间较短，其稳定性带有情境性，伴有明显的生理功能变化和外部表现。情感体验则与人的高级社会性需要相联系，如友谊感、情爱感、道德感等。情感既具情境性又具稳定性和长期性。情感和情绪活动相互依存，二者与人的认识、行为活动及社会交往均有着密切的联系。心境，是指一种较微弱而持续的情感状态，为一段时间内个体精神活动的基本背景。

（一）情感淡漠

表现为情感活动的减退或丧失。来访者对周围环境的变化丧失情感反应；严重时对自己的身体健康漠不关心、生活懒散、不打扮自己，甚至不理发、不洗脸；对饥饿和疼痛反应也不大。至于国家大事、令人兴奋的消息、家中的困难、家人的不幸遭遇等，也无动于衷。情感淡漠这个症状是精神分裂症晚期或单纯型的主要症状，和思维贫乏同时存在。

（二）情绪低落

也可以叫情绪抑郁，是负性情感活动的增强。悲伤、抑郁的情绪经常占优势，任何事情都不能令其高兴。较轻的情绪低落，仅表现为对以前感兴趣的事物缺少兴趣，不愿和人来往，但外观上对人的态度变化还不明显。严重的情绪抑郁则表现为苦闷、悲伤、面带愁容、行动减少。情绪抑郁见于抑郁性精神病或并发性抑郁。

（三）焦虑

过分担心发生威胁自身安全和其他不良后果的心境。来访者表现为紧张、恐惧，顾虑重重，认为病情严重无法治疗，或认为问题复杂无法解决，以致搓手顿足，坐卧不安，若大祸临头，惶惶不可终日。常伴有植物神经功能紊乱及疑病观念。多见于焦虑性神经症及更年期精神障碍。

惊恐发作，为急性和严重的焦虑发作。发作时来访者有濒死感、失控感和大祸临头感，伴有明显的循环、呼吸、泌尿和植物神经系统症状。一般发作持续时间较短，数分钟至十几分钟不等。

（四）情感脆弱

这是一种情感调节上的障碍。在外界轻微刺激下甚至无明显的外界因素影响下，情绪容易引起波动，感动地伤心流泪或兴奋激动。性格懦弱的正常人也可表现为轻度情感脆弱，但经常出现的情感脆弱表现则是病态的。这个症状多见于动脉感化性脑病、外伤性精神障碍、神经衰弱等。

三、意向行为的障碍

意向是人们在生活中产生的各种要求的总称，可分为低级意向和高级意向。低级意向是指较为原始的本能要求，如食欲、性欲和防御本能。高级意向是随着人类社会的发展出现的精神欲望，如要学习、要劳动、要文化娱乐活动、要对人类有所贡献等。正常人不能没有低级意向。在低级意向得到满足以后，在心理上占优势的是高级意向。为了满足这些要求，人们必须有行动。

有目的、有动机的行动就是行为。如果动机和目的反映了客观现实，这个人的行为就是正常的、人们可以理解的。在复杂的社会环境中，要使各种要求都得到满足并不容易做到。一个人根据某种动机和需要，自觉地确定目标并付诸行动以实现预定的目标，这个心理过程就是意志，它是认识过程、情感过程发展的结果。

在心理咨询的临床实践中可能遇到的意向、意志和行为的病理形式有以下几种：

1. 意向缺乏：主要指高级意向的减退和缺乏。来访者在学习、工作和生活中各种要求逐渐降低。表现为不负责、不认真或无故不上学、不上班、没有干劲等。生活没有规律，早睡晚起、不讲究卫生、不美容，甚至不理发、不洗脸、不换衣服等。来访者对自己的这些变化不能觉察，也不承认有这些变化。

意向减退常和情感淡漠、思维贫乏同时存在，是精神分裂症慢性阶段的特征性症状。精神分裂症单纯型早期，意向减退现象进展缓慢，有时在很长时期，例如几年内，不被人认为是精神异常的表现。

2. 意向增强：高级意向增强一般是由妄想引起的，例如，有被害妄想的来访者常常花许多金钱和精力，不知疲倦地到处控诉他妄想中的敌人。一般所指的意向增强主要是低级意向增强，来访者表现为贪吃、性欲亢进，甚至不顾公共道德。有的来访者表现出爱打扮，很轻易地对异性产生性需求，发生性行为。这些都和本人病前的性格不同。低级意向增强见于轻性躁狂性精神病和精神分裂症。

3. 意向倒错：主要指食欲和性欲的倒错。食欲倒错表现为吃正常人不愿吃或厌恶的东西，如土块、粪便、脏纸、昆虫，甚至生吃蛇肉。性欲倒错表现为对动物产生性欲并做出性行为。

4. 强迫意向和强迫动作：来访者有做出某种动作的强烈冲动，但不付诸行动，叫做强迫意向。例如看到刀子，就想拿起来去砍别人或砍自己。走到河边或桥上就有一种强烈冲动要跳下去，但不会真的做出这类行动。来访者担心控制不住这些冲动而焦虑，只好避开这类事物或处境。强迫动作是来访者理智上不愿做出某种动作，但在行动上又要去做。因此，一面做出这些动作，一面又要控制它，大多是控制不住的，所以来访者非常焦急。例如每天早上穿衣服，要按照一定的次序，稍稍感到不合适，就要脱下来重新再穿，甚至重复多次。手摸了门把手，便认为手被弄脏了，洗手一定要洗固定次数，此时如有人干扰而未洗到满意的程度，以后还要补上。这类动作往往要耗费很多时间和精力。来访者理智上也认为无此必要，但又不能不做。强迫意向和强迫动作都见于强迫症。来访者对此类行为有病感，主动要求医治。

四、自知力障碍

自知力是来访者对自己实际存在的躯体病和心理异常的认识和判断能力。任何躯体病来访者都会感到自己患病，感到痛苦。不论是否积极求治，都不希望这种病痛持续存在，因此都是有自知力的。而心理障碍则不然。患有严重精神病，比如精神分裂症的人，在患病期间，对他们异常的思维、情感和行为完全不能自己觉察和客观地判断，不承认自己有病。各种严重的痴呆来访者也是如此，他们对自己的智力低下也大多不能辨认。这种情况便是自知力丧失或叫自知力障碍。

有些经过治疗病情有所好转的精神病来访者能够承认有过精神失常，对已经消失的明显症状如荒谬的妄想和幻觉，能体验到并承认其异常，但对不明显的症状，例如不十分荒谬的关系妄想，仍然不能认识到是病态的，或一般地承认有精神病，但无法表述具体情况。这种情况说明来访者的自知力是不完整的。精神病来访者经过治疗不仅能认识并承认自己患了精神病，还能站在正常人的立场上对自己病中的表现给以正确的、客观的分析、评价和判断，并为自己的心理健康担忧，这时，才可以说其自知力完整地恢复了。因此，自知力是判断精神障碍来访者好转程度极其重要的标志。

许多神经症，例如强迫症，来访者尽管为自己烦人的观念和行动无法克制而苦恼，希望摆脱，但内心里又承认做出那些行动是必要的、合理的。因此，这类来访者对他们的病态行为只能说有病感而不能说有完整的自知力。这些病感很重要，它是精神病如精神分裂症鉴别的极其重要的标志，也正是由于这些病感，来访者才主动找医生求治。懂得并能清楚地确定各种心理障碍的自知力和它的损害程度也是心理咨询医生的基本功之一。

知识链接3

精神分裂症案例分析报告撰写格式示例（以本单元项目5案例为例）

一、一般资料（略）

二、个人主诉（略）

三、识别与诊断

（一）临床表现

病人在意识清晰的情况下，主要出现以下症状（偏执型精神分裂症症状）：

1. 行为孤僻退缩，脱离现实，生活懒散被动。

2. 机能性幻听：在听到真实声响的同时，出现机能性语言幻听。

3. 读心症（被揭露感）：他脑子想什么，耳边就听到一个不是他自己的声音在说他所想之事。

4. 评论性幻听：幻声在评论他的言行。

5. 强制性思维：这是一种不由自己意志所支配的思维，病人感到陌生和厌烦，且欲摆脱而不能。

6. 释义妄想（象征性思维）：如见到白鸽在飞，就认为他父母有大灾大难。

7. 思维被夺：认为死人把他的思想"抽走了"。

8. 影响妄想（被控制感、被动体验）：认为死人控制了他的脑子，使自己的大脑失去自我控制而不由自主地想一些问题；认为自己的思想行为、表情动作都是外力强加的，受外力控制支配，失去了自主性。

（二）诊断依据

本例病人具备多项Schneider首级症状，如评论性幻听、被动体验、思维被夺、思维被揭露等，足够诊断为精神分裂症；且幻觉、妄想突出，在临床相中占主要地位，符合偏执型精神分裂症的诊断标准。

（以下内容略）

单 元 五

罪犯常见心理问题的识别

项目 1 罪犯常见心理问题的识别（1）

实训目的和要求

学生通过学习罪犯常见心理问题的案例，掌握正常心理与异常心理的鉴别诊断技巧，并能运用相关技术准确客观地对罪犯进行心理诊断评估。

实训内容

罪犯常见心理问题的识别。

实训准备

多媒体课室、实训教材、纸、笔等。

实训案例

（摘录）张某某，男，35岁，服刑人员，已婚。

来访者主诉：近来时而失眠；心情不好时注意力不集中；在平时的劳动中思想爱开小差；工作效率比原来低。原来喜欢和同犯交流聊天，最近和别人来往时有些烦，但在理智控制下，维持一般同犯关系。

咨询师：你自己能找到原因吗？

来访者：（沉默）

咨询师：心理咨询工作有严格的保密制度……

来访者：（会心地一笑）其实，我知道原因。前几天老婆来会见，说了一大堆生活中的委曲和无助，并且和家人关系也不太好。虽然我老婆很爱我，我也很爱她，但为了我老婆幸福，我提出了离婚，但老婆不同意，一定要等我出去。这几天思想压力很大，不知怎么处理。

实施方式

1. 学生 3～5 人为一组，每组学生阅读实训教程提供的案例，了解案例的基本

146

情况。

2. 每组学生对案例进行分析、讨论，对案主的异常心理作出初步诊断。

3. 每组学生代表对分析、讨论结果进行陈述，重点陈述诊断的流程、依据及结果。其他组学生对该组的陈述进行点评、讨论。

4. 老师对每组的陈述作出点评。

5. 各组陈述完毕后，老师进行总结陈述。

注意事项

注意罪犯心理的一般性和特殊性。

实训作业

撰写罪犯常见心理问题案例分析实训报告。

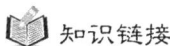 **知识链接**

服刑人员常见心理问题

一般分为功能性心理问题、情景性心理问题两大类。

一、功能性心理问题

功能性心理问题是由于服刑人员自身在社会上形成的，并在服刑过程中仍有所表现的心理问题。

主要有以下一些种类：①心理活动障碍、问题或创伤。这类创伤，轻者可以降低某一反应活动的性质和效率，重者可导致整个心理活动失调。②人格障碍。这是一种表现服刑人员性格特征的心理障碍。③心身障碍。这是服刑人员身体各器官系统发生病变前后所表现的心理障碍现象。服刑人员有了这种创伤，会直接影响与他人的关系，影响到对社会环境的适应。④智能障碍。这主要指个别服刑人员由于大脑功能发育不全，导致智力活动障碍。⑤严重精神障碍。主要是指整体心理机能瓦解，不仅心理活动本身的协调一致受到伤害，而且与周围环境的关系也严重失调。

二、情景性心理问题

情景性心理问题主要是指服刑人员个体由于不能适应狱内环境以及由于服刑改造带来的各种变化而产生的心理问题，比较多的是不能适应狱内人际关系，以及由于服刑改造带来的生活、家庭、婚姻等问题而产生的心态失衡。

另外，一些服刑人员由于对定罪量刑缺乏正确的思想认识，久而久之也容易产生心理问题。上述心理问题与服刑人员的身份、监狱的环境有着密切的联系。随着服刑人员对狱内环境的积极适应和思想认识的提高，时过境迁，大多数能够得到化解，但如果处理得不好，也可能成为阻碍一些服刑人员改造进步的"绊脚石"。

服刑人员不良心理有多种表现形式。从获取的各种调查材料看，服刑人员较常见的不良心理表现有：惧怕、烦躁、焦虑、愤怒、忧郁、偏见、错觉、嫉妒、孤僻、自卑、悔恨、自私、急躁、多疑、内疚、羞愧、失望等。

项目 2 罪犯常见心理问题的识别（2）

实训目的和要求

学生通过学习罪犯常见心理问题的相关案例，掌握正常心理以及异常心理（一般心理问题、严重心理问题、神经症性心理问题）的鉴别诊断技巧，并能运用相关技术对罪犯进行心理诊断评估。

实训内容

罪犯常见心理问题的识别。

实训准备

多媒体课室、实训教材、纸、笔等。

实训案例

一般资料：吕某某，男，36 岁，服刑人员。

来访者主诉：刚入监时，由于家人不来会见，内心苦闷，爱发脾气，烦躁，特别是见到别人家人来会见，自己就无名地发火，总想找点事情闹一闹。为此，已经和几个人发生了冲突，被严管过 2 次。随着时间的推移，对家人来不来已无所谓，但在近几个月时间，见不得别人说笑，不愿和别人说话，情绪非常低落，但又非常爱发火，特别烦干警和自己谈话。为此感到非常的痛苦，自己也希望能早点出狱，但又不知该怎么办，所以来咨询。

实施方式

1. 学生 3~5 人为一组，每组学生阅读实训教程提供的案例，了解案例的基本情况。

2. 每组学生对案例进行分析、讨论，对案主的异常心理作出初步诊断。

3. 每组学生代表对分析、讨论结果进行陈述，重点陈述诊断的流程、依据及结果。其他组学生对该组的陈述进行点评、讨论。

4. 老师对每组的陈述作出点评。

5. 各组陈述完毕后，老师进行总结陈述。

注意事项

注意罪犯心理的一般性和特殊性。

实训作业

撰写罪犯常见心理问题案例分析实训报告。

 知识链接

监狱中常见的服刑人员心理问题

一、与监狱环境适应的心理问题

监狱是刑罚执行机关，具有高度的警戒和严格的管理制度，服刑者的行为始终处于监控之中，处处感到不自由。因此，罪犯容易形成各种不良心理，如烦恼、自卑、焦虑、惧怕等。特别是初次服刑的罪犯，更容易对监狱环境适应不良。

二、认罪服法中的心理问题

对于服刑的罪犯，监狱必须对他们进行认罪服法教育，才能使他们进入改造生活。罪犯对自己的犯罪行为是怎样认识的？认识的深刻程度如何？对法律的判决是否信服？有没有忏悔之心？这往往成为不少罪犯的心理问题。他们在入狱后互相询问案由和刑期，进行比较；而这种比较，由于自己缺乏法律常识，往往是片面的。例如，只比较犯罪的后果，不比较犯罪的动机和过程。比较下来，有些罪犯就认为法院对自己的量刑重了，不该判这么多年，于是不断申诉。并由此产生不良的心理问题，如偏见、固执、痛苦等。

三、与狱内劳动相关的心理问题

根据我国监狱法的规定，有劳动能力的罪犯必须参加劳动。劳动改造是监狱行刑的基本内容。所以，监狱劳动具有强制性。有些罪犯难以承受狱内劳动，担心完不成生产指标；也有不少罪犯担心劳动会累垮身体。于是产生了各种心理问题，如焦虑、痛苦等。个别罪犯用自伤、自残的方法逃避劳动。

四、与学习相关的心理问题

我国监狱的工作方针是"惩罚与改造相结合，以改造为宗旨"。因此，罪犯在服刑期间必须参加学习，包括接受思想政治教育、文化教育、职业技术教育。罪犯的文化知识水平普遍较低，大约80%以上罪犯为初中以下文化水平，其中文盲、半文盲不在少数。相当数量的罪犯厌恶学习，对学习缺乏主动性和兴趣。据研究者调查，57%的罪犯会产生与学习相关的心理问题，害怕学习，厌恶上课。

五、与思维方式相关的心理问题

在监禁条件下，罪犯在封闭狭窄的空间中服刑，少则几年，多则十几年，容易产生因思维方式异常而形成的不良心理表现，如固执、偏见、心胸狭窄、无端怀疑、好钻牛角尖等。他们往往以自我为中心，排斥新的信息和观念。

六、与人际冲突相关的心理问题

罪犯在狱内的人际交往基本上可分三类：与监狱民警的人际交往；与自己亲属的人际交往；罪犯之间的人际交往。在这些人际交往中都可能产生矛盾和冲突。例如罪犯因违法而受到干警的处罚；罪犯与探监的亲属因家庭问题而产生矛盾；罪犯与罪犯

之间发生恃强凌弱的现象等。在这些人际关系矛盾中，罪犯会产生不少心理问题，如敌意、畏惧、焦虑、缺乏信任感、自责等。

七、与家庭矛盾相关的心理问题

罪犯在服刑期间，常会遇到各类家庭矛盾，如父母年老多病，无人赡养；子女年幼，无人照料；经济困难，难以为继；学费昂贵，无法支付；财产纠纷，担心吃亏；等等。各类家庭矛盾使罪犯产生心理问题，常常使他们心灰意冷，对前途丧失信心，产生各种不良心理，如忧郁、烦恼、焦虑、痛苦，无法排遣。而离婚所引起的心理问题则更为严重。

八、与性相关的心理问题

罪犯因处于监禁状态中失去人身自由，从而处于长年累月的性压抑状态中，由此带来因性需求得不到满足而产生的心理问题。特别是青年罪犯，性需求强烈，更容易因监禁状态而产生焦虑、欲求不满、痛苦等不良心理，极少数罪犯则可能产生同性恋心理。

九、与自杀相关的心理问题

罪犯的自杀倾向比社会中的普通人强烈些，特别是刑期长、健康状态差、家境困难的罪犯比较容易悲观厌世而形成自杀念头，其心理问题也比较严重，常有焦虑、孤独、抑郁等不安心理。

十、与回归社会相关的心理问题

人们通常以为，刑满释放的罪犯必然因为重新获得人身自由而心情愉快。其实不然，对于大部分服刑人员来说，恰恰在回归社会前感到压力剧增，从而产生心理问题。他们忧心忡忡、顾虑重重。他们担心回归社会后难以适应竞争日益激烈的社会环境，他们担心家庭是否会接纳自己，担心亲情关系的疏远，担心找不到工作，担心社会的冷遇和歧视，等等。总之，服刑人员常因回归社会而容易形成各种心理问题。

以上所列举的是狱内罪犯常见的心理问题。对于不同类型的罪犯，产生心理问题的类型也各不相同。以上十大心理问题也是因人而异，但可以肯定的是，这些心理问题是狱内罪犯的多见病和常见病。

模块三　罪犯心理健康教育与辅导技能实训

单 元 一

罪犯心理健康教育

项目1 罪犯团体心理健康教育

引言

临沂监狱：罪犯心理健康教育再添新"品牌"[1]

1月31日，临沂监狱"春雨润心"心理健康教育品牌创建活动正式启动。当日，临沂监狱与临沂市春风心理志愿者服务中心举行了签约仪式，罪犯心理健康教育再添新"品牌"。党委副书记、政委梁洪光，副调研员马坤、司志峰，各管教科室主要负责人、各监区管教负责人及负责心理健康教育的民警、临沂市春风心理志愿者服务中心的24名志愿者出席了签约仪式。

众所周知，罪犯的心理健康问题是教育改造的重点和难点之一。罪犯通过接受心理健康教育，树立正确的心理健康观念，调适心理问题，实现正常改造，是监狱对罪犯开展心理健康教育的一个重要目的。

签约仪式上，双方签署了《创建"春雨润心"心理健康教育品牌战略合作备忘录》。春风心理志愿者服务中心的专家以"如何正确认识自我"为题进行了授课，罪犯通过现场听讲和收看直播的方式参加授课。

在本次签署的合作备忘录中，双方就开展罪犯心理健康教育大讲堂、对罪犯开展团体心理咨询、对个别罪犯进行个案跟踪心理矫治、相互配合做好立项工作等事项形成共识，制订了合作计划，对引导罪犯树立"阳光、平和、理性、健康"的心态，提高教育工作尤其是心理健康教育工作的社会化、科学化水平，把罪犯改造成为人格心理健全、具有良好社会适应能力的"社会人"，进而实现监狱的"治本"安全，必将起到积极的促进作用。

---

〔1〕 临沂监狱："罪犯心理健康教育再添新'品牌'"，载搜狐网，http：//www.sohu.com/a/220375485_713347.

实训目的和要求

1. 掌握罪犯团体心理健康教育课堂教学方案的设计方法。

2. 掌握对罪犯团体心理健康教育的方法，能组织罪犯团体心理健康教育，提高罪犯心理健康水平，消除罪犯不良心理。

实训内容

1. 确定一个心理健康相关的主题（如认识心理健康、重新认识自我等）。

2. 回顾团体心理教育方案的制作步骤，列出提纲。

3. 设计一份罪犯团体心理健康教育方案。

4. 就各组设计的方案进行点评与讨论。

5. 按设计方案，模拟实施罪犯团体心理健康教育。

6. 总结与分享。

实训准备

多媒体教室、实训教材、纸、笔、电脑、幻灯片、话筒、活动相关材料。

实施方式

1. 学生 3~5 人为一组，每组确定一个主题，设计一份罪犯团体心理健康教育方案。

2. 老师组织课堂就学生设计的方案展开讨论。组员先自评，其他学生再评价，之后老师作出点评。每组学生根据讨论的结果完善方案，并做好实施团体教育的准备工作。

3. 小组成员分工扮演心理矫正人员，其他学生扮演罪犯，各组按照设计方案开展模拟团体教育活动。

4. 每一组模拟时间约为 30 分钟。

5. 每一组模拟结束后，组员先自评，然后其他学生进行评价，最后老师进行点评。

6. 所有模拟训练结束后，老师进行总结。

注意事项

1. 在制作课堂教学教案的时候，首先，了解教案的写作格式，根据讲课内容认真准备，反复修改。其次，制作 PPT（反复修改），注意开头的方法，如何吸引人，如何在有限时间内完成课程内容，如何让听者听清、听懂、有印象、重点突出，等等。

2. 学生需具备的技能：

（1）（必备）制作罪犯课堂教学教案。

（2）（必备）设计罪犯团体心理健康教育活动。

（3）（必备）设计罪犯团体心理健康教育讲座，并制作 PPT。

（4）（拓展）制作教学微课、微视频。

3. 评估要点：

（1）教案的写作情况、PPT的制作情况；

（2）听课者的评价；

（3）回答问题情况。

4. 本项目为基础性实训。

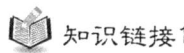 **实训作业**

1. 设计罪犯团体心理健康教育方案（内容为正确认识心理健康、重新认识自我等）。

2. 撰写罪犯团体心理健康教育实训报告。

知识链接1

一次罪犯团体心理健康教育教案

教学主题：新生活新开始。

教学目标：通过对罪犯进行团体心理健康教育，调节罪犯的心理状态，改善他们的服刑态度，激发和提升他们成功改造的信心。

课型：讲授、讨论。

授课对象：罪犯。

课时：1学时。

授课教师：×××。

教学内容及进程安排：

教学内容及进程				
进程	教学内容	教师活动	学生活动	时间（分钟）
导入	学员来信、寻找变化和适应变化	PPT播放、讲授	分组讨论	10
课程讲解	个别教育是教育改造罪犯的最直接、最有效的主动改造措施之一，是监狱人民警察必须掌握的基本功。监狱要根据每一名罪犯的具体情况，实施有针对性的个别教育。每月对每一名罪犯要进行个别谈话教育，并根据不同罪犯的思想状况和动态，采取有针对性的管理教育措施	PPT播放、讲授	互动	15
课堂练习	个案分析	讲授、演示	分组讨论	15

课堂总结	从角色、生活方式和生（心）理三个方面作出总结	讲授	互动	5
板书设计	参考有关板书	课前完成		
布置实训作业	鹰的重生带来的启示	课后完成		
教学反思	总结本次教学的经验和需要改进的地方	课后完成		

教学难点：罪犯心理健康教育方法的选择。

教学方法：演示法、谈话法、讲授法、讨论法等。

教学资源：教学视频、PPT。

📖 知识链接2

微课制作的步骤

一、确定拍摄方案

主讲教师需与微课制作的相关工作人员沟通，确定具体的拍摄方案。如果选定的方案中需出现PPT，则主讲教师需将PPT课件送至审核，审核通过后方可安排微课拍摄时间。

二、视频拍摄

主讲教师正式录制前，应提前熟悉拍摄环境，对微课拍摄、制作有特别要求的，需提前做好沟通。拍摄当天需提前10分钟到场，做好准备工作。

三、后期制作

视频的剪辑以及后期包装等工作主要在 Edius 或 Premiere 与 After Effects 中完成，片头片尾在 After Effects 中制作，然后添加至剪辑好的视频序列中即可输出；如果是在 Edius 中完成的视频剪辑，则最后需要利用格式工厂将输出按照要求转换格式。如果对后期制作、背景、音乐等有特殊要求，需提前与制作人员沟通。

四、修改

微课制作完成后，工作人员会联系主讲教师前来拷贝，如有需要修改的内容，记录时间点及修改意见并反馈给制作人员。原则上，视频只能修改一次。

项目2 罪犯个别心理健康教育（1）

📖 实训目的和要求

1. 掌握罪犯个别心理健康教育的内容和目标。在罪犯服刑期间，通过个别教育改造手段和方法，使其成为守法守规的罪犯。守法守规罪犯的基本条件是：认罪悔罪、遵守规范、认真学习、积极劳动。

2. 掌握罪犯个别心理健康教育相关技术。

实训内容

1. 掌握罪犯个别心理健康教育的步骤。

2. 能够对罪犯个案进行初步的分析，找到适合的个别心理健康教育方法。

3. 熟练掌握罪犯个别心理健康教育相关技术。

实训准备

多媒体教室、纸、笔、实训教材。

实训案例

罪犯林某某，54 岁，因犯故意伤害致人死亡罪，被判处有期徒刑 10 年。该犯因儿女婚事与被害人发生争执，情急之中用木棍打在被害人头部，导致其死亡，后林某某自首，属于典型的激情暴力犯罪者。入监后发现林犯虽劳动积极，但干活时沉默少语，很少与他人交往，另外由于他年龄较大，刑期较长，有可能会出现过激行为，因此在一次干活中，干警主动让其稍微休息一会儿，并答应在今后的劳动中照顾其年老体弱，适当安排劳动任务。该犯后来声泪俱下地说："干警，你们真是好人，本来我来这里心情坏透了，一来自己年老体弱，干不动重活；二来我觉得对不起家人，原来我就抱着先改造看看再说的态度，如果真不行，我就不想再活下去。"干警趁机开导他说："人的一生不容易，每个人都会遇到挫折，人无完人，都有可能一时失足，但我们应该正确总结过去，从过去的阴影中走出来，走好明天的路，而不应该再徘徊于过去的十字路口。"后来该犯思想逐步稳定下来，平时干活相当积极，心理健康教育取得了良好的效果。

实施方式

1. 学生 3~5 人为一组，每组就该案例中民警使用了个别心理健康教育的哪些技术，以及可使用哪些技术展开讨论。

2. 每组学生代表对分析、讨论结果进行陈述，其他组学生对该组的陈述进行点评、讨论。

3. 老师对每组的陈述作出点评。

4. 各组陈述完毕后，老师进行总结陈述。

注意事项

1. 个别心理健康教育的内容和要求是多方面的，有面对面的说理斗争，有摆事实、讲道理的疏通引导，有耐心的规劝和严肃的警告，有表扬鼓励和批评帮助，有同罪犯直接接触中的情感交流，有生活上的体贴关怀和解决实际问题的讲话，它是一项严肃的执法行为，也是一门综合性很强的艺术。通过个别教育可以做到深入了解情况，准确分析把握问题，及时正确解决问题，是从罪犯改造的实践中获取反馈信息，检验和改进工作的良好渠道。可以通过增加对罪犯改造工作的透明度，增进改造者与被改造者之间的心理沟通，促进罪犯的思想改造。为达到预期的效果，应当认真分析罪犯的个性心理特点和思想改造，摸清全部事实真相，然后制订出一套切实可行的个别心理健康教育计划，有针对性地对罪犯进行个别心理健康教育。

2. 本项目为基础性实训。

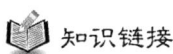 **实训作业**

撰写罪犯个别心理健康教育实训报告。

知识链接

司法部《教育改造罪犯纲要》（节选）

13. 心理健康教育。针对罪犯心理调节能力和心理承受能力普遍较弱，容易发生心理问题的情况，要在罪犯中普遍开展心理健康教育，引导罪犯树立关于心理健康的科学观念，懂得心理健康的表现与判断标准，了解影响心理健康的因素及其关系，对自身出现的心理问题学会自我调适或主动寻求心理辅导和咨询，增强心理承受和自我调控情绪的能力，提高心理素质。

要帮助罪犯找出导致违法犯罪的心理根源，学会矫正和克服的相应办法。引导罪犯加强与他人的交流与沟通，培养建立和谐人际关系的能力。

对罪犯开展心理健康教育的普及率，应当达到应参加人数的100%。

19. 突出个别教育和分类教育的改造作用。监狱要根据每一名罪犯的具体情况，实施有针对性的个别教育。要严格执行"十必谈"的规定，每月对每一名罪犯至少进行一次个别谈话教育，并根据不同罪犯的思想状况和动态，采取有针对性的管理教育措施。对顽固犯、危险犯，要指定专人负责管理教育工作，顽固犯的年转化率应当达到50%以上；对危险犯，要努力消除危险。要总结解决常见疑难问题的经验，积累改造资料，编写改造案例。要深入研究不同类型罪犯的教育改造方法，进一步提高教育改造罪犯的针对性。

20. 发挥心理矫治对罪犯心理的调适、干预作用。对罪犯要普遍开展心理测验，了解和掌握罪犯的心理特征和行为倾向，通过心理咨询实施有效干预，使罪犯消除心理障碍，学会自我调适，恢复健康心理。对有心理疾病的罪犯，应当予以治疗。要注意收集、积累心理矫治个案，注重发挥个案的指导作用。要认真研究罪犯心理的新变化，进一步规范心理矫治工作。

项目3　罪犯个别心理健康教育（2）

实训目的和要求

1. 掌握罪犯个别心理健康教育的内容和目标。

2. 掌握罪犯个别心理健康教育方案设计。

3. 能按照方案实施罪犯个别心理健康教育。

实训内容

1. 设计一个罪犯个别心理健康教育方案。

2. 模拟实施罪犯个别心理健康教育。

实训准备

多媒体教室、纸、笔、实训教材。

实训案例

罪犯张某某，30岁，因犯故意伤害致人死亡罪，被判处15年有期徒刑。通过查档案了解到该犯为三进宫，其从初中起就混入社会，恶习较深，曾三次被劳动改造，属于流氓性、暴力性犯罪，且性格暴躁，遇事不冷静。有一次因与另一名犯人雷某某在劳动中就干活多少问题发生争执，将雷某某的头部打破。当时分监区对其实施了严管，张干警开始负责对其进行转化，经观察发现严管对其触动不大，但了解到他的妻子一直坚持等他早日回家，因此他很注重能早日减刑。张干警想到年终评审就要开始，于是先不对其谈话，采取迂回战术。果然在评审中，由于张某某有重大违纪行为，只评了一个二等，本来正常改造的话，他应该被评为省级改造积极分子。评审未结束，张干警就发现他情绪显著异常，老想休息，于是立即对其在劳动中的表现进行了一次对比教育，将他因一时冲动造成的改造损失与过往的良好表现相比，并联系其犯罪经过，进行了一次长谈。张某某听完后低下了头，懊悔不已地捶打着自己的头说，张干警，我真傻，明明知道前面是火坑，我却偏往里跳，都是我的脾气太坏了。不久其父亲去世，按监狱法规定其还差几个月才能离监探亲，但考虑到对其改造有利的一面，由监狱干警专程带其回家探亲。回来以后，张干警先让他休息了3天，没有与其交谈。第四天他一出工就主动要求与张干警谈话，说回家后看到村委会乡亲们对他家的帮助，联想到父亲为了他竟十几年没买过一件新衣服，以及近10年从未和家人过过一回春节，觉得自己欠他人的太多了，今后一定好好改造，改掉自己的坏脾气。后来他省吃俭用，把省下的零花钱补贴给儿子和女儿，买了学习用品，自己也受到了专项的奖励。

实施方式

1. 学生3~5人为一组，每组结合案例谈谈罪犯个别健康教育的内容和作用。

2. 每组根据案例设计一份个别心理健康教育方案。

3. 老师组织课堂就学生设计的方案展开讨论。组员先自评，其他学生再评价，之后老师作出点评。每组学生根据讨论的结果完善方案，并做好实施团体教育的准备工作。

4. 小组成员分工扮演心理矫正人员，其他学生扮演罪犯，各组按照设计方案开展模拟罪犯个别心理健康教育。

5. 每组模拟时间约为 10 分钟。

6. 每组模拟结束后，组员先自评，然后其他学生进行评价，最后老师进行点评。

7. 所有模拟扮演结束后，老师进行总结。

注意事项

1. 在设计教育方案时注意罪犯的特殊性。

2. 本项目为拓展性实训。

实训作业

1. 设计罪犯个别心理健康教育方案。

2. 撰写罪犯个别心理健康教育实训报告。

项目4　罪犯专栏心理健康教育

引言

普及罪犯心理科学知识，是罪犯心理健康教育的重点。近年来监狱已逐渐将罪犯心理健康教育的中心，内容包括个案矫治向罪犯心理科学知识的普及转变，从治疗向预防转变。为了全方位加强普及罪犯心理健康教育方面的科学知识，监狱应该在每个监区、分监区设立心理知识宣传栏、心理知识教育园地和心理知识兴趣小组等，配备罪犯心理咨询信息员，负责罪犯的心理知识宣传以及心理信息的搜集和上报。

实训目的和要求

1. 学会制作监狱心理知识宣传栏和心理知识教育园地专栏。

2. 学习组建心理知识兴趣小组。

实训内容

1. 搜集监狱心理矫治工作的相关信息、图片和资料。

2. 制作监狱心理知识宣传栏。

3. 组建罪犯心理兴趣小组。

实训准备

彩笔、画报纸、尺子、多媒体教室、实训教材。

实施方式

方案一：制作监狱心理知识宣传栏

1. 收集罪犯心理健康教育的相关材料，确定宣传栏制作的主要内容。

2. 设置位置。宣传栏的位置设置是非常关键的。确定了宣传内容的导向后，就要考虑它的具体设置位置了。

3. 设计版面大小、规格。宣传栏可根据宣传栏目内容等设计大小。

4. 梳理细化宣传栏内容和具体项目，设计宣传栏背景颜色。

5. 定期更换宣传栏内容。宣传栏要按期更换，比如按照每个月的主要的宣传任务来更换，或者按照重要的宣传日来更换。

方案二：组建罪犯心理知识兴趣小组

1. 根据心理学不同流派的罪犯心理矫治技术，分为精神分析疗法、行为疗法、认知疗法、人本主义疗法和其他五个方向的兴趣小组。

2. 学生根据自己的兴趣选择匹配的兴趣小组。

3. 每个兴趣小组整理相关罪犯心理的资料。

注意事项

1. 在制作监狱罪犯宣传栏的过程中，需要考虑监狱工作的保密性和罪犯的个人隐私，有选择性地筛选宣传资料。

2. 本项目为拓展性实训。

实训作业

1. 设计监狱心理知识宣传栏或心理知识教育园地专栏实施方案。

2. 设计组建罪犯心理知识兴趣小组方案。

单 元 二

罪犯团体心理辅导

项目1　新入监罪犯团体心理辅导（1）

引言

贵州遵义监狱六监区开展新入监罪犯团体心理辅导[1]

2017年6月5日，六监区组织新入监罪犯开展了团体心理辅导，心理辅导由监区教导员、三级心理咨询师李德强主持。

罪犯被判入狱后，其法律地位和社会角色都发生了变化，特别是对于新入监罪犯来说，前后身份角色的转变，必然引起极大的心理落差，对自己的改造前途感到迷茫，若不及时加以调整，就会引起各种错误认识，影响正常的服刑改造。为了让新入监罪犯明确改造方向，端正改造态度，能尽快适应服刑改造，六监区积极开展入监教育调研，不断创新教育方法，帮助罪犯树立改造信心，鼓励罪犯踏实改造。在新犯中开展团体心理辅导就是一种十分有效的形式。

本次团体心理辅导，通过组织罪犯做游戏、谈感受，有针对性地进行心理辅导，引导他们调适心态，使其正确面对现实，增强身份意识，迈好踏实改造的第一步，取得良好效果。

罪犯是一个特殊的群体，也是心理问题引发的群体，尤其是新入监罪犯，目前其心理健康水平普遍较低，人生观、价值观存在一定的扭曲，人格上存在缺陷。入监后刚刚从社会的正常生活，过渡到监狱相对封闭的改造生活，其认知、情感、行为上都可能会一时难以适应，必然会产生各种不同程度的心理问题和情绪困惑。可以说，入监改造初期是罪犯心理最为复杂、最不稳定的时期，在这个时期对新入监罪犯提供心理帮助，通过团体心理辅导的形式，对他们进行心理和情绪的有效调节，可以为他们

---

〔1〕 "六监区开展新入监罪犯团体心理辅导"，载贵州省遵义监狱网站，http://jyglj.guizhou.gov.cn/zy/gzdt_1/201809/t20180925_3580366.html.

今后服刑改造奠定良好的心理基础。

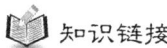 **实训目的和要求**

1. 掌握分析新入监罪犯心理特点的技术。
2. 能够根据新入监罪犯的特点设计和实施有针对性的团体心理辅导。

实训内容

1. 熟练掌握团体心理辅导的阶段与流程。
2. 以小组为单位设计新入监罪犯团体心理辅导方案。
3. 开展一次新入监罪犯团体心理辅导。

实训准备

团体心理辅导室、纸、笔、自制道具、实训教材。

实施方式

1. 学生 3~5 人为一组，按照老师给定的或自行准备的新入监罪犯团体心理辅导方案，做好团体心理辅导活动准备。
2. 小组成员（或全班学生）分工扮演心理矫正人员和罪犯，按照方案开展模拟新入监罪犯团体心理辅导活动。
3. 每组模拟时间约为 20 分钟。
4. 每组模拟结束后，组员先自评，然后其他学生进行评价，最后老师进行点评。
5. 所有模拟训练结束后，老师进行总结。

注意事项

1. 要了解新入监罪犯的心理结构，找出对他们进行心理调节最有效的方法。
2. 作为团体心理辅导活动的领导者，要有良好的应变能力、控场能力。
3. 本项目为基础性实训。

实训作业

撰写新入监罪犯团体心理辅导实训报告。

知识链接

某监区新入监罪犯的团体心理辅导方案[1]

为了帮助新入监罪犯克服入监的心理障碍，消除对监狱生活的恐惧、迷茫、悲观心理，我们及时开展心理干预治疗，让每名新入监的罪犯尽早地熟悉环境，适应改造生活。今天我们要进行的是心理咨询形式中一种最经济而有效的方法——团体心理

---

〔1〕 付连杰：“关于某监区新入监罪犯的团体心理辅导方案”，载百度文库，https：//wenku.baidu.com/view/2d28be52cc7931b765ce1591.html.

辅导。

一、团体名称

相亲相爱一家人。

二、团体目标

1. 协助新入监罪犯认识自己、学习对自我内心世界的体察与探索。

2. 通过分析新入监罪犯当前的压力及可能形成的原因、解决的办法，缓解焦虑。

3. 协助团体成员重塑自信，加强协作，敢于担当，积极乐观地迎接各种挑战。

三、团体性质

封闭式、教育及成长团体。

四、团体辅导者

某监狱教育科付连杰。

五、团体对象

全体新入监罪犯16人及4名在监服刑一段时间的罪犯。

六、时间频率及次数、地点

团体活动时间为2011年5月9日14：00~17：00；一次性团体心理辅导；地点为某监狱心理健康指导中心。

七、团体目的

通过新入监罪犯团体内人际交互作用，促使个体在交往中通过观察、学习、体验，认识自我、探讨自我、接纳自我，调整、改善、缓解压力，从而达到认识自我—发展自我—悦纳自我—实现自我的过程，学习新的态度与行为方式，从而促进个体良好发展的助人过程。

八、团体心理辅导过程

（一）起始阶段

辅导者介绍，1分钟。

意图说明，5分钟。

（二）活动阶段

每个训练大致分为以下几个程序：

单元一：促进罪犯相识的活动

1. 问候按摩

目的：放松，减轻焦虑、活跃气氛。

时间：酌情而定，10~15分钟。

准备：全体罪犯面向辅导者，以其为圆心围成圆圈。

进行：辅导者要求队员向左转，并让队伍转动起来，在行进过程中后面队员给前面队员按摩肩部、颈部，并根据辅导者的提示拍打前面队员的后背、腰部和腿部等。结束后，前面队员要对后面队员亲切握手表示感谢。然后辅导者要求全体队员向后转，再次行进，每个圈的前后队员互换角色，做法同上。

2. 最佳搭档

目的：彼此相识，建立互动关系。

时间：约 20 分钟。

准备：彩色纸剪成三角形或正方形并一分为二，胶水，硬纸板。

操作：裁好的彩色纸由团体成员自由抽取。然后，成员必须找到与自己抽到的彩色纸同色、形状相匹配的另一半。找到后，将彩色纸贴在硬纸板上，并在彩色纸上写上两个人的名字，两人自由交谈 5 分钟，互相认识。然后全体成员围圈坐下，每一对轮流向大家介绍对方，使团体中每个人都能认识。

3. 人椅

目的：巩固成员间友谊的建立。

时间：10 分钟。

操作：①全体学员围成一圈。②每位学员将双手放在前面一位学员的双肩上。③听从辅导师的指令，缓缓地坐在身后学员的大腿上。④坐下后，辅导师再给予指令，让学员叫出相应的口号，例如"齐心协力、勇往直前"。⑤最好以小组竞赛的形式进行，看看哪个小组可以坚持最长时间不松垮。

此单元有关讨论：①在游戏过程中，自己的精神状态是否发生变化？身体和声音是否也相继出现变化？②在发现自己出现以上变化时，是否及时加以调整？③是否有依赖思想，认为自己的松懈对团队影响不大？最后出现什么情况？④思考在活动过程中，要使人椅成功并坚持长时间不松垮，哪些因素是最重要的？

单元二：让罪犯建立相互信任与彼此接纳

1. 信任之旅

目的：通过助人与受助的体验，增加对他人的信任与接纳。

时间：约 30 分钟。

准备：指导者事先选择好盲行路线，最好道路是不平坦的、有阻碍的，如上楼、下坡、拐弯，室内室外结合。每人准备蒙眼睛用的毛巾或头巾。

操作：团体成员两人一组，一位做盲人，一位做帮助盲人的人，盲人蒙上眼睛，原地转 3 圈，暂时失去方向感，然后在帮助人的搀扶下，沿着指导者选定的路线，绕室内外活动。其间不能讲话，帮助人只能用手势、动作帮助"盲人"体验各种感觉。活动结束后两人坐下交流当"盲人"的感觉与帮助别人的感觉，并在团体内交流。然后互换角色，再来一遍，再互相交流。交流讨论集中在以下几个方面：对于"盲人"，你看不见后是什么感觉？使你想起什么？你对你的伙伴的帮助是否满意，为什么？你对自己或他人有什么新发现？对于助人者，你怎样理解你的伙伴？你是怎样想方设法帮助他的？这使你想起什么？

2. 小鸟传虫

目的：增进亲近感，考验成员间的配合、协作能力。

时间：约 20 分钟。

操作：全体成员分成两组，推荐产生一名组长，每人领取一根吸管，在组长带领下练习 5 分钟。每个人把吸管叼在嘴里，把双手放在背后，扮成"啄木鸟"，口叼吸管传递"虫子"（用三根橡皮筋替代）。所有成员分成两组迎面接力传递，只能用吸管传递，不能用手，限定时间内传递数目最多的小组获胜。

3. 众志成城

目的：让成员体会合作的重要，借团体合作与思考达到解决问题的目的，并体会个人在团体的重要性。

时间：30 分钟。

材料：报纸数张。

操作：①先将所有人员分成两组，每组 10 人。②分别在地上铺一张全开的报纸，请各组成员均站在报纸上，用任何方式都可以，就是不可以脚踏报纸之外。③各组完成后将报纸对折，再请各组成员站在报纸上。各组若有成员被挤出报纸外，则该组淘汰。⑤分享与回馈：请各位成员围坐成一圈，讨论刚才之过程并分享心得。⑥结论参考：一是合作乃是在团体贡献一己之力，并取长补短，同心协力共同创造团体成功之机会。唯有通过合作与众志成城，才能获得团体的成功或胜利。二是解决问题时可借团体合作与思考达到目的，每个个体在团体中都有一定的重要性。⑦注意事项：注意成员安全，分组进行。

单元三：促进罪犯探索自我

自画像

目的：强化成员自我认识，促进自觉。

时间：40 分钟。

准备：1 张图画纸，1 盒彩色水笔或油画棒。

操作：指导者给每位成员发 1 张图画纸，每人或几个人合用 1 盒彩笔。然后请成员画出自己。可以有标题，也可以无标题。若有标题，如生活中的我、我的梦等。若无标题则让成员随自己的意思用任何形式画，抽象的、形象的、写实的、动物的、植物的都可以。总之，把自己心目中最能代表自己的东西画出来。这种方法可以使成员发现隐藏在潜意识层面的自我，不知不觉中对自己作出评估和内省。画完后挂上墙开"画展"，让团体成员观看他人的画，不加评论。欣赏完毕，请每一位画家对他的画作解释并答疑。

自画像用非语言的方法将画者的内心投射出来，是一种独特的自我探索、自我分析、自我展示的方法。通过团体内交流，可以促进成员深化自我认识，加深对他人的认识和理解。

单元四：促进罪犯集思广益、互助解难

秘密大会串

目的：帮助成员面对与处理当前的困扰。

时间：约30分钟。

准备：纸、笔。

操作：指导者请每位成员想一想目前最困扰自己的事情是什么，最想解决的问题是什么，然后写在纸上，不署名。写完折叠好，放在团体中央。全体写完后，指导者随机抽出一张，大声念纸上的内容，请团体成员共同思考，帮助提问题的人解决问题，全体共同出主意想方法，帮助别人也帮助自己。必要时可通过角色扮演的方法来表现具体情境。讨论完一张，再讨论另一张，直至所有纸条上的问题都逐一解决。最后，指导者引导成员思考怎样从他人经验中学习成长。

单元五：结束活动

大团圆

目的：通过身体的接触带来温暖和力量，使成员在结束前更实在地肯定团体的团结，体验我们在一起的感受，获得支持与信心。

时间：约30分钟。

准备：足够的空间，空旷的房间。

操作：在团体最后一次活动结束后，指导者请大家站立，围成圆圈，将两手搭在两侧成员的肩上，聚拢并静默30秒。然后轻轻地哼唱大家共同熟悉的歌曲，并随着歌曲旋律，自由摇摆。从儿童歌曲到乡村歌曲，尽量找大家都会的，全体投入，一首接一首。使全体成员在一个充满温馨甜蜜且有内聚力的情境中告别团体，走向生活，留下一个永远的、美好的、既有象征性的又难忘的记忆。在轻柔的音乐声中团体辅导者进行简要总结，然后大家互道珍重再见。

九、效果评估

（一）目标完成情况

通过后期走访、观察与了解，认为此次团体辅导活动初步达到了既定的目标：

1. 拓宽新入监罪犯普及心理健康知识的渠道；

2. 使罪犯对团体辅导活动形式有了一定认识；

3. 营造了安全、平等、尊重、放松的团体情境氛围，使大家愿意袒露心声，自我开放，得以宣泄释放情感，并获得支持理解与归属感；

4. 通过参与、体验与分享，使新入监罪犯懂得了如何对自我内心世界进行体察与探索，如何面对压力，缓解焦虑，增强了改造信心，促进心灵的和谐健康。

（二）成员情况反应

团体结束后，通过个别访谈，听取大家的反响，我都记在了心上，它将鞭策和鼓励我不断去学习探索，设计组织更好的活动方案，帮助团体成长。

（三）工作方法及团体合作情况

工作方法基本正确。由于准备工作到位，团体成员情绪被自然合理地调动，团体内得以良好地互动、沟通与分享。

（四）团体咨询需要改善之处

例如：缺乏团体咨询前的实验设计、心理测量方法的介入做基础，仅凭情绪反应及行为观察还不够严谨、科学；作为指导者缺乏足够的心理学及领导学知识，不能满足个体的需要；团体辅导现场组织时间掌控得不够好，出现未曾计划或预期的事情，应变不够灵活；所选择的音乐及放松词不够有针对性；应当收集整理更适合学员的活动内容，提高指导能力，团体咨询理论与实践有待进一步学习、探索和尝试。

项目2　新入监罪犯团体心理辅导（2）

实训目的和要求

1. 掌握分析新入监罪犯心理特点的技术。

2. 能够根据新入监罪犯的特点设计和实施有针对性的团体心理辅导。

实训内容

1. 通过搜集相关资料，了解新入监罪犯的心理特点。

2. 设计新入监罪犯团体心理辅导方案。

实训准备

团体心理辅导室、纸、笔、自制道具、实训教材。

实施方式

1. 学生3~5人为一组，每组设计一份新入监罪犯团体心理辅导方案。方案内容一般包括：新入监罪犯团体心理辅导的名称、辅导活动的目标、受辅人员、领导者和协助者、时间和活动的次数等。

2. 老师组织课堂就学生设计的方案展开讨论。每组学生代表对方案进行陈述及自评，其他组学生对该组的方案进行评价、讨论。

3. 老师对每组的陈述，以及其他学生的讨论进行点评。

4. 各组展示与陈述完毕后，老师作总结陈述。

5. 每组学生根据讨论的结果完善方案。

注意事项

1. 制定团体心理辅导活动的方案前，要充分了解团体成员的背景资料。

2. 设计新入监团体心理辅导方案要充分考虑新入监罪犯的需要和问题所在，做到有针对性地制定方案。

3. 本项目为基础性实训。

实训作业

撰写新入监罪犯团体心理辅导方案。

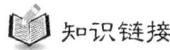 **知识链接**

入监初期罪犯心理[1]

入监初期罪犯心理是指犯罪人经刑事判决进入监所服刑后半年至一年的心理状态。入监初期是罪犯从不适应、不习惯到逐渐适应和习惯监所生活环境和条件的时期，绝大多数罪犯因刚从社会生活过渡到监所服刑生活，对失去自由、严格管束和繁重的体力劳动不习惯，产生苦闷、抵触、懊丧的情绪。

一些罪犯因不熟悉监所环境，不了解惩罚和改造罪犯的政策而惶恐不安，小心谨慎，茫然不知所措。累犯、惯犯在沉默一段时期后，开始寻求老犯人的指点和支持，欲利用监狱管教干警的疏漏，满足自身的畸形需要。也有罪犯卷入狱内非正式团伙，接受监狱亚文化影响。因入监初期情绪不稳，多数罪犯尚缺乏明确的生活目标和度过刑期的必要打算，亦存在某些愿意改过自新的积极心理因素。

项目3　释放前期罪犯团体心理辅导

引言

罪犯的心理自投入改造到刑满释放，一直是发展变化的，对即将释放的罪犯而言，他们将要面对的是人生中又一个全新的开始，因此往往有着比较复杂的心理冲突。开展释放前罪犯团体心理辅导活动，通过一些适当的心理游戏，让罪犯参与其中，领导者为他们创造、提供适当的心理环境和氛围，让他们努力去认识自我、探索自我、接纳自我、完善自我，提升他们的心理适应能力，帮助他们在释放后能更好地适应社会，最终达到自我实现，这也有利于巩固监狱的教育改造成果。

实训目的和要求

1. 掌握分析释放前期罪犯心理特点的技术。
2. 能够根据释放前期罪犯的心理特点设计和实施有针对性的团体心理辅导。

实训内容

1. 通过搜集相关资料，了解释放前罪犯的心理特点。

---

〔1〕 "入监初期罪犯心理"，载百度百科，https://baike.baidu.com/item/%E5%85%A5%E7%9B%91%E5%88%9D%E6%9C%9F%E7%BD%AA%E7%8A%AF%E5%BF%83%E7%90%86/22327385.

2. 设计并制作释放前期罪犯团体心理辅导方案。

3. 组织实施模拟团体心理辅导活动。

实训准备

团体心理辅导室、纸、笔、自制道具、实训教材。

实施方式

方案一：制作释放前期罪犯团体心理辅导方案

1. 学生 3~5 人为一组，每组以"新生之旅"为主题设计释放前期罪犯团体心理辅导的名称。

2. 制定本次团体心理辅导活动的目标。

3. 确定本次团体心理辅导活动的性质。

4. 确定本次团体心理辅导活动的领导者、协助者。

5. 确定参加本次团体心理辅导活动的罪犯名单。

6. 设计本次团体心理辅导活动的时间和活动的次数。

7. 根据释放前期罪犯的心理特点设计团体心理辅导活动的具体环节。

8. 设计团体心理辅导活动效果评估方案。

方案二：组织一次模拟释放前期罪犯团体心理辅导

1. 学生 3~5 人为一组，每组按照老师给定的或自行设计的释放前罪犯团体心理辅导方案，做好团体心理辅导活动准备。

2. 小组成员（或全班学生）分工扮演心理矫正人员和罪犯，按照方案开展模拟释放前罪犯团体心理辅导活动。

3. 每组模拟时间约为 20 分钟。

4. 每组模拟结束后，组员先自评，然后其他学生进行评价，最后老师进行点评。

5. 所有模拟训练结束后，老师进行总结。

注意事项

1. 在对于释放前期罪犯团体心理辅导活动团体目标的设计上，要注意提高罪犯的社会适应能力，增强罪犯的抗挫折能力，巩固监狱的教育改造成果。其具体目标可包括引领个体体验包容与被包容、接纳与被接纳的幸福感，增强成员对释放后在家庭生活方面的自信心；激发个体展开对于人生追求的思考，提高选择意识，通过亲身体验今后可能经受的挫折打击，觉察自我认知模式，了解他人的认知结构，发现自我的认知缺陷，培养罪犯的忧患意识和自信心，增强罪犯的抗挫折能力，激发罪犯主动地确立振奋、积极、正向的奋斗目标。

2. 对于释放前期罪犯团体心理辅导活动，团体成员的甄选应注意以下几个方面：

（1）甄选条件：必须是自愿参加，释放前期是指剩余刑期在半年以内两个月以上的罪犯，应具有相当于初中以上的文化程度，身体健康，无不适合参加活动的疾病，如心脏病、传染病等。

（2）在甄选过程中设计调查问卷，对全监符合剩余刑期要求的罪犯进行问卷调查，对有意愿加入团体活动的人员通过谈话、征求所在监区的意见，结合其年龄结构、文化结构、地域结构和活动场地的需要来确定团体成员的人选。

3. 本项目为基础性实训。

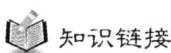 **实训作业**

1. 制作一次释放前期罪犯团体心理辅导方案。
2. 撰写释放前期罪犯团体心理辅导实训报告。

知识链接

释放前期罪犯的心理特点[1]

一、安全的需要与对生活的担忧的冲突

需要是人对生命财产的安全稳定，免除恐惧和焦虑的需要，表现为人都希望自己有丰厚的收入，有一个稳定的工作，希望生活在安全有秩序、可以预测和熟悉的环境中，做自己熟悉的工作。罪犯在服刑期间，虽然生命安全能够得到保障，但由于失去人身自由，其他安全需要不能得到满足，自己的未来也更具有不确定性，难以预测，因此他们最想的是早日刑满释放，获得自由，重返社会。所以在释放前期的罪犯会表现出激动兴奋的心理状态，但同时对新生后的就业谋生感到心中没底，普遍认为改造多年对社会不了解，不知道刑满释放后回到社会自己还能做些什么。多数人认为犯罪服刑改造的历程会让自己遭遇歧视，就业选择会受到排斥，担心自己不能被社会所接纳，难以重新融入社会。

二、爱和归属的需要和害怕亲人不能原谅的冲突

爱和归属的需要是人要求与他人建立情感联系，如结交朋友、追求爱情的需要，属于某一群体并在群体中享有地位的需要。罪犯内心都特别渴望早日与亲人团聚，享受天伦之乐，当自己很快就能回到亲人身边时，心情都会非常激动，有的甚至兴奋得几天不能入眠。可是许多罪犯却不知如何面对亲人，担心回去以后亲人是否真的能信任自己，原谅自己以前犯下的错误，不知应该如何去弥补自己曾经给亲人造成的创伤，怎样去报答亲人多年来对自己的恩情，害怕自己不能坦然面对亲人，无法担当好子女、丈夫、妻子、父母的家庭角色。

三、尊重的需要与自信心不足的冲突

尊重的需要是个体的成长需要，是希望有稳定的地位，得到他人高度评价，受到他人尊重并尊重他人的需要。罪犯刑满释放后回到社会，更希望自己的这些需要能够

---

〔1〕　马立骥、董长青：《监狱团体心理辅导操作实务》，上海交通大学出版社 2015 年版，第 178～179 页。

得到满足。可是他们往往没有足够的自信，甚至自卑，他们会因为自己曾经有罪于社会，曾服刑改造过，担心回归社会后被人看不起，受人歧视、中伤、侮辱，在别人面前抬不起头。这种不自信乃至自卑的心理与尊重的需要之间的冲突，往往使他们深感不安和痛苦，尤其是原来文化层次较高的知识分子，或者是有一定社会地位的罪犯，这种心理冲突会更加的激烈。

项目4　未成年罪犯团体心理辅导

 引言

特别的爱给特别的你
云南晋宁：建立涉罪未成年人团体心理辅导机制[1]

"开始觉得和父母面对面很尴尬，但在活动中感受到了父母对自己的爱，今后我们一定会多交流。"近日，云南省晋宁县检察院对一起寻衅滋事案中的李某等10名涉罪未成年人宣布附条件不起诉决定并开展团体心理辅导，李某深有感触地说。

该院副检察长饶巾艺介绍，该院结合本地区未成年人共同犯罪情况突出的实际，创新附条件不起诉监督考察措施，在云南省率先联合专业社会力量探索建立了未成年人共同犯罪附条件不起诉团体心理辅导机制。

活动现场，检察官宣读了附条件不起诉决定书，并对监督考察期限、具体措施及注意事项等进行了说明。来自昆明市西山区向阳花青少年事务服务中心的4名专业心理咨询师，开展了以"重建和谐亲子关系"为主题的首次团体心理辅导。通过问卷进行心理测评，并通过与其父母交谈，进一步了解未成年人成长经历及亲子关系中存在的问题。

该案考验期间，该院将联合专业心理咨询师定期开展每月2次的团体心理辅导系列活动，通过心理测评、互动游戏等多种方法和途径，对未成年人及其家长进行系统心理辅导及行为矫治。专题辅导结束后，将由专业心理咨询师出具评估报告，为检察机关是否作出不起诉决定提供参考。

据介绍，该院还将进一步对未成年人共同犯罪案件进行分析研究，探索完善未成年人共同犯罪附条件不起诉监督考察措施，联合多方力量做好附条件不起诉监督考察工作。

实训目的和要求

1. 掌握分析未成年罪犯心理特点的技术。
2. 能够根据未成年罪犯的心理特点设计和实施有针对性的团体心理辅导。

---

[1] 云南晋宁："建立涉罪未成年人团体心理辅导机制"，载网易网，http://news.163.com/16/0511/10/BMPDH9D700014SEH.html.

实训内容

1. 通过搜集相关资料，了解未成年罪犯的心理特点。

2. 设计并制作未成年罪犯团体心理辅导方案。

3. 组织实施模拟团体心理辅导活动。

实训准备

团体心理辅导室、纸、笔、自制道具、实训教材。

实施方式

方案一：设计以"积极成长"为主题的团体心理辅导方案

1. 确定团体心理辅导主题。如"我的青春我有梦想——积极成长团体心理辅导"。

2. 设计团体名称。

3. 确定团体性质：结构式成长团体。

4. 设计团体目标：

（1）总体目标：引导成员正确面对挫折，重新确立目标，积极成长。

（2）具体目标：通过团体心理辅导系列活动交流，感受体验活动的深层意义，引导开启多途径的思考方式，再一步步地见证，让成员认真体会，发现自我，从而勇敢面对困难，积极成长。

5. 确定团体心理辅导活动的领导者。

6. 确定团体心理辅导活动的参加对象、人数。

7. 确定团体心理辅导活动的时间、地点和次数。

8. 设计具体的团体辅导活动方案。

9. 设计团体心理辅导活动效果评估方案。

可参考的方案：

单元	名称	目标	活动内容	材料
第一单元	审视过去	1. 帮助成员熟悉，营造良好的团体氛围 2. 引导成员进一步认识自己 3. 促进彼此的了解	1. 热身活动：别样自我介绍 2. 画自画像并交流，在交流的时候说出曾经的梦想 3. 故事分享 4. 共同表达，今天是一个全新的我	1. 背景音乐《相逢是首歌》 2. 背景音乐《左手和右手》 3. 彩笔、A4纸若干

续表

单元	名称	目标	活动内容	材料
第二单元	活在当下	1. 进一步调动团体 2. 引导成员理解改变的可操作性 3. 加强成员对自我的接纳，转化成积极的自我效能	1. 重复共同表达：今天是一个全新的我 2. 热身活动：别样点名 3. 青蛙跳水 4. 故事欣赏 5. 做自己的尺子	1. 背景音乐《左手和右手》 2. 轻音乐 3. 白纸、彩笔、尺子
第三单元	憧憬未来	1. 巩固改变可操作性的观念 2. 引导成员悦纳自己，并为自己明确生活目标 3. 提升自信力 4. 安全结束团体心理辅导	1. 重复共同表达，今天是一个全新的我 2. 热身活动：我说你做 3. 视频欣赏 4. 做自己的尺子 5. 我的未来之路 6. 看我走过来	1. 视频资料 2. 笔、A4 纸、尺子 3. "我的未来之路"所需各类背景音乐 4. 结束用歌曲《不要以为我没用》

方案二：组织一次模拟未成年犯团体心理辅导

1. 学生 3~5 人为一组，每组按照老师给定的或自行设计的未成年犯团体心理辅导方案，做好团体心理辅导活动准备。

2. 小组成员（或全班学生）分工扮演心理矫正人员和未成年犯，按照方案开展模拟未成年犯团体心理辅导活动。

3. 每组模拟时间约为 20 分钟。

4. 每组模拟结束后，组员先自评，然后其他学生进行评价，最后老师进行点评。

5. 所有模拟训练结束后，老师进行总结。

注意事项

1. 设计新入监团体心理辅导方案要充分考虑未成年罪犯的需要和问题所在，做到有针对性地制定方案。

2. 本项目为基础性实训。

实训作业

1. 撰写未成年犯团体心理辅导实训报告。

2. 根据以下活动计划，设计一次未成年罪犯团体心理辅导方案。

阶段	目标
开场	引入主题

续表

阶段	目标
热身活动	1. 促进成员熟悉，营造良好的团体氛围 2. 体验关注与被关注 3. 体验非言语行为在生活中的重要性
主要活动	1. 领导成员进一步认识自己，展示一个内心的我 2. 促进彼此的了解
结束	学会将团体活动中的体验延伸到生活中去，坦然积极面对挫折

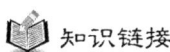 知识链接

未成年人犯罪心理

未成年人犯罪心理是指未成年犯罪人因身心发育不成熟而体现的心理活动特点。

1. 认知方面，认知能力低，多数人具有吃喝玩乐的幸福观、亡命称霸的英雄观、封建帮派的友谊观、无政府主义的自由观、愚昧无知的法制观等观念。

2. 情感方面，情绪极不稳定，易冲动，喜怒无常；缺乏必要的正义感和道德感；常出现不满、孤独、苦闷、冲动等不良心境。

3. 意志方面，具有明显的两极性和冒险性，或表现为自卑，意志力薄弱，或表现为自负，意志力畸形发展，并有较强的冒险侥幸心理。

4. 人格特征方面，性格多任性、粗暴，以兴奋型神经类型居多，既自尊又自卑，重义气，却对一般人缺少同情和尊重，对劳动缺少责任感。

5. 动机方面，常见的犯罪动机主要有物欲动机、性欲动机、报复动机及嫉妒、自我显示、寻求刺激、好奇等动机。

项目5 女性罪犯团体心理辅导

引言

南京女子监狱为罪犯开展团体心理辅导活动[1]

南京女子监狱1日公布，该监狱为十余名处于精神病康复期的罪犯开展团体心理辅导活动。

秋冬时节是心理疾病高发期，为更好地维护精神病康复期罪犯的身心健康，此

---

〔1〕"南京女子监狱为罪犯开展团体心理辅导活动"，载江苏新闻网，http://www.js.chinanews.com/news/2011/1201/32616.html.

次团体辅导活动，第一阶段是认识自我。咨询师带领团体成员进行"房树人绘画""沙盘游戏"等心理测试，解析其精神世界，帮助其认知自我内心的冲击与需求，激发她们参与的好奇心。第二阶段是挫折训练。组织成员们分组进行心理游戏。成员在游戏过程中遇到了语言障碍、肢体不协调等常人不能理解的重重困难，在咨询师的耐心引导和组员的相互帮助下，通过自身努力顺利地完成了各种游戏。她们相互分享了成功的体验，体会到坚持的力量，增强了自我战胜困难的信心。第三阶段是体验放松。伴着轻柔的音乐，咨询师引导成员进行肌肉放松和想象放松，让成员通过冥想的方式畅想快乐的经历或美好的愿望，获得愉悦的心理体验。

经过一个月的系列活动，参与的服刑人员不仅放松了身心，缓解了焦虑、迷茫的不良情绪，而且认识到自觉维护心理健康的重要性，同时也感受到监狱民警的特别关注，增添了改造的决心。

女性罪犯是一个特殊的弱势群体，既有女性的心理特征，又有罪犯的心理特征。针对这样的一个群体进行团体心理辅导，有着十分丰富的内容，通过团体心理辅导活动让团体成员从中收获自信，改善人际关系、增进与家人的感情联络，支持推动其更好更快地迈向新生之路。这有利于巩固教育改造成果，将危机化解在萌芽之中，对监狱的安全稳定工作有着举足轻重的作用。

实训目的和要求

1. 掌握分析女性罪犯心理特点的技术。

2. 能够根据女性罪犯的心理特点设计和实施有针对性的团体心理辅导。

实训内容

1. 搜集资料，了解女性罪犯的心理特点。

2. 设计并制作女性罪犯团体辅导方案。

3. 组织实施一次女性罪犯团体心理辅导活动。

实训准备

团体心理辅导室、纸、笔、自制道具、实训教材。

实施方式

方案一：设计女性罪犯团体心理辅导方案

1. 确定团体心理辅导主题。如美丽"心"家园——改善家庭关系团体心理辅导。

2. 设计团体名称。

3. 团体性质的确定：结构式成长团体。

4. 团体目标的设计：

（1）总体目标：重塑自我形象，提高沟通技能，最终增强罪犯与家庭成员之间的感情联络，使之能够获得良好的家庭支持，推动其更好更快地迈向新生之路。

（2）具体目标：通过团体心理辅导活动过程，协助团体成员打破对自我形象的负面认定，增进自我了解，学会接纳自我，理性接受现实，重塑自信，帮助团体成员提高沟通理解的能力，处理人际冲突的能力，学会自我表达，改善人际环境，提高改造质量，增强团体成员的信任感、责任感，增强与家人的感情联系，获得良好的家庭支持。

5. 确定团体心理辅导活动的领导者。

6. 确定团体心理辅导活动的参加对象、人数。

7. 确定团体心理辅导活动的时间、地点和次数。

8. 设计具体的团体辅导活动方案。

9. 设计团体心理辅导活动效果评估方案。

可参考的女性罪犯团体心理辅导方案：

单元	主题	单元目标	活动内容	材料
单元一	希望的种子	1. 让成员正视此次团体心理辅导活动，为尽快地进入角色做准备 2. 促进成员之间的初步相识 3. 使用积极的心理暗示，激发成员的积极情绪 4. 建立成员之间的情感联系	1. 团体心理辅导简介 2. 今天我很高兴，谢谢你 3. 我能站起来 4. 我们的小组	1. 空白纸和笔若干 2. 背景音乐
单元二	心的蜕变	1. 促进团体发展，增强凝聚力，帮助成员增强同理心 2. 学会接纳自己，懂得珍惜现在的所有 3. 打破对自我肯定的障碍，树立自我形象	1. 印象卡 2. 蜘蛛网 3. 角色扮演 4. 命运纸牌 5. 人生赞美诗	1. 名片卡以及笔若干 2. 绳子、长竿、小铃铛若干、眼罩 3. 哲理故事《什么是理解》 4. 写有不同内容的纸牌若干 5. 背景音乐
单元三	爱的桥梁	1. 帮助团体成员学习、体会沟通的过程，发现可能存在的问题 2. 体会被人理解的感受，形成体察他人感受的意识 3. 学习通过自我表达来促进家人对自己的理解 4. 协助成员妥善处理亲情中的冲突	1. 心电感应 2. 信息传呼机 3. 角色扮演 4. 你的心事我不懂 5. 视频分享	1. 装有写着各种情绪的纸的盒子 2. 画好图形的纸两张、空白纸以及笔若干 3. 视频投影 4. 背景音乐

续表

单元	主题	单元目标	活动内容	材料
单元四	幸福花开	1. 增强信任感 2. 分享总结与家人相处的有效方法 3. 体会家人的重要性，获得良好的家庭支持 4. 回顾团体经验所得，友好结束	1. 穿越地雷阵 2. 头脑风暴 3. 幸福花开 4. 写给丈夫孩子的信 5. 笑迎未来，祝福传递	1. 长绳和障碍物若干，眼罩三副 2. 空白纸，彩色花瓣形纸，信封及笔若干 3. 固体胶水 4. 背景音乐

方案二：组织一次模拟女性罪犯团体心理辅导活动

1. 学生 3~5 人为一组，每组按照老师给定的或自行设计的女性罪犯团体心理辅导方案，做好团体心理辅导活动准备。

2. 小组成员（或全班学生）分工扮演心理矫正人员和女性罪犯，按照方案开展模拟女性罪犯团体心理辅导活动。

3. 每一组模拟时间约为 20 分钟。

4. 每一组模拟结束后，组员先自评，然后其他学生进行评价，最后老师进行点评。

5. 所有扮演结束后，老师进行总结。

注意事项

1. 设计女性罪犯团体心理辅导方案要充分考虑女性罪犯的需要和问题所在，做到有针对性地制定方案。

2. 本项目为拓展性实训。

实训作业

1. 根据女性罪犯思亲恋家情绪强烈的心理特点，设计一次女性罪犯团体心理辅导方案。

2. 撰写女性罪犯团体心理辅导实训报告。

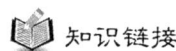知识链接

女性罪犯心理

由于女性在生理、心理上与男性存在较大差异，因而在服刑期间也呈现出与男犯不同的心理特征，其主要表现如下：

1. 认知能力低。主要表现为：

（1）认知范围的狭窄性。一些女性罪犯对自己的罪行不能正确评价，钻牛角尖而不能自解，对监管法规、政策的许多问题不能正确理解，不是牵强附会，就是发生抵触。

（2）认知过程的直观性。女性对抽象概念较难接受，更易相信经验、否定理性，抽象思维能力低于男性，但感知觉的敏锐性常超过男性。

（3）认知的独立性差，缺乏主见，易受他人暗示影响，认知易反复，思想不稳定。

2. 意志缺乏坚定性。女性罪犯大多因经受不住生活的挫折和考验而犯罪，因此女性罪犯的意志往往缺乏坚定性。这在服刑期间表现为：在某些消极因素影响下或遇到问题、困难和干扰时，女性罪犯会在改造中表现出动摇、反复或停滞不前。

3. 思亲恋家强烈。女性罪犯往往家庭观念较重，她们入狱后极易对亲人产生思念之情。不少女性罪犯因为思念亲人而神不守舍，严重者不进饭食、终日哭泣，悲痛欲绝。亲人的会见、来信和寄来的邮包，能使其感受到幸福和安慰，并增添几分积极改造的动力；若长期与家里缺少联系，则情绪低沉，对改造也会失去信心。

4. 自我显示情绪突出、依附感强。女性罪犯往往虚荣心较强，希望自己能成为人们注目的焦点，在自我显示情绪的作用下，喜欢与他人攀比，争出风头。女性罪犯在观念上常把自己置于受保护的弱者地位，希望自己能够依附于强者，缺少人格的独立性，在服刑中习惯于听命他人，愿意靠拢监狱人民警察，她们把个人的命运、希望寄托于监狱人民警察的赏识和怜悯。有时也可能是女性罪犯中的强者，但其性格上的弱点也容易被其他罪犯利用。

单 元 三

罪犯常见心理问题辅导

项目1　罪犯人际沟通技能训练

引言

人际关系教育是心理健康教育的一个重要方面，而要使人际关系协调融洽，理解与沟通是很重要的因素，理解是沟通的基础。在人际交往中，我们经常会碰到沟通不良的情况，容易导致隔阂与误解，造成人际关系的紧张，如监狱民警与罪犯之间缺乏沟通，罪犯婚姻家庭关系紧张，罪犯与其他罪犯的人际关系不良，这往往是由于交往双方不能做到相互理解、坦诚交流所造成的。所以在人际交往中理解与沟通就显得尤为重要，对罪犯进行这方面的指导也意义重大。

实训目的和要求

1. 能够根据罪犯的心理特点设计和实施以罪犯人际沟通技能训练为主题的团体心理辅导。

2. 掌握帮助罪犯学会倾听和换位思考，明白交往的基本原则，懂得如何改善人际交往技能等的各种知识与技巧。

实训内容

设计或开展一次以罪犯人际沟通技能训练为主题的团体心理辅导。

实训准备

团体心理辅导室、纸、笔、自制道具、实训教材。

实施方式

1. 学生3~5人为一组，每组按照老师给定的或自行设计的以罪犯人际沟通技能训练为主题的团体心理辅导方案，做好团体心理辅导活动准备。

2. 小组成员（或全班学生）分工扮演心理矫正人员和罪犯，按照方案开展模拟以罪犯人际沟通技能训练为主题的团体心理辅导活动。

3. 每组模拟活动时间约为 20 分钟。

4. 每组模拟活动结束后，组员先自评，然后其他学生进行评价，最后老师进行点评。

5. 所有扮演结束后，老师进行总结。

可参考的方案：

活动一：照镜子

1. 目的：培养成员对他人的敏感性，学会相互沟通、相互谦让。

2. 时间：约 15 分钟。

3. 操作程序：

（1）团体成员两人一组，一人自由做动作，另一个人模仿，两分钟后互换角色，注意不可说话，用心体会对方用意。

（2）结束后互相交流，看看自己对他人的理解是否准确。

（3）仍然两人一组，一人说话，一人照原话重复叙述，全身心投入地观察、理解他人。两分钟后互换角色，结束后两人交流体会，探讨今后生活中应如何表达各种感受。

活动二：哑口无言

1. 目的：学会通过非语言的形式理解他人的感受。

2. 时间：约 30 分钟。

3. 操作程序：

（1）全体成员围成一个圆圈，闭上眼睛，回忆一下这一周内生活的感受，是疲乏兴奋还是焦虑烦闷。

（2）每个成员用手势和表情体态语言，表达出自己内心的感受，让其他成员猜猜动作及表情所反映的感受是什么。

（3）被猜的成员说明他人的猜测是否准确，为什么？

通过活动学会通过他人的手势、表情、眼神、动作等非语言的沟通方式理解他人，训练自己敏锐地观察他人的感受。

活动三：描述他人

1. 目的：提供信息，增进交流，加深个人的参与。

2. 时间：90 分钟。

3. 准备：白纸、笔。

4. 操作程序：

（1）领导者请每个成员用隐喻的方式描述团体中的每一个人，如用某种动物、物品、植物或者自然现象作比喻，然后说出他为什么得到这种印象。

（2）自某一个成员开始，每个成员都要描述对他的印象。

（3）每个成员轮流进行描述。

（4）讨论被描述的感受。

活动四："红色轰炸"

1. 目的：增强个体自信心。

2. 操作：

（1）6~7人一组围圈坐，请一位学员坐在或站在小组中央，简单地向大家介绍自己的姓名、专业、个性方面的长处与短处，然后其他人轮流根据自己对他的了解及观察，说出他的优点和对他的欣赏之处（如性格、相貌、处事等）。

（2）然后被欣赏者说出哪些优点是自己以前察觉的，哪些是未察觉的。

（3）每位学员轮流到中央一次。

3. 规则：

（1）必须说优点。

（2）夸别人的优点时态度要真诚，不能毫无根据地吹捧，这样反而会伤害别人。

（3）参加者要注意体验被人称赞时的感受。

实训作业

撰写人际沟通技能训练实训报告。

项目2 罪犯情绪管理技能训练

引言

情绪是人们对环境刺激的一种内在反应，在身体各部分发生变化时带来的一种复杂状态。罪犯情绪调节与控制的程度与改造进程有相当大的关系，让罪犯学习如何控制不良情绪，提高改造进程的效率是罪犯心理矫治的重要内容。

实训目的和要求

1. 能够根据罪犯的心理特点设计和实施以罪犯情绪管理技能训练为主题的团体心理辅导。

2. 掌握帮助罪犯了解什么是不良情绪、不良情绪的产生原因和负面影响，学会对不良情绪进行调节与控制的技巧。

实训内容

设计和开展一次以罪犯情绪管理技能训练为主题的团体心理辅导。

实训准备

团体心理辅导室、纸、笔、自制道具、实训教材。

实施方式

1. 学生3~5人为一组，每组按照老师给定的或自行设计的以罪犯情绪管理技能训练为主题的团体心理辅导方案，做好团体心理辅导活动准备。

2. 小组成员（或全班学生）分工扮演心理矫正人员和罪犯，按照方案开展模拟以罪犯情绪管理技能训练为主题的团体心理辅导活动。

3. 每组模拟活动时间约为 20 分钟。

4. 每组模拟活动结束后，组员先自评，然后其他学生进行评价，最后老师进行点评。

5. 所有扮演结束后，老师进行总结。

可参考的方案：

活动一：讨论情绪

1. 领导者发号口令：恐惧，伤心。

2. 成员参加游戏：表演出恐惧、伤心等相应的表情动作。

3. 游戏规则：让成员听口令，表演出相应的表情，以掌声的响亮决定胜负，给予小礼品。

4. 游戏目的：让成员通过表演进一步了解不良情绪。

活动二：音乐放松

1. 领导者让成员欣赏几种不同的音乐，成员可以闭上双目感受，然后举手把心中不同的感受说出来和大家分享，把自己的内心情绪引导出来。

2. 音乐类型：轻音乐、流行乐、浪漫的音乐等。

3. 音乐放松方法：选择几种不同类型的音乐，让成员静下心来欣赏，结合自身在生活当中的不同情绪，感受不同类型音乐带来的体验，请 4~6 名成员将其内心的感受说出来，其他人可以将其感受写在纸上，目的是让成员将在生活中对不同情绪的感受说出来，将内心的情绪放松。

活动三：情绪温度计

我们看过很多人在吵架时，人家提醒他说："你在生气，等你气消了我们再谈。"可是那位在生气的人常常会说："我没有生气，我没有生气，我最理智！"你听他讲话的口气就知道他还在生气，我们想要学习如何控制冲动的性格，一定要能知道自己是在什么情绪当中，才不会跟那位说"我没有生气"的人一样，所有人都看得出来他在生气，就只有他自己说自己没有在生气。

1. 成员填写"情绪温度计"检核表。

2. 4 人一组，组员交换阅读彼此的"情绪温度计"检测表。

3. 一起分享，请学员挑选出自己印象最深刻同时又可以和大家一起分享的愤怒事件，讲给全体学员听。

领导者在全体成员倾听的过程中，要注意成员在自己的愤怒事件中采取了哪些处理方式，这种方式是否恰当。如果恰当，全体成员用爱的鼓励肯定这位成员。同时要求成员讲一讲，在那些愤怒情绪控制下采取了哪些不恰当的处理方式。

活动四：平心静气之道

1.4 人小组脑力激荡，思考有哪些避免冲动的方法。

2. 各组派一位代表说明脑力激荡之结果。

3. 领导者小结并介绍"抗拒性独语"。

4. "抗拒性独语"是一些积极有益的话语，在我们愤怒生气时使用可取代消极、具有伤害性的言辞，使自己的情绪平静下来。

5. 领导者指定成员，以适当的语气朗读平心静气之道。

6. 角色扮演。

7. 一起分享，鼓励学员补充平心静气之道。

实训作业

撰写情绪管理技能训练实训报告。

项目 3　罪犯自我认识技能训练

实训目的和要求

1. 能够根据罪犯的心理特点设计和实施以罪犯自我认识技能训练为主题的团体心理辅导。

2. 掌握帮助罪犯正确认识自我，学会接纳和改善自己的缺点与短处，养成健全的人格和良好的个性品质的技巧。

实训内容

设计或开展一次以罪犯自我认识技能训练为主题的团体心理辅导。

实训准备

团体心理辅导实训室、纸、笔、自制道具、实训教材。

实施方式

1. 学生 3~5 人为一组，每组按照老师给定的或自行设计的以罪犯自我认识技能训练为主题的团体心理辅导方案，做好团体心理辅导活动准备。

2. 小组成员（或全班学生）分工扮演心理矫正人员和罪犯，按照方案开展模拟以罪犯自我认识技能训练为主题的团体心理辅导活动。

3. 每组模拟活动时间约为 20 分钟。

4. 每组模拟活动结束后，组员先自评，然后其他学生进行评价，最后老师进行点评。

5. 所有扮演结束后，老师进行总结。

可参考的方案：

活动一：猜猜我是谁

1. 目的：从他人的反馈中认识自己，并体会被人理解的感受；促进成员互相用心观察和给予关注。

2. 时间：约20分钟。

3. 准备：白纸、笔。

4. 操作程序：

（1）每人3张白纸，写下3~5句描述自己的句子，如"我是……"，不写名字。

（2）写完后将纸折叠好，放在团体活动场地中央，每人随机抽取一张，打开纸上的内容，让大家猜一猜这一张是谁写的，猜中的人要说明理由。

（3）引导团体成员发表自己猜中别人或被他人猜中时的感受。

活动二：个性发现

1. 目的：认识他人，坦诚反馈，了解自我。

2. 时间：约50分钟。

3. 准备：每人一张个性特征表、一张白纸、笔。

4. 操作程序：

（1）领导者给每人发一张"个性特征表"，请大家详细阅读，研究一下团体内每个其他成员的个性，把你的认识都记下来，对每个人可选择一种类型，或选择多种类型特征。

（2）每人写完以后，领导者按顺序找出其中一人，请其他人说出对他的分析。

（3）最后由他本人发表对别人评价的感受及自我的分析。两者也许非常一致，也许差别很大，为什么会有差别，深入探讨一下，会有许多收获。

活动三：生命线

1. 目的：对过去的我、现在的我、未来的我作评估和展望。

2. 时间：约60分钟。

3. 准备：一张A4白纸、一支笔。

4. 操作程序：领导者请每个成员画一条生命线，起点标识你的出生，终点是你预测的死亡年龄。在生命线上标出你现在的位置。闭上眼睛，静静思考一下你过去最难忘的3件事情，明确将来最想做的3件事情。团体成员填写好之后，大家一起分享交流，每个人都拿出自己的生命线给其他人看，一边展示一边说明，注意自己与他人内心的反应。

活动四：人生曲线

1. 目的：对自己的人生作出评估，理解千差万别的人生经历，增强对他人的理解。

2. 时间：50分钟。

3. 准备：一张纸、一支笔。

4. 操作程序：

（1）领导者先说明由人生曲线探索自己人生过程的意义，然后要求大家画一个坐标，横坐标表示年龄、纵坐标表示对生活的满意程度。

（2）找出自己生活中一些重要的转折点，连成线，边看线边反省，并将未来的人生趋向用虚线表示。

（3）在团体中，每位成员以坦诚的心情向他人介绍自己的人生。

通过相互交流可以了解到每个人不同的人生经历，交流结束时，每个小组派一位代表在整个团体中交流自己通过参加活动获得的感受。

活动五：我的自画像

1. 目的：强化成员的自我认识，促进自我觉察。

2. 时间：50~60分钟。

3. 准备：一张图画纸、一盒彩色水笔或油画棒。

4. 操作程序：

（1）每位成员一张图画纸，每人或几个人合用一盒彩笔，请成员画出自己，可以有标题，也可以无标题。若有标题，可以是如大学生活中的我、我的梦等。若无标题则让成员随自己的意思用任何形式来画，抽象的、形象的、写实的、动物的、植物的，什么都可以，总之把自己心中最能代表自己的东西画出来。

（2）画完后挂在墙上开"画展"，让团体成员自由观看他人的画，不加评论。

（3）请每一位成员对他的画作出解释，并回答其他团体成员的询问，促进成员的深入思考。

自画像用非语言的方法将来访者的内心投射出来，是一种独特的自我探索、自我分析、自我展示的方法，通过团体的交流，可以促进全面深化自我认识，进而加深对他人的认识和理解。

实训作业

撰写自我认识技能训练实训报告。

项目4　罪犯团队协作能力训练

实训目的和要求

1. 能够根据罪犯的心理特点设计和实施以罪犯团队协作能力训练为主题的团体心理辅导。

2. 掌握帮助罪犯学习有效处理人际关系与团队协作的知识，提升人际关系和团队协作能力，养成健全人格和良好个性心理品质的技巧。

实训内容

设计或开展一次以罪犯团队协作能力训练为主题的团体心理辅导。

实训准备

团体心理辅导室、纸、笔、自制道具、实训教材。

实施方式

1. 学生 3~5 人为一组，每组按照老师给定的或自行设计的以罪犯团队协作能力训练为主题的团体心理辅导方案，做好团体心理辅导活动准备。

2. 小组成员（或全班学生）分工扮演心理矫正人员和罪犯，按照方案开展模拟以罪犯团队协作能力训练为主题的团体心理辅导活动。

3. 每组模拟时间约为 20 分钟。

4. 每组模拟结束后，组员先自评，然后其他学生进行评价，最后老师进行点评。

5. 所有扮演结束后，老师进行总结。

可参考的方案：

活动一："心有千千结"

1. 目的：通过大家的努力，使学员们认识到生活中产生的人际矛盾是可以化解的，没有解不开的结。

2. 操作：每一小组的学员，手拉手组成一个圈，记住自己左边和右边拉手的人是谁。然后把手放下，学员在组成的圆圈内自由走动（不许静止不动，也不要走到圈外）。当领导者喊停的时候，所有的人都不要动，然后和刚才拉手的人再次拉起来，记住不要拉错人，从而编织成一张网，手臂交错。学员们必须在手不能松开，但可以跨、可以钻的原则下，将这张网解开，恢复到原来围成的圆圈。

活动二：同舟共济

1. 目的：集思广益，通过团体合作，培养创新思维，努力尝试靠团体力量克服困难，达成目的。

2. 时间：约 50 分钟。

3. 准备：每组一张大报纸，可视为大海中的一条船，每组 8 人。

4. 操作程序：

（1）练习开始时，指导者要求将报纸铺在地上，代表汪洋大海中的一条船。需要团体成员 8 人同时站在船上，一个也不能少，必须同生死共命运。

（2）让成员们想方设法使全体成员同时登上船，行动之前团体可以充分讨论，拿出最佳方案，活动过程中成员常常同心协力，集思广益，出现人拉人、人背人、叠罗汉等各种方法。

（3）当成功完成任务后，领导者可以要求将报纸面积减半，继续活动。

（4）完成后，可以将报纸面积再减半继续活动，随着难度增加，成员的努力也会越来越加强，团队的凝聚力空前。活动的过程中，成员会忽略性别年龄的因素，全组一条心，创造性地发挥全组智慧，活动结果常常出乎成员们的想象，产生事先想象不到的效果，让成员切实体会到团结合作的力量。

活动三："热座"

1. 目的：通过相互提供意见，依靠团体的力量，协助成员解决个人面临的困惑。

2. 时间：约60分钟。

3. 准备：每人一个信封，若干张纸条（比人数少一张，若人数多，可分为6~10人一个小组）。

4. 操作程序：

（1）每个成员发给几张白纸条、一个信封，在信封上写上自己的姓名。然后将自己目前的困扰、最想得到帮助的问题写在纸条上，如"怎样才能找到意中人？""怎样才能成为一个出色的人？""我怎样做才可以获得真正的友谊？""睡不着怎么办？"每个人都写同样数量的问题，并留有足够回答问题的空间，每张纸条上都写上姓名。

（2）把写好的纸条发给每一位小组成员，请他们一一回答。

（3）每位成员拿到他人的问题时认真思考，根据自己的经验以及体会，怀着真诚助人的心情，以自己独特的方式回答，没有对错之分，把自己对某一问题的真实看法写出来，回答者不用署名，信封放在小组中央的地上或桌子上。

（4）回答完毕，把每个人的问题放到他的信封上，装进信封内。每个成员取回自己的信封，抽出回条，一一阅读。

（5）每个成员谈一下自己阅读完他人意见后的感想，以及对自己解决问题有哪些启发。

实训作业

撰写团队协作能力训练实训报告。

项目5　罪犯环境适应能力训练

实训目的和要求

1. 能够根据罪犯的心理特点设计和实施以罪犯环境适应能力训练为主题的团体心理辅导。

2. 掌握帮助和引导罪犯适应监狱环境，调整心态，点燃改造希望的心理辅导技术。

3. 树立积极、正确的人生观、价值观。

实训内容

设计或开展一次以罪犯环境适应能力训练为主题的团体心理辅导。

实训准备

团体心理辅导实训室、纸、笔、自制道具、实训教材。

实施方式

1. 学生 3~5 人为一组，每组按照老师给定的或自行设计的以罪犯环境适应能力训练为主题的团体心理辅导方案，做好团体心理辅导活动准备。

2. 小组成员（或全班学生）分工扮演心理矫正人员和罪犯，按照方案开展模拟以罪犯环境适应能力训练为主题的团体心理辅导活动。

3. 每组模拟活动时间约为 20 分钟。

4. 每组模拟活动结束后，组员先自评，然后其他学生进行评价，最后老师进行点评。

5. 所有扮演结束后，老师进行总结。

可参考的方案：

活动一：深呼吸法

操作指导语：遇到挫折、感到压力时，一个最简单易行的处理方法就是深呼吸。人在紧张时往往会下意识地屏息呼吸，导致血液中的氧气减少了，但是人的大脑需要充分的氧气供应才能正常地思考，所以人在紧张时，可能会作出一些不加思考的错误反应，如骂人或打架等。下面大家跟着我的指示来做几次深呼吸：闭上双眼，双手平放在膝盖上，腰杆挺直，吸气……呼气……重复三遍，现在大家有没有觉得平静一点？

活动二：文字法

操作指导语：在感到痛苦难受时，将自己的感受、经历、想法通通写出来，想到什么就写什么，不要考虑形式，也不管内容是否连贯，只要是当时想到的都可以写，大家可以试着马上把你现在想到的都写出来。

活动三：涂鸦法

操作指导语：拿一支铅笔或彩笔在一张大纸上随意涂抹，说不定能在解决情绪问题的同时，创作出一幅高水平的抽象画。

活动四：运动法

操作指导语：选择一种运动方式，让自己的心情在运动中慢慢平静。例如，你可以在适当的时间到操场去跑几圈，或者去打一场球、练练拳击等，在肌肉的运动和舒畅的汗水中，让挫折感慢慢消散。这个方法在这里可能会由于客观环境的限制而比较难采取，但没有关系，我们还有其他几种很有效的方法。

活动五：自我激励法

操作指导语：人需要激励，而自我激励比外部的激励更可靠，因为只有自己最清楚自己什么时候需要激励。会自我激励的人，好比自己随身带了个急救包，可以随时打开医治自己心灵的创伤。人在遇到挫折、感到痛苦时最需要激励，但是人们往往在这时会受到责备，或者进行自责。所以保持健康的心态需要进行自我激励，换句话说，心理健康的人会进行自夸，特别是在遇到挫折时，他们会在内心深处对自己进行表扬，下面请大家跟着我大声地说出这几句话：

"我是一个坚强的人！"

"困难只会增加我的勇气！"

"我随时随地都可以保持理智的头脑。"

实训作业

1. 撰写罪犯环境适应能力训练实训报告。

2. 制作一份以"适应新环境，点燃新希望"为主题的团体心理辅导方案。

模块四 罪犯心理咨询与治疗技能实训

单 元 一

基础性技能训练

项目 1　参与性技术的运用

实训目的和要求

通过实训，使学生理解并掌握参与性技术的定义，学会运用参与性技术进行罪犯心理咨询和矫正，启发、引导来访者进行自我探索和实践，最终实现咨询目标，促进来访者成长与发展。

实训内容

倾听技术、提问技术、鼓励技术、重复技术、内容反应技术、情感反应技术、具体化技术、参与性概述等技术的运用。

实训准备

1. 心理咨询室。

2. 摄像机或录音机。

3. 实训教材、实训案例、实训记录表、白纸、笔。

实施方式

训练 1：倾听技术

1. 每人准备一个案例，相互之间不能沟通，进入训练现场。

2. 2 人为一组，一人扮演咨询师，一人扮演来访者。来访者叙述问题，咨询师表现心理与身体的非专注、非倾听。5 分钟后，两人一起分享讨论咨询师的态度带给来访者的感觉。

3. 来访者继续叙述问题，咨询师表现心理与身体的专注和倾听。5 分钟后，两人一起分享讨论咨询师的态度带给来访者的感觉。

4. 互换角色，重复以上步骤。

5.（为提升训练效果，可继续实施以下步骤）集体分享与讨论。各组将上述过程用摄像机或录音机进行记录，派代表将训练过程和讨论结果进行展示与陈述。其他学生对该组的训练情况进行点评、讨论。

6. 老师对各组的训练情况进行点评，重点指出做得好与不好的地方，并提出改进意见。

训练2：开放式提问技术与封闭式提问技术

1. 合组练习：

（1）学生6人成组，一人担任小组长主持讨论，同时扮演来访者；来访者向小组成员叙述个人问题，其他成员根据来访者的叙述进行开放式提问和封闭式提问。

（2）共同讨论，对每位成员的提问进行评议，优选出2~3个答案。

（3）小结。

可使用的实训案例：

①来访者：我年轻的时候先生就死了，为了专心抚养儿子，让我先生在九泉之下能安息，我决意终身守寡。我儿子现在已经结婚生子，我也了无牵挂，本来认为这一生可能就这样走完。没想到，我现在已经50岁了，竟然还会有人喜欢我，要跟我厮守到老。想起来也觉得脸红，年纪都一大把了，怎么还可以这样呢？

②来访者：我年轻的时候不知道珍惜金钱，赚多少就用多少，向来不知道要投资理财。现在有妻有子，每天一睁眼，就有好几张口等着吃饭。现在社会经济状况那么差，真担心哪天工作没有了，没有钱度日。

2. 分组练习：

（1）每人准备一个案例，相互之间不能沟通，进入训练现场。

（2）2人一组，一人扮演咨询师，一人扮演来访者；在咨询时，咨询师要注意使用开放式提问技术与封闭式提问技术，并且全程录音、录像。5分钟后，两人观看并分析录音、录像资料，讨论咨询师的技术使用是否正确。

（3）评估咨询师扮演者表情、姿势、语气、语调的合理性。

（4）互换角色，重复以上步骤。

3.（为提升训练效果，可继续实施以下步骤）集体分享与讨论。各组代表将训练过程和讨论结果进行展示与陈述。其他学生对该组的训练情况进行点评、讨论。

4. 老师对各组的训练情况进行点评，重点指出做得好与不好的地方，并提出改进意见。

训练3：鼓励技术

1. 2人一组，一人扮演咨询师，一人扮演来访者；咨询时，请使用鼓励技术与前面所学的技术，并且全程录音、录像。5分钟后，两人分析录音、录像资料，讨论咨询师的鼓励技术是否使用正确。

2. 评估咨询师扮演者的表情、姿势、语气、语调的合理性。

3. 互换角色，重复以上步骤。

4.（为提升训练效果，可继续实施以下步骤）集体分享与讨论。各组代表将训练过程和讨论结果进行展示与陈述。其他学生对该组的训练情况进行点评、讨论。

5. 老师对各组的训练情况进行点评，重点指出做得好与不好的地方，并提出改进意见。

可使用的实训案例：

①来访者：我最近要结婚了，可是有一件事情的发生让我忐忑不安，我未婚夫的一位朋友竟然曾是我一夜情的对象。那是我年轻无知时的行为，自从碰到他后，我老是放心不下，不知道他会不会告诉我未婚夫，或是以此来威胁我。我希望他已经忘记我了，或是我记错了。

②来访者：我今年已经40多岁了，年轻时一次失败的恋爱使我一直单身到现在。奋斗20年，我为自己积累了一些财富，也爬上了经理的职位，可是却找不回已逝的青春。几个月前我跟公司里一个20岁的职员在一起了。我知道这一段感情不会长久，可是我要体验爱情，我要补偿曾经留白的生命。我的钱、我的地位比我的人更具有吸引力，我不是不清楚这一点，不过我还是愿意用我的财富换取年轻的爱情。

训练4：重复技术

1. 2人一组，一人扮演咨询师，一人扮演来访者；在咨询时，请使用重复技术与前面所学的技术，并且全程录音、录像。5分钟后，两人分析录音、录像资料，讨论咨询师的重复技术是否使用正确。

2. 评估咨询师扮演者的表情、姿势、语气、语调的合理性。

3. 互换角色，重复以上步骤。

4.（为提升训练效果，可继续实施以下步骤）集体分享与讨论。各组代表将训练过程和讨论结果进行展示与陈述。其他学生对该组的训练情况进行点评、讨论。

5. 老师对各组的训练情况进行点评，重点指出做得好与不好的地方，并提出改进意见。

可使用的实训案例：

①来访者：我进出戒毒所不知已有几次，我也不想伤父母的心，可是，戒毒哪有那么容易。我想戒，我的身体却不允许，当毒瘾发作时，简直如刀割一样，我实在受不了，我想，我这一生已经完了。

②来访者：我先生去世已有两年，我有一个女儿，几个月前，朋友介绍了一位男士给我。这位男士有两个孩子，太太年前去世，我觉得他的条件还不错，有意跟他交往。好几次我主动打电话约他，他都推脱说有事。后来才知道，他喜欢的不是我，而是我的朋友，我那位朋友未婚，对方当然会比较喜欢她。

训练5：内容反应技术

1.6人成组，1人担任小组长主持讨论，同时扮演来访者；来访者向成员叙述自己的问题，其他组员做出内容反应的回答，并阐述回答理由。

2. 共同讨论，对每人的回答进行评议，优选出 2~3 个答案。

3. 小结。

4.（为提升训练效果，可继续实施以下步骤）集体分享与讨论。各组代表将训练过程和讨论结果进行展示与陈述。其他学生对该组的训练情况进行点评、讨论。

5. 老师对各组的训练情况进行点评，重点指出做得好与不好的地方，并提出改进意见。

可使用的实训案例：

①来访者：我妈妈认为我老大不小了，一直关心我什么时候结婚，什么时候她才可以抱孙子。自从 3 年前跟女朋友分手后，我就一直在想一个问题，交女朋友的目的其实是结婚，但是，结婚的目的又是什么？我周围的朋友和同事，离婚的人一大堆。既然如此，我又何必交女朋友、结婚？我现在的日子虽然有点寂寞，但是过得很充实。不过话说回来，将来老了，没有妻子、孩子陪伴，不知道自己会不会后悔。

②来访者：我有些同事很上进，不断地为前途打拼。有些人参加研究生考试，有些人参加升职考试。每一年，总有几个人有好消息。我除了羡慕他们的成就外，内心其实也很着急，也想像他们一样，努力求上进。但是，我累了这些年，只想休息。每次看到别人的喜讯，我就骂自己，但是，除了骂自己外，什么事也不想做，整个人懒洋洋的。

训练 6：情感反应技术

1. 4 人成组，1 人担任小组长，主持讨论，同时扮演来访者；来访者向成员叙述自己的问题，其他成员做出情感反应的回答，并阐述回答理由。

2. 共同讨论，对每人的回答进行评议，优选出 2~3 个答案。

3. 小结。

4.（为提升训练效果，可继续实施以下步骤）集体分享与讨论。各组代表将训练过程和讨论结果进行展示与陈述。其他学生对该组的训练情况进行点评、讨论。

5. 老师对各组的训练情况进行点评，重点指出做得好与不好的地方，并提出改进意见。

可使用的实训案例：

①来访者：我从小对自己没有信心，总认为别人比自己行，遇到什么事就找别人商量，让别人告诉我如何做（头低下，眼睛看别的地方）。最近我觉得再这样下去是不行的，因为有时候别人忙着自己的事，根本无暇理我，让我觉得自己是多余的（头依然低下，声音降低、微弱）。

②来访者：课堂上老师一直赞美他，好像他很了不起，我相信这件事如果由我来做，说不定会比他好。若不是老师将这项工作分派给他，今天被赞美的人可能是我。

训练 7：具体化技术

1. 合组练习：

（1）4 人一组，1 人担任小组长主持讨论，同时扮演来访者；来访者向成员叙述自己的问题，其他成员做出具体化的反应。

（2）共同讨论，对每人的回应进行评议，优选出 2~3 个答案。

（3）小结。

可使用的实训案例：

①来访者：这个社会上竟然有这种没有道德良心的人，他能进公司都是我一手帮忙，而且从小职员晋升到公司主管，都是我罩着他。没想到他跟我平起平坐后，除了对我摆出一副嘴脸外，为了排挤我，竟然还四处造谣生事，存心陷害我。这种人不被打入十八层地狱的话，这个世界哪有公理存在。

②来访者：我们公司有只"小老鼠"，有利可图，抢得比谁都快；有了责任，闪得比谁都猛。好笑的是，明明就是贪图好处的人，还要扭捏作态，欲迎还拒，绕了一大圈，表示自己是清高的，得到好处是不得已的事。这种掩耳盗铃的事昭然若揭，大家心知肚明。因为他没有自知之明，让旧戏不断重演。

③来访者：对于婚姻，我是既爱又怕。一般人认为一个人孤独久了，就会习惯那种孤独的感觉，然而事实并非如此。逢年过节，看到别人出双入对，嬉笑玩乐，而自己却一个人窝在冷清的家中，对着电视发呆，那种感受真是难挨。可是，一想到进入婚姻，枷锁加身，自由尽失，恐怕呼天喊地，也无人解救。这也不是，那也不是，真不知道该怎么做才对。

④来访者：最近从镜子中看到自己白发丛生、满脸皱纹，连自己看了都讨厌。虽然说，别人爱你之前必须要先爱自己，可是这副德行，连自己都觉得厌恶，怎么可能让别人喜欢，我真担心别人对我的印象会有所改变。

2. 分组练习：

（1）每人预先准备一个案例，相互之间不能沟通，进入训练现场。

（2）2 人一组，一人扮演咨询师，一人扮演来访者；在咨询时，请使用具体化技术与前面所学的技术，并且全程录音、录像。5 分钟后，两人观看并分析录音、录像资料，讨论咨询师的具体化技术使用得是否正确。

（3）评估咨询师扮演者表情、姿势、语气、语调的合理性。

（4）互换角色，重复以上步骤。

3. （为提升训练效果，可继续实施以下步骤）集体分享与讨论。各组代表将训练过程和讨论结果进行展示与陈述。其他学生对该组的训练情况进行点评、讨论。

4. 老师对各组的训练情况进行点评，重点指出做得好与不好的地方，并提出改进意见。

训练 8：参与性概述

1. 每人准备一个案例，相互之间不能沟通，进入训练现场。

2. 2 人一组，一人扮演咨询师，一人扮演来访者；在咨询时，请使用参与性概述与前面所学的技术，并且全程录音、录像。5分钟后，两人观看并分析录音、录像资料，讨论咨询师的参与性概述是否使用正确。

3. 评估咨询师扮演者表情、姿势、语气、语调的合理性。

4. 互换角色，重复以上步骤。

5. （为提升训练效果，可继续实施以下步骤）集体分享与讨论。各组代表将训练过程和讨论结果进行展示与陈述。其他学生对该组的训练情况进行点评、讨论。

6. 老师对各组的训练情况进行点评，重点指出做得好与不好的地方，并提出改进意见。

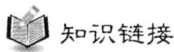 **实训作业**

1. 完成参与性技术操作技能实训报告。

2. 阅读并学习《国家职业资格培训教程·心理咨询师（三级）》第二章第三节第二单元（参与性技术）。

📖 **知识链接**

参与性技术

1. 倾听技术。倾听技术是心理咨询的第一步，是建立良好咨询关系的基本要求。其是指咨询过程中，咨询师的言语与非言语行为，即咨询师全神贯注地聆听来访者的言语表达，细读来访者的非言语行为，关切并重视来访者的遭遇，伴随来访者共同关注和分析问题的始末。

2. 开放式提问技术与封闭式提问技术。开放式提问技术是指咨询师提出的问题没有预设的答案，来访者也不能简单地用一两个字或一两句话来回答，从而尽可能多地收集来访者的相关资料信息。该技术一般在收集资料时使用。封闭式提问技术是指咨询师提出的问题带有预设的答案，来访者的回答不需要展开，从而使咨询师可以明确某些问题。该技术一般在明确问题时使用，用来澄清事实，获取重点，缩小讨论范围。

3. 鼓励技术。鼓励技术是指咨询师通过言语等对来访者进行鼓励，鼓励其进行自我探索和改变。具体可以表现为咨询师直接地重复来访者的话或仅以某些词语来强化来访者的叙述。鼓励技术通过对来访者所述内容的某一点、某一方面做选择性关注，引导来访者向着某一方面做进一步深入的探索。

4. 重复技术。重复技术是指咨询师就来访者描述的内容，选择重要的部分复述一次，让来访者就复述的部分进一步说明，或是顺着复述的方向继续会谈。

5. 内容反应技术。内容反应技术是指咨询师用自己的话，提纲挈领、简明扼要地将来访者所表达的内容回应给来访者：咨询师所简述的语意没有超越或减少来访者叙述的内容。

6. 情感反应技术。情感反应技术是指咨询师辨认来访者言语与非言语行为中明显或隐含的情感，并且反应给来访者，协助来访者觉察、接纳自己的情感。

7. 具体化技术。具体化技术是指咨询师聆听来访者叙述时，若发现来访者陈述的内容有含糊不清的地方，咨询师以"何人、何时、何地、有何感觉、有何想法、发生何事、如何发生"等问题，协助来访者更清楚、更具体地叙述。

8. 参与性概述。参与性概述是指咨询师把来访者的言语和非言语行为（包括情感等）综合整理后，以提纲的方式再对来访者表达出来，相当于内容反应技术和情感反应技术的整合。可使来访者再一次回顾自己所述，并使咨询面谈有一个暂停调整的机会。

参与性技术适用于整个咨询过程，在核心、关键、感人、共情等时机，尤其要重视使用。

项目2　影响性技术的运用

📖 实训目的和要求

通过实训，使学生理解并掌握影响性技术的定义，在咨询中运用影响性技术，对来访者实施干预，帮助来访者解决心理问题，促进咨询目标实现。

📖 实训内容

面质技术、解释技术、指导技术、情感表达技术、内容表达技术、自我开放技术、影响性概述等技术的运用。

📖 实训准备

心理咨询室、摄像机或录音机、实训案例、实训记录表、纸、笔等。

📖 实施方式

训练1：面质技术

1. 2人一组，一人扮演咨询师，一人扮演来访者；然后交换角色。咨询师将咨询过程记录在实训记录表中。

2. 来访者叙述自己的问题，咨询师使用面质技术做出回应。

3. 4~6人成组，观看录像并讨论，对咨询师的回应进行评价并提出改进意见。

4. 反复练习面质技术。

5. 小结。

6. （为提升训练效果，可继续实施以下步骤）集体分享与讨论。各组代表将训练过程和讨论结果进行展示与陈述。其他学生对该组的训练情况进行点评、讨论。

7. 老师对各组的训练情况进行点评，重点指出做得好与不好的地方，并提出改进意见。

可使用的实训案例：

①来访者：有什么稀罕，分手就分手，他也不替我想想看，我们在一起10年了，当时我才25岁，如今我已经35岁了，他才觉得我们个性不合，要跟我分手。我就不相信没有他，我就找不到人嫁。我相信我还有本钱，还有人爱（声音发抖，音量减弱）。

②来访者：暑假只剩下一个星期，而我的暑假作业都没写，包括60天的日记。那些作业有什么困难呢？如果我想写的话，很快就可以完成。还有时间，干嘛那么早写完，那太没有个性了。我计划最后两天，把握每分每秒，把作业赶完。我不是没有计划，其实我早就计划好了。

③来访者：我已经打算跟我的老板同归于尽，我没有办法忍受他的挑剔和侮辱。虽然我的职位很低，可是我毕竟是个人，我有人格，我不是畜生，他不该这样对待我。如果不是为了我太太跟孩子，我不必忍受到现在。当我决定跟他同归于尽后，我感觉轻松多了，毕竟我可以为自己出一口气。

训练2：解释技术

1. 2人一组，一人扮演咨询师，一人扮演来访者；然后交换角色。咨询师将咨询过程记录在实训记录表中。

2. 来访者叙述自己的问题，咨询师使用解释技术做出回应。

3. 4~6人成组，观看录像并讨论，对咨询师的回应进行评价并提出改进意见。

4. 反复练习解释技术。

5. 小结。

6. （为提升训练效果，可继续实施以下步骤）集体分享与讨论。各组代表将训练过程和讨论结果进行展示与陈述。其他学生对该组的训练情况进行点评、讨论。

7. 老师对各组的训练情况进行点评，重点指出做得好与不好的地方，并提出改进意见。

可使用的实训案例：

①来访者：我再也不能忍受被男人触摸。我被强奸后，他们想让我到这家医院看医生。当我不愿意来时，他们便认为我疯了。我希望你不会认为我是为此而发疯的。

②来访者：的确，几年前当我被解雇时我很沮丧，毕竟我当了23年的工程师。但保管员的工作使我可以养家糊口，所以我应该很感谢这一切的，然而我为什么仍感到心情低落呢？

训练3：指导技术

1. 2人一组，一人扮演咨询师，一人扮演来访者；然后交换角色。咨询师将咨询过程记录在实训记录表中。

2. 来访者叙述自己的问题，咨询师使用指导技术做出回应。

3. 4~6人成组，观看录像并讨论，对咨询师的回应进行评价并提出改进意见。

4. 反复练习指导技术。

5. 小结指导技术的使用要领。

6.（为提升训练效果，可继续实施以下步骤）集体分享与讨论。各组代表将训练过程和讨论结果进行展示与陈述。其他学生对该组的训练情况进行点评、讨论。

7. 老师对各组的训练情况进行点评，重点指出做得好与不好的地方，并提出改进意见。

可使用的实训案例：

①来访者：当时我们两人约好每人负责一部分业务，井水不犯河水。他要从他那一部分业务"污"多少钱，我要从我这一部分业务"吃"多少钱，都靠个人本事。不过，如果出事的话，各自打点，不可陷害对方。没想到，他手脚不利落，脑筋不灵光，被人发现了做手脚的事。上级问话时，他竟然把我拖下水，并且将所有的责任推给我。"黑吃黑"也不能这么不讲信用！

②来访者：我一向以自己的能力与努力工作，不过说起来好笑，我的能力与努力却赶不上我同事的谎话与美色，不管我怎么努力，不管我的成果如何，获得赞美的一定是她。她迟到、早退、投机取巧、挑拨离间，搞得办公室乌烟瘴气，可是主管还是替她掩饰，为她撑腰，将我的功劳归给她。我向主管抗议过，结果他却说我天天闲着没事做，不是张家长、就是李家短，要我小心点。我真没想到，是非黑白可以颠倒到如此地步，这世界还有天理吗？为什么这些男主管个个好色，看到美色就昏了头脑。没有是非善恶，我努力还有什么用？

训练4：情感表达技术

1. 2人一组，一人扮演咨询师，一人扮演来访者；然后交换角色。咨询师将咨询过程记录在实训记录表中。

2. 来访者叙述自己的问题，咨询师使用情感表达技术做出回应。

3. 4人成组，观看录像并讨论，对咨询师的回应进行评价并提出改进意见。

4. 反复练习情感表达技术。

5. 小结。

6.（为提升训练效果，可继续实施以下步骤）组织集体分享与讨论。各组代表将训练过程和讨论结果进行展示与陈述。其他学生对该组的训练情况进行点评、讨论。

7. 老师对各组的训练情况进行点评，重点指出做得好与不好的地方，并提出改进意见。

可使用的实训案例：

①来访者：我出生在外地的一个小县城，最近我们售楼处来了两位新同事，而我的新同事是北京本地人，我很羡慕她们，同时我也感到很自卑。最近三个星期我的心情一直很不好，感觉很压抑，不愿与同事交往，上班时对来看楼的顾客也不如以前热情了，不想吃饭，晚上躺下后总是胡思乱想睡不着，现在真是难受死了。我已经20多岁了，还没有男朋友，她们不仅每天有人送鲜花，我的男同事们也经常给她俩献殷勤。

每当看到这些，表面上我都装得满不在乎的样子，但我特自卑。

②来访者：我的太太脾气暴躁，情绪不稳定，我怀疑她精神有问题。几年来我的事业一直不顺，失败了好几次，也无法给太太和小孩一个安稳的生活，觉得愧对她，所以一直忍让她。不过，最近她变本加厉，吵着要离婚，动不动就打小孩出气。昨天，我的小孩对我说，是不是可以不要妈妈，我听了心里很难过。我担心再这样下去，我的小孩会受到更深的伤害。所以，我目前正考虑是否该与太太离婚。

训练5：内容表达技术

1. 2人一组，一人扮演咨询师，一人扮演来访者；然后交换角色。咨询师将咨询过程记录在实训记录表中。

2. 来访者叙述自己的问题，咨询师使用内容表达技术做出回应。

3. 2~6人成组，观看录像并讨论，对咨询师的回应进行评价并提出改进意见。

4. 反复练习内容表达技术。

5. 小结内容表达技术的使用要领。

6. （为提升训练效果，可继续实施以下步骤）集体分享与讨论。各组代表将训练过程和讨论结果进行展示与陈述。其他学生对该组的训练情况进行点评、讨论。

7. 老师对各组的训练情况进行点评，重点指出做得好与不好的地方，并提出改进意见。

可使用的实训案例：

①来访者：我前夫给的赡养费虽然足够负担我和孩子的生活，可是我仍然有些担心，担心哪一天我前夫不想或没有能力负担我们母子的生活时，我又该如何。后来，我哥哥介绍我到他所在的公司做清洁工作，薪水虽然少，不过可以将孩子带在身边，只是我工作时无法随时看着他，真怕他会出意外。

②来访者：我才不管别人怎么想，只要我喜欢，没有什么不可以。我的前途我自己负责，我又没有要我的父母、我的老师负责，他们有什么权力管我？能不能毕业是我的事，他们操什么心？说到学校的老师，我就一肚子气，我喜欢什么时候来上课就什么时候来上课，反正学费是我交的，他们有什么资格管我？这所学校不让我读，那我就换一所，只要我愿意交学费，就不怕没有学校可以读。

训练6：自我开放技术

1. 2人一组，一人扮演咨询师，一人扮演来访者；然后交换角色。咨询师将咨询过程记录在实训记录表中。

2. 来访者叙述自己的问题，咨询师使用自我开放技术做出回应。

3. 4人成组，观看录像并讨论，对咨询师的回应进行评价并提出改进意见。

4. 反复练习自我开放技术。

5. 小结。

6. （为提升训练效果，可继续实施以下步骤）集体分享与讨论。各组代表将训练过程和讨论结果进行展示与陈述。其他学生对该组的训练情况进行点评、讨论。

7. 老师对各组的训练情况进行点评，重点指出做得好与不好的地方，并提出改进意见。

可使用的实训案例：

①来访者：（来访者的女朋友跟别的男人结婚了，两年来来访者沉溺在痛苦中无法自拔）我当然想把她放下，我不想继续在这种痛苦中度日，我想重新寻觅自己的春天，毕竟"天涯何处无芳草，何必单恋一枝花"，此花已另有所属，我又何必苦苦折磨自己，是谁的错已经不重要了。可是，我就是没有办法忘记她。

②来访者：自从他去世后，我一直过得很不安稳。我想再找一个像他那样的知音，可是一再失望。我觉得全世界的人都很庸俗，没有人可以像他那样让人心旷神怡。渐渐地，即使身在人群中，我仍然觉得孤单。后来我逐渐退出交友圈子，成为独来独往的隐形人。在夜深人静时，那种孤独的感受常常让我泪流满面。

③来访者：受到朋友的影响，我想要出家，可我是独子，父母对我的期望很高，希望我能光宗耀祖，因此我一直不敢开口提这件事。直到最近，我才让我父母知道。我父母知道我的想法后，勃然大怒。妈妈一边哭泣，一边要我记得为人子的责任，爸爸骂我背弃祖宗。被他们这样一吵，我也失去控制，呵斥他们的霸道。后来姐姐和妹妹也数落我的不是，我气得搬了出来。搬出来后，我才知道生活处处都需要钱，我每个月的薪水都不够用，我实在后悔负气离家。说实在的，当时我想要出家，是因为被女朋友抛弃，心里气不过，想要一辈子逃离感情世界。搬出来后我才发现，我实在无法忍受孤独，我看我的确不适合出家，但是如果现在回去的话，太没面子了。

训练7：影响性概述

1. 2人一组，一人扮演咨询师，一人扮演来访者；然后交换角色。咨询师将咨询过程记录在实训记录表中。

2. 来访者：叙述自己的问题，咨询师使用影响性概述做出回应。

3. 4人一组，观看录像并讨论，对咨询师的回应进行评价并提出改进意见。

4. 反复练习影响性概述。

5. 小结。

6. （为提升训练效果，可继续实施以下步骤）集体分享与讨论。各组代表将训练过程和讨论结果进行展示与陈述。其他学生对该组的训练情况进行点评、讨论。

7. 老师对各组的训练情况进行点评，重点指出做得好与不好的地方，并提出改进意见。

可使用的实训案例：

①来访者：我跟先生结婚十几年，有5个孩子。先生在机关上班，职位非常低，赚的钱不多，我不得不四处打工，让我的孩子有机会继续读书。最近一年来，我先生看起来跟以前大不相同，我的姐妹要我小心提防，可是我不知道该怎么办才好。半年

前，我先生对我说，他不小心弄丢了公司里的贵重器材，需要 30 万元的赔偿费，否则工作不保。我只好东借西凑，凑了 30 万元给他。最近他拿了一份文件要我替他签名当保证人，说要跟朋友合作做生意。

②来访者：我的主任是个精神不正常者，行事霸道、思想扭曲，常常强迫我跟其他同事做一些莫名其妙的事，我们对他真有说不完的愤恨。糟糕的是，办公室中有一位女同事也是精神不正常者，除了过度自大、脾气暴躁、漫天谎话外，还喜欢向主任打小报告，跟主任同流合污。那一天，我在办公室骂主任，不知道她躲在暗处偷听。她走出去办公室没几分钟，主任就来找我算账。

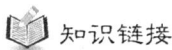 **实训作业**

1. 完成影响性技术操作技能实训报告。

2. 阅读并学习《国家职业资格培训教程·心理咨询师（三级）》第二章第三节第三单元（影响性技术）。

知识链接

影响性技术

1. 面质技术。是指当咨询师发现来访者言语与非言语行为不一致、逃避面对自己的感觉与想法、言语行为前后矛盾、不知善用资源、未觉察自己的限制等行为时，咨询师指出来访者矛盾、不一致的地方，协助来访者对问题有进一步的了解。

2. 解释技术。是指运用心理学理论来描述来访者的思想、情感和行为的原因、实质等，或对某些抽象复杂的心理现象、过程等进行解释，使来访者从一个新的、更全面的角度来重新面对困扰、周围环境及自己，并借助新的观念和思想加深对自身的行为、思想和情感的了解，产生领悟，提高认识，促进变化。解释技术针对的是隐含的那部分信息，即来访者没有说明或没有直接讲出的那部分内容。

3. 指导技术。是指咨询师直接指示来访者做某件事、说某些话或者以某种方式行动。指导技术是对来访者影响力最明显的一种咨询技术。如精神分析学派常指导来访者进行自由联想以寻找问题的根源；行为主义学派常指导来访者做各种训练，如系统脱敏法、放松训练等。

4. 情感表达技术。是指咨询师将自己的情绪、情感及对来访者的情绪、情感等告之来访者，以影响来访者，咨询师做出情感表达的目的是为来访者服务，而不是为了反应而反应，或者单纯为了表达、宣泄。

5. 内容表达技术。是指咨询师传递信息、提出建议、提供忠告、给予保证、进行解释和反馈，以影响来访者，促使来访者实现咨询目标。咨询过程中，各项影响技术都属于内容表达，都是通过内容表达技术起作用。广而言之，解释、指导以及下文的自我表达、影响性概述等都是一种内容表达。

6. 自我开放技术。是指在适当的情况下，咨询师公开自己的类似经验与来访者分享，协助来访者对自己的感觉、想法与行为后果有进一步的了解，并从中得到积极的启示。

7. 影响性概述。是指咨询师将自己所叙述的主题、意见等组织整理后，以简明扼要的形式表达出来，影响性概述可使来访者有机会重温咨询师所说的话，加深印象；亦可使咨询师有机会回顾讨论的内容，加入新的资料，强调某些特殊内容，提出重点，为后续的交谈奠定基础。

影响性技术一般用于指出来访者未意识到的行为、矛盾、限制等，或对来访者做出明确的行为指导，所以其使用要以良好稳定的咨询关系为基础。

项目3 初诊接待

实训目的和要求

通过实训，使学生学会为咨询室选址，并根据自己的业务需求布置咨询室；学会按照心理咨询的原则与来访者进行第一次接触，建立初步的咨询关系；通过摄入性访谈收集来访者资料，并对信息进行分类整理，以便进行评估诊断。

实训内容

心理咨询室的选址和布置、初诊接待。

实训准备

心理咨询室、摄像机或录音机、实训记录表、纸、笔。

实施方式

训练1：心理咨询室的选址

1. 4人一组，选定一个小组长主持讨论。

2. 讨论内容：如果你要开设一个心理咨询室，你会选择在什么地方？你会考虑哪些方面？小组长负责将讨论结果记录在实训记录表中。

3. 阅读本项目"知识链接1"。讨论：哪些方面你们考虑到了？哪些方面没有考虑到？你们还有更好的意见吗？将意见记录在实训记录表中。

4. 集体分享与讨论。各组代表将讨论结果进行展示与陈述，其他学生对该组的训练情况进行点评、讨论。

5. 老师对各组的训练情况进行点评。

训练2：心理咨询室的布置

1. 甲、乙2人一组。甲在沙盘内用沙具摆放布置自己心目中的心理咨询室，乙观察。

2. 甲摆放好后向乙讲解咨询室的构造和用途。乙记录（可用示意图）咨询室构造（房间）用途（如接待、咨询、团体活动）、房间陈设（如书桌、躺椅）。将摆放好的沙盘以正面45°、侧面45°（左侧或右侧均可）、背面45°各拍摄一张照片，与实训记录表一起保存。

3. 互换角色，重复以上步骤。

4. 4人一组，讨论在咨询室内，哪些东西是必要的？哪些是不必要的？最重要的是什么？将讨论结果记录在实训记录表中。

5. 集体分享与讨论。各组代表将讨论结果进行展示与陈述，其他学生对该组的训练情况进行点评、讨论。

6. 老师对各组的训练情况进行点评。

训练3：初诊接待

1. 2人一组，并准备好一个心理咨询案例，一人扮演咨询师，一人扮演来访者，进行第一次咨询。

2. 咨询师礼貌地接待来访者，并向来访者介绍咨询的设置、时间收费、保密原则等，签署咨询协议。

3. 来访者向咨询师陈述自己的问题。

4. 咨询师根据本项目"知识链接3"中的桑德伯格提纲设置自己要关注的问题，通过倾听和提问，收集记录相关信息。

5. 互换角色，重复以上步骤。并将咨询过程记录在实训记录表中。

6. 小组分享、讨论。分享初诊接待的感受，讨论初诊接待技术的运用情况等。

7. 集体分享与讨论。各组代表将训练与讨论结果进行展示与陈述，其他学生对该组的训练情况进行点评、讨论。

8. 老师对各组的训练情况进行点评。

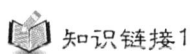 实训作业

1. 完成初诊接待操作技能实训报告。

2. 阅读并学习《国家职业资格培训教程·心理咨询师（三级）》第一章第一节（初诊接待）。

📖 知识链接1

心理咨询室选址

考虑到来访者大多数都有情绪障碍和人际关系敏感的问题，所以在选址时一般要考虑以下几个方面：

1. 交通。如果开设的地方很偏僻，需要倒好几次车，很多来访者在找到咨询室之前就放弃了，容易放弃是有心理困惑和心理障碍的人的一种常见特征。所以应将咨询

室设置在交通方便的地方，大多数人可以通过公交、地铁直达或倒车 1 次就能到达，咨询室周围步行 10 分钟左右的范围内有多路公交车站台和地铁站。考虑到很多来访者都拥有私家车，因此，选址的时候还要考虑周围是否有停车场或停车位，平时停车位是否紧张、停车是否方便的问题。

2. 周围环境。首先要考虑周围环境是否嘈杂，咨询室应选址在相对安静的地方。其次要考虑周围氛围是否让人放松，商住楼是一个比较理想的选择，当然，最理想的是能拥有类似独幢别墅那样的小洋房，最能体现个人风格和专业形象。最后要考虑采光和绿化，来访者在进入咨询室之前的路上，感受到阳光充裕、绿树鲜花，会被赋予希望和能量，心态也会更积极。

3. 办公限制。咨询时间常常是下班和休息时间，所以在选址时一定要考虑到办公楼关门时间、停止供应中央空调的时间、电梯停止运行的时间等是否与咨询室工作时间冲突。

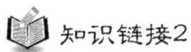 知识链接2

心理咨询室布置

咨询室的布置不仅要考虑工作人员的工作状态，还要考虑来访者的情绪和认知，来访者对咨询环境的感受很可能会影响到咨询效果和后续是否继续咨询。根据功能进行划分，咨询室的结构和放置的物品一般有：

1. 接待室。接待前台、电脑、电话、登记表格、资料、书柜、墙面挂饰、绿化植物、沙发、茶几等。

2. 候客室。沙发、茶几、读物、绿色植物等。

3. 测验室。电脑、测验工具、桌子、椅子、绿色植物等。

4. 个人咨询室。沙发、茶几、纸巾、书架、办公桌、书柜、墙面挂饰、绿色植物等。

5. 婚姻家庭咨询室（宽敞）。多人座沙发、墙面挂饰、绿色植物等。

6. 团体咨询室（宽敞）。多把椅子、常用器具、条桌、墙面挂饰、绿色植物等。

7. 培训室（宽敞）。多套活动桌椅、投影仪、投影背板、音响等。

根据自己的人力、物力、财力，可以将上述一些房间进行合并，或者加设其他房间，如沙盘室、游戏室等。

虽然物理环境非常重要，但最重要的还是咨询师本人。咨询师才是整个咨询室中必不可少的那个元素。

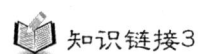 **知识链接3**

桑德伯格提纲

1. 人口学资料：姓名，性别，年龄，职业，收入，婚姻，住址，出生日及地点，宗教信仰，教育，文化水平和文化背景。

2. 来访的原因和对咨询服务的期望。

3. 现在及近期状况：居住条件，活动场所，日常活动内容，近几个月的变化，最近的变化。

4. 对家庭的看法：对父母、兄弟姐妹等主要成员及自己在家庭中的地位和作用的看法。

5. 早年回忆：对能记清的最早发生的事情以及周围情节的回忆。

6. 出生和成长：包括会走路和会说话的时间，与其他多数儿童相比较曾出现什么问题，对早期经历的态度。

7. 健康及身体状况：包括儿童时期和以后发生的疾病和伤残，近期服用的医生指定的药，近期服用的不是医生指定的药，吸烟与饮酒的情况，与他人比较身体状况，饮食与锻炼的习惯。

8. 教育及培训：特别感兴趣的科目及所获得的成绩，感到困难的科目，值得自己骄傲的科目，校外学习情况，其他文化上的问题。

9. 工作记录：对工作的态度，是否改变过职业及理由。

10. 娱乐：感兴趣的事，使人愉快的事。

11. 性欲的发展：第一次意识到性问题，各种性活动，对自己近期性生活的看法。

12. 婚姻及家庭资料：家庭中发生的重要事件与原因，家庭现状，与过去的比较，道德和文化因素。

13. 社会基础：交际网和社交的兴趣所在，与自己交谈次数最多的人，能给予各种帮助的人，互相影响程度，对他们的责任感以及参加集体活动的兴趣。

14. 自我描述：包括长处或优点、短处及弱点、想象力、创造性、价值观、理想。

15. 生活的转折点和选择：生活中有过什么变化，做出的最重要的决定为何，对它们的回忆（以一件事为例）和评价。

16. 对未来的看法：愿意看到明年发生什么事情，在5~10年里希望发生什么事情，这些事情发生的必要条件是什么，对时间的现实感受，抓重点的能力。

17. 来访者附加的任何资料。

对收集到的资料按时间顺序、事件性质进行归类整理，可参照下表，或另列表。整理表格与实训记录表一起保存。

不同性质临床资料的时间顺序分类

事件发生的时间顺序	事件性质			
	环境生活事件	认知	情绪	行为
年　月　日				

项目4　心理咨询方案的制定

实训目的和要求

1. 学会结合初诊材料，对来访者的问题性质、程度，导致其问题的可能原因做出评估，形成初步诊断。

2. 学会根据实际需要，选用可靠适用的心理测验量表施测，并向来访者解释测量的结果。

3. 学会通过与来访者共同协商，商定双方都接受的有效的咨询目标，加以整合后制定出咨询方案。

实训内容

来访者问题的评估判断、咨询方案的制定。

实训准备

心理咨询室、摄像机或录音机、实训记录表、笔、DSM-IV（《美国精神疾病诊断与统计手册》第 4 版）、CCMD-3（《中国精神障碍分类与诊断标准》第 3 版）、ICD-10（国际疾病分类）。

实训案例

一、一般资料

（一）一般情况

来访者，女，46 岁，高中文化，已婚，下岗工人，有两个继子（已成家），父母均为退休工人。初犯，因犯故意伤害罪被判处有期徒刑 10 年，2008 年 9 月 10 日被送入某女子监狱服刑改造。

（二）个人成长史

顺产第一胎，身体健康，未患过重病，3 岁父亲去世，4 岁随母改嫁，继父和母亲经常吵架。因继父相貌严肃，管教严厉，从小很听话，不惹父母生气，很少结伴玩耍、做游戏。有时间帮做家务，看书学习，小学至初中成绩名列前茅，因继父重男轻女，高中未毕业就辍学，让弟弟读书，19 岁顶替进了一家化工厂当工人，22 岁结婚，23 岁因感情不和离婚，28 岁第二次婚姻，现在又面临离婚。3 年前因丈夫有外遇，在找丈夫的情人理论过程中发生争执，继而动手拉扯，顺手拿起桌上的水果刀朝对方捅去，造成故意伤害，随后主动投案自首，被判处有期徒刑10年。犯罪前丈夫已经提出过一次离婚，被拒绝。现在又面临其丈夫第二次提出离婚。

（三）精神状态

衣着不整洁，相貌略显老。愁容满面，目光无神，唉声叹气，注意力不能集中，情绪低落。

（四）身体状态

自幼健康，未患过严重疾病，近3个月来经常失眠，烦躁，没有精神，四肢乏力，没有食欲，总感觉头疼。

（五）社会功能

注意力难以集中，不愿出工劳动，不愿与人多说话，心烦意乱，兴趣下降。

（六）心理测试结果

1. SCL-90自评量表，结果显示：躯体症状2.8分，强迫症状1.5分，人际关系2.1分，抑郁2.8分，焦虑2.3分，敌对1.9分，恐怖1.8分，偏执1.9分，精神病性1.4分，其他2.5分。表明抑郁和焦虑因子分值都显示为轻度症状。

2. SDS量表（标准分为58分）心理测验表明该来访者轻度抑郁。

3. SAS量表（标准分为56分）心理测验表明该来访者轻度焦虑。

二、主诉和个人陈述

主诉：近3个月来终日心烦，没有食欲，失眠，无心改造，对什么事情都没兴趣，觉得没希望，活得很累。

个人陈诉：3年前逮到丈夫有外遇，丈夫（李某）向自己下跪诉说因一时糊涂，保证以后不再犯，请求原谅，看在十多年夫妻份上，我原谅了他。谁知后来我又发现了几次，我受不了，找到他单位领导，领导多次劝说无效，找那个女人多次也没用。丈夫表示他也做了努力，确实没办法，请求我与他离婚。听后我如同晴天霹雳，哭得死去活来，我绝不答应，从此三天一小吵、五天一大吵，我也非常痛苦，店也关了，每天闷在家里，整天以泪洗面，出门就感觉好像有人在指着我、议论我，思来想去，觉得就是那个狐狸精勾引住了丈夫，使他鬼迷心窍，一气之下用刀捅伤了对方，成了阶下囚。回想这辈子真的很失败，也后悔当初没有听爸妈的劝阻就嫁给了他。28岁那一年，经人介绍认识了他，他是某校办公室主任，其前妻因花炮爆炸身亡，留下了两个年龄分别只有5岁和1岁的男孩。与他交往，印象不坏，也看在他既当爹又当妈的份上，很不容易，急需人分担，天生心地善良的我与他交往不到3个月就和他结婚了（当时我父母坚决反对）。结婚后我把我妈接来帮忙照顾俩孩子，自己决定不要孩子，生活虽辛苦，但总算还过得去。上晚班他有时间也会接送我，我挺感动，因此我也尽力做好妻子和继母的责任和义务。后来下岗了，就在我家（住一楼）屋侧边搭了一个小院子，开了家小店，生意非常红火，攒了不少钱，给家里盖了一栋四层楼的住房。3

年前，丈夫退休了，他搬进新房，而我为了方便做生意还是住在老房子里，小孩也各自有了自己的单位和家庭。然而此时他却有了外遇，多次劝阻无用。为此事我犯了法，现如今我已经够惨了，他不能良心发现，给我后半辈子一个精神依靠，不但不内疚，反而提出非要和我离婚，我甘心吗？现在我犯罪入狱了，他在外面干什么我也不知道。我已经离过一次婚了，再离一次让我怎么见人，邻里亲人会怎么看我啊？我越想越觉得活在世上真没意思，忙碌了大半辈子，最终还落个孤身一人的结局，世道太不公平了！我家中还有一个80岁的老母亲要照顾，更可气的是，他现在干脆不再来探监了，警官安排打亲情电话他也不接，真的看不到一丝希望，吃不下也睡不好，白天劳动打不起精神，注意力很难集中，心里很烦，来请求帮助。

三、观察和他人反映

（一）咨询师观察

来访者衣着得体但不够整洁，说话条理清楚，神智清晰，但整个人的精神状态痛苦、焦虑、烦躁、情绪低落，不能有效控制情绪。

（二）监区干警介绍情况

入狱初期能接受入监教育，表现一般，能参加正常的劳动和学习，劳动技术掌握较快，与管教民警沟通较顺利。但近3个月来情绪比较低沉，情绪烦躁，心事较重，在劳动中经常走神，完不成任务，不愿说话，人际关系较紧张，经常为细小的事与其他服刑人员发生争吵，民警教育效果不大，有明确的求助要求。

（三）同室服刑人员反映

该来访者近来情绪低落、烦躁，经常唉声叹气，不愿搭理人，经常为一些琐事跟其他服刑人员争吵，晚上难以入睡，劳动时注意力总是不能集中，生产质量明显下降，提不起精神。

四、评估和诊断

（一）心理状态评估

1. 来访者精神状态：神情沮丧，情绪烦躁，兴趣下降，心情压抑。

2. 生物原因：该来访者正处于更年期。

3. 社会原因：①童年生活不幸福，继父和母亲感情不和。②有过一次失败的婚姻，害怕再次离婚。③缺乏家人的理解和帮助，缺乏正确的指导。④犯罪入狱。

4. 心理与原因：①错误观念：来访者认为我对他好，他必须对我好，离婚是件不光彩的事。②被非理性的要求、想法所困扰，不能自行解决。③害怕与人交往，怕人嘲笑。④性格内向。

（二）诊断结论：严重心理问题

（三）鉴别诊断

1. 与精神病相鉴别。根据病与非病的三原则，该来访者知、情、意是统一的，对自己的问题有自知力，有主动求助的愿望，无逻辑思维的混乱，无感觉异常，无幻觉、妄想等精神病的症状，因此可排除精神病。

2. 与神经症相鉴别。该来访者的心理冲突带有明显的道德色彩，与神经症性的心理冲突的变形不同，因此可排除神经症。

3. 与一般心理问题相鉴别。其表现的程度、发生和持续的时间较长，超过3个月并且已经出现了泛化和回避，已经影响了来访者的社会功能。所以，已经不属于一般心理问题的范畴。

（四）诊断依据

1. 根据郭念锋的病与非病三原则，该来访者知、情、意是统一的，对自己的问题有自知力，有主动求助的愿望，无逻辑思维的混乱，无感觉异常，无幻觉、妄想等精神病的症状，因此可排除精神病。

2. 该来访者烦躁、痛苦、注意力不集中、兴趣下降等心理问题持续时间较长，有泛化及回避出现，已经对社会功能造成一定程度的影响，改造呈现消极状态。已不属于一般心理问题的范畴，所以考虑为严重心理问题。

3. 从刺激源看：因丈夫已提出离婚，对自己形成难以承受的强烈刺激，加上社会支持系统受损，社会角色转变形成的心理落差，刑期长造成的思想压力，引起内心烦躁不安，这种现实存在和情绪产生的思维过程合乎逻辑，其反应强度是可以理解的。

4. 从病程上看：该来访者焦虑等情绪持续3个多月，感到痛苦、前途渺茫。

5. 从自知力看：自己感到痛苦，希望得到帮助，解决问题，有求治的愿望。

实施方式

训练1：来访者问题的评估诊断（更多实训项目见模块二）

1. 学生3~5人为一组，每组阅读并分析参考案例（可参考 DSM-IV、ICD-10 和 CCMD-3），将诊断步骤和结论记录在实训记录表中。

2. 小组讨论。比较小组成员的诊断步骤和结论，大家的意见都一致吗？如果不一致，谁的更合理？为什么？

3. 集体分享与讨论。各组代表将诊断及讨论结果进行陈述。其他学生对该组的训练情况进行点评、讨论。

4. 老师对各组的训练情况进行点评。

训练2：咨询方案的制定

1. 2人为一组，根据参考案例，一人扮演咨询师，一人扮演来访者。咨询师倾听来访者主述，对来访者问题作出初步诊断。

2. 咨询师与来访者共同协商，依据诊断结果，制定双方都接受的咨询方案。咨询师将咨询方案记录在实训记录表中。

3. 小组分享、讨论。分享咨询方案制定的感受，讨论咨询方案制定技术的运用情况等。

4. 集体分享与讨论。各组代表将训练与讨论结果进行展示与陈述。其他学生对该组的训练情况进行点评、讨论。

5. 老师对各组的训练情况进行点评。

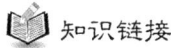 **实训作业**

1. 选择案例完成心理咨询方案制定实训报告。

2. 阅读并学习《国家职业资格培训教程·心理咨询师（三级）》第二章第二节（制定个体咨询方案）。

知识链接

心理评估

心理评估（psychological assessment）是指心理咨询师依据心理学的理论和方法，对个体的心理品质及其水平进行描述、分类、诊断与鉴别的过程。心理品质包括心理过程和个性心理特征等内容。

心理诊断（psychological dingnosis）与心理评估的意思有相近的地方，都是咨询师依据心理学的理论和方法对来访者的问题作出心理方面的诊断和鉴别，而心理诊断更具有医学的意味，更倾向于按照特定的模式（如依据 DSM-Ⅳ、CCMD-3 的分类标准）去搜集资料，并最终对来访者作出某种确定性的诊断。

根据《心理咨询师国家职业标准》的规定，心理咨询的主要工作对象是人的心理不健康状态，而人的心理异常状态通常需要药物治疗，心理咨询只能起到有限的辅助作用。虽然作为心理咨询师，一般不接诊重型精神障碍和较严重的神经症来访者，但还是应该学习和了解这些病症的症状和表现，以便在临床中作出鉴别诊断，并作出正确的转介。

对来访者问题的诊断一般遵循下列步骤：

第一步，根据体检报告和家族病史，判断有无器质性病变。如有，转介就医；如无，进入第二步。

第二步，根据判断正常与异常心理的三原则（三原则分别为主客观世界是否统一、知情意是否协调一致、人格特征是否稳定），判断是否属于心理异常。如异常，转介就医；如正常，进入第三步。

第三步，根据心理冲突的性质（常形、变形）和许又新神经症判断的三标准（病程、精神痛苦程度及社会功能受损情况），判断是否属于神经症。如为神经症，转介就医；如非神经症，进入第四步。

第四步，根据来访者心理问题的持续时间、心理生理及社会功能影响程度，判断是一般心理问题还是严重心理问题。

第五步，对导致来访者问题的生物学因素、社会学因素、心理因素进行梳理。

第六步，形成初步诊断。

心理测验（psychological test）就是根据心理学理论，使用一定的操作程序，通过观察人的少数有代表性的行为，对于贯穿在人的全部行为活动中的心理特点作出推论和数量化分析的一种科学手段。如果咨询师经验比较丰富，收集到的来访者资料比较全面，咨询师一般都可以作出准确的判断。心理测验量表的使用不是必需的，使用量表的目的在于当咨询师对来访者问题的性质、严重程度、导致原因等不太确定时，帮助咨询师作出准确的判断。

📖 **知识链接2**

严重心理问题评估报告撰写示例（以本项目案例为例）

一、一般资料（见上述案例）

二、个人主诉（见上述案例）

三、咨询时观察到的情况（见上述案例）

四、评估与诊断（见上述案例）

五、咨询目标的制定

双方共同商定如下咨询目标：

（一）具体目标与近期目标

缓解烦躁、焦虑、入睡困难等不良情绪反应，降低无助感，消除来访者对现实问题的紧张焦虑状态，使该来访者树立正确的认知，改善当前人际关系，减少不良情绪，增强改造积极性，使其投入到改造生活中去。

（二）最终目标与长远目标

改变对事件的认知观念，重构认知模式，增强对自己的信心，促进建立良好的人际关系互动，学会心理调适的基本技能，追求心理健康的全面发展。

六、咨询方案的制定

（一）主要咨询方法

合理情绪疗法。

（二）理论基础

合理情绪疗法旨在通过纯理论分析和逻辑思辨的途径改变来访者的非理性观念，以帮助他解决情绪和行为上的问题。这种理论强调情绪的来源是个体的想法和观念，个体可以通过改变这些因素来改变情绪。合理情绪理论疗法认为，使人们难过和痛苦的不是事件本身，而是对事情的不正确解释和评价。只有通过理性分析和逻辑思辨改变造成来访者情绪困扰的不合理观念并建立起合理的、正确的、理性的观念，才能帮助来访者克服自身的情绪问题，以合理的人生观来创造生活，并以此来维护心理健康，促进人格的全面发展。ABC理论是合理情绪疗法的核心理论，其主要观点是强调情绪或不良行为（C）并非由外部诱发事件本身（A）所引起，而是由个体对这些事件的评价与解释（B）造成的。合理情绪疗法认为，不合理信念包括绝对化的要求、过分概括化和糟糕至极。绝对化的要求是指个体以自己的意愿为出发点对某一事物怀有认为其必定会发生或不会发生这样的信念；过分概括化是一种以偏概全、以一概十的不合理思维方式的表现；糟糕至极是一种认为如果一件不好的事情发生将是非常可怕、非常糟糕、是一场灾难的想法。

（三）双方的责任、权利和义务

1. 来访者的责任、权利和义务（略）。

2. 咨询师的责任、权利与义务（略）。

（四）咨询时间和费用

咨询时间定为每周三上午9：00至9：50，每周一次，每次50分钟。按照监狱相关规定，不收取咨询费用。

七、咨询过程

（一）咨询阶段

1. 咨询关系的建立和诊断评估阶段。

2. 领悟阶段。

3. 修通阶段。

4. 再教育阶段。

（二）具体咨询过程

第一阶段：咨询师通过摄入性谈话，搜集了大量的临床资料，并形成了初步诊断，同时通过倾听、共情、无条件积极关注，充分打消来访者顾虑，让来访者尽情倾诉，使来访者积压的情绪得到宣泄，与来访者建立良好的咨询关系，形成了安全、信任的咨询氛围，与来访者共同商定咨询目标和方法。最后，咨询师向来访者解说了合理情绪疗法及其原理，来访者能理解并接受这一理论的基本观点，并促使来访者将解决问题的重心放到对离婚事件不合理信念的认识上。

以下为咨询片段：

咨询师：你好，请坐，你希望在哪方面得到我的帮助？

来访者：最近3个月来，心情很烦，很难受，觉得活着没希望，你能帮帮我吗？

咨询师：发生了什么事使你这样呢？

来访者：3个月前，丈夫来探监时向我提出了离婚，我不愿离，内心非常痛苦。我对老公那么好，为了他我付出了青春，还进了监狱，他居然下决心要离，我想不通。

咨询师：你认为你对老公那么好，为他付出了很多，他不应该跟你提出离婚，是吗？

来访者：是的。

第二阶段：咨询师通过更深入地分析来访者的不合理信念，使来访者认识到造成其不良情绪的原因不是离婚这件事，而是"我为了你付出那么多，我爱你，你也必须爱我"的绝对化要求的不合理信念，并使来访者自己认识到这种绝对化的要求是不合理的。咨询后，布置家庭作业，要求她回去后完成合理情绪治疗（RET）自助量表。

以下为咨询片段：

咨询师：你愿不愿意同我说说让你感到痛苦的原因？

来访者：那还用说吗？我现在这么心烦，都是因为我丈夫提出了离婚，让我看不到希望。

……

咨询师：依据你的情况，我们采用合理情绪疗法。我举个例子让你更好地理解，假如你周末穿着白色的旅游鞋去逛街，走着走着发现鞋带开了，就蹲下系鞋带，正在这时，一个人碰了你一下，你跌倒了，鞋也脏了，而那人却没有任何反应，此时你会有何反应？

来访者：我当然会很生气，那人太不像话了！

咨询师：如果我告诉你那位是盲人，你又会有何反应呢？

来访者：那我就不会生气了，因为他看不见，我很同情他。

咨询师：你看，都是同一件事——一位陌生人踩了你一脚，但你前后的情绪反应截然相反，为什么会这样呢？

来访者：（思考）是因为我前后对这件事的看法不同，就产生了截然不同的情绪。

咨询师：嗯，很好，这说明你已经理解了这一道理。事情是客观存在的，它们本身无所谓对错好坏，也并不是事情本身让你高兴或不高兴，而是你对事情的看法和评价左右着你的情绪和行为。因此，你看，你对自己产生什么样的情绪是有责任的。而且要想解决你目前存在的各种问题也必须从改变你对事情的看法入手。那现在你认为你的痛苦情绪是什么引起的？

来访者：（沉默片刻）如果依你解释的，让我痛苦的原因是我自己的看法，可我还是想不通。

咨询师：噢，我想我能理解你的心情，你愿不愿意跟我说说你的看法？

来访者：因为我有过一次失败的婚姻经历，他是我的第二个老公（父母当时就反对这桩婚姻）。婚后我尽了一个老婆、后妈的义务和责任，为他带大了两个孩子，都没要自己的孩子。我那么爱他，他做了对不起我的事，我不但没有怪他，反而原谅了他，他为什么就不能替我想想呢？我那么爱他，他也应该爱我，现在还提出离婚，我受不了，很痛苦。

咨询师：你看我能不能这样理解，你那么爱他，为他付出那么多；所以他也必须爱你，为你付出更多？

来访者：是的。

第三阶段：这是本次咨询的主要阶段。咨询师采用古希腊哲学家苏格拉底的"产婆术"辩论技术，与来访者就上述不合理信念展开辩论。通过运用"黄金法则"反驳来访者对别人和周围环境的绝对化要求的不合理信念，帮助来访者树立一个较为现实、理性、宽容的处事观念。在即将结束本阶段的咨询时，共同商定了家庭作业，即要求她使用合理情绪治疗（RET）自助量表分析，与自己开展辩论。

以下为咨询片段：

咨询师：你认为你爱丈夫，丈夫必须爱你，像你爱他一样爱你？

来访者：对，他必须，也应该这样做。

咨询师：是不是所有的婚姻都像你说的这样，妻子爱老公，老公就一定会爱自己的妻子？

来访者：（沉默）是的，就应该这样的。

咨询师：你看能不能这样说，妻子爱老公，老公就一定要爱妻子，现实中就应该没有离婚这事。

来访者：这……好像不能，我们监区就有不少离婚的。

咨询师：她们是因为什么离婚的？

来访者：还不是因为她们的老公不爱她们才离的婚。

咨询师：噢，是因为她们的老公不爱她们才离的婚。（重复技术）

来访者：（沉默）

咨询师：你可以希望他爱你，事实上很多人都有这样的希望，但人的感情是会变的。你可以要求自己始终如一，但无法保证别人也像你一样。

来访者：的确无法保证，感情这东西是变幻莫测的。

咨询师：我们假设一种情境，有一个男人爱上了你，对你非常好，但你不爱他，你会怎样？

来访者：以前还真有过这样的事。

咨询师：你是怎么做的？是不是也像他对你那样。

来访者：没有，我离开了他。

咨询师：为什么？

来访者：因为我不爱他。

咨询师：他爱你，你为什么不爱他呢？

来访者：因为感情是复杂的，我不能勉强自己。

咨询师：你看，这件事和你的问题虽然情况不同，但本质上是一样的，"己所不欲，勿施于人"，我们谁也无权要求别人必须为我们做什么。

来访者：看来是这样的。

咨询师：这在心理学上叫做"绝对化的要求"，是一种不合理信念。

来访者：那我该怎么办呢？

咨询师：有一个关于人际交往的"黄金法则"，就是"像你希望别人如何对待你那样去对待别人"，你刚才对你丈夫的那种观念符合这个规则吗？

来访者：……

咨询师：其实你把这个规则用反了，成了：我如何对待别人，别人也必须如何对待我。这是一种绝对化的要求，是一种不合理的信念，因为我们无法要求别人必须为我们做什么。一旦这种要求难以实现，你通常会对别人产生怨恨甚至敌对情绪。

来访者：嗯，的确是这样。

咨询师：现在你对你丈夫提出离婚这事怎么看？

来访者：我虽然希望他还爱我，但是他也有选择的权利，何况我刑期还很长，要求他必须等我是不现实的，我尊重他的选择。不管将来怎么样，我都希望他能幸福。

第四阶段：通过前三个阶段的咨询后，该来访者的观念有所改变，有了一定的咨询效果，本阶段主要是巩固前面的咨询效果。咨询师鼓励来访者把学到的东西运用于今后的生活中，指导她用新的思维方式解决生活中遇到的问题；学会自我调适，不断提高自己的心理健康水平，积极面对现实。

八、咨询效果评估（见模块四单元一项目5）

项目5　心理咨询效果评估

实训目的和要求

通过实训，使学生学会评估心理咨询疗效的方法，能够按照国家二级心理咨询师考核的要求撰写咨询报告。

实训内容

模拟开展心理咨询效果评估。

实训准备

心理咨询室、摄像机或录音机、实训记录表、笔。

实施方式

1. 4人为一组，一人担任小组长。根据咨询效果评价层次、评价对象和方法，设计4组不同的情境（如3个月后与来访者交流等）和6组回访问题（如了解来访者整体情况的"这3个月来感觉怎么样"，了解来访者人际交往情况的"和他之间的关系有改善吗"，等等），并记录在实训记录表中。

2. 2人一组，一人扮演咨询师，一人扮演来访者。选择其中2组情境和3组回访问题进行疗效评估和回访。交换角色，使用另2组情境和3组回访问题。咨询师将治疗过程记录在实训记录表中。

3. 集体分享与讨论。各组代表将训练情况进行展示与陈述，其他学生对该组的训练情况进行点评、讨论。

4. 老师对各组的训练情况进行点评。

实训作业

1. 4人一组，观看彼此的模拟咨询过程录像，讨论总结、分享经验，反复练习与改进。

2. 撰写心理评估报告。

3. 阅读并学习《国家职业资格培训教程·心理咨询师（三级）》第二章第三节（咨询效果评估）。

知识链接

严重心理问题心理评估报告撰写示例（见模块四单元一项目4案例）

一、一般资料

二、个人主诉

三、咨询时观察到的情况

四、评估与诊断

五、咨询目标的制定

六、咨询方案的制定

七、咨询过程

八、咨询效果评估

（一）来访者自我评价

"我感觉轻松多了，心态好多了。能正常睡眠了，也想通了，强扭的瓜不甜，强求他的感情一定要放在我的身上的确是不现实的。"

（二）民警的评价

求助者现在能正常劳动，生活起居有规律，能和其他服刑人员和睦相处，思想比较稳定。

（三）心理测验评估

1. SCL-90自评量表结果：躯体症状1.1分，强迫症状1.2分，人际关系1.5分，抑郁1.9分，焦虑1.5分，敌对1.6分，恐怖1.5分，偏执1.4分，精神病性1.4分，其他1.7分。

2. SDS量表标准分降为51分。

3. SAS量表标准分降为50分。

测验结果显示，来访者以前存在的焦虑、抑郁、睡眠和饮食障碍，恢复正常。

（四）咨询师的评估

通过回访和跟踪，发现咨询已基本达到预期目标。近期目标方面，来访者焦虑、抑郁情绪明显缓解，饮食睡眠状况改善。最终目标方面，能够恢复正常的改造、生活、人际交往。咨询过程完整。

单元二

行为疗法技能训练

项目1　放松疗法的运用

实训目的和要求

学生通过角色扮演、模拟实训，了解放松疗法的进度和步骤，掌握放松技巧、焦虑等级的确定，并能运用该疗法对罪犯开展行为矫正。

实训内容

实施一次放松治疗。

实训准备

心理咨询室、沙发躺椅、音乐治疗椅、摄像机或录音机、实训记录表、笔。

实训案例

陈某，男，23岁，刑期3年，已服刑1年。从小在农村老家和爷爷奶奶一起生活，7岁才被父母接到城里上学。从小一说话就脸红，不敢注视对方的眼睛，所以几乎不与人来往，不敢参加集体活动。由于说话带有很重的方言口音，经常被同改学舌嘲笑，这让他很自卑，同时也让他感到孤独，他也希望自己能够与人正常交往，于是来咨询室寻求帮助。

通过交流，咨访双方建立起咨询目标。近期目标：使之能够与人正常交往，多参加集体活动，变得自信起来。远期目标：完善来访者的人格，使其能够生活得更好，能够进行正常的人际交往。

本次咨询可以分为两个阶段，第一阶段使用理性情绪疗法治疗陈某的自卑心理，第二阶段使用系统脱敏法和放松训练治疗陈某的交往恐惧症。

（省略第一阶段过程）

第二阶段：治疗目的为使陈某可以与人正常地交往。

1. 咨询师首先向陈某介绍放松疗法，并让他明白肌肉放松的重要性，从而使他在咨询中可以更加配合咨询师的治疗。

2. 体验肌肉紧张与松弛的感觉。咨询师让陈某坐在沙发上或平躺在床上，尽量使自己感到舒适愉快，并轻轻地闭上眼睛。"我现在来教你怎样使自己放松。为了做到这一点，我将让你先紧张，然后放松全身的肌肉。紧张及放松的意义在于使你体验到放松的感觉，从而学会如何保持松弛的感觉。好，我先让你体验一下肌肉紧张的感觉。"咨询师用手握着陈某的手腕，并告诉陈某："请用力弯曲你的前臂，与我的拉力形成对抗，体验肌内紧张的感觉。"（持续10秒）"好，请放松，尽量放松，体验感受上的差异。"（停5秒）"这就是紧张与放松的基本体验。下面我将使你全身的肌肉逐渐紧张和放松，从手部开始，依次是上肢、肩部、头部、颈部、胸部、腹部、臀部、下肢，直至双脚，顺次对各组肌群进行先紧张后放松的练习，最后达到全身放松的目的。"

3. 放松程序。

第一步：调整呼吸。"深吸进一口气，保持一会儿。"（停10秒）"好，请慢慢把气呼出来，慢慢把气呼出来。"（停5秒）"现在我们再做一次。请你深深吸进一口气，保持一会儿，保持一会儿。"（停10秒）"好，请慢慢把气呼出来，慢慢把气呼出来。"

第二步：放松双手。"现在，请伸出你的前臂，握紧拳头，用力提紧，体验你双手紧张的感觉。"（停10秒）"好，请放松，尽力放松双手，体验放松后的感觉。你可能感到沉重、轻松、温暖，这些都是放松的感觉，请你体验这种感觉。"（停5秒）"我们现在再做一次。"（同上）

第三步：放松手臂。"现在，弯曲你的双臂，用力绷紧双臂的肌肉，保持一会儿，体验双臂肌肉的紧张。"（停10秒）"好，现在放松，彻底放松你的双臂，体验放松后的感觉。"（停5秒）"我们现在再做一次。"（同上）

第四步：放松双脚。"现在，开始练习如何放松双脚。"（停5秒）"好，紧张你的双脚，脚趾用力绷紧，用力绷紧，保持一会儿。"（停10秒）"好，放松，彻底放松你的双脚。"（停5秒）"我们现在再做一次。"（同上）

第五步：放松小腿。"现在，开始放松小腿部的肌肉。"（停5秒）"请将脚尖用力向上翘，脚跟向下向后紧压，绷紧小腿部的肌肉，保持一会儿，保持一会儿。"（停10秒）"好，放松，彻底放松。"（停5秒）"我们现在再做一次。"（同上）

第六步：放松大腿。"现在，开始放松大腿部的肌肉。"（停5秒）"请用脚跟向前向下压，绷紧大腿肌肉，保持一会儿，保持一会儿。"（停10秒）"好，放松，彻底放松。"（停5秒）"我们现在再做一次。"（同上）

第七步：放松头部。"现在，我们开始注意头部肌肉。"（停5秒）"请皱紧额部的肌肉，皱紧，皱紧，保持一会儿，保持一会儿。"（停10秒）"好，放松，彻底放松。"（停5秒）"现在，请紧闭双眼，用力紧闭，保持一会儿，保持一会儿。"（停10秒）"好，放松，彻底放松。"（停5秒）"现在，转动你的眼球，从上，到左，到下，到右，加快速度；好，现在从相反方向转动你的眼球，加快速度；好，停下来，放松，彻底放松。"（停10秒）"现在，咬紧你的牙齿，用力咬紧，保持一会儿，保持一会儿。"（停10秒）"好，放松，彻底放松。"（停5秒）"现在，舌头用力顶住上颚，保持一会儿，保持一会儿。"（停10秒）"好，放松，彻底放松。"（停5秒）"现在，请用力将头向后压，用力，保持一会儿，保持一会儿。"（停10秒）"好，放松，彻底放松。"（停5秒）"现在，收紧你的下巴，用力向内收紧，保持一会儿，保持一会儿。"（停10秒）"好，放松，彻底放松。"（停5秒）"我们现在再做一次。"（同上）

第八步：放松躯干。"现在，请紧张躯干部的肌肉群。"（停5秒）"好，请往后扩展你的双肩，用力向后扩展，保持一会儿，保持一会儿。"（停10秒）"我们现在再做一次。"（同上）

第九步：放松肩部。"现在，上提你的双肩，尽可能使双肩接近你的耳垂，用力上提，保持一会儿。""现在，向内收紧你的双肩，用力内收，保持一会儿，保持一会儿。"（停10秒）"好，放松，彻底放松。"（停5秒）"我们现在再做一次。"（同上）

第十步：放松臀部。"现在，请紧张臀部肌肉，臀部用力上提，用力，保持一会儿，保持一会儿。"（停10秒）"好，放松，彻底放松。"（停5秒）"我们现在再做一次。"（同上）

以上放松训练，休息2分钟后，再从头做一遍。

4. 放松训练结束语。"这就是整个放松过程。现在，请感受你身上的肌群，从下向上，你的脚趾、脚部、小腿、大腿、臀部、腰部、胸部、双手、双臂、肩部、颈部、下巴、眼睛、额部，全身每一组肌肉都处于放松状态。"（停10秒）"请进一步注意放松后的感觉，此时你有一种温暖、愉快、舒适的感觉，并将这种感觉尽量保持1~2分钟。然后我从1数到5，当我数到5时，你睁开双眼，会感到平静、安详、舒适、愉快、精神焕发。"（停1分）"好，我开始计数，1——感到平静；2——感到非常安详、平静；3——感到舒适、愉快；4——感到精神焕发；5——请睁开双眼。"

本次咨询中，咨询师对来访者使用了肌肉放松训练，同时讲解了想象放松和呼吸放松的方法，并作为家庭作业让来访者练习。

🖐 实训方式

1. 2人一组，一人扮演咨询师，一人扮演来访者。咨询师向来访者讲清楚放松疗法的目的和意义，以及肌肉放松的体验，之后按照放松程序进行训练。帮助来访者树立治疗自信，取得来访者的支持和配合。

2. 一次放松训练完成后，咨询师给来访者布置作业。给来访者提供放松音乐的书面指示语或音乐视频，要求来访者回去后自行练习，每日1~2次，每次15分钟，循序渐进，坚持训练。

3. 咨询师将治疗过程记录在实训记录表中保存。

4. 交换角色，重复以上步骤。

5. 集体分享与讨论。各组代表将实训情况进行分享与陈述，其他学生对该组的实训情况进行点评、讨论。

6. 老师对各组的实训情况进行点评。

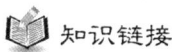 **实训作业**

1. 4人一组，观看彼此的模拟咨询过程录像，讨论总结、分享经验，反复练习与改进。

2. 撰写放松疗法实训记录报告。

3. 阅读并学习《国家职业资格培训教程·心理咨询师（三级）》第二章第三节第四单元（放松训练）。

知识链接

放松疗法（relaxation therapy）

放松疗法又称松弛疗法、放松训练，是通过一定的肌肉松弛训练程序，有意识地控制或调节自身的心理、生理活动，降低机体唤醒水平，调整躯体及心理功能紊乱状态。

常见的放松训练有肌肉放松、想象放松和呼吸放松。本项目以"肌肉放松"为例。

放松疗法的原理：一个人的心情反应包含"情绪"与"躯体"两部分；假如能改变"躯体"的反应，"情绪"也会随着改变。内脏的躯体反应主要受皮层下中枢和自主神经系统影响，不易随意操纵和控制；而中枢和躯体神经系统则可控制"随意肌"的活动，通过有意识地控制"随意肌"的活动，间接地松弛情绪，建立和保持轻松、愉快的情绪状态。

放松疗法适用于焦虑症、强迫症、恐怖症，以及各种类型的心身疾病等。

项目2　系统脱敏疗法的运用

实训目的和要求

学生通过角色扮演、模拟实训，了解系统脱敏法的基本内容和实施程序，掌握放松技巧、焦虑等级的确定等有关技能，并能初步运用该疗法对罪犯开展行为矫正。

实训内容

1. 依据案例设计一个系统脱敏疗法矫正方案。

2. 模拟实施一次系统脱敏治疗。

实训准备

心理咨询室、沙发躺椅、音乐治疗椅、摄像机或录音机、实训记录表、笔。

实训案例

一、一般资料

1. 人口学资料：罪犯张某某，男，36 岁，未婚，初中文化，犯故意伤害罪，原判无期徒刑，已服刑 10 年，被捕前系农民。

2. 个人成长资料：该犯出生在江西偏远的农村，3 个姐姐，家中排行最小，家中条件比较艰苦，幼年经历坎坷，父早亡，母亲在他 5 岁时精神病发作。从小与姐姐相依为命，由姐姐一手带大，姐姐十分疼爱他，平时处处护着他。

3. 婚姻家庭状况：未婚。

4. 既往史：既往体健，无重大身体疾病和精神疾病。

5. 家族史：母亲患有精神病。

6. 目前精神状态：智力正常，感知觉正常，表述清楚，思维连贯，有逻辑性，自知力完整，能清楚描述自己的想法，对自己的问题有一定认识。叙述时略紧张，语音低沉。

7. 身体状态：经常失眠，自感身体虚弱，心慌，紧张时手心出汗。

8. 社会工作和社会交往状况：对他人有强烈的戒备和恐惧心理，总担心别人要"害"他，服刑期间迟早要"出问题"，经常在夜间想这些事情，导致失眠。独来独往，不愿和人交往，对一些日常的活动有回避心理。

9. 心理测试结果：

（1）EPQ 问卷测试，E（内外向）量表的 T 分为 39 分，N（神经质）量表 T 分为 65 分，为内向不稳定型。

（2）初步进行 SCL-90 测试，结果显示各因子分：人际关系：2.4 分；忧郁：2.8 分；焦虑：2.2 分；敌对：2.1 分；偏执：2.2 分。

二、咨询师观察和他人反映

1. 咨询师观察：初次咨询，发现该犯目光呆滞，讲话声音较轻，一直低着头，目光不敢和咨询师正面接触，坐立不安，存在紧张、焦虑情绪。

2. 他人反映：投改后一直表现较好，做事谨慎细致，但性格较内向，胆小怕事。自担任互监以来，表现较好，敢于制止其他服刑人员的违规违纪行为，目前考核分已达到减刑条件。但近来发现他在服刑中总感到不顺心、压力大、表现不稳定，多次因琐事与别人发生争吵。他认为由于自己担任互监太负责任，平时得罪了一些服刑人员，许多服刑人员对他有意见，想排挤他，让他"考核分作废，减不了刑"，寻找机会打击报复他，感到压力大。[1]

实施方式

1. 学生 3~5 人为一组，每组在课前根据张某某的基本信息设计系统脱敏疗法矫正

---

〔1〕 本案例来自浙江省第一监狱，徐宪明。

方案。

2. 每组选取 2 人，一人扮演心理咨询师，另一人扮演罪犯张某某，模拟实施设计的系统脱敏疗法矫正方案。咨询师通过放松训练、确定焦虑等级、脱敏训练三个步骤对扮演罪犯的不良行为进行矫正。

3. 每组扮演时间为 10 分钟左右。扮演完毕后，每组先自评，然后其他学生进行评价，最后老师进行评价。

4. 所有扮演者结束后，老师进行总结陈述。

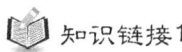 **实训作业**

1. 撰写系统脱敏疗法操作技能实训报告。

2. 阅读并学习《国家职业资格培训教程·心理咨询师（二级）》第二章第一节第一单元（系统脱敏法）。

知识链接1

系统脱敏疗法

系统脱敏疗法是由交互抑制发展起来的一种心理治疗法，所以又称交互抑制法。在来访者面前出现焦虑和恐惧刺激的同时，施加与焦虑和恐惧相对立的刺激，从而使来访者逐渐消除焦虑与恐惧，不再对有害的刺激发生敏感而产生病理性反应。说到实质上，系统脱敏疗法就是通过一系列步骤，按照刺激强度由弱到强、由小到大逐渐训练心理的承受力、忍耐力，增强适应力，从而达到最后对真实体验不产生"过敏"反应的目的，保持身心的正常或接近正常状态。

系统脱敏疗法的理论基础是学习理论，即经典的条件反射与操作条件反射。

基本假设：①个体通过学习获得了不适应的行为。②个体可以通过学习消除那些习得的不良或不适应行为，也可通过学习获得所缺少的适应性行为。

采用系统脱敏疗法进行治疗应包括三个步骤：

1. 建立恐怖或焦虑的等级层次。这一步包含两项内容：①找出所有使求治者感到恐怖或焦虑的事件。②将求治者报告出的恐怖或焦虑事件按等级程度由小到大的顺序排列。

2. 放松训练。一般需要 6~10 次练习，每次历时半小时，每天 1~2 次，以达到全身肌肉能够迅速进入松弛状态为合格。

3. 系统脱敏练习。系统脱敏一般分为三个步骤进行：

（1）进入放松状态：首先选择一处安静适宜、光线柔和、气温适度的环境，然后让来访者坐在舒适的座椅上，让其随着音乐的起伏开始进行肌肉放松训练。训练依次从手臂、头面部、颈部、肩部、背部、胸部、腹部到下肢部。过程中要求来访者学会体验肌肉紧张与肌肉松弛的区别，经过这样反复长期的训练，使得来访者能在日常生活中灵巧使用，任意放松。

（2）想象脱敏训练：首先让来访者想象某一等级的刺激物或事件。来访者能清晰地想象并感到紧张时停止想象并全身放松，之后反复重复以上过程，直到来访者不再对想象感到焦虑或恐惧，那么该等级的脱敏就完成了。以此类推做下一个等级的脱敏训练。一次想象训练不超过 4 个等级，如果训练中某一等级出现强烈的情绪，则应降级重新训练，直到可适应时再往高等级进行。当通过全部等级时，可从模拟情境向现实情境转换，并继续进行脱敏训练。

（3）现实训练：这是治疗最关键的地方，仍然从最低级开始至最高级，逐级进行放松、脱敏训练，以不引起强烈的情绪反应为止。为来访者布置家庭作业，要求来访者每周在治疗指导后对同级进行自行强化训练，每周 2 次、每次 30 分钟为宜。

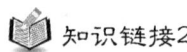 知识链接2

运用系统脱敏疗法对戒毒人员杨某进行恐惧治疗的案例[1]

一、个人近期状态以及诊断分析

戒毒人员杨某，女，1990 年 11 月出生，汉族，初中文化，未婚，湖北人，2016 年因吸毒被强制隔离戒毒 2 年。

个人陈述：我初一住校时，睡的也是高低床，一个凌晨，睡在我上铺的同学连同床板毫无征兆地砸在我的身上，导致我的小腿骨折，身上多处受伤，自此以后我就对高低床产生了强烈的恐惧，并因此而退学。在看守所的时候，我们住的是大通铺，也没有遇到这个问题。被送到戒毒所后，我发现所有戒毒人员睡的都是高低床。发现这个事实后，我的大脑一片空白，不知道怎么办才好。常规的安检、谈话结束后，民警给我们安排了住宿，我的心一直在"砰砰"乱跳，腿也一直在打颤。到了宿舍门口，我的脸是"煞白"的（后来听其他戒毒人员说的），我极力控制自己勉强进了宿舍的门。进去后，我的脑袋"嗡嗡"作响，浑身都在发抖，额头上冒出大颗大颗的汗珠。民警见我反应如此之大，将我暂时从宿舍带了回来。大队心理民警对我进行了开导。考虑到我的实际情况，大队将我临时安排在了老弱病残区住宿（床铺是普通的床铺）。晚上睡觉的时候，我有时还会梦到初中时被砸的情形，醒了之后就一身冷汗，后来就再也睡不着，心里很害怕。我知道这样下去不是办法，所以希望民警能够帮帮我。

精神状态：感知觉尚好，情绪低落，逻辑思维清晰，紧张不安，焦虑、恐惧，注意力不集中，情感表达自如。

社会功能：对戒毒所宿舍配置的高低床有比较强烈的恐惧心理，既不愿睡上铺（担心掉下来），也不愿睡下铺（担心被砸）。民警与同戒只要跟其提起"高低床"，杨某就会脸色"煞白"。症状持续了 2 个月。

---

[1] 选自中国法律服务网（12348 中国法网）司法行政（法律服务）案例库。

心理测验情况：SCL-90测试各因子分如下：躯体化2.2分，强迫症状1.7分，人际敏感1.9分，抑郁2.0分，焦虑2.3分，敌对1.4分，恐怖2.9分，偏执1.7分，最显著的是恐惧，已具有临床意义。

初步诊断：可疑神经症。

诊断依据：（略）。

二、咨询过程

第一次咨询：

目的：①加深咨询关系；②改变杨某的不合理认知；③学习放松技巧。

方法：会谈法、认知疗法。

过程：

1. 改变错误的认知模式。

2. 杨某学习放松技巧：先让杨某靠在沙发上，全身各部位处于舒适状态，双臂自然下垂，放在沙发扶手上，想象自己处于令人轻松的状态中，达到安静、平和的状态。然后用轻柔、愉快的声音引导杨某依次练习放松前臂、头面部（重点为面部肌肉的放松）、颈、肩、背、胸、腹及下肢。

3. 咨询作业：反复练习放松技巧，直至能在平时生活中运用自如（每次20~30分钟）。

第二次咨询：

目的：①放松练习；②建立焦虑等级量表。

过程：

1. 反馈咨询作业，再次进行放松练习。

2. 在咨询师的帮助和指导下，杨某把引起焦虑的情景排了一个顺序，从最小的焦虑到最大的焦虑，建立焦虑等级量表，给每个情景指定一个焦虑分数，最小焦虑是0，代表完全放松，最大焦虑是100。

（1）让杨某睡到高低床上（100分）。

（2）让杨某来到高低床面前（80分）。

（3）让杨某来到放高低床的宿舍门口（60分）。

（4）让杨某写出高低床（40分）。

（5）让杨某反复说高低床（20分）。

3. 咨询师讲解系统脱敏法的原理和工作程序。

4. 咨询作业：反复练习放松技巧。

第三次咨询：

目的：进行系统脱敏。

过程：

1. 咨询师让杨某靠在沙发上，全身放松，咨询师说："我现在要求你反复说'高低床'，一定要清晰，它们也许会干扰你的放松，如果你感到焦虑想让我注意，你随时可以告诉我，如果你已经清楚地完成了一个情景，举起左手让我知道。"如果进行到那个场景并感到焦虑，咨询师令其停止进行，并做全身放松练习，待恢复平静时，咨询师让其评估处于焦虑场景时焦虑增加了多少分，杨某回答增加了 10 分。然后咨询师要求杨某继续进行，待出现焦虑时再次停止、放松，评估该场景这次焦虑增加了多少分，这次的增加值为 5 分。到第三次时，焦虑分数增加为 0 分。

用同样的方法，再处理等级表中的第二个等级，即写出"高低床"的情景。

用同样的方法，再处理等级表中的第三个等级，即来到放高低床的宿舍门口。

用同样的方法，再处理等级表中的第四个等级，即来到高低床面前。

用同样的方法，再处理等级表中的第五个等级，即睡到高低床上。

2. 咨询作业：坚持放松练习，练习在引起焦虑的情景下放松，以克制焦虑。

3. 巩固与结束阶段。

第四次咨询：

目的：①继续进行系统脱敏治疗；②总结、巩固咨询效果；③结束咨询。

方法：系统脱敏法、会谈法。

过程：

1. 系统脱敏：用系统脱敏法处理杨某制定的焦虑等级量表的剩余等级的焦虑。

2. 总结、巩固咨询效果：要求杨某继续坚持放松练习，并把学会的方法运用到日常的生活中，提高心理健康水平。

3. 结束咨询。

三、效果

1. 杨某的反映：自己对高低床的恐惧已经基本消除。

2. 咨询师评定：通过回访发现，已达到咨询目标，促进了杨某心理健康水平的提高。

3. 民警评估：该戒毒人员现在基本可以在常规的放置高低床的宿舍就寝。

项目3　冲击疗法（满灌疗法）的运用

实训目的和要求

学生通过角色扮演、模拟实训，了解冲击疗法的基本内容和实施程序，掌握放松技巧、焦虑等级的确定等有关技能，并能初步运用该疗法对罪犯开展行为矫正。

实训内容

1. 依据案例设计一个冲击疗法矫正方案。

2. 模拟实施一次冲击治疗。

实训准备

心理咨询室、沙发躺椅、音乐治疗椅、摄像机或录音机、实训记录表、笔。

实训案例

40多岁的刘某某读完初二就辍学了。此后，他尝试做过很多小生意，也挣了一些小钱。2003年，刘某某伙同他人以收购工厂为由，与多家单位签订合同，骗取合同金额20多万元。同年，刘某某因涉嫌合同诈骗罪被刑事拘留，2004年2月送至某省某监狱服刑。

刘某某性格内向，不喜欢和别人说话，但在参加改造劳动时很认真，改造表现较好。一次，刘某某在下楼时不慎将小腿扭伤，监狱民警为照顾他，将本睡在上铺的他调整到下铺，可他坚决不同意。经监狱民警多次询问，刘某某说出了理由，上铺的光线比较好，而下铺很黑暗，他怕黑。

刘某某说，他总感觉白天时间过得很快，但到晚上，不知道为什么，就感到浑身上下都不舒服，注意力很难集中。一旦到光线较暗的房间或厕所，就感到眩晕，心脏剧烈跳动，打寒战。"记得有一天晚上，我和3个犯人一起去上厕所，刚走进厕所突然停电了。随后我听到有人叫我的名字，我随即应了一声后就在原地直哆嗦，心脏跳得厉害，似乎要跳出来似的。大约过了5分钟，电来了，我的那些症状一下子似乎变轻了。"

监狱心理咨询师对其进行了治疗。经过几次谈话后对刘某某做了心理测验，结果显示刘某某面临黑暗时主观上有中度身体不适感，心理强度较低，耐受性差。咨询师认为，刘某某患的是一种不合理地惧怕黑暗环境的神经症。他明知没有必要，但仍不能防止恐惧发作，恐惧发作时往往伴有显著的焦虑和自主神经症状。

根据刘某某的情况，管教民警制定了"冲击疗法"治疗计划。首先与刘某某聊一些轻松的话题，然后将接待室的灯光关掉，并让刘某某重复"拳头握紧、握紧、再握紧，然后缓慢松开手"的放松训练。

坚持两周后，民警尝试将接待室的灯光完全熄灭，并安排民警在他们交谈时叫刘某某的名字。"第一次试验时，刘某某很紧张、恐慌，他一把抓住了我的手。但第二次，刘某某的紧张情绪已经缓解许多"，民警说。这样的场景训练的目的在于让刘某某明白黑暗并不可怕。两个月后，他已能适应一个人待在黑暗的房间里，对外界声响的恐惧感逐渐减弱。

此后，刘某某一直坚持放松训练。目前，经诊断，该服刑人员的"黑暗恐惧症"已彻底治愈。

实施方式

1. 学生3~5人为一组，每组在课前根据刘某某的基本信息设计冲击疗法矫正方案。

2. 每组选取 2 人，一人扮演心理咨询师，另一人扮演罪犯刘某某，模拟实施设计的冲击疗法矫正方案。咨询师通过放松训练、冲击训练等步骤对扮演罪犯的不良行为进行矫正。

3. 每组扮演时间为 10 分钟左右。扮演完毕后，每组先自评，然后其他学生进行评价，最后老师进行评价。

4. 所有扮演者结束后，老师进行总结陈述。

 **实训作业**

1. 冲击疗法操作技能实训报告。

2. 阅读并学习《国家职业资格培训教程·心理咨询师（二级）》第二章第一节第二单元（冲击疗法）。

知识链接

冲击疗法

一、冲击疗法的概念

冲击疗法（implosive therapy）是行为治疗的一种重要方法，就是通过直接使病人处于他所恐惧的情境之中，以收物极必反之效，从而消除恐惧。主要用于恐怖症的治疗。

二、冲击疗法与系统脱敏疗法的联系与区别

联系：两者都是以经典条件反射为基础的。

区别：①从方法来看，系统脱敏疗法经常采用闭目想象的方式呈现引起病人恐惧或焦虑的刺激或情境；而冲击疗法则往往使病人直接置身于其感到恐惧的真实情境中。②从治疗程序来看，冲击疗法程序较系统脱敏疗法简洁，没有系统脱敏疗法繁琐的刺激定量和确定焦虑等级等程序，而且不需要全身松弛这一训练过程。③从原理上来讲，两者所采用的原理有所不同。系统脱敏疗法采用的是交互抑制原理，也就是每一次只引起病人一点点焦虑，然后用全身松弛的办法去对抗它，因此，系统脱敏程序总是将引起最小焦虑的刺激情境首先呈现出来；而冲击疗法则刚好相反，所采用的是消退原理，所以它总是把危害最大的刺激情境放在第一位，尽可能迅速地使病人置身于最为痛苦的情境之中，尽可能迅猛地引起病人最强烈的恐惧或焦虑反应，并对这些焦虑和恐惧反应不作任何强化，任其自然，最后，迫使导致强烈情绪反应的内部动因逐渐减弱甚至消失，情绪的反应自行减轻或者消失。

三、冲击疗法的步骤

第一步，体检。由于冲击疗法是一种较为剧烈的治疗方法，所以应该事前检查病人的身体状况并做必要的实验室检查，如心电图、脑电图等。如果病人具有严重的心血管病、中枢神经系统疾病、严重的呼吸系统疾病、内分泌疾病、各种精神性障碍，都不宜使用冲击疗法；此外，老人、儿童、孕妇及各种原因导致的身体虚弱的人也不适宜采用冲击疗法。

第二步，约法三章，签订治疗协议。仔细地向病人介绍治疗的原理、过程和各种可能出现的情况，尤其要清楚地向病人说明在治疗过程中可能承受的痛苦，不能隐瞒和淡化。同时说明冲击疗法疗效迅速是其他任何治疗方法所不能比的。如果病人及其家属下定决心接受治疗，医患双方应签订行为治疗协议：

行为治疗协议

1. 医生已经反复讲解了冲击疗法的原理、过程及效果。病人和家属已经充分了解，并愿意接受冲击疗法。

2. 治疗过程中病人将受到强烈的精神冲击、经历不快甚至是超乎寻常的痛苦体验。为了确保治疗的顺利完成，必要时医生可强制执行治疗计划。这些治疗计划包括所有的细节都应该是经病人及其家属事前明确认可的。

3. 医生应本着严肃认真的态度对治疗的全过程负责，对病人求治的最终目的负责。

4. 如病人家属在治疗的任何阶段执意要求停止治疗，治疗应立即终止。

病人（签字）
家属（签字）
医生（签字）
年　月　日

签订治疗协议的目的在于增强来访者的自我约束，以保证治疗的顺利进行。

第三步，准备治疗场地和其他条件。首先，确定刺激物。刺激物应该是病人最害怕的和最忌讳的事物，因为这些事物是引发症状的根源。治疗室的布置不宜太多，应简单，一目了然，除了特意安排的病人最感恐惧的刺激物外，应没有任何别的东西。要使病人在治疗室的任何地方都能感受到刺激物，不能使病人有回避的地方。治疗室的门原则上由治疗师把守，使病人无法随意夺路而逃。

第四步，实施冲击。在接受治疗之前，病人要正常吃东西、喝水，并排空大小便。穿着应简单、宽松。如果有条件，应该在治疗过程中同步进行血压和心电监测。

病人进入治疗室后，医生应该迅速、猛烈地向病人呈现令病人感到恐惧的事物或情境。病人在受惊之后，可能会出现惊叫、失态等激烈反应，医生不必顾及这些，应该坚持持续不断地向病人呈现令病人所恐惧的事物或情境。病人如果出现诸如闭眼、塞耳、面壁等回避行为时，应该劝说或制止病人的回避行为。

此外，应该严密观察病人的生理变化。因为冲击疗法会引起病人最强烈的焦虑和恐惧，因此，病人在生理上会有与强烈焦虑相应的变化，会有交感神经处于强烈的兴奋状态所具有的一系列症状，如呼吸急促、心悸、出汗、四肢震颤、头晕目眩等情况。除非情况特别严重，特别是血压、心电出现异常，否则，应该坚持进行治疗。

如果病人提出终止治疗甚至出言不逊，医生应该冷静处理、谨慎对待。如果病人总体情况比较好，病史较长，反应并不是十分激烈的话，医生应该给予鼓励、规劝，甚至漠视。特别是在病人的应激反应的高峰过去之后，更加不要轻易放弃治疗，医生应该劝说病人或者强制病人完成治疗，因为成功就在眼前。

每次治疗的时间应视病人的应激反应情况而定。应该使病人的焦虑、紧张程度超过以往任何一次的焦虑紧张程度，力求达到极限，在生理反应方面，应力求出现明显的植物神经系统的变化。所谓极限，以情绪的逆转为标志。如果病人的情绪反应和生理反应高潮已过，逐渐减轻的话，就表明已经基本达到本次治疗的要求。在这种情况下，再现5~10分钟的刺激或情境，病人就会因精疲力竭而视而不见、听而不闻。这时，就可以停止呈现刺激物或情境，让病人休息。

通常一次冲击疗法的治疗时间在30~60分钟之间。

在冲击治疗过程中，如果病人出现一些危急的情况，医生也应当果断地停止治疗，而不应该固执己见。在出现下列几种情况时，应停止治疗：① 通气过度综合症；② 晕厥或休克。

项目4 厌恶疗法的运用

实训目的和要求

学生通过角色扮演、模拟实训，了解厌恶疗法的基本内容和实施程序，掌握放松技巧、靶症状的确定等有关技能，并能初步运用该疗法对罪犯开展行为矫正。

实训内容

1. 依据案例设计一个厌恶疗法矫正方案。

2. 模拟实施一次厌恶治疗。

实训准备

心理咨询室、沙发躺椅、音乐治疗椅、摄像机或录音机、实训记录表、笔。

实训案例

来访者关某，强迫症，男性服刑人员，19岁。

因反复思考，犹豫不决，欲罢不能，而十分痛苦。

来访者自述该记的记不住，该忘的忘不了，该思索的问题常常走神，不该考虑的问题却难以摆脱。做事小心缓慢，关窗锁门要反复验证才确信无误，个人物品要清理再三以防丢失。自感动作多余，欲罢不能。

咨询师在来访者的前臂上缚一圈很粗的橡皮筋，松紧适宜。要求来访者每当出现不必要的想法、冲动而又无法自控的时刻，便拉开橡皮筋，拉开一定长度后松手，让橡皮筋弹击手臂造成疼痛。强迫观念和强迫冲动不消失，弹击不止。一个月后，来访者说起初还有些效果，虽然强迫观念时有出现，但经橡皮筋的不断弹击之后，便渐渐消失，和以前欲罢不能的情况形成鲜明对照。但一周后，因手臂弹击红肿，一度动摇。强迫症状很快卷土重来，于是来访者又咬牙坚持弹击下去。后来效果较好，心情轻松舒畅。

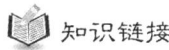 **实施方式**

1. 学生 3~5 人为一组，每组在课前根据案例的基本信息设计厌恶疗法矫正方案。

2. 每组选取 2 人，一人扮演心理咨询师，另一人扮演罪犯关某，模拟实施设计的厌恶疗法矫正方案。咨询师通过放松训练、确定靶症状、厌恶刺激三个步骤对扮演罪犯的不良行为进行矫正。

3. 每组扮演时间为 10 分钟左右。扮演完毕后，每组先自评，然后其他学生进行评价，最后老师进行评价。

4. 所有扮演者结束后，老师进行总结陈述。

实训作业

1. 撰写厌恶疗法技能训练实训报告。

2. 讨论：厌恶疗法可以运用于哪些生活实践？

3. 阅读并学习《国家职业资格培训教程·心理咨询师（二级）》第二章第一节第二单元（厌恶疗法）。

知识链接

厌恶疗法

一、厌恶疗法的概念

厌恶疗法（aversion therapy）是通过惩罚手段抑制或消除来访者不良行为的治疗方法。将厌恶刺激（负强化的刺激物）作为惩罚性的无条件刺激，使之与引起不良行为的条件刺激相结合，如让电击与饮酒行为同时出现，从而引起来访者对原有条件反应（饮酒）的厌恶、恐惧或回避。经多次应用惩罚性刺激，使来访者消除已形成的不良行为。

现代临床心理医师也在使用这种方法帮助人们戒酒，让嗜酒者服吐酒石，或注射阿朴吗啡、吐根碱，在即将出现恶心时，让嗜酒者饮酒。如此每天 1 次，重复 7~10 次，直到嗜酒者不使用药物而单纯饮酒也出现恶心，对酒产生厌恶情绪为止。此即说明条件反射已充分建立，以后每年仍可做 1~2 次巩固性治疗。据莱蒙（Lemere）所做的 4096 例以此种方法戒酒的效果统计，治疗一个疗程后，维持戒酒 5 年以上者占 38%，维持 10 年以上者占 23%，其余的人以后又继续喝酒。

利用回避学习的原理，把令人厌恶的刺激，如电击、催吐、语言责备、想象等，与求治者的不良行为相结合，形成一种新的条件反射，以对抗原有的不良行为，进而消除这种不良行为。

二、厌恶疗法的形式

第一种是电击厌恶疗法。即将求治者习惯性的不良行为反应与电击连在一起，一旦这一行为反应在想象中出现就予以电击。电击一次后休息几分钟，然后进行第二次。每次治疗时间为20~30分钟，反复电击多次。治疗次数可从每日6次到每两个星期1次，电击强度的选择应征得求治者的同意。

第二种是药物厌恶疗法。即在求治者出现贪恋的刺激时，让其服用呕吐药，产生呕吐反应，从而使该行为反应逐渐消失。药物厌恶疗法多用于矫治与吃有关的行为障碍，如酗酒、饮食过度等，其缺点是耗时太长，且易弄脏环境。

第三种是想象厌恶疗法。即将施治者口头描述的某些厌恶情境与求治者想象中的刺激联系在一起，从而产生厌恶反应，以达到治疗目的。此疗法操作简便，适应性广，对各种行为障碍疗效较好。为了改变性变态行为，有人也使用过此种疗法。如在恋物癖求治者头脑中出现窃取恋物的观念或出现此种行为之际，令求治者通电或是用针刺痛自己，重复结合多次之后，可以减轻或消除求治者此类适应不良行为。此外有人用同样的方法治疗习惯性肌肉抽动症。

第四种是其他刺激。任何能带来不快情绪的刺激都可作为厌恶刺激，只要这种刺激不给身体带来较大的损害。例如：① 憋气，即尽可能持久地自动停止呼吸，让自己缺氧、胸胀、满脸胀得通红。Philpott 于1977年的报告曾用憋气的方法治疗强迫思维。② 羞辱。1970年，Serber 报告用羞辱作为厌恶体验治疗异装癖、窥阴癖、露阴癖。例如，让窥阴癖求治者进入一个特定的房间，房间的四周都装上单向玻璃镜，求治者透过单向玻璃镜，可看见前面一间房里有一位半裸体异性。透过两侧的单向玻璃可看见有很多人走来走去，好像要公开地观察他。实际上，除了咨询师，谁也看不见他，人们是在讨论别的问题。当他止不住地窥看异性时，他觉得四周的人自然已经观察到他猥琐的形态，于是羞得无地自容。咨询师用这种方法治疗过7个性心理障碍求治者，追踪随访6个月，其中5个求治者的性变态行为一度消失。③ 强烈的光线、尖锐的噪音以及针刺等致疼痛的方式也曾被用来作为厌恶刺激。

还有一种方法，是在想象中主动呈现厌恶景象，并让这一景象与某种适应不良的冲动（或行为）相结合，以达到治疗目的。例如性变态求治者，当其出现这方面的欲望或行为时，让自己立即闭上眼睛，想象面前站着一个身形高大的警察，面孔冷峻，手里拿着镣铐在盯着他；或是回忆过去被拘留、被群众愤怒申斥的场面，以达到减少与控制此种适应不良行为的效果。除此之外，有心理医师还设计用想象恶心呕吐来抑制酒瘾或贪食症，但想象的方法究竟不如实际的、具体的给予的刺激那样有效。通过想象厌恶刺激矫治适应不良行为的方法，又称内隐致敏法。对于隐入悲观失望状态的失恋青年，内隐致敏法对痴情有一定的效果。有人说内隐致敏法所起的作用与红楼梦中的风月宝镜相同。

运用厌恶疗法进行治疗时，厌恶性刺激应该达到足够强度，通过刺激确能使求治者产生痛苦或厌恶反应，持续的时间为直到不良行为消失为止。如对强迫观念求治者，用拉弹橡皮圈法进行治疗，头几天，当强迫观念出现时要接连拉弹 30~50 次，才能使症状消失。另外，要求求治者要有信心，主动配合，当治疗有进步时要及时鼓励，必要时最好取得其家人的配合，这样效果会更好。

三、厌恶疗法的使用注意事项

1. 厌恶疗法会给求治者带来非常不愉快的体验，施治者在决定采用此法之前，务必向求治者解释清楚，在征得求治者的同意后，方可进行治疗。并且，施治者一般应把厌恶疗法作为最后一种选择。

2. 在使用厌恶疗法的同时，应努力帮助求治者建立辨别性条件反应。例如对一位同性恋者使用厌恶疗法，施治者应将呈现厌恶刺激，限制在求治者的同性间性行为表现的范围内；同时，让求治者形成对正常的异性间性活动的愉快反应。只有这样才能在消除非适应性行为的同时，建立适应性行为。

项目5　阳性强化法的运用

实训目的和要求

探索阳性强化法的治疗效果，对通过渐进式强化训练后出现的目标行为进行不同级差的阳性刺激，予以强化。熟练掌握该技能在罪犯心理矫治过程中的作用。

实训内容

1. 依据案例设计一个阳性强化法矫正方案。

2. 模拟实施一次阳性强化法矫正。

实训准备

心理咨询室、沙发躺椅、摄像机或录音机、实训记录表、笔。

实训案例

一、一般资料

（一）一般情况

瓦其某某，女，28 周岁，自幼生长在美丽的大凉山地区，因交通和信息闭塞，没有与外界交流的经历。文盲，几乎不懂汉语，语言交流多半靠手势，和其他服刑人员难以沟通交流。身体健康，发育良好，左耳失聪，右耳听力减退，无重大躯体性疾病。一年前，因贩卖毒品被收押至今。

（二）来访者家庭情况

来访者家中有兄弟姊妹 6 人，除老大上过 3 年小学以外，别的兄妹几乎没怎么上学。来访者排行老三，父母均为当地农民。山区家庭经济条件拮据，来访者与父母长期生活在农村，经常帮助父母做家务。农村农活多，父母都没有太多精力照顾孩子们。经询问调查，父母身体健康，无人格、精神上的异常，家族中无精神病史。

二、主诉与个人陈述

主诉：最近一年多时间总感觉自己有严重疾病，渐感双下肢无力，不能行走，进而发展到解大小便都要别人帮助，情绪时而低落，时而烦躁焦虑，易激惹，觉得被别人看不起，气愤时想痛哭却只抽噎，对自己的健康现状非常不满意。

个人陈述：语言交流障碍，咨询师通过语言、手势和配合别的服刑人员翻译勉强能进行交流。

三、咨询师的观察和他人的反映

咨询师的观察：咨询前曾在四川省监狱局中心医院治疗肺结核，后转回我院继续治疗，局中心医院针对其不能行走已做相关检查，排除器质性疾病。来访者被抬入病房，衣饰不整，语气凄凉，眼神忧郁，总感觉有病情，精神紧张，情绪十分低落，话少，常常陷入沉默，言语不流畅，思维反应缓慢，说话吞吞吐吐，对咨询师有一种不信任的感觉。自知力较完整，对自己的情绪现状有一定的认识，心理过程协调一致，逻辑思维正常，思想偏激。

管教民警的反映：来访者刚入监狱时，因身体不好，双下肢不能行走，到四川省监狱局中心医院治疗肺结核后转回我狱。感觉她非常自卑，说话声音很小，不敢正面看人，小气爱哭，经常低头做小动作，日常生活不能自理，解大小便都要别人帮助。她认为自己的病很严重，情绪低落，易激惹，同押室的服刑人员提到她时，都是摇头、抱怨甚至愤怒。家族中无精神疾病遗传史。

服刑人员的反映：来访者身体不好，入监时就不能行走，久卧后翻身等活动能独立完成，情绪时而低落，时而烦躁焦虑，易激惹。经常抱怨别人没有照顾好她，为此发脾气，与押室中其他服刑人员相处不和谐，人际关系紧张，不善于交流，性格很内向。

四、诊断和鉴别诊断

（一）心理状态的评估

精神状态：敏感多疑，总感觉自己有严重疾病，治疗无效，情绪不稳定，烦躁焦虑，易激惹，心情压抑；注意力不集中，睡眠不好。

身体状态：身体消瘦，双下肢不能行走，久卧后翻身等活动能独立完成，生活不能自理。

社会交往状态：不愿与其他服刑人员交往，亦没有朋友，入狱一年多以来没有亲人来探视过，情感不能得到理解和宣泄。

（二）初步诊断

诊断为疑病性神经症。

五、咨询方法

实施正强化。咨询师选择社会性的强化物并制定合理的奖励级差，对来访者的每一次进步予以阳性强化，包括微笑点头、口头肯定和鼓励、现场表扬、允许当天看电视、大会表扬、物质奖励和行政奖励等。来访者在专人搀扶下离床练习予以当场表扬，鼓励继续练习；每次能按要求的时间完成练习时，咨询师给以微笑、点头赞许；第一次不需要别人搀扶，能扶物移动身体时给予大会表扬并奖励看电视；扶物能完成每天规定的 4 次练习，继续给以大会表扬；能完成规定练习并延长练习时间，给以鼓励……就这样，来访者在鼓励中取得进步，在关怀中得到慰藉，在希望中逐渐恢复。两个月后，来访者基本能扶物完成生活自理。

实施方式

1. 学生 3~5 人为一组，每组在课前根据案例的基本信息设计阳性强化法矫正方案。

2. 每组选取 2 人，一人扮演心理咨询师，另一人扮演罪犯瓦其某某，模拟实施阳性强化法矫正方案。咨询师通过放松训练、确定阳性强化刺激，促进目标行为的出现。

3. 每组扮演时间为 10 分钟左右。扮演完毕后，每组先自评，然后其他学生进行评价，最后老师进行评价。

4. 所有扮演者结束后，老师进行总结陈述。

实训作业

1. 撰写阳性强化法技能训练实训报告。

2. 讨论：阳性强化法可以运用于哪些生活实践？

3. 阅读并学习《国家职业资格培训教程·心理咨询师（二级）》第二章第三节第五单元（简易行为矫治——阳性强化法）。

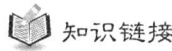 **知识链接**

阳性强化法

一、阳性强化法的概念

阳性强化法（Positive Reinforcement Procedures）是建立、训练某种良好行为的治疗技术或矫正方法，也称"正强化法"或"积极强化法"。即通过及时奖励目标行为，忽视或淡化异常行为，促进目标行为的产生。咨询中只要合理安排阳性强化程序，来访者一般都可以慢慢地达到期望的目标。所以，这种方法适用于出现行为障碍、希望改变行为的来访者。

二、阳性强化法的操作过程

（一）明确目标行为

在进行行为干预前，首先要了解来访者的基本情况，清楚问题形成的原因。然后确认来访者需干预的适应不良或行为异常的主要症状表现，即目标行为。所设定的目标行为应当是可以客观测量与分析并能够反复进行强化的。选定的目标行为越具体越好，如果目标行为不具体或缺乏评估手段与方法，将难以操作。例如，家长希望孩子养成爱看书的行为习惯，而孩子也愿意为之努力，则看书这一可观察、可评估的行为就成为目标行为。

（二）监控目标行为

详细观察和记录该目标行为发生的频率、强度、持续时间及制约因素，从而确定目标行为的基础水平，特别要注意目标行为的直接后果对不良行为所产生的强化作用。例如，孩子什么时间看书、看多长时间、哪些因素影响了看书等。

（三）设计干预方案，明确阳性强化物

与来访者一起设计干预方案或塑造新的行为方案，以取得来访者的积极配合。这时不但应确认需要被干预或塑造的行为，还应确认采用何种干预形式和方法，并且确定使用何种强化物，以达到确实有效的强化与干预的目的。同时还应该根据实际情况的变化，随时调整干预方案，最终使新的行为结果取代以往不良行为产生的直接后果。阳性强化物的标准是现实可行、可以达到的，对来访者有足够的吸引力，是其需要的、喜欢的、追求的、愿意接受的，这样才能对来访者有较强的强化作用；并且需要同时使用内、外强化物，按照渐进的强化时间表，才会促使来访者的行为朝着期望的方向发展。例如，可以与孩子商定，当看书这一目标行为出现时，给予何种奖励。

（四）实施强化

将行为与阳性强化物紧密结合，当来访者出现目标行为时立即给予强化，不能拖延时间，并向来访者讲清楚被强化的具体行为、目的、意义和方法，使来访者了解干预的目标，理解所用技术和方法的目的及意义，明确自己该怎么做，确立信心并主动配合。一旦目标行为按期望的频率多次发生，就应当逐渐消除具体的强化物，而继续采用社会性强化物或者间歇性强化的方法，以防出现对强化物脱敏的现象。例如，当孩子出现看书这一行为时，应该对其进行阳性强化，给予奖励，实现看书的目标行为与阳性强化即奖励的结合，使其逐渐养成爱看书的行为习惯。

（五）追踪评估

随着行为干预的进展，应让来访者本人也掌握和使用干预方法，学会把干预情境下所获得的效果巩固下来，并在干预程序结束之后，进一步发挥来访者的主观能动性，使来访者主动地把疗效扩展到日常生活情境中去，进行周期性的评估。例如，孩子已经用阳性强化法使自己养成了爱看书的行为习惯，可以建立起信心，利用所学到的方法，举一反三，运用到其他需要改变的行为上，从而改变不适行为，建立良好行为，获得心理成长。

三、阳性强化法的使用注意事项

1. 目标行为单一、具体。阳性强化法要改变的行为应该单一、具体、非常明确，保证强化物对该行为的强化。如果有多个目标行为要改变，需要一个一个地进行，不可同时开展。

2. 阳性强化法应当适时、适当。对目标行为的阳性强化，应该在行为出现时进行，不可提前或错后。对目标行为的强化也要强度适当，强度过大，可能造成动机过强，或缺乏后期的强化；强度过小，无法达到刺激的强度，可能使阳性强化无效。

3. 随时间进程，强化物可以由物质刺激变为精神奖励，待目标行为固化为习惯后，最终可以撤销强化物。

该方法可用于矫正神经性厌食，降低焦虑，治疗性变态，矫正儿童偏食、遗尿、多动、沉默、孤独、学习困难等问题以及一些成年人的不良行为。

项目6　生物反馈疗法的运用

实训目的和要求

通过实训，使学生掌握生物反馈疗法的基本步骤，根据来访者的具体情况选择适用生物反馈仪，准确把握治疗进度，评估疗效。

实训内容

1. 依据案例设计一个生物反馈疗法矫正方案。

2. 模拟实施一次生物反馈疗法矫正。

实训准备

心理咨询室、生物反馈仪、沙发躺椅、音乐治疗椅、摄像机或录音机、实训记录表、笔。

实训案例

一、一般资料

（一）人口学资料

来访者邓某某，男，汉族，49岁，高中文化，已婚，育有一女。捕前系某乡镇人大副主席，利用职务之便收受贿赂、滥用职权，被判处有期徒刑10年6个月，于2011年12月16日投送至某某监狱服刑。

（二）个人成长史

邓某某出生于江苏省海安县农村，顺产，发育正常，未患过重大疾病和严重的心理疾病，目前身体情况良好。家中有两个哥哥、一个姐姐，从小受到父母宠爱。幼年时家庭经济情况较差，求学期间学习成绩良好。父亲在其初三时因病去世，在家庭艰难的情况下，求学到高中毕业。毕业之后做过村会计，后凭借个人努力考入乡镇政府，担任党委秘书、人大副主席等职务。

（三）邓某某的分管民警陈述

邓某某性格内向，平时与他犯交往较少，沉默少语，比较呆板，遇事缺乏变通，自我适应能力和学习领悟能力较差，完成学习和改造任务的能力较差。近一个月在进行改造任务时精神压力比较大，情绪容易紧张。

（四）心理咨询师观察

邓某某年貌相符，衣着整洁，精神一般，性格内向，比较拘束，不善言语，眉头紧锁，被动接触良好，有情绪化的表现，如声音变大、语速变快等。内心体验与面部表情一致，思维逻辑清晰，自知力完整，有寻求帮助的愿望。

（五）心理测试结果

1. SCL-90测试结果。SCL-90测试报告结果显示：该服刑人员的焦虑心理问题严重，内心情绪容易变化，性格内向，存在一定程度的偏执，容易紧张，缺少交流，与他人关系不融洽。

测试结果	原始分	平均分	参考诊断	均分±标准差
焦虑	36	3.2	重	1.39±0.43
人际关系	25	2.78	中	1.65±0.51
强迫症状	26	2.6	中	1.62±0.58
偏执	14	2.33	中	1.43±0.57
精神病性	23	2.3	中	1.29±0.42
抑郁	28	2.13	中	1.50±0.59
躯体化	21	1.75	轻	1.37±0.48
恐怖	10	1.43	轻	1.23±0.41
敌对	4	0.67	轻	1.48±0.56

2. EPQ测试结果。该服刑人员个性特点有：与人相处有主见但不固执，人格内向，好静，离群，情绪不稳定，常焦虑紧张，忧心忡忡，遇到强烈刺激时易出现情绪反应，不够理智，掩饰性低。

内外向（E）	神经质（N）	精神质（P）	掩饰性（L）
27	76	70	30

3. 焦虑自评量表SAS结果。将其答题分数相加后，得出其总分焦虑水平为68分（50~59分为轻度焦虑；60~69分为中度焦虑；69分以上为重度焦虑），可诊断为中度焦虑。

二、评估与诊断结论

诊断结论：一般心理问题（焦虑情绪）。

实施方式

1. 学生 3~5 人为一组，每组在课前根据案例的基本信息设计生物反馈疗法矫正方案。

2. 每组选取 2 人，一人扮演咨询师，一人扮演来访者，按设计的方案实施生物反馈疗法矫正。之后交换角色。咨询师将治疗过程及相关数据记录在实训记录表中。实施步骤如下：

（1）咨询师向来访者讲解生物反馈疗法的基本原理、方法、特点、疗效，帮助来访者树立治疗信心，取得来访者的支持和积极参与配合。

（2）来访者坐在有扶手的靠椅上，双腿放松，两手臂自然放置于扶手上（或躺在与平面成 45° 的床上，两手臂自然平放于身体两侧）；头部要有依靠且应利于颈部肌肉的放松。来访者应能自然直视反馈仪及反馈信号。

（3）安放电极。先用酒精清洁皮肤，并在电极上涂适量电极膏。电极一般安放于前臂屈侧中。参考电极等距离并排安置在两个记录电极之间。用双面胶纸或带子固定电极，松紧要适宜。电极固定后，让来访者主动及被动活动前臂，观看肌电是否有相应变化，如有，说明仪器连接完好，可开始训练；如没有，应检查设备并重新安放电极。

（4）首次治疗及每次治疗的前 5 分钟，应测肌电水平的基线值。让来访者安静闭目休息，尽量全身放松，测量 3 次并求平均值，获得基线值，以便与训练后的肌电值进行对比以观察训练效果。

（5）反馈训练。训练前应预先设定预置值，如测得基线值为 $7\mu V$，预置值可设定为 $6\mu V$ 或 $6.5\mu V$。咨询师引导来访者进行全身放松，让来访者观察放松状态下反馈信号向肌电水平下降（肌肉松弛）的方向变化。当肌电水平达到预置目标时，叮嘱来访者继续放松并保持该水平。每次练习应保持 5~10 分钟的目标值。如无法达到，应调整预置值。

（6）布置作业。取下电极，请来访者做数次肢体屈伸运动；布置家庭训练作业，要求来访者在家继续进行放松练习。

3. 小组分享与讨论。每组组内对实训过程的感受、技术运用等进行分享与讨论。

4. 集体分享与讨论。每组对本组的实训情况进行分享与讨论，然后其他学生进行评价、讨论，最后老师进行评价。

5. 所有分享与讨论结束后，老师进行总结陈述。

实训作业

1. 4 人一组，观看彼此的咨询训练过程视频并阅读记录表，讨论并总结咨询中的成功与失败，反复练习与改进。

2. 填写完成生物反馈疗法实训报告。

3. 阅读并学习《国家职业资格培训教程·心理咨询师（二级）》第二章第一节第五单元（生物反馈法）。

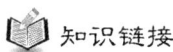 知识链接

生物反馈疗法

一、生物反馈疗法的概念

生物反馈疗法是利用现代生理科学仪器，通过人体内生理或病理信息的自身反馈，使来访者经过特殊训练后，进行有意识的"意念"控制和心理训练，从而消除病理过程、恢复身心健康的新型心理治疗方法。由于此疗法训练目的明确、直观有效、指标精确，因而求治者无任何痛苦和副作用，深受广大来访者欢迎。

使用生物反馈疗法时，让来访者在安静的诊疗室里，躺在生物反馈仪旁，接上仪器的电极就可以进行治疗了。首先，进行肌感练习，以达到消除紧张的目的。让来访者一边注意听仪器发出的声调变化，一边注意训练部位的肌肉系统，逐步建立起肌感。同时在进行训练时，要采取被动注意的态度，来访者利用反馈仪会很快掌握这种技巧，迅速打破长期紧张的疾病模式而进入放松状态。其次，为了逐步扩大放松的成果，将仪器灵敏度减低，使来访者适应性提高。这就是所谓的塑造技术，此技术能将放松水平提高到一个新的水平上。最后，来访者学会在没有反馈仪的帮助下，也能运用放松技术来得心应手地处理所遇到的各种事件。这就是将技能转换成完全适应日常生活的技术，可以使来访者完全自觉地运用放松技术，这就达到治疗的目的了。生物反馈疗法主要适用于紧张性头痛、血管性头痛、支气管哮喘、消化性溃疡、高血压、腰背痛、儿童多动症、类风湿性关节炎、痛经、内分泌失调、生殖系统发育不良、精卵质量低下等。

二、治疗步骤

1. 在非常安静、光线柔和、温度26℃左右的治疗室内，来访者坐在一张有扶手的靠椅、沙发或是呈45°角的躺椅上，解松紧束的领扣、腰带，换穿拖鞋或便鞋，坐时双腿不要交叉，以免受压。软垫宽椅使来访者感觉舒服，头后有依托物更好。

2. 第一次治疗与以后每次治疗前的5分钟，记录安装电极所获基线数据（baseline-data）或检查来访者"家庭作业"所获成绩。

3. 训练来访者收缩与放松前臂肌肉，训练面部肌肉活动，令来访者抬额、皱眉、咬牙、张嘴，然后一一放松。告诉来访者观察肌表面电位微伏器上指针变化及其转向，与此同时，倾听反馈音调变化并理解其信号的含义。

4. 给来访者增加精神负荷，如连续计算"100-7"、回忆惊险和痛苦经历。此时观

察肌电、皮肤电导、指端皮温、脉搏、血压等的变化，找到最敏感的反应指标，作为下一步训练的选择指标。在精神负荷下无显著变化的生物反应指标，以后训练中亦无法判定疗效，故不宜选择。

5. 全身肌肉放松程序。根据 Jacobson 方法，依次为上肢、下肢、躯干（腹部、腰部、肩背部）、颈部、面部肌肉。首先做收缩与放松交替的练习，最后做全身肌肉放松练习。

6. 呼吸要求自然、缓慢、均匀。请来访者设想鼻孔下面有兔子，呼吸不能吹动兔毛。

7. 尽量保持头脑清静。排除杂念，不考虑任何问题，使自己处于旁观者的地位，观察头脑中自发地涌现什么思想，出现什么情绪，这叫做被动集中注意（passivecon-centration）。如无法排除杂念，可在每次呼吸时，反复简单数数字如"1、2"，或是默念"我的胳膊和腿部很重，很温暖"，达到自我暗示作用（Bason）。此时，也可想象躺在有温暖阳光的海滩或乡村草地上，由施治者描述视觉景象及鸟语、涛声与温暖的感觉。反应好的可达思维静止，万念俱寂。来访者可嗜睡，但应避免完全入睡。

8. 施治者注意调节反馈信号，调节阳性强化的阈值，阈值上下的两种信息用红绿灯光或不同频率的音调反馈。为使阈值调整恰当，使来访者获得自控生物指标的阳性信号占 70%、阴性信号占 30% 左右，当阳性信号达 90% 以上甚至 100% 时，即提高阈值的标准要求；当阳性信号只在 50% 左右时，降低阈值标准的要求，使训练循序渐进。每次练习完毕，算出所获成绩，布置家庭作业并提出下次实验室练习任务，例如额肌松弛的表面肌电指标，由开始治疗的 $5\mu V$，通过每次练习，达到如 4.5、4、3.8、$3.4\mu V$ 等。每一次练习的 20~30 分钟内，反馈信息亦可中途关闭，只在开始与结束时检查肌电指标。每次治疗结束后，让来访者做几次肢体屈伸运动，使来访者感到轻松愉快，再离开治疗室。

9. 在没有仪器监测的情况下，要求来访者每日做"家庭作业"，在比较方便时（如中午、晚上睡觉前或清晨）自己练习，每次 10~30 分钟，每日 1~2 次，并持之以恒。

10. 治疗的一个疗程约 10 次，可以每周 2 次，其余 5 天都在自己家里练习，亦可在开始治疗时每周 4 次，以后每周 1 次，巩固并随访疗效，持续 3 个月到半年。

11. 如果通过多次练习，每种反馈性生物反应指标并无明显变动，应该与来访者交谈是否已了解练习的目的与方法，如果不是理解与技术中的问题，应考虑另择反馈性生物指标。还有一种情况是通过治疗，生物反应指标有明显变动，自我调节良好，但临床症状仍无明显进步。例如肌肉松弛甚好，而焦虑依然如故，亦可另择其他生物性指标进行训练，或改用其他治疗方法。但应注意有求全责备性格的来访者，以及对现实生活有许多不满或歉疚者，其对疗效的低估，并非实际治疗无效。

12. 治疗前、治疗过程中与治疗结束后，由观察者填写记录单，来访者自填症状变化量表，这样可作出对比，确定有无疗效。

项目7　模仿学习疗法的运用

实训目的和要求

通过实训，使学生掌握模仿学习疗法的基本原理、步骤和技巧。

实训内容

1. 依据案例设计一个模仿学习疗法矫正方案。

2. 模拟实施一次模仿学习疗法矫正。

实训准备

心理咨询室、团体治疗室、沙发躺椅、音乐治疗椅、摄像机或录音机、实训记录表、笔。

实训案例

一、一般资料

（一）一般情况

张某，女服刑人员，27岁，出生于山东省梁山县，独生女，公司会计，父母是机关干部，家庭经济状况较好，因对法律无知，参与挪用公款被判刑。

（二）个人成长史

3岁时，发现右眼有点斜视，多方求治，效果不佳，并不是很明显。从小性格内向，怕见人、害羞，特别爱面子，上学努力，功课好，不甘落后，争强好胜，追求完美。家教极严甚至苛刻。父母很正统、古板，所以除了学校和家，很少在外玩耍，很少与人交往。入监后极度不适应，与同监区的服刑人员难以相处。

（三）精神和身体状态

半年来，害怕与人交流，怕别人注视自己，与人讲话紧张，注意力不集中，记忆力下降，内心痛苦。睡眠差，胃口也不好。咨询前，经全面检查，未发现有明显器质性病变。

（四）社会功能

不敢与人交往，说话时紧张，不敢正视别人，改造注意力不集中，以致影响改造和人际关系，回避社交场合，严重影响服刑表现。

（五）心理测验结果

SCL-90自评量表测验结果显示：躯体化2.4分，强迫1.5分，人际关系敏感2.4分，抑郁2.8分，焦虑3.9分，敌对1.4分，恐怖3.1分，偏执1.4分，精神病性1.6分，其他1.6分。按1~5级划分，总分195分，阳性项目数45个。躯体化、人际关系敏感、抑郁、焦虑、恐怖因子明显高于常模。

SDS 分：粗分 45，标准分 56，轻度抑郁。

SAS 分：粗分 53，标准分 66，中度焦虑。

二、主诉和个人陈诉

主诉：与人交往时紧张，不敢正视别人，害怕别人看到自己。

三、咨询师观察和他人反映

来访者在民警建议下前来，步态沉重，衣着整洁，生长发育良好，表情紧张、不敢对视、脸红、出汗、缩肩、微抖。语言表达清楚、思维清晰。

同监区服刑人员都说她性格内向，害羞，与人相处时不太会表达自己的情感，近来与人交往不敢抬头，老低着头，很紧张，好像在躲避什么。集体活动也回避，没有几个可以互相倾诉的朋友和伙伴。

诊断：非精神病性障碍、神经症性障碍、恐怖性神经症、社交恐怖症。

实施方式

1. 学生 3~5 人为一组，每组在课前根据案例的基本信息设计模仿学习疗法矫正方案。

2. 每组选取 2 人，一人扮演咨询师，一人扮演来访者，按设计的方案实施模仿学习疗法矫正。之后交换角色。咨询师将治疗过程及相关数据记录在实训记录表中。实施步骤如下：

（1）评估来访者。每个人的模仿能力是不一样的，而且模仿能力还有总的模仿能力和特殊模仿能力的区别，如有的人对肢体动作的模仿较快，而有的人对声音的模仿力较强。根据来访者的经历和心理测量结果评估判断来访者的模仿能力，以决定是否适合咨询。

（2）设计示范行为。完成评估后，就可以根据来访者的具体情况，有针对性地设计一个或一组示范行为。与塑造相似，示范行为的顺序应是从易到难、由简到繁；示范的情景要尽量真实，示范者也应与模仿者有较多的共同之处，以易于得到模仿者的认同，这样的模仿会收到较好的成效。

（3）对正确模仿行为予以强化。在整个模仿学习过程中，要对模仿者的每一次进步与成功都给予及时的强化，如赞许、微笑、物质奖励等，从而加强、巩固模仿者已习得的模仿行为。

（4）咨询师向来访者布置模仿学习疗法的家庭作业，鼓励来访者将在咨询室学习的技能用到服刑生活中，并在下次咨询时谈谈感受和收获。

3. 小组分享与讨论。每组组内对实训过程的感受、技术运用等进行分享与讨论。

4. 集体分享与讨论。每组对本组的实训情况进行分享与讨论，然后其他学生进行评价、讨论，最后老师进行评价。

5. 所有分享与讨论结束后，老师进行总结陈述。

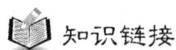 **实训作业**

1. 4 人一组，观看彼此的咨询过程录像并阅读记录表，讨论并总结咨询中的成功与失败，反复练习与改进。

2. 讨论：模仿学习疗法可以运用于哪些生活实践？

3. 填写完成模仿学习疗法实训报告。

4. 阅读并学习《国家职业资格培训教程·心理咨询师（二级）》第二章第一节第四单元（模仿法），《心理咨询师的问诊策略》第十二章（想象法和模仿法）。

知识链接

模仿学习疗法

模仿学习疗法（Modelling Therapy），又称示范性疗法，它是利用人类通过模仿学习获得新的行为反应倾向，来帮助某些具有不良行为的人，以适当的反应取代其不适当的反应，或帮助某些缺乏某种行为的人学习那种行为。模仿学习疗法已成为行为疗法中常用的方法之一。事实上，在行为疗法的许多方法中，都含有模仿学习疗法的因素。如马克斯运用满灌疗法治疗洁癖的病案，就含有大量的模仿学习疗法的方法。

运用模仿学习疗法通常采用三种方式：看电影或电视录像、听录音、由施治者做示范等。

在进行心理治疗时，施治者常常运用模仿学习疗法治疗恐怖症、与焦虑情绪有关的行为问题，以及其他类型的行为障碍。下面举一个利用模仿学习疗法治疗我向症的实例。

患症儿童的典型特征是，缺少社会性反应，缺少模仿他人的能力。因为人类的学习大多数是依靠模仿学习实现的，我向症儿童的这种学习上的缺陷，严重地限制了他们的正常发展。因此，在利用模仿技术训练我向症儿童时，训练程序一般强调演示、提示和强化，以便在他们身上建立被模仿的行为。

单 元 三

认知疗法技能训练

项目1 合理情绪疗法的运用

实训目的和要求

学生通过案例分析、角色扮演、模拟实训，了解合理情绪疗法的基本原理和操作步骤，掌握与不合理信念辩论技术、合理想象技术、认知家庭作业等技术，并能初步运用这一疗法对罪犯进行心理矫正。

实训内容

1. 设计一个适用于罪犯的合理情绪疗法咨询方案。
2. 组织一次运用合理情绪疗法的心理咨询。

实训准备

多媒体课室、心理咨询室、摄像机或录音机、实训记录表、实训教材、纸、笔等。

实训方案1

实训案例 [1]

一、服刑人员一般资料

刘某，男，23 岁，汉族，出监监区服刑人员，初中文化程度，身高 1.65 米左右，体型稍显清瘦，无重大躯体疾病史。父亲、母亲病逝，据调查父母无人格障碍和其他神经症障碍，家族无精神疾病史。

二、主诉及个人自述

主诉：失眠，食欲不振，注意力不集中，发脾气，焦虑，心情不好达一个多月，感到渺茫，生活环境紧张，感觉时间过得慢，最近半月加重。暂时没有出狱后的生活打算。出狱后的第一件事就是去给母亲上坟。

---

〔1〕 "一例服刑人员的一般心理问题的咨询案例报告"，载百度文库，https://wenku.baidu.com/view/bd9b51df7f1922791688e882.html.

247

三、咨询师观察、了解到的情况

（一）观察到的情况

首次来访时精神行为状况：服刑人员仪表整齐，面容清秀，但神情紧张，举止拘谨，目光较少直接与人接触；情感活动与内心体验及周围环境基本协调，情绪低落；欲言又止，话语很少，一直流泪、叹气，在咨询师再三申明保密制度后，话语表达逐渐增多，但叙述过程中经常停顿，神情忸怩，不断搅动手指；对近来的改造生活无信心；自知力完整，对自己的情绪现状有一定的认识，提及时忧心、痛苦、焦虑，逻辑思维正常，求治心切。服刑人员咨询过程中叹气，流泪，情绪比较低落，改造任务完成情况情况尚可。上个月其三姐夫来会见时告诉他，母亲去世，他觉得自己无可救药，一无是处，是自己害了母亲，情绪一落千丈，不停自责，认为自己罪不可恕。逐渐出现失眠、心慌、出汗等症状。除上述症状外，逐渐出现食欲不振，睡眠有时多梦，注意力无法集中，心情烦躁，不愿与他人交往。

最近想到自己临近出狱，无法面对亲人，对出狱后的生活计划深感渺茫，非常担心，症状加重，痛苦不堪，听从监区干警建议前来咨询。

（二）了解到的情况

1. 既往史：据其监区干警介绍，刘某平时不爱说话，性格略显内向。最近两个多月以来，经常独自一个人叹气，问及原因，只说心情不好，感觉累，其他不愿多说，经常与同犯发脾气，显得心事重重，有时会因小事发火。

2. 个人成长史：我从小生长在一个条件不是很好的家庭，父亲在我8岁时去世，母亲对我很疼爱。小时候上学不爱学习，上课睡觉，兴趣爱好比较少，与同学交往也不多，16岁就不上学了。我是第二次进监狱，过去我是因为盗窃罪，开始吧，提心吊胆，后来从盗窃的过程中，好像得到一种心理刺激，也不单单是为了钱，每次偷盗成功后有一种兴奋，说不出来的一种感觉，像是毒品上瘾，后来就收不了手了。

我一直以来在朋友眼中都是够哥们儿的一个人，但是在姐妹们眼里我是个调皮捣蛋的人，除了母亲认为我好，其他没有人认为我好。我服刑是因为我犯了国家的法律，但是因为我犯的错，母亲的命没了，其他都可以弥补。以前母亲身体非常好，但她晕车。我在洛阳服刑时，母亲都60岁了，每月去看我。2000年母亲动手术，一下子几个月没来，我特别担心。8个月后，三姐夫来看我，我没敢问为啥母亲没来，我害怕母亲不在人世了。我出狱后，母亲得了一种瘤，她告诉我是良性的，手术后遗症腿肿、脚肿，看到这样的情况，我心里震撼很大。从此后，我不敢做坏事，以前打架对于我来说是家常便饭。我回到母亲身边，想着自己跑点生意，母亲身体不好，常去医院输液。母亲后来说，家里没人不行，哥哥老家有房，姐姐出嫁了，我就把工人工资清了，回来找工作上班。这次出事也是偶然吧，母亲因为担心我，病情加重，我看过母亲拍的片子，可能是癌变了，能坚持几年是最好的情况，我这次出事，导致母亲病情恶化，我永远无法原谅自己。

（三）心理测验的结果

SAS：70分；

SDS：65分。

实施方式

1. 学生3~5人为一组，每组分析案例，对服刑人员刘某的问题进行初步诊断。

2. 小组讨论刘某可能存在哪些不合理信念，之后进行全班讨论，最后教师进行点评和总结。

3. 每组根据讨论结果，设计一个针对刘某心理问题的合理情绪疗法咨询方案。

4. 各小组分享设计的咨询方案，其他学生对该组的方案进行点评，提改进意见和建议。

5. 所有小组分享完毕后，老师进行总结。

实训作业

设计一份针对刘某心理问题的合理情绪疗法咨询方案。

实训方案2

实训案例 [1]

一、一般资料

（一）一般情况

来访者，女，46岁，高中文化，已婚，下岗工人，有两个继子（已成家），父母均为退休工人。初犯，因犯故意伤害罪被判处有期徒刑10年，2008年9月10日被送入某女子监狱服刑改造。

（二）个人成长史

顺产第一胎，身体健康，未患过重病，3岁父亲去世，4岁随母改嫁，继父和母亲经常吵架。因继父相貌严肃，管教严厉，从小很听话，不惹父母生气，很少结伴玩耍、做游戏。有时间帮家长做家务，看书学习，小学至初中成绩名列前茅，因继父重男轻女，高中未毕业就辍学，让弟弟读书。19岁顶替进了一家化工厂当工人，22岁结婚，23岁因感情不和离婚，28岁步入第二次婚姻，现在又面临离婚。3年前因丈夫有外遇，在找丈夫的情人理论过程中发生争执，继而动手拉扯，顺手拿起桌上的水果刀朝对方捅去，造成故意伤害，随后主动投案自首，被判处有期徒刑10年。犯罪前丈夫已经提出过一次离婚，被其拒绝。现在又面临其丈夫第二次提出的离婚。

（三）精神状态

衣着不整洁，相貌略显老。愁容满面，目光无神，唉声叹气，注意力不能集中，情绪低落。

---

〔1〕　来源：江西省女子监狱，李晖。

（四）身体状态

自幼健康，未患过严重疾病，近 3 个月来经常失眠，烦躁，没有精神，四肢乏力，没有食欲，总感觉头疼。

（五）社会功能

注意力难以集中，不愿出工劳动，不愿与人多说话，心烦意乱，兴趣下降。

（六）心理测试结果

1. SCL-90 量表测试结果显示：躯体症状 2.8 分，强迫症状 1.5 分，人际关系 2.1 分，抑郁 2.8 分，焦虑 2.3 分，敌对 1.9 分，恐怖 1.8 分，偏执 1.9 分，精神病性 1.4 分，其他 2.5 分。表明抑郁和焦虑因子分值都显示为轻度症状。

2. SDS 量表（标准分为 58 分）测验表明该来访者轻度抑郁。

3. SAS 量表（标准分为 56 分）测验表明该来访者轻度焦虑。

二、主诉和个人陈述

主诉：近 3 个月来终日心烦，没有食欲，失眠，无心改造，对什么事情都没兴趣，觉得没希望，活得很累。

个人陈诉：3 年前逮到丈夫有外遇，丈夫（李某）向我下跪诉说因一时糊涂，保证以后不再犯，请求原谅，看在十多年夫妻份上，我原谅了他。谁知后来我又发现了几次，我受不了，找到他单位领导，领导多次劝说无效，找那个女人多次也没用。丈夫表示他也做了努力，确实没办法，请求我与他离婚。听后我如同晴天霹雳，哭得死去活来，我绝不答应，从此三天一小吵、五天一大吵。我也非常痛苦，店也关了，每天闷在家里，整天以泪洗面，出门就好像感觉有人在指着我、议论我，思来想去，觉得就是那个狐狸精勾引住了丈夫，使他鬼迷心窍，一气之下用刀捅伤了对方，成了阶下囚。回想我这辈子真的很失败，也后悔当初没有听爸妈的劝阻就嫁给了他。28 岁那一年，经人介绍认识了他，他是某校办公室主任，其前妻因花炮爆炸身亡，留下了两个年龄分别只有 5 岁和 1 岁的男孩。与他交往，印象不坏，也看在他既当爹又当妈的份上，很不容易，急需人分担，天生心地善良的我，与他交往不到 3 个月就和他结婚了（当时我父母坚决反对）。结婚后我把我妈接来帮忙照顾俩孩子，自己决定不要孩子，生活虽辛苦，但总算还过得去。上晚班他有时间也会接送我，我挺感动，因此我也尽力做好妻子和继母的责任和义务。后来我下岗了，就在我家（住一楼）屋侧边搭了一个小院子，开了家小店，生意非常红火，攒了不少钱，给家里盖了一栋四层楼的住房。3 年前，丈夫退休了，他搬进了新房，而我为了方便做生意还是住在老房子里，小孩也各自有了自己的单位和家庭。然而此时他却有了外遇，多次劝阻无用。为此事我犯了法，现如今我已经够惨了，他不能良心发现，给我后半辈子一个精神依靠，不但不内疚，反而提出非要和我离婚，我甘心吗？现在我犯罪入狱了，他在外面干什么我也不知道。我越想越觉得活在世上真没意思，忙碌了大半辈子，最终还落个孤身一人的结局，世道太不公平了，再说我已有过一次失败的婚姻，如果又离了，我哪里还有脸去面对亲人和朋友？我家中还有一个 80 岁的老母亲要照顾，更可气的是，他现在干脆不再来探监了，警官安排打亲情电话他也不接。我真的看不到一丝希望，吃不下也睡不好，白天劳动打不起精神，注意力很难集中，心里很烦，来请求帮助。

三、咨询师观察和他人反映

（一）咨询师观察

来访者衣着得体但不够整洁，说话条理清楚，神智清晰，但整个人的精神状态表现为痛苦、焦虑、烦躁、情绪低落，不能有效控制情绪。

（二）监区干警介绍情况

入狱初期能接受入监教育，表现一般，能参加正常的劳动和学习，劳动技术掌握较快，与管教民警沟通较顺利。但近 3 个月来情绪比较低沉，情绪烦躁，心事较重，在劳动中经常走神，完不成任务，不愿说话，人际关系较紧张，经常为细小的事与其他服刑人员发生争吵，民警教育效果不大，有明确的求助要求。

（三）同室服刑人员反映

该来访者近来情绪低落、烦躁，经常唉声叹气，不愿搭理人，经常为一些琐事跟其他服刑人员争吵，晚上难以入睡，劳动时注意力总是不能集中，生产质量明显下降，提不起精神。

实施方式

1. 教师在实训前一周将案例发给学生。学生 3~5 人为一组，每组分析本案例，对来访者的心理问题进行初步诊断。

2. 各组学生报告初步诊断的结果，之后教师总结，并给出正确的诊断。

3. 小组讨论来访者可能存在哪些不合理信念。

4. 每组根据讨论结果，设计一个针对来访者心理问题的合理情绪疗法咨询方案。

5. 每组选取 2 人，根据设计的咨询方案，一人扮演心理咨询师，另一人扮演来访者。扮演咨询师的学生运用合理情绪疗法对来访者进行认知重建（此过程可以在课堂上演示，也可以让学生在课前拍成视频在课上播放）。

6. 每一对扮演者时间约为 15 分钟。

7. 每一对扮演结束后，组员先自评，然后其他学生进行评价，最后老师进行点评。

8. 所有扮演结束后，老师进行总结。

实训作业

撰写合理情绪疗法操作技能实训报告。

实训方案 3

实施方式

1. 学生 3~5 人为一组。以组为单位选择并学习一个针对罪犯的合理情绪疗法矫正案例。

2. 每组学生代表进行案例学习报告。每组可做好演示 PPT 分享案例（重点介绍案例的基本情况、咨询过程、采用的技术等），或者节选部分咨询过程（与不合理信念辩论、合理情绪想象等）做现场演示或拍成视频后展示。

3. 每组报告完毕后，老师与学生对案例进行集体讨论。

4. 所有小组报告完毕后，老师作总结陈述。

注意事项

1. 合理情绪疗法假定人倾向于以不合理的思维方式进行思维，因此咨询过程需要激发来访者努力减少和克服这一倾向的动机。

2. 合理情绪疗法是一种着重认知取向的方法，它对年纪较轻、智力和文化水平较高的人更有效果，咨询过程中要考虑来访者是否适用合理情绪疗法。

3. 合理情绪疗法治疗能否得到比较满意的效果，与咨询师本身有关，实训过程中需要注意提升咨询的提问、辩论技巧等。

4. 本项目为基础性实训。

实训作业

撰写合理情绪疗法操作技能实训报告。

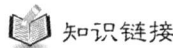 **知识链接**

合理情绪疗法

合理情绪疗法是 20 世纪 50 年代由艾利斯在美国创立的，它是认知疗法的一种，因其采用了行为治疗的一些方法，故又被称之为合理情绪行为疗法。该理论认为，使人们难过和痛苦的，不是事件本身，而是对事情的不正确解释和评价。事情本身无所谓好坏，但当人们赋予自己的偏好、欲望和评价时，便有可能产生各种无谓的烦恼和困扰。只有通过理性分析和逻辑思辨，改变造成来访者情绪困扰的不合理观念，并建立起合理的、正确的理性观念，才能帮助来访者克服自身的情绪问题，以合理的人生观来创造生活，并以此来维护心理健康，促进人格的全面发展。

一、合理情绪疗法的阶段

（一）心理诊断阶段

分析诊断，找出 ABC，向来访者做疗法解释。A：诱发事件；B：信念，即个体对这一事件的看法、解释及评价；C：个体的情绪反应和行为结果。

（二）领悟阶段

深入探寻不合理信念，使来访者认识到情绪问题是由不合理信念造成的。

默兹比——区分合理与不合理信念的标准（三种领悟）：

1. 是信念引起了情绪及行为后果，而不是诱发事件本身。

2. 来访者对自己的情绪和行为反应负有责任。

3. 只有改变了不合理信念，才能减轻或消除他们目前存在的各种症状。

（三）修通阶段

运用多种技术，使来访者修正或放弃原有的非理性观念，并代之以合理的信念。这是整个合理情绪疗法的核心内容。

方法技术：

1. 与不合理信念辩论，主要是产婆术式的辩论——最常用、最具特色的方法。

黄金规则：像你希望别人如何对待你那样去对待别人。

反黄金规则：我对别人怎样，别人必须对我怎样；别人必须喜欢我、接受我。

2. 合理情绪想象技术。

步骤：①使来访者在想象中进入产生过不适当的情绪反应或自身感觉最受不了的情境之中，让他体验在这种情境下的强烈情绪反应。②帮助来访者改变这种不适当的情绪体验，并使他能体验到适度的情绪反应。③停止想象，让来访者讲述改变了哪些观念、学到了哪些观念。对来访者情绪和观念的积极转变，咨询师应及时给予强化。

3. 家庭作业（合理情绪治疗 RET 自助表、RSA 合理自我分析报告）。

RET 合理情绪治疗自助表：①让来访者写出事件 A 和结果 C；②从表中列出的十几种常见不合理信念中找出符合自己情况的 B，或写出表中未列出的其他不合理信念；③要求来访者对 B 逐一进行分析，并找出那些可代替 B 的合理信念，填在相应的栏目中；④来访者要填写出他所得到的新的情绪和行为的 RSA 合理自我分析报告。

RET 和 RSA 的联系和区别：RSA 和 RET 类似，也要求写出 ABCDE 各项。RSA 无严格规范的步骤，报告的重点以 D 与不合理信念的辩论为主。

其他方法：自我管理程序、"停留于此"技术、放松训练、系统脱敏等。

（四）再教育阶段——巩固前几个阶段治疗所取得的效果

可采用的方法和技术与前几个阶段相同，如继续使用与不合理信念辩论技术、合理情绪想象的方法以及各种认知、情绪和行为方面的家庭作业。除此之外，咨询师还可应用技能训练，包括自信训练、放松训练、问题解决训练和社交技能训练。

二、不合理信念

艾利斯总结的导致神经症的 11 类不合理信念的三个主要特征是：绝对化要求、过分概括化、糟糕至极。合理情绪疗法中：咨询师是一个指导者、说服者、分析者，也是权威的信息提供者以及与来访者非理性信念对抗的辩论者，他所扮演的是一个积极主动的角色。

三、合理情绪疗法的主要目标（不完美目标、完美目标）

减低来访者各种不良的情绪体验，使他们在治疗结束后能带着最少的焦虑、抑郁（自责倾向）和敌意（责他倾向）去生活，进而帮助他们拥有较现实、较理性、较宽容的人生哲学。

项目2　贝克认知疗法的运用

实训目的和要求

学生通过案例分析、角色扮演和模拟实训等，了解贝克认知疗法的基本内容和操作程序，掌握贝克认知疗法的识别自动性思维技术、真实性检验技术、去中心化技术和监控忧郁或焦虑水平技术，并能初步运用这一疗法对罪犯进行心理矫正。

实训内容

1. 设计一个适用于罪犯的贝克认知疗法咨询方案。

2. 组织一次运用贝克认知疗法的心理咨询。

实训准备

多媒体课室、心理咨询室、摄像机或录音机、实训记录表、实训教材、纸、笔等。

实训方案1

实训案例

一、案例基本情况

1. 个人资料。服刑人员杜某，女，20岁，盗窃罪，已服刑1年，被捕前系大学生，家中排行老大，下面有弟、妹4人。身高1.60米左右，体态正常，无重大躯体疾病历史。家族无精神疾病史。家庭经济状况不好，父母均务农。

2. 症状详情。存在交往障碍，不敢与他人交谈，害怕集体活动，更愿意独处，对此感到十分苦恼，且情绪低落。自己在努力解除，但由于一直无法摆脱胆怯、希望借助治疗尽快解脱；日常生活照常，但有些妨碍。未查出幻觉、妄想及其他思维障碍。情绪时而高涨，时而低落。自知力完整，求治欲望强烈。精神活动协调一致，个性比较内向。

3. 个人自述。入监后曾与同监舍一名服刑人员（称为C）关系不错，C家庭条件优厚，各方面比较能干，性格活泼开朗，人缘很好。后来由于两人观点有分歧，产生争执，不欢而散，自己感到受到了伤害，慢慢不敢与其交往。大概是从进入监狱过后开始，来访者称自己开始感到严重的不合群。监舍的人都爱讨论护肤品、保养品，自己家庭条件差又不好意思说出来，然后就受到了孤立。C家庭条件好且性格外向、爱交朋友，并没有嫌弃来访者而是和她玩到了一起，但来访者很快就感觉到C有时候的言行是在刻意嘲讽她，因此感到十分气愤。慢慢地，来访者觉得与周围的人都格格不入，没有共同话题，甚至害怕和他人交谈，养成了独来独往的习惯。

二、案例分析

咨询师在良好的信任关系中了解服刑人员存在的问题，对问题进行分析，发现很多情绪的困扰都来自于对周围环境和事物的非理性认知，采用了贝克认知疗法对杜某实施治疗。

在咨询中，对于来访者的每个问题，首先要致力于减轻其面对具体情境产生的过度情绪反应（如愤怒、抑郁、自我贬低、焦虑等），然后再与其一起分析讨论引起问题背后负面信念的核心是什么，以扩大咨询的影响，使之能从更高、更抽象的层面上理解情绪反应的来由，有更多机会确立建设性的新观念。

为实现基本目标，咨询师首先把来访者的信念当作某种假设来进行探索，然后与来访者一起对假设进行逻辑性的考察并通过事实进行检验，用引导发现的方法帮助来访者了解她的情绪行为障碍，并转化为她的具体目标。

三、咨询过程

1. 简单介绍了贝克认知疗法的基本理论模型，并且帮助来访者明了自己的情绪及行为障碍，简要概括出目前的问题，并且设立咨询的具体目标。

核心理念：我无能（消极）。

中间信念：我必须要很有能力，大家才会尊重我。

自动思维：消极看待自己，我不擅长交往，大家都看不起我。

行为目标：①学会找出自己的优点，并列明。②学会以温和的方式对待周围的人，而不是敌对的、情绪化的方式。

认知目标：纠正"我不适合交往""大家都看不起我""我必须有很大的成就，大家才愿意尊重我"等不合理信念。

2. 来访者一直背负着父母很大的期望，从小对自己要求很高，并且认为自己是一个很有能力的人。她认为一个人的价值取决于其能力的高低，这种认知假设使她做出了许多积极行为，如努力改造，但也使她一旦受到挫折便会怀疑自己的能力。她到监区后出现不合群、与监友发生口角的现象，让她产生"我一定是能力不够，大家才不愿意和我交往，他们都看不起我"这种想法，一连串的负性想法自动频繁出现。

第二次咨询可以开始这个具体工作，以下是第二次咨询中的对话节选：

咨（咨询师）：进入监区改造后你的主要感受是什么？

杜（来访者）：我本以为监区里面至少同监舍的人不会有太多矛盾，会互相照顾，没想到会这样，我真是太失败了！

咨：我能理解你的心情，那么你在入监前，有跟你玩得比较好的朋友吗？

杜：别提了，当然有啦，以前我人缘可好了，但是到了监狱后，以前的朋友都没有联系了，这样下去我一直这么孤独，我不就完了吗？

咨：照你这么说，那内向的人就一辈子不敢去交朋友了，就活不下去了？

杜：那倒不是，他们也许习惯了自己一个人。

咨：他们也都像你一样不开心吗？

杜：好像不都是。

咨：这样看来，别人可以有失败的记录，是不是你就不能有？

杜：因为我以前从没失败过，人缘一直很好，这次是出生以来第一次出现这种情况，我感觉很懊恼。

咨：你说你从没失败过，但能代表以后总能事事成功吗？能保证以后每做一件事都如你所愿吗？

杜：那倒不能……

咨：不如你所愿就会很沮丧吗？

杜：可能是这样的吧。

咨：那比如说你想要天上的星星却摘不到，你也会觉得你能力很差，也会很沮丧吗？

杜：那当然不会。

咨：这也就是说，生活中不能如你所愿的事情有很多，交朋友也是如此，现在虽然不能如你所愿，但不等于你就失败了。

杜：可是我尝试去和她们说话，她们对我的反应却不强烈，好像不太愿意理我。

咨：如果大家都如你所愿是最好的了，遗憾的是，我们没有办法控制别人。如果你改变自己对别人的态度，一是可以使自己的感受好一些，二是大家有可能接受你而喜欢和你聊天。让我们做一个小练习，这个练习叫"合理情绪想象"，请闭上眼睛想象你在尝试和同学聊天、彼此争吵的情景。但是，只让自己感到受挫，而没有生气、愤怒。

杜：人们不是凡事都会让着我、为我着想，再说我态度好像也有问题，我现在好像认识到了。

3. 在多次咨询会谈后，让来访者进行总结反思，并且布置行为目标、认知目标、情绪目标的作业：

（1）发挥口齿伶俐、知识渊博的特长，在集体活动上多发言，帮助她重新树立自信。

（2）让她担任一定的职务，让她在帮助监区服刑人员的过程中学会与人沟通。

（3）当受到其他服刑人员的冷落时，努力表现得积极一些，而不是抑郁和愤怒。

（4）每天想自己的三个优点。

4. 逐步纠正来访者的不合理理念，首先——克服负面自动化思维，找出负面核心理念，并由来访者自行反思该信念的不合理之处，引导来访者建立新的积极的、合理的核心信念，并要求她每天花时间强化这些合理信念，加以巩固：

（1）即使我有一些缺点、犯一些错误，但并不能说明我不好。

（2）即使我现在没有朋友，但这不等于我将来交不到朋友。

（3）一次交往失败并不能说明什么。

实施方式

1. 教师在实训前一周将案例发给学生。学生 3~5 人为一组，每组分析案例，根据来访者的基本信息设计运用贝克认知疗法的咨询方案。

2. 每组选取 2 人，根据设计的方案，一人扮演心理咨询师，另一人扮演罪犯来访者。扮演咨询师的学生运用贝克认知疗法对来访者进行认知重建（此过程可以在课堂上演示，也可以让学生在课前拍成视频在课上播放）。

3. 每一对扮演者时间约为 15 分钟。

4. 每一对扮演结束后，组员先自评，然后其他学生进行评价，最后老师进行点评。

5. 所有扮演结束后，老师进行总结。

实训方案 2

实施方式

1. 学生 3~5 人为一组。以组为单位选择并学习一个针对罪犯的贝克认知疗法矫正案例。

2. 每组学生代表进行案例学习报告。每组可做好演示 PPT 分享案例（重点介绍案例的基本情况、咨询过程、采用的技术等），或者节选部分咨询过程做现场演示或拍成视频后展示。

3. 每组报告完毕后，老师与学生对案例进行集体讨论。

4. 所有小组报告完毕后，老师作总结陈述。

注意事项

1. 咨询过程中应关注来访者的想法而不是来访者的解释。

2. 当不能查出负性自动想法，可通过请来访者想象当时的情境或采用角色扮演的方式来探查。

3. 贝克认知疗法是一种着重认知取向的方法，它对年纪较轻、智力和文化水平较高的人更有效果，咨询过程中要考虑来访者是否适用合理情绪疗法。

4. 本项目为拓展性实训。

实训作业

撰写贝克认知疗法操作技能实训报告。

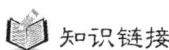 **知识链接**

贝克认知疗法

一、贝克认知疗法的基本理论

（一）贝克认知疗法的产生

贝克认知疗法由美国临床心理家 A. T. 贝克于 20 世纪六七十年代创立。它具有一系列独特的原理和技术，诸多实践经验也证实它"是一种比较成熟，最为重要的认知疗法"，贝克也因此被称为"认知治疗之父"。

（二）贝克认知疗法的理论构成

1. 信息加工。信息加工理论是从心理病理学角度解释个体认知导致心理障碍的过程。这种理论认为，有机体在生存过程中有一种无意识的、自动性的信息选择和加工过程，即认知过程。

2. 自动思维。自动思维是贝克认知疗法中的核心概念。它指个体产生的习惯化的、平时不能意识到的想法。贝克认为，人们不能意识到自动思维，但它形成了他们的歪曲信念和认同，导致不良情绪和行为。

3. 认知图式。图式是我们看待问题的习惯方式。贝克把决定个体自动思维的深层次信念称为认知图式，它由以往积累的经验和有组织的知识构成。同样它也指引着个体对信息的评价、预测和处理，并产生相应的情绪和行为。

4. 认知歪曲。贝克将个体信息加工过程中的推理错误称为认知歪曲，认为它决定了一个人的信念即认知图式。

5. 咨询关系理论。贝克认知疗法以一种"协同共建"的方式，通过咨询师和来访者的齐心协作来改变认知歪曲。所以，建立良好的咨访关系是咨询成功的前提和关键。

（三）常见的几种认知歪曲情形

1. 随意推论（arbitrary inference）指没有充足及相关的证据便任意下结论。这种扭曲现象包括"大难临头"或对于某个情境想到最糟的情况。例如，假设身为咨询师，你现在可能认为自己尚不能被同事或来访者喜欢或尊重之前，就已经开始担任咨询师的工作，或认为当年为了取得学位而愚弄了教授们，现在他们一定已经看穿你了。

2. 选择性断章取义（selective abstraction）指根据整个事件中的部分细节下结论，不顾整个背景的重要意义。这么做的假定是，重要的事件是指失败及跟剥夺有关的事件，身为一个咨询师，你也许会以自己的错误及弱点来评估自己的价值，而不是以自己的成功来评判自己。

3. 过分概括化（overgeneralization）指将某意外事件的产生的不合理信念不恰当地应用在不相干的事件或情况中。例如，你曾咨询过一位青少年而碰到困难，于是你便下结论说你对青少年的咨询是不擅长的，你也可能下结论说你没有能力帮助任何人。

4. 扩大与贬低（magnification and minimization）指过度强调或轻视某种事件或情况的重要性。例如，你可能假定，在咨询中即使是很小的错误都可能造成危机，甚至导致对方的心理伤害。

5. 个人化（personalization）指一种将外在事件与自己发生关联的倾向，即使没有任何理由也要这样做。例如，如果来访者第二次治疗未到，你就认为是自己第一次咨询不力所致。

6. 乱贴标签（labeling and mislabeling）指根据过去的不完美或过失来决定自己真

正的身份认同。因此，如果你未能符合所有来访者的期望，你可能对自己说："我是个完全没有价值的人，应该立刻把咨询执照撕掉。"

7. 极端化思考（polarized thinking）指思考或解释时采用全或无（all-or-nothing）的方式，或用"不是……，就是……"的方式极端地分类。这种二分法的思考把事情只分为"好或坏"。例如，你可能认为自己不是一个完美的人，那么就不是完美的咨询师；或者你可能认为自己是个完美而且有能力的咨询师（指你能成功地咨询所有的当事人），而一旦你发现自己并非全能时，你就会把自己看成彻底的失败者（根本不容许自己犯任何错误）。

二、认知疗法的咨询过程

（一）建立治疗关系

关系要和谐，尽量采取商讨式的态度。治疗者要扮演诊断者和教育者的角色。来访者也不能只是被动接受，对自己不正确的观念要加以内省，还要发挥自己主动认识事物、解决问题的能力，这是个主动再学习的过程。

（二）确定治疗目标

目标即为发现并纠正错误的认知过程，使之改变到正确的认知方式上来。治疗者与来访者要目标一致。

（三）确定问题：提问和自我审察技术

为了找到来访者不正确的认知观念，首要的任务是把来访者引到特定的问题上来，方法为提问和自我审察。提问是要把来访者的注意力导向与他的情绪和行为密切相关的方面，对于重要的问题可以反复提问。自我审察是鼓励来访者说出对自己的看法，并对自己的看法进行细致的体验和内省。

（四）检验表层错误观念：建议、暗示、模仿

表层错误观念为来访者对自己行为的直接、具体的解释。对于这些观念可采取建议的技术，建议来访者进行某一项与错误解释有关的活动，检验其正确与否；采取演示的技术，鼓励来访者进入现实的或者想象的情境，使其对错误观念的作用方式及过程进行观察；可以演心理剧，将自己的行为及观念投射到所扮演的角色身上，通过观察角色，来客观地对待自己；可以采用模仿的技术，模仿别人的行为。

（五）纠正核心错误观念：语义分析技术

核心错误观念往往是一些与抽象的概念有关的命题。必须通过逻辑水平更高、更抽象的技术进行纠正。灾变祛除、重新归因、认知重建等技术都离不开语义分析技术。

（六）认知的进一步改变：行为矫正技术

通过行为矫正技术改变来访者不合理的认知观念，只是这种技术不是针对行为本身，而是将其与认知过程联系起来，形成良性循环。首先，要设计某种情境或模式，使来访者产生通常他所忽视的情绪体验，一出现就给予强化，这对来访者十分重要。其次，要让来访者也学会如何获得这种体验的方法。

（七）新观念的巩固：认知复习

通过留作业的方式给来访者提出相应的任务，它是前几步治疗的延伸，使来访者在现实生活中更多地巩固那些新建立的认知过程和正确的认知观念。

三、认知治疗技术

（一）识别自动性思维

自动性思维已构成来访者思维习惯的一部分，一般人不会意识到它的存在，因此，在治疗过程中来访者首先应学会识别自动性思维。治疗者可用提问、指导来访者想象或角色扮演等方式来帮助其识别自动性思维。

（二）识别认知错误

为了帮助来访者识别认知错误，治疗者应该听取和记下来访者诉说的自动性思维以及不同的情境与问题，然后要求来访者归纳出一般的规律，找出共性。

（三）真实性检验

这是认知治疗最为核心的部分。是将来访者的负性自动性思维和错误观念看作一种假设，然后鼓励来访者对其真实性进行检验。有两种具体操作方法：

1. 言语盘问法。我的证据是什么？对那个问题是否还有别的认知存在？假设那是真的，结果是否就会那么糟？

2. 行为实验。在来访者能够认识和评论这些正确的自动性思维和信念之时，新的、更接近现实的信念便会逐渐代替旧的、不真实的信念。随后要求来访者按照这些新的认知结构去实践，检验它是否切实可行。治疗者还要通过给来访者布置一定的家庭作业，让来访者反复练习，以巩固新的认知结构。

（四）去中心化

大多数抑郁和焦虑的来访者感到他们是人们注意的中心，他们的一言一行都受到他人的"评头论足"。因此，他们一直认为自己是脆弱的、无力的。治疗计划要求来访者不像以前的方式行事，忽略掉周围人们的注意，结果可发现很少人会注意来访者的言行。

（五）监控忧郁或焦虑水平

多数抑郁和焦虑来访者往往认为他们的焦虑会一直不变地存在下去，但事实上，焦虑的发生是波动的。鼓励来访者对焦虑的水平进行自我监测，促使来访者认识焦虑波动的特点，增强抵抗焦虑的信心。

单 元 四

人本主义疗法技能训练

项目1　共情技能的运用

实训目的和要求

学生通过角色表演、模拟实训，了解共情的五个层次水平，逐渐掌握高层次的共情技术，并能初步运用这一技术对罪犯进行心理咨询。

实训内容

共情技能的使用。

实训准备

多媒体课室、心理咨询室、摄像机或录音机、实训记录表、实训教材、纸、笔等。

实训案例

某服刑人员："我太胖了，我知道这是我的朋友很少的原因。"

咨询师的反应，依共情的等级，可有下列回应：

1. 既然你知道这原因，为什么不想办法改善呢？

2. 你不用担心，像你那么可爱的样子，不久就会有朋友的。

3. 你好像很孤单。你认为自己太胖了，以至于没有朋友？

4. 你看到别人都有朋友，而自己却没有朋友，因此感到沮丧。另外，你对自己的外表——太胖了，也感到不满意，是不是？

实施方式

1. 学生5人为一组，1人扮演罪犯，另外4人扮演警官，分别扮演四个具有不同共情层次水平的警官。

2. 每组扮演时间10分钟。

3. 每组扮演结束后，由其他组评分，得出平均分 A，老师同时给出自己分数 B，最终的得分是 A+B 的总分的平均分。

4. 所有组扮演完后，老师最后进行总结。

 **注意事项**

1. 咨询师应检验自己是否达到共情。

2. 咨询师表达共情要考虑来访者的特点和文化背景。

3. 本项目为基础性实训。

实训作业

撰写共情技能的运用实训报告。

知识链接

共情简介

一、共情的概念及其意义

共情（empathy）一词，中文有多种译法，如"神入""同感""共感""投情""同理心""感情移入"等。

按照卡尔·罗杰斯（Carl R. Rogers）的观点，共情是体验别人内心世界，就好像那是自己的内心世界一样的能力。许多咨询心理学家都阐述了各自对共情的见解，综合他们的观点，可以将共情的含义理解为：①咨询者从来访者内心的参照体系出发，设身处地地体验来访者的精神世界；②运用咨询技巧把自己对来访者内心体验的理解准确地传达给对方；③引导来访者对其感受做进一步思考。

近年来，研究者越来越重视文化因素与共情的关系。艾维（A. E. Jvey）等人区分了个体与多元文化的共情。他们已注意到，传统的个体共情强调咨询者和来访者之间双向的作用，而文化共情则涉及四个参与者：咨询者和他的文化背景以及来访者和他的文化背景。

通过文化共情，咨询者不仅对来访者的言语和非言语信息作出反应，还要对其文化历史背景作出反应。误解或共情的破坏通常不只是沟通不良所致，不同文化信仰、不同价值观和不同语言都会造成个人风格以及对细枝末节理解上的差异，这些差异也是彼此误解的原因。

共情已经受到研究者和咨询家的极大关注，一般被认为是心理咨询中影响咨询关系建立和发展的首要因素，是心理咨询的基本特质。

共情在咨询中的重要意义主要在于：①由于共情，咨询者能设身处地地理解来访者，从而能更准确地掌握有关信息。②由于共情，来访者会感到自己被悦纳、被理解，从而会感到愉快、满足，这对咨询关系会有积极的影响。③由于共情，促进了来访者的自我表达、自我探索，从而达到更多的自我了解和咨询双方更深入的交流。④对于那些迫切需要获得理解、关怀和情感倾诉的来访者，共情更有明显的帮助、治疗效果。即使就一般而言，共情也被认为是一种治疗因素。

二、共情水平或层次

伊根（G. Egan）把共情分为两种类型。一种是"初级共情"（primary empathy），其含义接近于罗杰斯提出的共情定义，它往往与咨询技巧中的参与技巧有关；第二种是所谓的"高级的准确的共情"（advanced accurate empathy），这对咨询者有更高的要求，需要运用咨询技巧中的影响技巧来直接影响来访者。卡可夫（R. Carkhuff）将共情划分为五个不同的水平：从对咨询关系只起破坏作用的共情水平到咨询者具有相当准确的理解的共情水平分成五个层次。

具体如下：

水平1——没有理解，没有指导。咨询者的反应仅是一个问题或否认、安慰及建议。

水平2——没有理解，有些指导。咨询者的反应是只注重信息内容，而忽略了情感。

水平3——理解存在，没有指导。咨询者对内容，同时也对意义或情感都作出了反应。

水平4——既有理解，又有指导。咨询者对来访者作出了情感反应，并指出对方的不足。

水平5——理解、指导和行动都有。咨询者对水平4的内容均作出了反应，并提供了行动措施。

项目2　来访者中心疗法的运用（1）

实训目的和要求

学生通过案例分析、角色扮演、模拟实训，了解来访者中心疗法的基本原理，掌握该疗法的技术，并学会运用该技术对罪犯进行心理矫正。

实训内容

1. 掌握来访者中心疗法的咨询技术。

2. 了解来访者中心疗法在罪犯心理矫正中的运用。

实训准备

多媒体课室、心理咨询室、摄像机或录音机、实训记录表、实训教材、纸、笔等。

实训方案1

实训案例

一、一般资料

姓名：F，女，21岁，服刑人员，犯故意伤害罪，已服刑2个月。

服刑人员主要症状：白天昏昏欲睡，晚上睡眠不好，食欲不振，对生活失去兴趣，不愿意与其他服刑人员交往，对什么都失去兴趣。自我评价低。

二、个人陈述

我和我男朋友 L 是高中同学，高三的时候我们不顾老师和双方家长的反对恋爱了。高中毕业以后，虽然没有考进同一所学校，但都在这座城市，我们俩都很高兴。我们的父母也基本上默许我们之间的来往了。

虽然我们的学校之间距离很远，但刚上大一的时候 L 每个星期都会来我的学校找我两三次，每天晚上都会通电话。但是这种状况并没有持续很久，后来他来找我的次数慢慢变少，到大一下学期的时候，他半个月才来找我一次，基本上都是我去找他，而且我找他的时候他显得很不耐烦，于是我们就经常争吵。

随着吵架的次数越来越多，我就越来越觉得累。很多时候想到了分手，但是又真的舍不得这段将近两年的感情。

后来有一次我偷偷查了 L 的手机通话清单，发现他跟一个女生来往很密切，我给那个女生打电话，骂了她。我当时真的控制不住自己，我完全想象不出来自己会像个泼妇一样骂人！他知道这件事情以后，说我是无理取闹，跟我提出了分手。我追问他和那个女生的关系，他说是由于学校社团的事情才联系的。我不相信，继续追问，他就根本不解释了。我去找他，他也总是找借口不见我。后来，我一气之下，开电瓶车撞伤那个女孩，导致她左手粉碎性骨折，我也被判刑了。

到现在，我跟男朋友已经三个多月没有联系过了。他从来没来监狱看过我，也没有打过电话、写过信。但是我心里面还是放不下他。我知道这样不好，可我控制不住自己啊！我知道分手之后，他并没交其他的女朋友，所以我想那件事情是我误会他了，我很后悔。如果当初我能冷静些，就不会有今天的结果了。每天我都会不由自主地这样想，越想越放不下他，越想越难受。每天心情都很不好，睡觉也睡不好，总是会梦见与 L 重归于好。我做什么都没有心情。我觉得自己很失败，什么都做不好。我已经变得完全不像自己了！这真的很恐怖，我不想这样。

三、初步诊断

根据服刑人员的叙述，以及了解其既往病史、家族病史，诊断为：一般情绪障碍。对服刑人员的心理问题，咨询师采用来访者中心疗法。相信来访者有很大潜能理解自己并解决自己的问题，咨询师只是通过咨访关系引导来访者。

四、咨询过程节选

来访者：（哭泣）"我真的不明白，将近两年的感情，他怎么能说不要就不要了?!"

咨询师："你认为两年的感情很珍贵，不应该说放弃就放弃，是吗？"

来访者："对！我们把学生时代最纯真的爱都给了对方，以前老师和家长反对、高考压力这些障碍都能一路走过来，现在却……"（停顿许久，又抽噎）

咨询师："你觉得你们俩能够牵手克服那么多困难走到一起不容易，现在却以分手来收场，什么都没得到，很可惜，对么？"

来访者："嗯……可以这样说吧。毕竟曾经付出那么多，即使有矛盾出现，但是两个人应该互相理解、一起解决，不应该像小孩子一样闹分手啊！"

咨询师："是的，情侣之间遇到摩擦应该相互理解，一起寻求解决的方法！你觉得你当时的做法怎样呢？"

来访者：（低头、沉默一会儿）"我就是觉得我当时太不理智了，不知道那个时候怎么会那样。在他疏远我之后我应该冷静分析我和他之间的问题。可是他一下子就说分手，也，也不对啊！"

咨询师："你的意思是你认为当时的做法确实有些幼稚，如果现在你再遇到这种事情会更成熟些，不会那么糟糕了。是吗？"

来访者："那是肯定的啊！人经历过一些事情，不管是好的还是不好的，都会让自己成熟起来的。可惜现在明白也晚了，我和 L 也不能回到从前了啊！"（叹了口气）

咨询师："你觉得你只能和 L 才会幸福？你只想和 L 在一起？"

来访者：（沉默）"那倒也不是，当然以后还会遇到更合适的人，只是现在觉得和他的感情付出却没有回报，所以心里面不舒服。"

咨询师："那就是说你现在经历了这件事情，比以前更成熟了，在感情上处理事情更理智了，等你想开与 L 分手的这件事情以后，如果再恋爱，不会再发生这种错误了，是这样的吗？"

来访者：（沉默）"嗯！"

实施方式

1. 学生 3~5 人为一组，讨论针对来访者的咨询策略。

2. 各小组分享讨论成果，其他小组评价。各组分享完毕后，教师进行总结。

3. 各小组讨论本案中咨询师使用了哪些技术。

4. 各小组分享讨论成果，其他小组评价。各组分享完毕后，教师进行总结。

实训方案2

实施方式

1. 学生 3~5 人为一组。以组为单位选择并学习一个针对罪犯的来访者中心疗法矫正案例。

2. 每组学生代表进行案例学习报告。每组可做好演示 PPT 分享案例（重点介绍案例的基本情况，咨询过程、采用的技术等），或者节选部分咨询过程作现场演示或拍成视频后展示。

3. 每组报告完毕后，老师与学生对案例进行集体讨论。

4. 所有小组报告完毕后，老师作总结陈述。

注意事项

1. 来访者中心疗法认为咨询治疗导向的首要责任在于求助者，求助者面临着决定他们自己的机会。咨询者不能把具体目标强加给求助者，应让求助者自己选择自我价值和目标。

2. 来访者中心疗法的一个潜在的局限性是一些正在接受培训的初学者倾向于接收没有挑战性的求助者。这种方法限制了自己的反应和咨询风格，只把精力放在反应和倾听上。

3. 求助者中心疗法的一些治疗理论已经整合到现代心理治疗中，关于咨询师对求助者的共情、尊重、真诚的态度等已经成了各种现代心理治疗的基本原理和技术。

4. 本项目为基础性实训。

实训作业

撰写来访者中心疗法操作实训报告。

知识链接

来访者中心疗法

来访者中心疗法（client - center therapy）由美国心理学家罗杰斯（Rogers C.，1902～1987）创立，强调调动来访者的主观能动性，发掘其潜能，不主张给予疾病诊断，治疗则更多地是采取倾听、接纳与理解，即以来访者为中心或围绕来访者的心理进行治疗。强调以人为本，进一步突出来访者为正常人、为心理发展过程中潜能未尽发挥或暴露的阶段性逆遇或问题，治疗本身就是指导来访者认识和了解自我、发挥潜能。

一、来访者中心疗法的特点

1. 追求平等的咨访关系。

2. 以来访者为中心，重视来访者的主观经验世界。

3. 充分相信来访者有自我实现的潜力。

4. 强调动员来访者自身潜力，而非靠挖掘潜意识或改变反应形式来纠正不正常行为。

5. 咨询时咨询师采用非指导性技巧，反对操纵和支配来访者，很少提问题，避免代替来访者作决定，什么好、什么不好，从不给予正面回答。

6. 由来访者主导治疗过程。

7. 不是把重点放在来访者的过去，而是直接处理来访者现在的情况，尤其要以当前的情绪状况为重点。

8. 咨询时集中在来访者的思维和情感上，耐心倾听，注意共情。

9. 咨询关心的是人格改变的过程，而不是人格的结构。

10. 把咨询关系看成建设性人际关系的特例，强调同样的原则也适用于一般的人际关系等。

二、来访者中心疗法的主要步骤

（一）来访者中心疗法的目标

罗杰斯认为，心理治疗的目标就是让来访者的人格得到成长、发展和改变，使来访者真正成为一个机能完善者，它的最终效果在于人性的自我实现和人格的改变。

（二）来访者中心疗法的条件

一是来访者自身存在并认识到自我概念上的矛盾之处。二是来访者与咨询师之间存在良好的关系。

除了以上两个必要条件外，咨询师在人格与态度上还要满足以下三个条件：一是真诚一致；二是无条件积极关注；三是共情。

（三）来访者中心疗法的若干阶段与步骤

1. 人格改变的 7 个阶段：

第 1 阶段：这个阶段个人的体验是凝固的而且是冷漠的，此时来访者不可能自愿地来寻求治疗。

第 2 阶段：当处于第 1 阶段的来访者被置身于理想的治疗条件下，即他体会到咨询师对他的积极关注和共情以及真诚的态度，他能够产生被接受的感觉，他就进入了第 2 阶段。

第 3 阶段：假如第 2 阶段有点松动、有点流动的情况能够继续而不受阻碍，而且来访者能够感觉到咨询师对他这个人是完全接受的，那么他的象征性表达还会出现进一步的松动和流动。

第 4 阶段：当事人感到，在第 3 阶段的水平上，他的存在经验的各个方面得到理解、欢迎、接受，这时僵化的自我构念逐渐松动，个人情感开始较为自由地流动。

第 5 阶段：当我们继续在这个连续谱中探索时，能找出第 5 阶段的特征。在第 4 阶段，如果来访者感到他的表达、行为以及体验方面都被接受了，那么，这种在起作用的心理定势还会逐步松动，机体流动的自由度还将得到提高。

第 6 阶段：这是一个非常关键的阶段。假如在治疗关系中来访者继续得到充分的接纳，那么第 5 阶段的鲜明特点往往会戏剧性地出现。

第 7 阶段：在某些意义领域内，如果来访者已经达到第 6 阶段，被咨询师充分接受仍然有一定的帮助作用，但是这已经不再是必需的了。

2. 来访者中心疗法的 12 个步骤：

（1）来访者前来求助。

（2）咨询师向来访者说明咨询和治疗的情况。

（3）鼓励来访者情感的自由表现。

（4）咨询师能够接受、认识、澄清对方的消极情感。

（5）来访者成长的萌动。

（6）咨询师对来访者的积极情感加以认识和接受。

（7）来访者开始接受真实的自我。

（8）帮助来访者澄清可能的决定及应采取的行动。

（9）疗效的产生。

（10）进一步扩大疗效。

（11）来访者的全面成长。

（12）治疗结束。

三、来访者中心疗法的主要技术

1. 真诚交流的技术；

2. 无条件积极关注的技术；

3. 促进共情的技术。

项目3　来访者中心疗法的运用（2）

实训目的和要求

学生通过案例分析、角色扮演、模拟实训，了解来访者中心疗法的基本原理，掌握该疗法的技术，并学会运用该技术对罪犯进行心理矫正。

实训内容

1. 根据案例，设计一个适用于罪犯的来访者中心疗法心理咨询方案。

2. 开展一次来访者中心疗法心理咨询。

实训准备

多媒体课室、心理咨询室、摄像机或录音机、实训记录表、实训教材、纸、笔等。

实训案例 [1]

一、一般资料

（一）基本情况

罗某，男，22岁，苗族，中学文化，未婚，无重大躯体疾病史，家庭无精神病史。贵州省贵阳人，被判抢劫罪，刑期11年。10岁时其父母外出打工，其由外婆和小姨照顾，17岁时父母打工回来，同父母一起居住。18岁时因抢劫罪入狱。2013年春节后父母离婚。

（二）个人成长史

罗某8岁以前家庭经济状况较好，父亲是县城中的一名干部。后因父亲沉迷于赌

---

〔1〕　朱艳："一例抑郁情绪的咨询案例报告"，载《社会心理科学》2015年第2期。

博，不仅丢了官位还欠下一大笔债务。父母经常打架，夫妻双方都拿孩子出气。10 岁时，父母变卖家产外出打工还债。罗某被寄养在外婆家，由外婆和小姨管教。14 岁那年同一名女同学一起离家出走到上海。后因钱用完，女同学打电话联系家人将两人接回贵阳。因为此事，罗某遭受学校、邻里的指责和议论。读完初中后罗某便不愿上学。15 岁时，罗某的小舅因无钱治病去世对他的打击很大，他发誓要赚很多钱给家人改善生活。17 岁父母回家后，罗某同父母一起卖菜，生活艰苦。18 岁时因抢劫自己的主管而入狱。

（三）精神状态

求助者五官清瘦，面色苍白，目光呆滞，表情痛苦，情绪低落，低头不语。

（四）身体状态

求助者自幼身体健康，无重大躯体疾病，最近 1 个月来食欲不振，失眠乏力。

（五）社会功能

在车间劳动时发呆走神，生产效率下降，人际交往减退。听到被人谈论家人时会伤心，情绪低落。

（六）心理测验

1. SCL-90。

因子	躯体化	强迫	人际敏感	抑郁	焦虑	敌对	恐怖	偏执	精神病性	其他	总分
得分	2.1	1.9	2.3	3.5	1.9	2.1	1.6	1.9	1.9	2.2	195

求助者总分超过 160 分，躯体化因子、敌对、人际关系、抑郁及其他因子为阳性，有待进一步验证。

2. 抑郁自评量表（SDS）粗分 50 分，标准分 66 分，提示有中度抑郁症状。

二、主诉和个人陈述

（一）主诉

一个月前得知父母离婚后，很伤心，情绪低落，感觉自己是父母的负担、累赘。不愿和人交流，生产效率下降，影响了自己劳动改造的成绩，所以申请心理咨询。

（二）个人陈述

春节过后，我妈妈来看我，她告诉我，她和我爸爸离婚了。我当时没有说什么。回到监舍后，我就想父母离婚了，我就没有家了，以后他们分别来看我多辛苦，多没有意思。我小时候，他们天天打架，每次妈妈总是哭着说，都是因为生了我，要不是因为我早就离婚了。后来他们为了还爸爸欠下的赌债把我送到外婆家，就外出打工去了。那时候我多希望有个家，所以我才和我的女同学一起去上海，想法也很单纯，就想有个人陪着。谁知道她偷偷打电话给家里人。被家人接回来后，那个女同学就不再理我，我回到学校常常被人指指点点，背负很大压力。读完初中我就不想再读了，我觉得以后不要轻易被别人骗。后来小舅生病没有钱看病过世了，对我的打击很大。那

269

时我就发誓要挣很多的钱给我的亲人用，一家人健健康康在一起。后来，好不容易爸妈回来了，我又觉得大家客客气气的，没有一点家的感觉。后来我进来了，他们终于不用强迫自己在一起了。我知道他们早就没有感情了。我每天晚上都在想自己以前的事情。我多想有个温暖的家啊，他们现在来看我只是为了弥补亏欠我的感情。父母回来后，我同他们在一起，生活多苦啊，可是那也是一个家啊。我入狱后，爸妈生意虽然做得好，可是家散了，我出狱就无依无靠了。现在我每天晚上都睡不着，总是胡思乱想到凌晨三四点钟，然后昏昏沉沉地睡一会儿后就要起床出工了。我只要听见别人聊起家里的事，就觉得很难过，然后扭头就走。最近这些天，我在车间劳动时，老爱发呆，生产效率受到影响，还出错几次。我害怕这样下去会影响我的考核成绩，所以申请心理咨询。

三、咨询师观察和他人反映

（一）咨询师观察

求助者脸色苍白，目光有些呆滞，行为拘谨，防备心强。再三询问咨询师咨询内容是否会保密，申请咨询是否对自己的改造有影响。与其交谈时主动性较差，性格偏内向，咨询师主动询问，才会回答，回答问题思路清晰，言语谨慎。

（二）直管干警反映

监区民警反映："该求助者平时较为安静，入狱后服从管理，不招惹他人，对人较为客气。文笔较好，喜欢读书。经常帮其他服刑人员写申请、写信。最近生产效率下降，发呆时间较多，神情较为忧郁。"

（三）他人反映

同宿舍服刑人员反映："该求助者最近失眠严重，半夜总听见他翻身叹气。他精神恍惚，与其说话时常常走神、发呆，一副心事重重的样子。只要谈论家人的时候，他就会突然离开。"

四、评估与诊断

（一）资料分析

对该求助者收集到的资料进行分析，咨询师观察、直管干警介绍情况和他人反映、心理测试及求助者自己陈述十分相似，证明以上资料具有可信性，可以据此作出初步的诊断依据。

（二）诊断结果

由抑郁情绪引发的一般心理问题。

（三）诊断依据

1. 根据该求助者家庭调查结果，无重大躯体疾病史，家庭无精神病史，其心理问题无器质性病变基础。

2. 依据郭念峰的区分心理正常与异常的三原则，该求助者主客观统一，精神活动内在协调一致，人格相对稳定，有自知力能主动求医，无妄想、幻觉等精神病症状，可排除精神病。

3. 症状表现：情绪低落，悲伤，内心痛苦但能控制。主要的躯体症状为食欲不振，失眠。

4. 该求助者的心理问题是因为得知父母离婚，担心自己出狱后没有依靠，与现实相符，属于常形心理冲突，可以排除神经症。

5. 引发该求助者心理问题的刺激仅局限于父母离婚的事件，没有泛化，排除严重心理问题。

6. 该求助者的主导情绪是抑郁情绪，情绪的反应在正常范围内，持续时间1个多月，劳动效率有所下降，社会功能受到轻微的损害。

7. 心理测验结果与相关资料等支持诊断。

（四）鉴别诊断

1. 与精神病相鉴别：根据郭念峰的病与不病三原则，精神病患者知、情、意不统一，无自知力，一般不主动求医，出现幻觉、妄想、思维混乱、行为异常等；该求助者的知、情、意协调一致，主动求医，无幻觉、妄想等精神病症状，因此排除精神病。

2. 与抑郁性神经症相鉴别：神经症的内心冲突是变形的；该求助者的心理问题是由现实刺激（父母离婚）引起的，内心冲突与现实处境相联系，属于常形，虽然有抑郁情绪，但持续时间为1个月左右，无自杀轻生的念头。因此可以排除神经症和神经症性心理问题。

3. 与严重心理问题相鉴别：严重心理问题的反应强度强烈，内容泛化，病程大于2个月，社会功能受损严重；该求助者病程持续时间为1个月，无泛化，社会功能只是轻微受损。因此排除严重心理问题。

 **实施方式**

1. 老师提前一周将案例布置给学生。学生3~5人为一组，每组分析案例，根据来访者的情况设计一个来访者中心疗法咨询方案。

2. 每组选取2人，根据设计的方案，一人扮演心理咨询师，另一人扮演罪犯来访者。扮演咨询师的学生运用来访者中心疗法进行心理咨询（此过程可以在课堂上演示，也可以让学生在课前拍成视频在课上播放）。

3. 每一对扮演者时间约为15分钟。

4. 每一对扮演结束后，组员先自评，然后其他学生进行评价，最后老师进行点评。

5. 所有扮演结束后，老师进行总结。

注意事项

1. 老师可自选合适的案例。

2. 老师要预留充足的时间给学生分析案例和设计咨询方案，并指导学生设计矫正方案。

3. 要重视点评与总结环节，让学生充分了解本组矫正方案与方案实施的优点与不足，帮助学生更好地学习技能。

4. 本项目为拓展性实训。

实训作业

撰写来访者中心疗法操作实训报告。

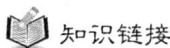 **知识链接**

运用来访者中心疗法矫治戒毒人员严重心理问题的案例[1]

一、基本情况

戒毒人员薛某，女，年龄52岁，高中文化，无正当职业，离异多年，在其他所戒治1年后转戒至吉林女所。和其他戒毒人员相比较，薛某身上有几点之"最"：

1. 年龄最大，生活自理能力最差，和她的生活阅历极不匹配。

2. 进步最慢，同期入所的其他戒毒人员几乎都已经进入正常的戒治生活，而她的适应能力很差，几乎没有变化。

3. 情绪最低落的一个，整天愁眉苦脸。

4. 最少言寡语，除了回答民警的提问外，和其他戒毒人员几乎没有交流。

二、评估与诊断

薛某入所初期的低落情绪和对环境的不适应性，给她周围的戒毒人员造成了压迫感，心理互助组的戒治氛围很低落。SCL-90测试结果显示，薛某的分值超过正常范围，多项指标为中度，其中焦虑与抑郁结果均为重度。

我们对其进行分析，从严重程度看，反应强度强烈，已经影响到正常的逻辑思维，出现回避和泛化；对社会功能造成严重影响；病程远远超过3个月。综合以上，此戒毒人员属于由吸毒导致的严重心理问题。

三、教育矫治方法及目标

针对薛某的行为表现，民警尝试用来访者中心疗法对其进行教育矫治，并为其设定了教育矫治目标。

短期目标：提高环境适应力和生活耐挫力，培养自我成长、实现的能力。

中期目标：协助此戒毒人员去伪存真地进行自我认识、自我重建，达到自我实现。

长期目标：使其悦纳自我、他人、世界，使人格更为统合。

四、实施情况

按照罗杰斯来访者中心疗法理论，民警对薛某进行了连续7个阶段的咨询。

第1阶段：哭泣

---

〔1〕 选自中国法律服务网（12348中国法网）司法行政（法律服务）案例库。

在第 1 次咨询时，薛某从开始，持续哭了大约 40 分钟。在此过程中，民警就坐在她的身边，默默地陪着她，静静地看着她。结束时，明显能够感到薛某的精神状态轻松了很多。在她的眼睛里除了伤感，还多了一份温暖、信任和感激。良好的咨询关系开始建立。

第 2 阶段：哭诉

在第 2 阶段的咨询过程中，民警先对薛某进行了音乐放松训练，薛某精神放松后，向民警诉说了她的痛苦。

"我来到这里后，也想快点和大家熟悉起来，但我总觉得自己这么大岁数了，怕别人瞧不起，做什么都很紧张，什么事也做不好，什么都不如别人，总想哭，天天烦躁不安，吃不下饭，睡不着觉，我也很着急，不知道这是怎么了。"

第 3 阶段：交流

经过一段时间的咨询后，薛某很渴望和民警进行交流。在民警的引导和鼓励下，薛某坦诚地说出影响她的负性事件——离婚。

"我是家里的老大，从小性格内向、好胜，凡事追求完美，一直想给弟妹起到表率作用。我从小不善于和别人交朋友，不喜欢体育活动，也没有宗教信仰。结婚时，家里人不赞成，但我自己一意孤行，嫁给了前夫，后来有了女儿。我总想着要好好经营自己的婚姻，能做的我就去做，有什么不开心的事，我也一直忍让，我总想着把日子过好，证明给家人看，我当初的选择是对的。然而好景不长，最后还是离婚了。离婚后，我备受打击，觉得自己的天都塌了。我开始自暴自弃，生活变得很混乱，我开始吸毒，然而吸毒后，不但没解决什么问题，自己的生活能力都下降了，生活变得糟糕透顶。染上毒瘾，不能自拔，我对生活更是充满无力感。从那时开始我放弃照管我的女儿。我认为自己什么都不如别人，经常哭泣。最让我不能接受和面对的是，因为我的婚姻的不幸福，直接影响了我女儿的婚恋观。我本来最痛恨拆散别人家庭的第三者，恰恰我的女儿成了第三者！这一切的一切我都不知道应该怎么处理，于是我选择了逃避。"

第 4 阶段：反思

经过了 1 个月的咨询，薛某的状态明显好转，压在心头的重负因为能够倾诉，减轻了很多。在行为上的转变也很大，有时还会和其他戒毒人员交流，发表一下自己的想法。

为了促使薛某进步，民警给她布置了家庭作业，一是婚姻是两个人的事，让她好好反思一下，她的婚姻的失败只是她自己的原因吗？二是让她反思一下，吸毒真的能够解决她的问题吗？对于自己的过去，薛某终于勇敢地进行反思。

第 5 阶段：反省

薛某认真地反思了自己吸毒后的生活，在民警的引导下，认识到这些年自己对父母、女儿以及对自己的亏欠，因为自己自暴自弃，不够理智，不能勇敢地面对现实，给自己和亲人都造成了巨大的伤害。看到薛某自责的样子，民警悄悄给薛某创造了一次特殊探访的机会。在母亲节前期安排薛某的女儿来所进行特殊探访。对薛某来说，女儿不但是生活上的支柱，更是精神上的依靠。对于女儿，薛某向来都是陪着笑脸，一句重话都没说过。然而在这次探访时，薛某竟然正面提出让她的女儿重新审视婚恋问题，并明确提出她反对她女儿现在的选择！女儿在看到母亲的转变后，经过思考，最后答应了薛某。薛某看到女儿的重新选择后，瞬间痛哭流涕，好像将所有的压抑都随着眼泪释放出来，重新找回了自我。

第 6 阶段：转变

这个时候的薛某终于能够平静地面对每天的生活，脸上也出现了喜、怒、哀、乐。虽然话语仍然不多，但每次都能表达自己的看法和观点。她的心理互助组成员讲，在一次卫生检查中，由于没有做到名列前茅，大家都很沮丧。经过一段时间的沉默后，薛某第一个站出来，鼓励大家说："现在大家应该找到问题的原因，将问题解决掉。只要大家一起努力，相信下次评比时，一定能够拿到好的名次。"听了薛某的话，大家都受到了鼓舞，不再继续沮丧，鼓足干劲，一起为下一次的评比而努力。

第 7 阶段：悦纳

经过近半年的心理咨询，薛某明显变得自信、开朗、快乐了，能够重新审视周围的人和事，开始悦纳自己、他人和环境；与人交往更开放、更主动、更自信、更自然、更频繁；独立、统合、健康的人格初具雏形。

五、矫治效果

薛某满 1 年的 SCL-90 测试结果显示，多项指标转为正常，尤其焦虑和抑郁结果显示为正常和轻度。2017 年 3 月薛某解除强制隔离戒毒，与吉林女所社区指导中心签订 1 年的自愿康复戒毒协议。她用实际行动践行着自己的戒毒决心，坚守着自己的生活之路，保持着良好的操守，目前和女儿在长春幸福地生活。

单 元 五

精神分析疗法技能训练

项目 1　自由联想技术的运用

实训目的和要求

通过角色扮演和模拟训练，让学生掌握自由联想技术的基本内容和实施程序，掌握实施自由联想技术的注意事项，并初步运用这一疗法对罪犯展开心理矫治。

实训内容

模拟运用自由联想技术。

实训准备

多媒体课室、心理咨询室、摄像机或录音机、实训记录表、笔等。

实训案例

服刑人员王某，男，41 岁，因抢劫罪入狱。王某自述，最近经常有压力，压力大时，感觉头比正常时大，太阳穴发胀。晚上经常失眠，就是睡着了也很快就醒来。白天在车间忙起来的时候感觉不到，闲下来的时候这种感觉又会出现，时好时坏。

实施方式

1. 学生 3~5 人为一组，组内同学两两匹配，一人扮演心理咨询师，另一人扮演有心理问题的服刑者王某，两人根据王某的基本信息设计自由联想矫治方案，扮演心理咨询师的同学在操作过程中要体现自由联想的实施步骤和注意事项，并能对有心理问题的服刑者的潜意识进行挖掘。

2. 每一对扮演者时间为 10 分钟以内。

3. 每一对扮演完毕后，先自评，然后其他学生进行评价，最后老师进行评价。

4. 所有扮演者结束后，老师进行总结陈述。

注意事项

1. 创建安全、舒适的环境，让来访者能自由地、无顾虑地说出头脑中出现的任何想法，不管其是否正确、是否有意义、是否合乎逻辑。

2. 不给来访者的思路以任何有意识的引导，让其脑子里出现什么就说什么。但是最关键的是，应该保证让来访者逐字逐句地说出其自我知觉到的一切事情。

3. 本项目为基础性实训。

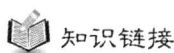 **实训作业**

撰写自由联想技术的实训报告。

知识链接

自由联想简介

弗洛伊德最早期主要是使用催眠进行精神治疗的，但在实践中，他逐渐发现催眠并不适用于每一个来访者。1895 年，弗洛伊德创造了自由联想以替代催眠作为主要的治疗方法，实践证明这是一种十分有效的方法。

来访者半躺在沙发椅上使自己完全放松，治疗者坐在其后倾听来访者的讲述。要求来访者随时讲出脑海中浮现出的念头、想象、回忆、思考及体验，不考虑所讲述的内容是否合乎逻辑、是否重要、是否符合道德标准，不加选择、不予保留，使自己"自由"地联想。治疗者应注意倾听来访者的每一句话，尽可能少干扰来访者的思路（保持被动），对来访者讲述的经历及各种不相关的内容（包括梦）进行分析，找出它们之间的内在联系。目的是找出隐藏在症状背后的无意识冲突。弗洛伊德将自由联想称为精神分析的"基本准则"。

自由联想毕竟不是重新经历，所以来访者不会再度受伤。另外，来访者现在已经成长，心理更加成熟了，即使再次经历童年的创伤，伤害也不会太大。而且，来访者是在治疗室里并在治疗师的陪同下回忆往事的，这样的氛围可以大大地缓解焦虑和恐惧。所以，这一次的体验与当年截然不同，情绪反应也不一样，这就叫做"矫正性情绪体验"。

在进行自由联想时，要求以来访者为主，治疗者应注意倾听来访者所讲的内容，不要随意打断来访者的话，当然，在必要时，治疗师可以进行适当的引导。自由联想法的最终目的，是发掘来访者压抑在潜意识内的致病情结或矛盾冲突，把它们带到意识层面，使来访者对此有所领悟，并重新建立现实性的健康心理。

自由联想具有矫正功能。当年的情绪体验可能是极度的恐惧、悲伤、无助、绝望，所以来访者不愿意回忆，有意无意地压制。情绪得不到释放，就通过症状来表达，导致心理障碍。通过自由联想，发掘出压抑在潜意识内的致病情结或矛盾，并把它们带到意识层面，情绪得到了宣泄，症状大大减轻。同时，来访者认识到过去的创伤已成往事，现在的情绪反应与过去已经大不相同，没有那么可怕了，完全可以勇敢地面对。

项目 2　阻抗分析技术的运用

实训目的和要求

通过角色扮演和模拟训练，让学生能辨别阻抗及了解其产生的原因，学会在服刑人员矫治中评估阻抗、处理阻抗、记录阻抗，进而提升心理矫正的效果。

实训内容

1. 辨别心理矫正中的阻抗，了解其表现及产生的原因。

2. 处理阻抗。

实训准备

多媒体课室、心理咨询室、摄像机或录音机、实训记录表、笔等。

实训案例

一、一般情况

来访者：刘某，男，45 岁，已婚，大学文化，因经济问题入狱服刑 5 年。

二、来访者自述

主诉：因背部不适觉得患了怪病，但因无人能诊治而痛苦 2 年。

个人陈述：我家庭条件好，大学毕业，曾经担任领导。我总觉得背部不适，感觉自己有病。值班民警带我到医院检查，他们检查来检查去都说没什么问题，如今医生的水平也太差了，根本就检查不出来，还说没事，我想谁有事谁知道。我感到非常痛苦，非常苦闷，明明有病就是没人能看出来，我还年轻，我不想死。想想就烦躁郁闷，弄得我这两年心情很不好，茶不思饭不想的，什么也不想干。晚上经常失眠，入睡很困难。

三、咨询师观察了解到的情况

刘某双眉紧锁，面部表情及眼神表露出烦躁、疲倦。其不爱讲话，但对心理矫治干警的出身、学历、成长经历和资质表现出极大兴趣。不过这种情况也没有维持多久，又变回了沉默寡言、消极冷漠的状态。刘某家境很好，由于是家中唯一的男孩，父母对其身体健康状况很重视。来访者从小就事事争第一，但性格偏内向，有些胆小怕事，人际关系尚可。工作勤勤恳恳，任劳任怨。刘某经常烦躁、易怒，有时为一点小事与狱友争吵，每日忧心忡忡，感到全身乏力，休息后也不能缓解，经常借故不参加劳动。

实施方式

1. 学生 3~5 人为一组。以组为单位，探讨案例中的来访者在咨询中有哪些阻抗行为，并探讨阻抗行为产生的原因，以及如何应对阻抗。

2. 每组派一个代表在讨论完毕后上台发言。

3. 发言完毕后，先自评，然后其他学生进行评价，最后老师进行评价。

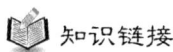 **注意事项**

1. 并不是所有的阻抗都要进行处理。当来访者能自己克服阻抗，并且能有利于治疗地进行会谈时，就可以不分析阻抗。但是，一旦阻抗持续存在或变强，就不得不去分析它。换句话说，大体原则是不必分析小的、暂时的阻抗。

2. 本项目为基础性实训。

实训作业

撰写阻抗识别技术与阻抗处理的实训报告。

知识链接

阻抗分析

弗洛伊德对分析阻抗的重要性的发现，宣告了精神分析和精神分析技术的开始。处理阻抗仍然是精神分析技术的两大基石之一。

精神分析有别于所有其他形式的心理治疗，在于它处理阻抗的方式。一些治疗方法的目标是强化阻抗：它们被冠之以"掩盖"或"支持"性治疗的称谓。其他形式的心理治疗也许试图以不同的方式克服或消除阻抗，例如，通过暗示或劝说，或利用移情关系，或使用药物。只有在精神分析治疗中，我们才通过分析阻抗，揭示和解释阻抗的起因、目的、方式和历史来克服阻抗。

阻抗（Resistance）的定义：阻抗意味着对抗。阻抗是来访者拥有的对分析性方法及过程起反作用的反向力量，即阻碍来访者的自由联想、妨碍来访者试图回忆和达到对顿悟的理解领会、针对来访者的合理化自我及想改变的愿望起反作用的力量，所有这些力量都可以称之为阻抗。

阻抗可以是意识的、前意识的或潜意识的，可以通过情感、态度、观念、冲动、思维、幻想和行动表达。阻抗本质上是来访者对分析的进展、分析师和分析性方法及过程起反作用的反向力量。弗洛伊德在1912年就已经意识到阻抗的重要性，当时他宣称："阻抗伴随着治疗的每一步。治疗之中的人的每一个联想、每一个行为必须考虑到阻抗，它代表了力争痊愈与反对力量之间的妥协。"

就来访者的神经症而言，阻抗具有防御的功能。阻抗反对分析性方法的作用，维护来访者的现状。阻抗保护神经症，反对来访者合理化的自我和分析性情景。既然精神生活的各个方面都具有防御的功能，那么它们都会满足阻抗的需要。

一、阻抗的临床表现

（一）来访者沉默

沉默是最常见的阻抗形式。一般意味着来访者有意识或无意识地不愿意与治疗师交流思想或感受。来访者可能意识到自己的不情愿，或者他可能只是感到脑子一片空白。对上述两种来访者，我们的任务是分析沉默的原因，了解反对自由联想的潜在动机。

我们可以这样说："此时可能是什么使你逃离了分析?"我们可以追问病人"脑子空白"的感受，即"可能是什么使你的脑子空白?"或者问"你好像将有些内容抹去，使它变成空白，那会是什么呢?"

其假设在于只有在深度睡眠时，才可能出现脑子一片空白，其他时间出现则意味着阻抗。

沉默可以有其他的意思，例如有时沉默可以是过去的某一事件的重现。来访者的沉默可能勾画出来访者对当时主要情形的反应。在这种情况下，沉默不仅是一种阻抗，同时也是缓解痛苦的一部分。

（二）不愿讲话

这是上面情况的一种变异。在这种情况下，来访者并不是完全沉默，但是清楚地知道自己不想讲话，或者没话可讲。来访者通常在作出此项说明之后陷入沉默。我们的任务同样是探询来访者为什么或怎么样不想说话。来访者的不想说话事出有因，我们的工作是让来访者就原因进行解释，探索来访者意识层面"无话可说"之下，潜意识内隐藏的内容。

（三）表现出阻抗的情感

阻抗可以通过来访者的情感反应来发现。一个最典型的表现是来访者虽然进行着言语交流，但是缺乏情感。他的话语枯燥、平淡、单调和淡漠，让人感觉来访者游离和隔离于他所讲述的内容之外。如果来访者所叙述的事件应该有强烈的情感投入，而此时来访者缺乏情感反应，这一现象尤其重要。

一般而言，情感反应不适切是阻抗的一个非常明显的信号。当想法和情感反应不一致时，来访者的陈述就会带有奇怪的特征。

（四）肢体语言

通常来访者会用其在沙发上的姿势表达出阻抗。紧张、僵硬、弯曲的姿势表示一种防御。除此之外，姿势保持不变，即一个姿势保持一个或者几个小时都是阻抗的信号。如果来访者没有阻抗，在治疗中他的姿势会有所变化。动作过多同样也是意味着来访者通过动作而不是语言表达某种东西。

姿势和语言内容相矛盾也是阻抗的一种表现。来访者平淡地谈论着某些事，却蜷曲或扭动着身体，说明只讲了故事的一部分，他的身体的移动在讲述着故事的其他部分。治疗中来访者紧握双手、双臂紧紧地挡在胸前、双脚紧缠着都意味着阻抗。并且来访者在治疗中站起来，或将一条腿从沙发上移开，意味着来访者想逃离分析性场景。

治疗中打呵欠也是阻抗。来访者进入治疗室的方式，如避开治疗师的眼光，或讲一些和治疗无关的话，或者离开时不看治疗师……所有这些都是阻抗的表现。

阻抗不应仅仅被理解为分析过程的对立，尽管那是它最直接和明显的临床表现形式。对来访者阻抗的研究可以使我们明白许多基本的自我功能以及来访者的客体关系。没有阻抗可能提示我们处理的是一位精神病来访者，例如一位向来规矩有礼的家庭主妇突然秽语不断、举止下流。阻抗分析还能阐明各种自我功能受本我、超我及外部世界影响的方式。另外，对治疗程序的阻抗则反复地提示了不同精神结构中的神经性冲突。治疗师对阻抗的分析能使来访者有机会亲自观察等同于妥协形成的症状形成。治疗中出现阻抗与来访者渴望与治疗师交流的愿望这两者之间不断变化着的关系，最能清晰地体现在来访者的自由联想中。这也就是自由联想被视为精神分析程序中基本的交流工具的原因之一。

二、阻抗的处理

（一）要解除戒备心理

咨询师一方面要了解阻抗产生的原因和表现形式，以便在阻抗产生时能够积极处理，不必把阻力问题看得过于严重，不要认为咨询会谈中处处有阻力，不可"草木皆兵"；另一方面在出现阻抗时，咨询师不能认为来访者是有意识地给咨询设置障碍。

在咨询过程中咨询师对来访者要做到共情、关注与理解，尽可能创造良好的咨询气氛，解除来访者的顾虑，使对方能够开诚布公地谈论自己的问题，这实际上已为咨询会谈减少了一定的阻力。

（二）要正确诊断和分析

来访者的阻抗原因可能是多种多样的，有的来自心理问题本身，有的与来访者人格特点有关，还可能源于对咨询师的不同感情。故咨询师要视不同的情况做不同的处理。因此对具体情况的明确分析就是十分重要的了。

（三）以诚恳帮助对方的态度对待阻抗

一旦咨询师确认咨询中出现了阻力，咨询师可以把这种信息反馈给来访者。但这种信息反馈一定要从帮助对方的角度出发，并以诚恳的态度，以与对方共同探讨问题的姿态向对方提出这一问题。

应付阻力的主要目的在于解释阻力，了解阻力产生的原因，以便最终超越这种阻力，使咨询取得进展。这里的关键是要调动对方的积极性。克服阻力不是一件轻而易举的工作，需要进行反复多次的解释和讨论，直至来访者达到真正的领悟为止。

项目3 移情与反移情分析技术的运用

实训目的和要求

通过角色扮演和模拟训练，让学生能够辨别移情与反移情并了解其产生的原因，学会在服刑人员矫治中评估移情与反移情、处理移情与反移情，提升心理矫正的效果。

实训内容

1. 辨别心理矫正中的移情与反移情，了解其表现及产生的原因。

2. 处理移情与反移情。

实训准备

多媒体课室、心理咨询室、摄像机或录音机、实训记录表、笔等。

实训材料

材料1：

在一次治疗结束的时候，弗洛伊德的一位女病人突然感觉到一个强烈的念头，期待弗洛伊德将给她一个亲吻。当然这位病人当时并没有提到这个念头，她很羞愧自己会有这种想法，并且整个晚上都不能入睡。在下一次的治疗中，她显得烦躁不安，联想中断，最后她把这个幻想说了出来。弗洛伊德尽力要找出这一幻想产生的原因，最后得出的结论是，它来源于病人许多年以前的一次经历。那时，这位病人在与一位男人谈话的时候，她有个很强烈但被她最终压抑了下去的突如其来的念头：这位男士可能要强行亲吻她。现在，这个想法重新出现，并从其现实对象"转移"到了心理医生身上来。于是，弗洛伊德发现，病人过去未满足或受压抑的愿望，倾向于转移到一个新的对象，即分析师身上。

材料2：

服刑人员陈某，在几次咨询中数次向心理矫治干警攀谈，羡慕该干警在事业上非常成功，而强调自己的失败，来访者对该心理矫治干警投射了一种既羡慕又嫉妒的情感。陈某还说这位民警长得很像自己的一个表弟，觉得跟该干警聊起来很亲切，并承诺出狱后一定请客。追溯到陈某的过去，其父母非常严格，很难无条件地接纳他。这样陈某也无法形成很好的自我接纳。陈某总觉得自己不够优秀，并试图以金钱来证明自己，最终禁不住诱惑，利用自己职务的便利私吞公款。

实施方式

1. 学生3~5人为一组。以组为单位，探讨上述材料中，是否存在移情与反移情，有哪些具体的表现，并探讨应该如何处理这些移情与反移情。

2. 每组派一个代表在讨论完毕后上台发言。

3. 发言完毕后，先自评，然后其他学生进行评价，最后老师进行评价。

注意事项

1. 对移情与反移情的处理，咨询师要注意不能横加指责，而且不能不顾及来访者相应的心理承受能力，主要以解释引导为主。

2. 本项目为基础性实训。

实训作业

撰写移情与反移情的识别与处理的实训报告。

知识链接1

移情

一、基本概念

来访者的移情是指在以催眠疗法和自由联想法为主体的精神分析过程中，来访者对咨询师产生的一种强烈的情感。是来访者将自己过去对生活中某些重要人物的情感和态度投射到咨询师身上的过程。

二、移情的识别

发生移情时，咨询师成了来访者某种情绪体验的替代对象。

移情有直接和间接两种形式，前者是直截了当地向咨询师表达自己的体验："我与你聊天感到特别愉快和难忘，你使我想起了我的……"；后者则间接地表达自己的感受："我觉得你的态度真好，我感到很放松"。

当然，咨询师要学会区别是否真是移情。来访者表达自己的情感并非都是移情，只有当来访者把自己以前的情感反应转移到咨询师身上，把后者作为过去情感对象的替代，对咨询师抱有超出咨询关系的幻想和情感时，才是移情的表现。

三、移情的处理

移情在精神分析理论中十分重要，移情再现了来访者以前尤其是儿童时期生活的某种情感，这种情感长期被压抑着而无处释放，甚至成了心理问题的一个"情结"。来访者把咨询师当作以往生活环境中和他有重要关系的人，把曾经给予这些人的感情（不管是积极的还是消极的）置换给了咨询师，借咨询师宣泄了积压的心理能量，从而有助于达到心理平衡。

出现移情是心理咨询过程中的正常现象，透过移情，我们可以更好地认识对方，并运用移情来宣泄对方的情绪，引导对方领悟。比如，可以分析来访者为什么会对自己或自己的言行反感，或者有特殊的好感，"你好像不太喜欢我刚才的……""你能否告诉我，为什么你喜欢我？"来访者也许会说，之所以不喜欢是因为咨询师说话的语气像他那整天爱唠叨的母亲；咨询师问话的方式像那位刚刚与自己离婚的丈夫，咄咄逼人，让人喘不过气来；或者咨询师像自己日夜思念的但已离世的爱人、恋人、亲人；像自己敬爱的领导和老师；像自己暗恋的对象；等等。来访者有时自己也不知道为什么，但经深入询问，一般都能明白其中的原因。

如果来访者对异性咨询师产生正移情，咨询师不必害怕，应当婉转地向对方说明这是心理咨询过程中可能出现的现象，但这不是现实中正常的、健康的爱。咨询师要有策略地（不要伤害来访者的自尊心）、果断地（让来访者知道咨询师明确、坚决的态度）、及早地（要早期发现，早期采取明确态度）进行处理，将其引向正常的咨询关系上来。如果任其发展，不但会干扰正常治疗的进行，还会带来麻烦。至于别有用心地利用来访者的不健康心态下的感情以图达到某种目的，是一种严重违反心理咨询职业道德的行为。

如果咨询师觉得自己难以处理移情现象，可以转介给别的咨询师。

移情是治疗过程中的过渡症状，咨询师应鼓励来访者继续宣泄自己压抑的情绪，充分表达自己的思想感情和内心活动。来访者在充分宣泄情绪后，会感到放松，再经咨询师的分析，得以领悟后，心理症状会逐渐化解。

 **知识链接2**

反移情

一、概念

反移情（counter-transference）是咨询师把对生活中某个重要人物的情感、态度和属性转移到了来访者身上。

反移情是与移情类似的一种情感或情绪反应，只不过它发生在咨询师而不是来访者身上，因此可以理解为咨询师对来访者的移情，又叫反向移情。反移情通常来源于咨询师意识之外的无意识冲突、态度和动机，它是咨询师对来访者产生无意识期待和某些神经质需求的外在表现形式。狭义的反移情被界定为"治疗者对来访者的移情"，这是弗洛伊德的定义。广义的反移情可以理解为"由于治疗者的需要而非治疗关系或来访者的需要而产生的治疗者任何形式的无意识情绪或行为反应"。

美国著名心理学家辛格认为，反移情可有三种表现形式：咨询者对来访者过分热情和关切；咨询者对来访者过分敌视和厌恶；咨询者对来访者产生一般的紧张情绪。在本质上，这些表现形式均表示了咨询者对来访者思想、行为的一定的自我防御。

二、反移情的判断标准

杜波夫斯基提出了判断反移情存在的11个线索，这些线索总体上可以分为两类。

1. 咨询者异常的情感反应。包括：①一种超出正常的强烈情感体验（特别是愤怒、恐惧、内疚、厌恶、同情或者性的诱惑）；②感到不能理解来访者的处境，缺乏共感（共情）；③感到经不起来访者的批评与质疑，并且处于防御状态；④感到来访者没有实事求是地评价自己为他所做的一切；⑤试图以自己的知识及技术给来访者留下深刻的印象。

2. 咨询者异常的行为反应。包括：①违反了惯例，如谈话比平时多或少，提前或推迟停止来访者的咨询（即违反了咨询契约）等；②发现很难集中注意力于来访者身上，而专注于其他事物，感到欲睡或者厌倦；③不关心来访者；④与来访者就某一问题进行争论；⑤害怕来访者的再次来询；⑥变得过分专注于来访者，例如与他人反复地谈论这一来访者，渴望或不安地期待来访者下次来咨询。

三、反移情的处理方法

从广义上来讲，对于反移情的处理应该包括对反移情的觉察和对反移情的具体处理。

（一）觉察工作

咨询者要增加对自己的想法和情绪的觉察工作，随时检视自己对来访者的感觉和情绪是否属于反移情现象。这可以通过自我提问的方式来检查：①在与这位来访者进行咨询时，我有什么感觉？②对这位来访者的感觉是否超出平常对来访者的想法和感觉？③我在咨询中的情感与来访者的行为是否一致？是否源于自己的主观原因？④自己对来访者的想法与情绪是否不恰当？

（二）处理工作

1. 录音录像。仅仅靠咨询者事后的回忆与整理往往是不够准确的，所以在条件允许的条件下，最好对自己的咨询过程进行录像或录音来记录自己的情绪和行为反应。根据客观的记录对自己的咨询过程进行系统的自我分析、自我反省和总结，来澄清反移情出现的原因。

2. 寻求督导帮助。经过自我分析之后，咨询者也可以寻求督导帮助。因为当咨询者出现反移情时，不应与来访者进行讨论，更应该克制自己不要在来访者面前表露自己的反移情，而应该寻求老师、资深同事的帮助，让他们对自己的咨询行为进行必要的督导，并学习如何有效地觉察与节制自己的情绪反应。

3. 参加心理治疗。如果经过督导帮助后咨询者觉得还必须对自身的问题进行探索时，可以通过心理咨询来帮助认识已经被来访者唤起的问题或者冲突、偏见。在国外，咨询者还可以参加一个成长团体，在有经验的咨询者指导和具有相同问题的咨询者的启发下达到对反移情的妥善解决，从而促进个人的成长。

4. 转介给其他咨询者。如果咨询者已经尽力处理自己的情感、想法和行为，并且已经咨询了督导与同事之后，冲突与问题仍然存在，并且这种反应已经影响了继续咨询，则可以考虑把来访者转介给另一个咨询者。

项目4　自我防御机制分析技术的运用

📝 **实训目的和要求**⌐

通过角色扮演和模拟训练，让学生能够识别心理防御机制的表现，了解心理防御机制产生的原因，学会在罪犯心理矫正过程中识别出现何种心理防御机制以及如何处理心理防御机制，提升心理矫正的效果。

📝 **实训内容**⌐

1. 识别心理防御机制，了解其表现及产生的原因。

2. 处理心理防御机制。

实训准备

多媒体课室、心理咨询室、摄像机或录音机、实训记录表、笔等。

实训案例

来访者一般情况：邓某，男，48 岁，已婚，初中文化，因抢劫入狱服刑。

一般印象：邓某初次来访时显得较为紧张，话语不多，比较被动。随着咨询关系的建立，来访者逐渐放松，话语变多，主动讲述自己的想法、梦境及服刑生活。

精神状态：一开始情绪平和，讲着讲着往往过于激动；思维较为清晰，有时语速比较快。

社会功能：社会功能正常，能维持正常的服刑生活。人际关系失调、被动，没兴趣与其他人建立基本的友谊。

来访者主诉：认为监狱的民警、狱友、家人都不能理解他，他们也跟自己不是一个层次，内心非常痛苦。他说，周围这些人都瞧不起他，其实自己见过无数大世面，而且是无所不能的。

心理矫治民警的资料：邓某入监服刑初期，会主动和周围的人分享他的事，他说自己和一些很牛的政治人物有关系，后来慢慢就不说了。经常一个人默默地坐在一边，思考问题，经常失眠，脾气暴躁，有暴力倾向。他最近认为，自己受到神灵的指示，出狱后会有大事要做，非常牛，现在只能尽力低调。

实施方式

1. 学生 3~5 人为一组。以组为单位，探讨案例中的来访者在咨询中有哪些心理防御行为，并探讨其心理防御行为产生的原因，及其如何处理他的心理防御机制。

2. 每组派一个代表在讨论完毕后上台发言。

3. 发言完毕后，先自评，然后其他学生进行评价，最后老师进行评价。

注意事项

1. 注意正确认识和评价人类的心理防御机制，认识到并不是所有的心理防御机制都是消极的，也要看到心理防御机制的重要意义，鼓励来访者使用积极的成熟的心理防御机制，卸下过度的自我防御心理负荷。

2. 本项目为基础性实训。

实训作业

撰写识别心理防御机制以及处理心理防御机制的实训报告。

知识链接

自我防御机制

自我防御机制（Self-defense Mechanism），简称心理防御，是由西格蒙德·弗洛伊德提出的心理学名词，主要指自我对本我的压抑，这种压抑是自我的一种全然潜意识的自我防御功能，是人类为了避免精神上的痛苦、紧张、焦虑、尴尬、罪恶感等心理，有意无意间使用的各种心理上的调整。

原始防御机制是指童年生活经历所形成的防御机制，保护自己可以说是原始防御机制的本质。心理防御机制本身越原始，那么其效果越差；离意识的逻辑方法越远，则越近似于变态心理。

在生理上，心理防御机制被认为可以防止因各种心理打击而引起的生理疾病或心理障碍，而过分或错误地应用心理防御机制可能带来心理疾病。

一、自我防御机制的特征

防御机制不是蓄意使用的，它们是无意识的或至少是部分无意识的，真正的防御机制是无意识进行的。

防御机制是借支持自尊或通过自我美化（或称价值提高）而保护自己及防护自己免于受伤害。从它的作用和性质来看，可分为积极的防御机制和消极的防御机制两种。

防御机制似有自我欺骗的性质，即以掩饰或伪装我们真正的动机，或否认对我们可能引起焦虑的冲动、动作或记忆的存在而起作用。因此，自我防御机制是借歪曲知觉、记忆、动作、动机及思维，或完全阻断某一心理过程而防御自我免于焦虑。实际上，它也是一种心理上的自我保护法。

防御机制本身不是病理的，它们在维持正常心理健康状态上起着重要的作用。但正常防御功能作用改变的结果可引起心理病理状态。

防御机制可以单一地表达，也可多种机制同时使用。

二、常见的心理防御机制

人类使用心理防御机制时，有时是有意的，有时是无意的。这些心理防御机制有的符合社会道德标准，有的则不符合；对生活的影响各不相同，有正有负。

压抑（repression）：指个体将一些自我所不能接受或具有威胁性、痛苦的经验及冲动，在不知不觉中从个体的意识中排除抑制到潜意识里去作用。压抑是一种"动机性的遗忘"，个体在面对不愉快的情绪时，不知不觉有目的地遗忘，与因时间久而自然忘却的情形不一样。例如，我们常说："我真希望没这回事""我不要再想它了"，或者在日常生活中，有时我们做梦、不小心说漏了嘴或偶然有失态的行为表现，都是这种压抑的结果。在所有机制中，弗洛伊德认为，压抑是自我最基本的机制，因它先于其他防御机制产生，同时也是其他防御机制运行的基础。

否认（Denial）：指无意识地拒绝承认那些不愉快的现实以保护自我。它是最原始最简单的心理防御机制。意志薄弱而知识结构又单纯的人，常会情不自禁地使用否认机制。例如：小孩打破东西闯了祸，往往用手把眼睛蒙起来；癌症病人否认自己患了癌症；妻子不相信丈夫突然意外死亡；母亲发生车祸，不想接受时，拒绝接受。

歪曲（Distortion）：这是一种把外界事实加以曲解、变化以符合内心的需要，属于精神病性的心理防御机制。用夸大的想法来保护其受挫的自尊心，这是歪曲作用的特例。因歪曲作用而表现的精神病现象，以妄想或幻觉最为常见。妄想是将事实曲解，并且坚信不疑，如顽固地认为配偶对其不贞。幻觉乃是外界并无刺激，而由脑子里凭空感觉到的声音、影像或触觉等反应，它与现实脱节，严重歪曲了现实。例如：明明昨天和女朋友分手，却自以为要和女朋友结婚，甚至还到处向亲朋好友发喜帖。

其他心理防御机制还有认同、升华、投射、合理化、反向形成、固着、退化等。

单元六

其他常用疗法技能训练

项目1　沙盘游戏治疗

实训目的和要求

通过案例分析，让学生认识什么是沙盘游戏治疗、沙盘游戏治疗的历史与发展，掌握沙盘游戏操作要领以及注意的事项。

子项目1

实训内容

沙盘游戏咨询案例分析与分享。

实训准备

多媒体课室、沙盘游戏咨询室、摄像机或录音机、实训记录表、笔等。

实训方案1

实训案例

一、人口学资料

服刑人员朱某，男，1987年出生，初中文化，因抢劫罪被判处有期徒刑14年。该犯在狱内人际关系紧张，脾气暴躁，易冲动，多次违犯监规队纪，屡教不改。

二、朱犯个人陈述

我8岁左右时，父母因为感情不和离婚，离婚前父亲经常殴打母亲，母亲离婚后到济南打工，父母都不想要我，我感觉被遗弃了。后来，我跟着父亲生活，经常挨打，我也经常不回家，在亲戚家轮流住。我15岁到济南、北京等地打工，在打工期间，多次受别人的欺负。此前有两次服刑经历：第一次服刑是2005年，因抢劫罪，被判处有期徒刑3年，在某监狱服刑；第二次服刑是2010年，因盗窃罪，被判处有期徒刑1年6个月。

三、朱犯分管干警的反映

该犯劳动态度积极，在意干警及他犯对自己的评价，敏感，易激惹，往往因为鸡毛蒜皮的小事，就对他犯进行辱骂甚至殴打，行为偏激。该犯描述打架行为时，虽然口头能够认错，但下次遇到类似情形，往往又难以避免。其他罪犯很少有人与其交往，基本都采取"敬而远之"的态度。

该犯代表性的违纪行为有：2012年11月，因生产琐事与罪犯黄某发生争执，随即持生产用螺丝刀攻击黄某，被他犯制止。2013年4月19日，因生产琐事对罪犯尹某不满，对其进行辱骂和威胁，当班干警上前制止时，该犯不听劝阻，当场顶撞。2014年5月7日晚，在狱内洗漱间洗漱时，罪犯薛某将水溅到朱某身上，二人发生争吵、谩骂、打斗。2015年2月也因洗漱时他犯将水溅到其身上，对王犯进行了殴打。

四、矫正干警的观察和了解

朱犯衣着整洁，精神一般，不拘束，比较健谈。对于自己以前的违纪行为，该犯没有较好的认识，带有较强的防卫心理。表现偏执、极端，认为自己的改造前景不乐观，不知道以后该怎么办，出现焦虑的情绪。

五、心理测试

为了进一步了解朱犯的情况，对其进行90项症状清单测试，发现其焦虑、抑郁、人际敏感、敌对分明显高于常模，饮食、睡眠质量差。

实施方式

1. 学生3~5人为一组。以组为单位，探讨沙盘游戏的历史与发展、沙盘游戏的咨询原理，结合案例谈谈沙盘游戏疗法的操作步骤。

2. 每组派一个代表在讨论完毕后上台发言。

3. 每组发言完毕后，先自评，然后其他学生进行评价，最后老师进行评价。

实训方案2

实施方式

1. 学生3~5人为一组。以组为单位，选择并学习一个沙盘游戏咨询案例。

2. 每组学生代表进行案例学习报告。报告前，每组做好演示PPT，重点介绍案例的基本情况、沙盘游戏咨询过程、采用的技术等。

3. 每组报告完毕后，老师与学生对案例进行集体讨论。

4. 所有小组报告完毕后，老师作总结陈述。

实训作业

撰写沙盘游戏疗法的操作步骤的实训报告。

📖 **子项目2**

📝 **实训内容**

实施一次沙盘游戏咨询。

📝 **实训准备**

多媒体课室、沙盘游戏咨询室、摄像机或录音机、实训记录表、笔等。

📝 **实施方式**

1. 学生2人为一组。一人作为心理咨询师，另一人作为来访者，演练沙盘游戏咨询。每组进行6~10次咨询，每周1~2次。（如实训时间和场所允许，建议之后交换角色后再演练。）

2. 每组演练结束后，进行集体分享。每组重点分享沙盘游戏技术的运用、咨询过程中咨访双方的感受等。

3. 每组报告完毕后，老师与学生对案例进行集体讨论。

4. 所有小组报告完毕后，老师作总结陈述。

📝 **实训作业**

撰写沙盘游戏咨询报告。

📝 **注意事项**

1. 在沙盘游戏疗法中教育者的角色是陪伴者，而不是指导者。

2. 在沙盘游戏疗法中教育者要特别注意掌握提问的技术。

3. 教育者要善于发现学生沙盘表象之下的深层次意义。

4. 在沙盘游戏治疗过程中要尽量避免过多的主观性参与。

5. 要注意沙盘游戏疗法与其他心理疗法的结合。

6. 本项目为拓展性实训。

📖 **知识链接**

沙盘游戏疗法

沙盘游戏疗法是兴起于欧洲20世纪早期的一种心理治疗方法，起源于英国医生玛格丽特·洛温菲尔德（1939）创立的"世界技法"。世界技法作为一种非言语沟通的方法被应用在儿童心理治疗当中。

瑞士荣格心理分析师朵拉·卡尔夫（1980~2003）以荣格分析心理学为基础提出了她命名为"沙盘游戏"的治疗方法。沙盘游戏疗法协会聚焦于此疗法，即以荣格分析心理学为理论基础来探究人的心灵。这种方法可以让心灵在最深处得以转化。沙盘游戏疗法是指前来接受心理治疗的来访者在专业治疗师的陪伴见证下，在沙盘中用沙具创造出一幅三维场景的过程。

治疗师鼓励来访者在沙盘中制作任何他（或她）想做的内容，而不做进一步的指导。当来访者在沙盘里工作时，治疗师坐在附近记录来访者制作的内容、所说的话及行为等。治疗师勾画出沙盘的草图或分布图以备日后回顾参考使用。整个沙盘制作完成后，治疗师拍照存档。

对儿童来说，沙盘游戏疗法是一个完美的治疗方法。由于孩子的大脑还没有发展到足够成熟的水平，可以谈论"出了什么问题"或者去分析自己遇到的困境，所以沙盘游戏疗法非言语的特点让孩子们可以通过象征来"表达"，而象征就是他们内心世界的语言。现在，沙盘游戏疗法已经被广泛应用于儿童与成人。

制作完成一个沙盘看似很简单，其实这是一种错觉。在这一看似简单的沙上图景创作背后是深刻的心理历程，而这一过程才是沙盘游戏疗法真正关注的对象。对于沙盘的理解和接纳绝非易事。因此，沙盘游戏具有一种迷人的特质，它体现了完整的心理过程，而我们无论如何努力都不一定能够完整把握住每一个沙盘内的全部要义。

沙盘游戏疗法的理论基础源自荣格（1960~1981）的以下观点：人的心灵具有自我疗愈和趋于整合的倾向。这一倾向在适当的条件下会被激活。在一系列三维沙盘图景的创造过程中，来访者潜意识中的冲突通过象征的形式表现出来，与此同时，对其混乱的心理内容进行有益的重整，从而实现心灵的疗愈和转化。借助超越功能的转化性特点，沙盘游戏的象征性过程即是一个将意识中的自我不断调整，以期与自性（荣格分析心理学中的核心原型）相协调一致的过程。遵循着心灵的中心——自性——重新调整心理内容，可以创建出健康和谐的个体，他的生命将有目标、有意义。

呈现在沙盘中的象征形式可以是单个沙具、沙具组合甚至整个沙盘，而同一来访者制作的一系列沙盘则被称为一个沙盘历程。沙盘游戏疗法可以促进心理创伤的弥合修复，激发潜在的发展潜能，能使来访者调整对自我和个人经历的感知，使其与自性相一致。在沙盘游戏历程中，来访者会逐步意识到根植于他（或她）心灵深处的真正的自己。

沙盘游戏并不是一种宗教仪式，而是适用于所有信仰的人群。我们有时提到这是一种"灵性"的体验，是因为触及自性的中心会让个体意识到自己在整个宇宙秩序中的存在远胜过小我的存在。对一些人来说，这种体验会被看作神、圣、佛祖等，这取决于他们的宗教倾向。对另一些人来说，触及自性具有相同的力量感，对生活的目标和方向充满力量，但并不会把这看作一种宗教性的灵性体验。其实，我们对这种在自性中的心灵中心化如何称谓并不重要，重要的是去体验并拥有一个和谐平衡的心灵，心灵的各个部分作为一个有意义、凝聚在一起的整体共同工作。

在建立起安全的客访关系的前提下，沙盘游戏能够使来访者超越意识的限制，激发心灵的成长，继而迈向更加完满、更具创造力的生活。该疗法既适用于成年人也适用于儿童。治疗师不会对来访者就其沙盘内容进行任何分析或解释，直到整个历程结束，并安排足够长的时间让来访者将过程中内心所呈现的心理内容进行整合。

尽管在来访者制作沙盘时，治疗师不做解释，但他们对来访者在过程中所摆放内容的不断深入理解是十分重要的，这对于包容接纳从来访者潜意识中浮现出来的心理内容具有关键性作用。治疗师从意识层面更多地理解象征性历程中的内容（而来访者对此基本上一无所知），会降低来访者因潜意识内容的涌现和整合而产生的不确定感。治疗师为来访者提供安全的心理环境，接纳来访者潜意识中浮现的内容，与此同时，来访者的心灵不断整合并逐渐将象征性的内容意识化。因此，沙盘游戏治疗师不断培养和提升自己包容接纳沙盘游戏历程的能力，不断培养和提升自己对历程中象征性内容的理解能力，是至关重要的。尽管我们不可能也没有必要理解沙盘中所显示的所有内容，但朵拉·卡尔夫认为，为了可以充分包容接纳整个沙盘游戏历程，治疗师要不断地去理解沙盘中所传递的信息。

项目 2　催眠技能训练

实训目的和要求

通过案例分析，让学生认识什么是催眠，并初步掌握催眠疗法的操作步骤以及注意的事项。

实训内容

组织一次简单的放松催眠。

实训准备

心理咨询室、沙发躺椅、音乐治疗椅、摄像机或录音机、实训记录表、笔。

实训案例

宋某，男，33岁，心境低落、焦虑、人际关系紧张、易激惹。在日常生活中与同犯关系紧张，易怒、冲动，爱面子，容易对他人实施暴力行为，自身行为意识差，屡次违反监规队纪，严重干扰其本人改造和监狱的改造秩序。通过收集资料、评估，诊断为一般心理问题。

实施方式

1. 实训前一周，教师将案例发给学生。学生 3~5 人为一组，以组为单位，结合案例讨论催眠治疗的操作步骤，并准备一段放松催眠操作（重在准备良好的放松催眠环境及催眠指示语）在课堂上演示（或拍成视频在课堂上播放）。

2. 每组演示时间约 10 分钟。演示结束后，各组进行自评，其他学生进行评价并提出改进意见与建议，最后老师进行点评。

3. 所有小组演示完毕后，老师进行总结。

注意事项

1. 不是对任何来访者都可以使用催眠。

2. 尽量选择空气流通、安静并且感觉安全的场地，能有比较好的催眠效果。

3. 背景音乐可以选择轻柔的纯音乐，自然音乐或水晶音乐是不错的选择，如果对音乐有特别的喜好，也可以选择个人喜欢的音乐。

4. 学习建立属于自己的催眠流程。

5. 每个人进入催眠状态所需要的时间不一样。有些敏感体质的人，闭上眼睛根本不需要做前置的引导，就可以听到、看到、感觉到身临其境般的景象；有些人则需要一些时间学习被催眠。

6. 接受催眠时，穿着轻松的平日服装即可，做催眠前可以先感觉一下，你身上穿的衣服，是否让你感觉束缚，可以先将眼镜拿掉，皮带以及其他觉得累赘的束缚也都可以解开或拿掉，让自己身上感觉很轻松，没有多余的负担。催眠前可适度进食，不宜过饱。大量的流汗或淋雨后请先将身体擦干，酒后并不适合接受催眠。

7. 如果不想中途被打断，可以先将你的手机关掉，开震动并不是很好的选择，表示你还是有所担心。

8. 本项目为扩展性实训。

实训作业

撰写催眠的操作步骤的实训报告。

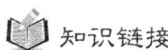 **知识链接**

催眠术

催眠术（Mesmerism or Hypnotism）最早出现于 18 世纪中叶的奥地利，弗朗茨·梅斯梅尔（Franz Anton Mesmer）将其理论化和系统化，然后以他的名字定名催眠术为 Mesmerism，后来英国人詹姆斯·布雷德（James Braid）命名为 Hypnotism，此后逐渐传播到世界各地。

一、催眠的历史

催眠或已有数千年的历史，早在 5000 多年前的埃及，以及中国古老的祝由术、导引术，或是其他民族的巫术都有催眠的痕迹可寻，但都高深于现代催眠。现代催眠最早以催眠术鼻祖梅斯梅尔的名字命名为 Mesmerism，至今约有 200 多年的历史。后来由英国曼彻斯特的外科医生詹姆斯·布雷德（James Braid）将催眠定义为 Hypnosis。在希腊神话中 Hypnos 是睡神，相传 Hypnos 住在冥界，他的左手拿着罂粟花蕾，右手则持着一支牛角，牛角里装满了液体，这种液体可以令人进入睡眠。如果被他的魔法棒轻触到眼睛，无论是人或者神，都会无法抗拒地进入梦乡。

中国现代催眠术是由国外传入的。1903 年留日学生王若俨翻译了《催眠术实施法》。1905 年留日学生江吞等翻译了《催眠术精理》。1905 年陶成章在上海讲授催眠术，其后《催眠术讲义》出版。留日学生余萍客于 1909 年在日本横滨创立了中国心灵俱乐部，研究传播催眠术。留日学生鲍芳洲于 1910 年在日本神户组织华侨催眠术研究社，传播教授催眠术。

二、催眠的方法

催眠的方法大多数是使被催眠者完全放松，然后再使用暗示的方法对被催眠者进行催眠，包括言语的暗示、环境的暗示等。言语暗示是用言语的形式，将一些暗示的信息传达给被催眠者。如对被催眠者说："你现在置身于一个非常幽静的森林里。"环境暗示是让被催眠者处在一个适合催眠，有助于被催眠者进入催眠状态的场所，如室内灯光的光线、室内的音乐、室内的陈设等。但亦可在紧张和嘈杂的地方进行。多数电影里出现的弹手指声为催眠开局，是因为弹手指声能够对脑波产生一种提醒与暗示性。

三、催眠原理

说到催眠原理，一定要从脑波开始讲起。脑波有四种：β、α、θ、δ 波。当人在日常生活中，所呈现的是 β 波，称为一般状态。当人在心情平静下，所呈现的是 α 波，称为放松状态。θ 是打盹波，称为打盹状态。δ 是酣睡波，称为熟睡状态。而催眠就是在 α 波和 θ 波状态下进行的。

四、催眠运用

催眠的运用在于：治疗忧郁症、治疗肥胖、协助戒烟、改善睡眠品质、解除心理压力、信心重建、治疗创伤症候群（如美国卫生部辅导的伊拉克战场士兵回国的创伤治疗计划）、恐惧症状克服（如幽闭恐惧症、飞行恐惧症、演讲恐惧症）、戒除强迫性行为等。

五、三种较重要的催眠理论

（一）部分退化（partial regression）理论

该理论认为催眠使受试者思维退化至某种较幼稚的阶段，失去了正常清醒时所具有的控制能力，落入一种较原始的思维方式，因而凭冲动行事并进行幻想与幻觉的制作（Gill，1972）。

（二）角色扮演（role playing）理论

该理论认为催眠是受试者在催眠者的诱导下过度合作地扮演了另外一个角色。受试者对角色的期望和情景因素，使他们以高度合作的态度做出了某些动作（Barber，1979 & Spannos，1986）。但很多学者坚持催眠是意识的另一种状态，而不是角色扮演，因为即使最合作的受试者也不会同意在不给麻醉药的情况下进行手术。角色扮演学者则认为，在适当的诱导下譬如酬劳或奖赏，还是有可能使受试者接受无麻醉的手术。

（三）意识分离（dissociation in consciousness）理论

欧内斯特·希尔加德（Ernest Ropiequet Hilgard，1977）根据实验观察，认为催眠将受试者的心理过程分离为两个（或两个以上）同时进行的分流。第一个分流是受试者所经历的意识活动，性质可能是扭曲的；第二个分流是受试者难于察觉、被掩蔽的意识活动，但其性质是比较真实的，希尔加德称之为"隐蔽观察者"。意识分离是生活中一种经常出现的正常体验，例如长途驾车的人对路上状况作出了一些反应但大多不能回忆，就是由于当时的意识明显地分离为驾驭汽车与个人思考两部分了。

项目3　正念训练

实训目的和要求

通过案例分析，让学生认识什么是正念、正念疗法的历史与发展，掌握正念疗法的操作步骤以及注意的事项。

实训内容

实施一次正念训练。

实训准备

团体心理辅导室、正念训练相关器材、摄像机或录音机、实训记录表、笔。

实训案例

宋某，男，33岁，心境低落、焦虑、人际关系紧张、易激惹。在日常生活中与同犯关系紧张，易怒、冲动，爱面子，容易对他人发生暴力行为，自身行为意识差，屡次违反监规队纪，严重干扰其本人改造和监狱的改造秩序。通过收集资料、评估，诊断为一般心理问题。

实施方式

1. 学生3~5人为一组。以组为单位，结合案例设计一个正念训练方案。

2. 每组选取训练方案中的一次训练进行演练。每组选取1人扮演导师，其他组员及其他学生扮演罪犯，模拟实施正念训练。

3. 每组扮演时间为10分钟左右。扮演完毕后，每组先自评，然后其他学生进行评价，最后老师进行评价。

4. 所有扮演者结束后，老师进行总结。

可参考的训练指导语：

正念吃葡萄干

在大多数正念减压课的开始阶段，我们都会介绍这个专注地吃葡萄干的练习，来阐明冥想的概念。（如果没有葡萄干，其他食品也可以。）

当你做这个练习时，请把所有分心的事放在一边，关掉电话，专注于直接、清晰地觉察你所体验到的每个方面和每个时刻。你可以通过阅读下面的文本来进行练习。

在每个指导语上花点时间。如果你正在阅读这段冥想，那么请用 5 分钟左右的时间来做这个练习。

把几个葡萄干放在你手中。想象自己刚从一个遥远的星球来到地球，那个星球上没有这种食物。

现在，这种食物在你手里，你开始用你所有的感觉来探索它。

选择其中一个葡萄干来观察，就好像你从来没有见过和它类似的东西一样。集中注意力看这个物体，仔细观察它，探索它的每一个部分，如同你以前从未见过它一样。用你的手转动它，并注意它是什么颜色。

注意它的表面是否有褶皱，再看看它的表面什么地方颜色较浅、什么地方颜色深暗。

接下来，探索它的质感，感觉一下它的柔软度、硬度、粗糙度和平滑度。

当你这么做的时候，如果出现下列想法，例如"我为什么做这个奇怪的练习？""这对我有何帮助？"或者"我讨厌这些东西"，那就看看你是否能认同这些想法，然后随它们去吧，再把你的注意力带回到这个物体。

把这个物体放在你的鼻子下面，仔细地闻它的气味。

把这个物体放到耳边，挤压它，转动它，听一下是否有声音传出来。

开始慢慢地把这个物体放到你嘴里，注意一下手臂是如何把这个物体放到嘴边的，或者注意一下你是何时开始意识到你嘴里的口水的。

把物体缓缓地放入嘴里，放在舌头上，不要咬它，仔细体会这个物体在你嘴里的感觉。

当你准备好时，就有意地咬一下这个物体，注意它在你嘴里是怎样从一边跑到另一边的，同时也注意一下它散发的味道。

慢慢地咀嚼这个物体。注意你嘴里的唾液，在你咀嚼这个物体的时候，它的黏稠度是如何变化的。

当你准备吞咽的时候，有意识地注意吞咽这个动作，然后看一下你是否注意到吞咽葡萄干的感觉。去感觉它滑入到你的喉咙，进入你的食道，再进入胃里。

这段时间里你体验了正念饮食，花点时间为自己庆贺一下吧！

5 分钟正念呼吸

正念冥想中一些重要的基础内容，你已经熟悉了。现在请准备好开始练习正念呼吸。我们之前提起过，有一句古老的智慧格言建议我们："一盎司的实践胜过一吨的理论。"开始之前，我们还有最后一点忠告：对于任何一种练习，只有当你安于事物的原貌时，最深层的疗愈才会发生。这可能意味着仅仅是关注并认同压力或焦虑，而不是陷入习惯性逃避。你可能发现通过包容你的恐惧，你找到了你曾经迷失的心灵。

在一个放松的、没有干扰（如关闭电话）的环境中做这个练习。无论躺着或坐着都可以，但如果你躺下来，发现自己容易睡着，请尝试更为直立的姿势。当你阅读下面的冥想指导语时，请将你全部的注意力集中到这个练习上，并在每段后暂停一下进行练习。你可以在一天中任何时候练习。如果喜欢，可以把此练习与正念内省联系起来。花点时间安静下来。祝贺自己能抽出时间进行冥想练习。

让你的意识跟随着呼吸，游走在身体每一个感受强烈的角落。它可能在鼻子、颈部、胸部、腹部，或是其他什么地方。当你正常而自然地吸气时，去感受空气的吸入；当你呼气时，去感受气体的排出。你只需要在吸气与呼气时，保持这种对呼吸的专注。

没有必要去想象呼吸的场景，计数呼吸的次数，或弄清呼吸的过程；只要专注于吸气与呼气。不需要评判，只要观察呼吸像大海的波涛一样起伏涨落。没有什么地方要去，没有什么其他的事情要做，只需要在此时此地，专注于呼吸——活在每一次呼吸的当下。

当你吸气和呼气时，去专注吸入时身体的提升，呼出时身体的下降。每时每刻，乘着呼吸的波浪，吸气，呼气。

有时，注意会从呼吸上转移。当你发现这种状况时，去感知注意的去向，然后再逐渐地把它带回到呼吸上来。

正常而自然地呼吸，不用任何方式去操纵它，只是在吸气和呼气时关注呼吸。

当你结束这段冥想时，为自己能抽出时间活在当下，并实践了一些爱的行为而庆祝吧。祝愿我们祥和宁静，祝愿所有生命都祥和宁静。[1]

注意事项

1. 冥想是集中精神的自我体验，并不是无意识，也不要睡着。
2. 走神没关系，只要关注呼吸并把意识重新拉回来即可。
3. 开始训练时，可以听一些舒缓的音乐、大自然的声音来辅助练习。
4. 每天空出一段整块的时间进行冥想锻炼，并安排一个固定的地方。
5. 通常冥想 10 分钟之后才能逐渐进入状态，所以一开始期待值不要太高。
6. 本项目为拓展性实训。

实训作业

根据正念的操作步骤，实施一次正念矫治。

知识链接

正念疗法

正念疗法英文为 Mindfulness，被归类在第三波认知行为疗法，正念是一种专注于当下，全然开放的自我觉察，不需要带有自我批判的心态，改以好奇心和接纳，迎接内心和脑海的每个念头，也就是强调正视当下和觉察。正念疗法是由马萨诸塞大学的

---

〔1〕　资料来自网络。

荣誉教授 Jon Kabat-Zinn（卡巴金）在 20 世纪 70 年代所提出的心理治疗方法。经由长时间的反应和文献报告，正念疗法对于精神官能症、焦虑症、思觉失调症、恐慌症、忧郁症、强迫症、重大创伤后症候群和慢性疼痛，都有相当程度的改善作用。

正念的基本观念：

漫不经心或自我思考都是大脑和身心的自然状态，但是经常会产生纷乱或是极端的想法。对照于冥想或宗教而言，正念是类似于上述的行为，但不刻意做出吐纳观想等宗教式的举动，也不压抑任何的思绪、念头或杂念，反而刻意专注于当下的内心观察，暂时不要对于内心的思绪作出评断，带着好奇心的本质，迎接每一个动作或是每一刻。

正念的七大要素：

初心：保持好奇心，把面对每一次的事物接触，都当作是第一次面对，尝试保持新鲜的经验。

接纳：实际体察自己或外在，对于面对事物的身心现象，接纳思绪或环境的本来样貌。

不评断：尽可能采取不偏不倚的观察态度，对于现在不要急着作出好坏、对错的论断。

自我慈悲：接纳自己并珍惜自己，接受原原本本的模样，在当中发展出信任自己、相信自己，并且不要对于身心作自我伤害、人格批判。

平等心：对身心所有的经验，都以欢迎和温柔的方式面对，让注意力可以平均于身体的内外、自由自在地改变。

不刻意努力：当念头或思绪产生时，就让身心停留在当下的状态，不需要压抑或逃避，在正念当中也不强求达成任何预设目标，或者希望在正念当中改变或得到什么。

顺其自然：平静地看着事物的本来面貌，接受它们的存在和发展，也顺应事物的变化或节奏，在这当中观察不断变化的过程，而身心不需要妄加施予压力。

执行方法：

盲眼食物静观：在团体治疗当中，学习正念的学员暂时闭上眼睛，由主导正念疗法的医疗人员，发给学员一个可以食用的食物（最典型的是给予葡萄干）。正念学习的成员透过手指的触感、鼻子的嗅觉、耳朵的听觉，试着感受这个食物的特性特色，最后放入口中时，由舌头和味觉体察并感受放入口中的食物是什么。用这个方式来初步体会正念的基本观念。

身体扫描：学习的成员可以躺下或坐着，让身体在最为放松自在的环境里，先从注意呼吸开始安静身心，将注意力集中在鼻尖，留意吸入时身体的变化。接着主导正念的医疗人员，由口语引导学员从头皮、脸部五官、肩颈、躯干、四肢等，集中注意力感受身体的各个部位，最后留意全身的体会。在这过程当中有可能会分心、产生杂念，都没有关系，学习者也不需要批判自己的分心，只要将念头再拉回来即可。

正念走路：平常的走路方式，内心并不会有任何的体察行为，正念疗法则希望学习者在走路的过程当中导入正念引导，注意身体动作的动态改变，或者是留心周遭听到或感觉到的事物变化。

正念聆听：保持正念呼吸的方式下，将注意力集中在听觉当中，聆听背景声音的发展，同时留心观察自己内心的状态。

项目4　内视观想疗法

实训目的和要求

通过纪录片《牢关内观》和《内在的改变》（美国女子监狱内观课程纪实 vipassana in women prison），让学生认识什么是内视观想疗法，内观疗法的历史与发展，掌握内观疗法的操作步骤以及注意的事项。

实训内容

1. 了解内视观想疗法的操作步骤、注意事项；

2. 进行内观练习。

实训准备

团体心理辅导室、实训纪录片、内观练习方案、实训记录表、笔。

纪录片简介

提哈监狱，是印度条件最差、监管最严格的监狱，被称为印度的人间地狱。在这里，以正义闻名的女狱长贝蒂新上任，这次她坚定地要实行改革，帮助这里的囚犯真正洗心革面。充满仁爱的她找到了葛印卡老师，在大家的共同努力下，让这个充满罪恶的地方变得不一样了……纪录片《牢关内观》记录的是1993年发生在印度监牢的真实故事。这部纪录片在1997年由两位以色列独立电影制片人拍摄，并在次年获得了包括旧金山国际电影节的金门奖在内的四项大奖。

罪犯们的眼神、脸皮、嘴角都深嵌着愤怒、怨恨、痛苦、暴戾、无奈。囚室没有生命的阳光，只有一触即发的怒火。"许多人不知道该怎么改变，他们（罪犯）已经准备要改变，他们已经说了'我们想要改变'，但是该怎么做？"贝蒂："他们没有能力处理自己的问题，我该如何给他们能力处理自己呢？我该怎么做呢？……谁能够提供心灵的粮食呢？我就是在寻找答案。结果我找到了一个答案。"贝蒂说有同事给她介绍了在缅甸学习内观的印度裔老师葛印卡，她邀请老师来商讨后，决定尝试在狱中推行10天的内观（Vipassana）。其实早在1975年，在印度的岬阜监狱，已经举办过内观课程了。刚开始大家都觉得这不可执行，那么多怒气冲冲的犯人聚集在一起，如果有人趁机闹事甚至把葛印卡老师绑起来了怎么办？监狱安排葛印卡老师隔着铁栏上课，但他坚决拒绝，要求必须与犯人共同生活。在他的坚持之下，他和夫人住进了这座空气紧张到几乎凝结的监狱。没有隔离，没有手镣，他们就如常人般在一起上课、打坐、睡觉，10 天课程期间不能说话，有问题只能跟老师请教。他回答说："内观对每一个人都有好处，我们每一个人都是内心恶习的因犯，修习内观可以使我们脱离这个束缚。内观是一种工具，可以帮助所有受苦的人，不论是与家人分离而身陷囹圄的人，或是没有触犯法律的人。"这是什么意思？葛印卡老师进一步解释："我们每一个人都会愤怒、憎恨、生起恶念和敌意，这时候，自己就率先成为被伤害的第一个人。自己先伤害了自己，然后才开始伤害别人，这是自然的定律。"不善是从不清净的心中产生的。杀人犯必定是先在心中产生无数的气恼与愤恨。偷窃的人必定是心中充满了无数的渴求与贪念。而每当心中产生不善念，就会痛苦。在 10 天的课程中，没有争执，没有打斗。真正的自由和平静开始在他们心里成长。办了五期几十人的内观禅修后，看到监狱工作人员和因犯都发生了改变，于是贝蒂带领大家开始准备一场千人的内观活动。葛印卡老师说，这是可行的。这一天，是 4 月 4 日，千人一起内观的帐篷。这是 90 年代时迄今为止举办的最大规模的内观，竟然是在监狱里！这些因犯来自世界各地，有不同的文化背景和宗教信仰，印度教徒、回教徒、锡克教徒、基督教徒、佛教徒。在 10 天的内观训练中，老师教他们只是觉察呼吸和自己的身体；内观课程有一套完整的授课方法，狱内狱外都依着同样模式进行。前 3 天，当然是抓狂和不耐烦；从第四天开始，很多人感觉到内心的一丝平静；在后面的几天静坐中，他们看到情绪来了又走；他们看到痛苦来了又走；他们看到快乐来了又走；最后他们了解，不是从书上，而是亲身体验到，没有一件事是永恒的。在表达与压抑这两个极端选择中，还有第三个选择：只是观察。通过内观训练，大家试着进一步走出内心的牢笼，享有真正的平静。

无论法官或别人怎么说，都没用，大部分罪犯都认为自己当初犯罪是理所应当的。而只有自己意识到自己的贪婪、嗔恨，使得自己受到了伤害，也伤害了别人，当暴戾之花在心中枯萎，他们才放下抱怨，真正明白自己曾经伤害了社会，祈求原谅。有一个男人曾经在一次帮派交火中，在 5 分钟内杀了 3 个人，他的心中满是愤怒。通过内观训练，他意识到自己错了，主动向自己曾经杀害的人的家人请求宽恕。参加过内观训练，并能够在牢房自己训练觉知后，许多人都发生了改变，他们领悟到，该为自己的行为负责，不再充满阴暗的心存报复之意，而是学会打破自心的牢笼，走出监狱。内观，让冥顽的铁石心肠溶解了。这些犯人出狱后，发生的实实在在的改变也让人看在眼里，居民们相信，通过内观训练的人出去后，不会再回笼。"我们需要的转变，是从有杂染的心转变为清净的心。这种转变会给人带来奇妙的变化。它不是魔法或奇迹，纯粹是一门观察内在身心互动的科学。"

伴随着第一个监狱中的内观中心建立，印度政府发文，在全国所有监狱推动内观课程！因为领导了这一系列变革，贝蒂在 1994 获得了拉蒙·麦格塞塞奖（Ramon Mag-saysay Award），它被称为"亚洲的诺贝尔奖"。在贝洛塔监狱内观的最后一天，监狱长挨个跟参加内观的因犯握手或拥抱，犯人和监狱长这样近距离的贴身，在印度这样一个有着严厉的种姓制度、阶层划分，并且宗教多元化的国家，是不可想象的。犯人们（男人们）抱着狱长放声大哭。他们在这人间炼狱中得到了另一种方式的救赎。

这部由两位以色列女士小成本拍摄的纪录片在西方得到了广泛的传播，包括美国西雅图的北方重生机构（North Rehabilitation Facility）在内的多个机构邀请葛印卡老师前去指导内观。美国和我国台湾地区的几座监狱也开始尝试给囚犯开设内观训练课程。

无论在哪里，无论什么信仰，人心都是一样的。一个因贩卖海洛因毒品入狱的囚犯问贝蒂："这个世界上有多少人会相信，他们来到世界是为了做好事呢？有多少百分比呢？"她笑着说，在这现场静坐的有二三十人……你是其中之一。就是你们这些人可以使这个世界变得更好。

实施方式

1. 全班同学一起观看纪录片。

2. 学习内视观想疗法的原理、操作流程与方法及注意事项。

3. 学生在教师的指导下，自己进行内观练习。

注意事项

1. 学习者要保持温和、善良、恭敬、俭朴、谦让的基本行为准则。

2. 学习者之间不能有任何身体上的接触。

3. 从课程开始直至结束，学习者必须保持完全禁语。

4. 练习期间只接受均衡简单的素食，谢绝任何零食。

5. 练习期间不得使用任何毒品、烟、酒或麻醉迷幻药，包括所有类型的镇静剂、安眠药及其他所谓安慰剂。

6. 练习时衣着要保持干净、简单、宽松。

7. 本项目为拓展性实训。

实训作业

撰写内视观想疗法的操作步骤的实训报告。

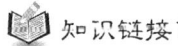 知识链接1

内观简介

一、内观的概念

内观（Vipassana），意思是如其本然地观察事物，它是印度最古老的静坐方法之一。此技巧在超过2500多年前重新被释迦牟尼佛发现并将之传授，以它作为普遍性的解药，治疗普遍性的痛苦，它就是生活的艺术。此无宗教派别之分的技巧的目标是彻底根除内心所有不净杂染，达到究竟解脱和最崇高的快乐。它的宗旨不是纯粹治疗身体上的疾病，而是从根本上治愈人类的痛苦。

内观是通过自我观察来达到自我转化的方法。它专注在身与心之间的密切关联，此身与心之间的密切关联可以通过经过训练的专注力直接体验到，专注在那促成生命体、那持续不断地联系及影响心之流的身体上的感受。也就是这种以观察为基础，深入身和心共同的根源处的自我探索旅程，得以消融心的不净杂染，结果获得一颗平衡的心，充满着爱与慈悲。那操作人类思想、情绪、判断力和感受的科学原则因此变得清楚。通过直接体验就会明白，一个人成长或退步的本质是什么，他又是如何产生痛苦或从痛苦中解脱的。生活的品质变得有较强的觉知力、没有幻觉了、有自主力及心境安详平静。

内观是修行禅那的两种途径之一。其理论依据为"四念住"（三十七菩提分法之一），从"身体""感受""心"和"法"（心所和五取蕴及十二处）四个面向，培育持续及稳固的觉知能力，在实际经验（而非信仰、感情和想象）的层面上，体验到"自我"不外是由五个要素（五蕴）所组合而成的现象，其共同特征是快速不断地变化（无常）、不满足的状态（苦）和无法自主（无我）等三相。

以这个对实相的了知，"心"将逐渐停止造作"贪、瞋、痴"（三毒）的习性反应。三毒是所有痛苦的根源，解脱痛苦的根本方法，唯有根除内心的贪瞋痴。

在佛教的修行系统中，内观属于三学中最后的"慧学"，前两学分别是"戒学"（道德生活之准则）和"定学"（专注力的培养）。慧的音译为般若，是对实相的正确了解，事实上，内观修习的每个阶段就是以获得更深湛的智慧作为里程碑，更深的智慧能灭除更幽微的烦恼，从这个意义而言，佛教修行可以视为自我净化的过程（七清净），其最终目标是完全的净化，从所有的痛苦、感官的束缚中解脱出来，即所谓的涅槃。

二、内观之修习方法

训练过程有三个步骤。首先是在课程期间不杀生、不偷盗、不可有任何性行为、不说谎及不服用麻醉品。这简单的道德规范旨在使心平静，否则激动、不安的心难以进行自我观察的工作。接下来的步骤是培养心的自主能力，学习将注意力锁定在气息之流不断变化的自然实相——当气息从鼻孔进来和出去时。到了第4天，心开始较为平静和专注，这样的心拥有较好的能力来练习内观技巧：就是观察全身所有的感受，了解它们的本质，学习对它们不起反应以培养平等心。课程最后的一整天，参加者将学习对众生散发慈爱和善意——慈悲观，也就是将自己在内观课程中发展出的纯净善念与一切众生分享。

这整个练习其实是一项心的训练。

内观是一个非常单纯、活在当下的修行方法，借由无选择性的"观察"，直接体验身心之中的实相，其中，没有信仰或想象的成分。完整内观修行必须包含三个部分：五戒（sila）：戒除杀、盗、邪淫、妄语和烟酒毒品，以便使"心"达到基本的平静；进行第二部分，"定"：训练心的专注，使心可以稳定持续地专注在某个对象（所缘或业处）；经过适当的训练，获得某个程度的专注力之后，就可以进行"慧"的开发：以高度敏锐的心力，不带价值判断地（无分别）、客观地观察身心，去穿透事物的表象，获得真正的智慧（修慧），这个建构在实际体验的智慧，其威力远超过信仰和理智层面的理解，能够改变身心失衡的行为模式，化解掉潜藏在内心的压力、不安、恐惧等根深蒂固的情结。

换句话说，内观就是透过实际的体验，去了解"身"和"心"具有"刹那生灭""无常""苦"（不满足）和"无我"（无自主性）的真相。要彻底明了无常、苦、无我的道理，不是经由信仰上的接受或理智上的了解，只有从实际的层面去观察，看看在这个"身"和"心"之中，有没有固定不变的实体。

透过持续的修习，内观禅修者将发现，所谓的"我"只不过是五蕴不断变迁流动的现象，身体本质上是由无数的微粒子（kalapa）所组成，这些微粒子无时无刻不在生灭变化，只是纯然波动（wavelet），心理的本质也是不断刹那生灭的，身心中找不到坚固不变的实体，有了这种体验之后，"自我"的错觉才能消解。

因为观察的对象（身、心）和现象（无常）是一直存在的，理论上，内观的修习何时何地皆可进行，但对初学者来说，必须由富有禅修经验的老师指导，以及一个最低干扰、适合练习内观的场地（阿兰若），这即是禅修中心的作用。

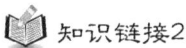 知识链接2

河北省冀中监狱封某的矫治个案[1]

一、罪犯基本情况

封某，男，1988年1月24日出生于邯郸市，汉族，小学文化，未婚。2002年因盗窃被少管1年；2003年因寻衅滋事被少管2年。2007年2月14日因抢劫罪被判处有期徒刑13年，2007年9月12日转河北省沙河监狱服刑。2008年9月11日发现漏罪，与前判刑罚适用数罪并罚，执行有期徒刑16年，剥夺政治权利3年，并处罚金25 000元，转押河北省邯郸监狱。2016年7月因顽危抗改转河北省冀中监狱。

二、罪犯教育改造方案的制定和实施

（一）犯因分析

1. 成长过程：自幼与爷爷奶奶生活，家庭经济困难，奶奶在其18岁时去世，爷爷体弱多病，对其十分挂念。父母离异，父亲封某某，57岁，对其十分失望，多次拒绝到监狱探视。封某对母亲（吴某，52岁）没有印象，生活上三姑对其多有照顾。有妹妹（吴某某，26岁），无联系。

2. 社会经历：1995年（7岁）上小学，2001年（13岁）上初中半年后辍学。14岁被少管1年，15岁被少管2年，18岁入狱服刑至今。该犯28岁，近14年在监所服刑。

---

〔1〕　选自中国法律服务网（12348中国法网）司法行政（法律服务）案例库。

（二）入监改造表现

入狱服刑 11 年，多次违规违纪，无减刑奖励。2011 年 9 月 5 日脱离监管，爬到暖气管道上，违规滋事，被记过处分；9 月 23 日拒绝劳动，10 月 5 日吞食钥匙状自制铁片，破坏监管秩序，被禁闭处分；2012 年 8 月 28 日伙同他人殴打车间主任罪犯被隔离审查 15 天；2013 年 11 月 21 日吞食缝纫机针和裤子前门挂钩，威胁监区干警，被禁闭处分；2014 年 4 月 16 日违反严管规范，多次擅自找他犯聊天，被加戴戒具，延期严管集训 15 天；6 月 24 日吞食缝纫机针和剪刀头，自伤自残，威胁干警，被禁闭处分并加戴戒具，后转严管集训 3 个月，加戴戒具 15 天；2015 年 7 月 9 日吞食缝纫机针，被隔离审查 7 天；10 月 12 日冲撞干警，言语报复，被严管集训 1 个月并加戴戒具。2016 年 10 月 24 日从其胃部取出 5 厘米左右金属挖耳勺、生锈针状物、一头弯曲条状金属物各 1 根。在监区干警紧急处置为其治疗期间，封某声称吃了玻璃和针，拒绝治疗，扬言"不治了，死了算了""回去我死给你们看"，态度恶劣，气焰嚣张。痊愈后被禁闭 15 天，后转严管 2 个月。2017 年 1 月 28 日，封某与尹某因和面没洗手发生口角，继而相互辱骂，封某拿起擀面杖攻击尹某被他犯制止，10 钟后在监舍内再次辱骂并用装满开水的杯子砸向尹某，叫嚣要弄死尹某，后被禁闭 15 天。

1. 法律观念淡薄。封某初中仅上半年，文化水平低，法律知识严重匮乏，对法律置若罔闻，信奉拳头和闹事。

2. 家庭原因。缺乏父母的亲情关爱和正面管教。

3. 自身原因。性格偏执、文化低、冲动易怒。

（三）心理行为表现

孤独寂寞，敌意深重，情绪不稳定，易激惹、反应激烈、难平复，易冲动，爱记仇、尚报复，行为乖张。

（四）教育矫治的难点

1. 认知因素：文化水平低、认知浅，不善表达，难相处，回避交流，社会能力弱。自暴自弃，无目标、无希望。

2. 性格因素：偏执、敌意、敏感、不信任、抵触、叛逆、过激。经常表现出凶悍、无理取闹、自伤自残等行为。

3. 心理因素：未成熟儿童心理，以自我为中心、自以为是、情绪易失控、有挫折就胡闹、倔强固执，缺乏自我反省意识能力和适当适度的情绪宣泄方法，容易被周围环境激惹而产生冲动，以致产生鲁莽、不计后果的行为。

（五）矫治方案

监区认定封某为重点顽固危险分子，安排罪犯包夹、干警包教转化，多次狱情研判、专题研究。采取的措施有：加强法制教育；营造良好的改造氛围；加强亲情帮教；严格管理和人文关怀；做好心理矫治和阶段评估，偶有好转，经常反复。

2017 年 3 月 22 日，冀中监狱罪犯心理健康指导中心决定用内视观想技术对其进行矫治。

1. 主动约谈，拉近距离。心理健康指导中心主任主动约谈封某。谈话过程中不评价、不指责、不批评，只谈个人过往事实和感受。始终给予无条件积极关注、接纳，并部分暴露自己的过失、痛苦，相互交流，拉近心理距离。

2. 加深痛苦，激发动机。帮助封某回顾过往，检点事件的痛苦点及感受，体会当时的激愤困顿和现在的困苦难受，激发寻求改变的动机。顺势让封某作出遵守内视观想活动规定的承诺。

3. 优化环境，组织活动。监狱于3月22~29日开展了第3期内视观想体验活动，并提供绝对安静不受干扰的场所，加强实时监控。5名干警组成导引师团队导引内视观想，另有其他2名顽危犯一同参加。体验者每1.5~2小时与导引师面接1次，7天24小时禁语，一个人在1.08平方米的屏风内内视观想。

4. 严格规范，内视观想。第1天，安排封某经由奶奶去世一事通过3个问题（奶奶为我做了什么？我为奶奶做了什么？给奶奶添了什么麻烦？）检视自己。帮助封某将自己人生过程分为8个阶段，逐段进行检视。

5. 换位思考，处理情结。针对封某在奶奶去世时未在场的情结，经其同意，安排封某给奶奶写信，其后，再安排封某以奶奶的名义给自己写回信。封某写下了《如果奶奶还活着》，与他人主动分享，后《冀中期望报》《冀中期望报心理副刊》全文刊发。

6. 凝神静思，逐步深入。内视观想第2天、第3天，重复第4、5步骤，还是3个问题、8个阶段，只是检视的对象换成了对其有养育之恩的爷爷、父亲、三姑。

7. 生活情境，再进一步。第4天，安排封某经由观想生活情境并计算家人养育费检视自己，分3个问题、8个阶段。"对方为我做了什么"转化为家庭为自己提供的物质和金钱；"我为对方做了什么"转化为善加利用；"我为对方添了什么麻烦"转化为浪费和不珍惜。

8. 因人而异，对症下药。针对封某多次吞食异物，自杀自伤自残，征得本人同意，安排其对自己的身体特别是自己的胃，经由3个问题、分为3个阶段进行检视；安排其对管理过他的干警经由3个问题、分为3阶段进行检视。

9. 高峰体验，直指人心。内视观想第5天、第6天，安排封某经由"自我检视24条"检视自己。这个环节在内观中最为重要，是整个过程中的高潮和核心环节，被称为"内观中的内观"。

10. 拓展体验，分享心得。第6天、第7天，安排封某及另2位体验者用3个问题、分8个阶段，检视周围人；只用第1个问题第2次回顾母亲；集体内观，临终告别；书写心得，内观总结；集体分享，亲情见证，现场由导引师为封某读了其父给他写的一封信；内观结束，监区带回。

监狱后期开展了一日内观、主题内观、读国学经典、悟性练习等活动，对照效能递减原理，巩固内视观想后的效果。

（六）预期矫治目标

1. 加强守规守纪。自动、自发地模范遵守监规纪律。

2. 增强法律意识。公德良俗法规意识入心入脑。

3. 构建身、心、社会和谐健康模式。一是建立客观思维模式，练习站在他人角度看待人、事、物。二是培养感恩心，通过亲情回忆，感受亲人的无限关爱，真正体会到原来自己一直生活在爱的海洋里，被幸福和温暖包围着。三是培养自信心，发现"我是被深爱着"的事实，从自我设限、自我否定的束缚中解脱出来，接纳自我，敞开心扉，拓展自己，获得更多幸福。四是放下自我偏见，重现事实真相。五是提高工作效率，让浮躁忙碌的内心沉静下来。六是疗愈身心疾病，通过事实帮助体验者认识到自己获得许多而自己为亲人付出的很少，添了众多麻烦，从而化解生气、抱怨、后悔、仇恨等不良情绪，促进身心疾病的疗愈。七是解除内心困惑，通过回顾已经发生的客观事实，走出迷茫疑惑，找到人生真正的价值和意义。八是学会珍惜生活，帮助体验者学会珍惜生活中与亲人、朋友、同事相处的一分一秒，从容面对生活，活在当下，树立起正确的人生观。九是认识自我，客观地认识自己。十是减少错误的发生，减少重复犯错的机会，为创造崭新生活打下良好的基础。

三、教育改造成效

封某在内视观想到第3天时，每天长跪7、8小时，每顿饭前向家的方向磕6个头。分享环节回顾到奶奶时痛哭流涕，为奶奶写了一首歌，表示要痛改前非，哪怕减刑无望，也要积极改造，现场所有人无不动容落泪。封某回监区后不久就给监狱写了一封感谢信。

封某内观后至今，7个月有余，一直将"24条"内容张贴在监区床头，每日内观反省，待人变得温和谦虚，遇事能够从他人角度着想，不再发生矛盾冲突、敌视他人，反而开心快乐、眉头舒展，现在认真学习、劳动积极、主动帮助别人，无找茬、违规违纪行为，整个人好像脱胎换骨一般，也使其他反改造罪犯感到"震撼"。大部分罪犯甚至干警都不相信是真的，一度观望怀疑。封某对此还十分痛苦过，经过后续的悟性练习，再次坚定了"做人好，做事对"的信心。

在回访中，根据干警及其周围人的反映，不仅仅封某，包括罪犯张某某（曾被4次禁闭5次严管）在内的其他36名体验者也有类似的变化且在近1年内无违规违纪行为。

项目5　空椅子技术的运用

📝 **实训目的和要求**

通过案例分析，让学生认识空椅子技术的内涵，空椅子技术的适用情况，掌握空椅子技术的操作步骤以及注意的事项。

实训内容

1. 空椅子技术运用案例分析。

2. 模拟使用空椅子技术开展心理咨询。

实训准备

多媒体教室、团体心理辅导室、摄像机或录音机、实训记录表、笔。

实训案例 [1]

一、案例背景

高某，男，26岁，未婚，汉族，本科文化，安徽省池州市人，家中独子，父母均为普通职工，家庭和睦，家境一般。从小学到高中，高某一直成绩优异，后考取武汉某重点大学，在校期间交有女友。2013年大学毕业后，向父母、朋友等筹款，开始自主创业，但是由于经验、能力等不足，导致创业失败，欠下不少债款，女友也提出分手。随后，高某性格大变，沉默寡言，并结交一些社会不良人员，沾染毒品，借毒品以消愁，放纵、麻痹自己，后因吸毒被强制隔离戒毒2年。

二、诊断评估

高某入所不久，分别进行了生理健康检查、体质检测、心理测试和人格检测，前两项指标正常，心理测试、人格检测及行为表现异常。

1. 心理测验（SCL-90自评量表）量值反映：高某性格基础是内向、敏感。常伴有莫名的担心、恐惧，警惕性高，过多关注别人言行，性格固执，有自责倾向和孤独感。

2. 艾森克人格卷（EPQ）结果显示：人格特性为抑郁质（内向不稳定），对人表现冷淡，不喜欢刺激，容易紧张、焦虑、易怒，对各种刺激都反应较强烈，情绪激发后较难平复，对正常生活造成影响。

3. 主诉和个人陈述：

主诉：近期失眠，心情焦虑，情绪低落，不愿意和他人交流，易激怒，总是因为琐事和其他人争吵，有时有动手打人的冲动。

个人陈述：我是第一次到戒毒所，觉得丢脸，怕被别人歧视，感觉自己像废物，没有未来，无颜面对父母和亲朋好友；不适应戒毒所环境，戒治任务难以完成；民警时常找我谈话，我却感到很压抑，不知怎么排解，性格越来越暴躁，感觉所有不好的事情都是针对我的；经常和其他人发生矛盾，没人搭理我，都非常排挤我。前段时间，家人探访，向我说起我以前欠的债务，一直有人找我父母催债，我觉得自己太无用了，给家里带来那么多负担。女友提出分手，我实在无法接受，失落、生气，又愤怒、怨

---

〔1〕　选自中国法律服务网（12348中国法网）司法行政（法律服务）案例库。

恨。现在经常失眠，持续一个月时间了，很受折磨。这些都十分困扰我，所以想来进行心理咨询，希望咨询师能帮助我。

4. 咨询师观察和他人反映：

咨询师观察：身体和智力正常，意识清楚，情绪低落，目光有些恍惚，注意力不集中，求助意愿较强，言语流畅，自知力完整。

他人反映：高某入所以来不合群，性格孤僻，不愿与人交流，经常和他人争执，戒治活动不积极主动。

5. 原因分析及综合诊断评估：

原因分析：高某创业失败，债务缠身，女友分手，朋友离散，并且吸毒不断加剧现实状况的恶化，来戒毒所环境不适等一系列原因，造成其挫败感、内疚感持续强化，自我认同感差。

综合诊断评估：一是高某心情压抑，有焦虑、痛苦感，但其痛苦体验持续时间较短；二是高某所呈现的心理状况，有明确的现实诱因刺激引发，情绪波动仍然可控，尚未泛化；三是其生理体征、认知、人格等正常，能参与日常戒治生活。综上，按照心理正常与异常区分三原则，高某的问题不属于精神疾病，并排除神经症和神经性心理问题。因此，对高某初步诊断为一般性心理问题。

实施方式

1. 学生 3~5 人为一组。以组为单位，对案例进行分析，根据案例来访者的情况设计一个使用空椅子技术的心理咨询方案。

2. 每组选派 2 人，一人扮演心理咨询师，另一人扮演案例来访者，按照设计的方案演示使用空椅子技术。

3. 每组演示结束后，先小组自评，然后其他学生进行点评，最后老师进行点评。

4. 所有小组演示完毕后，老师作总结陈述。

注意事项

1. 运用空椅子技术之前，应该深入地了解来访者的问题所在，看来访者是否适合用空椅子技术或者应该运用何种形式。并不是所有的问题都适合用空椅子技术。一般只有在充分、深入了解来访者的基础上，才可决定是否采用空椅子技术；同时，辅导教师还应该认真斟酌，到底对来访者采用哪种形式的空椅子技术，效果会更好。

2. 运用空椅子技术前，首先要营造出一种气氛。空椅子是不会说话、不会移动、无血无肉、没有感情的物体，因此，让来访者对它讲话，来访者可能觉得很滑稽，甚至觉得很无聊。此时，如果没有营造出一种气氛，直接让来访者对空椅子讲话，来访者肯定无法投入，甚至会不知所措。要让来访者感到那个人真真实实地坐在他面前，来访者才会有话可说。

3. 本项目为拓展性实训。

实训作业

撰写空椅子技术的操作步骤的实训报告。

可参考的咨询方案：

一、制定咨询目标和方案

1. 近期目标。减轻由自责、自卑所造成的心理压力，缓解焦虑、烦躁情绪，消除睡眠障碍，促其正确面对现实困境，强化自信，逐步提高其人际交往能力，增强参与戒治生活的兴趣，避免不良行为产生。

2. 长期目标。改变其心理不良状况，增强其心理抗压能力，强化自信，形成合理信念，提高挫折应对能力。

3. 制定咨询方案。鉴于高某学历较高，理解和认知能力都较好，咨询师采取行为治疗技术——空椅子技术之自我对话式。经咨询师和高某协调，明确双方责任和义务，并强调了咨询的保密原则。咨询的时间：每周 1 次，每次 40 分钟。

二、空椅子技术咨询过程

咨询师在来访者面前摆上两把椅子，给了来访者两张白纸，让来访者分别在纸上写上"过去的自己""未来的自己"两句话，并分别放在两把椅子上，让其选择坐在哪把椅子。来访者首先选择坐在"未来的自己"椅子上，咨询师将椅子移到和来访者同侧（表示关注、支持）。

咨询师：现在你选择了与"未来的自己"在一起，你的对面就是过去的你，你想对他说些什么。

来访者深吸一口气，思考……

来访者：高某，你原本是很优秀的，父母一直以你为傲，可是你经不起挫折，创业失败，欠下债务，不去好好总结，积极面对，以待东山再起，而是一蹶不振，还染上毒瘾，加重债务，好好的家庭被你搞成这个样子。女友与你分手，朋友也疏远你，你真是太失败了。你欠债，让爸妈也跟你一起受累牵连，无法正常生活，你真是太不孝了！真是一无是处……

来访者陷入了深深的自责之中，并继续陈述自己的挫折、失败现实，倾诉内心的真实感受。

咨询师：看来你对过去的自己非常不满意，评价很低啊。

咨询者：是的，不满意。

咨询师：但是我觉得你也有一些优点啊，比如学习成绩好，也能认识到自己的行为给其他人带来的伤害，说明你也是个非常感性的人。

来访者：（笑）……有吗？

咨询师：有啊，至少我感觉到了。

来访者：谢谢。

咨询师：下面换个位置，你坐到对面，和"未来的自己"想说什么？（咨询师坐在同侧）

来访者：年轻人就要为自己的行为承担结果，不要害怕挫折和失败，重要的是知错能改。虽然，以前你做了不少错事，给家人和自己带来了不小的伤害，但是，你要相信自己，你还那么年轻，未来的路还很长，美好的未来在等着你，不要那么轻易地被挫折打倒……

来访者再次陷入沉思，持续地沉默一段时间后，咨询师提示他继续。

来访者：阳光总在风雨后，现在你在戒毒所已经是一种改过了，已经为自己犯的错承担了后果，我相信你的家人肯定是爱你的，对你充满希望的，你一定不要让他们失望，振作精神，相信自己。

咨询师：非常高兴听到这些，能看出来你是想向好的方向发展的，你对未来抱有希望，相信你一定能彻底改变自己。不要担心挫折和挫败，美好的未来一定会到来。

来访者：是的，我也相信自己能够做到，谢谢你！

三、后续跟进措施

通过心理咨询，高某心理状况逐渐得到改善，但要保持良好状态，还需帮助其解决现实困难。

1. 运用心理矫治技术。在高某因与其他戒毒人员发生冲突违纪后，再次安排其进行空椅子对话，空椅子对话的对象就是高某与其发生冲突的戒毒人员。通过对话，让高某从别人的角度去看待和分析这次冲突发生的原因。这不仅使高某对自身的行为有了客观的评价，深刻认识到自身的责任；而且，也促使高某从别人的角度去思考和分析问题。

2. 重建家庭支持系统。经过电话联系，民警取得高某父母的理解和支持，并且其父母每月来戒毒所探访高某一次，给予其亲情的安抚和慰藉。对其所欠的债务，高某父母愿与其共同面对，并商议制订偿还计划，让高某放下包袱，积极戒治。

3. 建立互帮小组。安排高某所在班组的另外两名具有一定文化的戒毒人员，与高某共同建立互帮小组，适时开展互助性读书、文体娱乐和交流对话活动，帮其更好地建立人际关系，融入集体。

4. 强化阅读能力。督促高某多学习创业方面的知识，特别是多阅读一些成功创业者的自传类书籍，从中汲取营养，帮助其总结以前的失败经验教训，并获得激励。

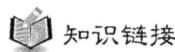 知识链接

空椅技术

空椅技术（empty chair technique）是指完形疗法治疗技术。目的是促使来访者对人格中的支离破碎部分或经验的两个极端进行意识的整合。通常是由来访者扮演人格

中两个对立的角色，让他们在这两个角色之间进行对话。具体做法是，将两把空椅面对面地放着，一把代表来访者人格中的优胜者角色，另一把则代表其人格中的劣败者角色。来访者坐在代表优胜者角色的椅子上时，就对着代表失败者的空椅子说话，随后来访者转移到代表失败者的椅子上，并对刚才的胜利者所说的话作出回答。在对话中，治疗者可以在旁边观察，或在来访者交换角色时作一下指导，如建议来访者说些什么话，让来访者注意其已说了些什么话，是怎么说的，并要求来访者重复或夸大其言语和行为。该方法能让来访者体验到自己和对方的情境，而且将自己受到精神创伤的愤懑心情全部投到空椅子上，从而使心理疾病得以治愈。

这种形式一般只需要一张椅子，把这张椅子放在来访者的面前，假定某人坐在这张椅子上。来访者把自己内心想要对他说却没来得及说的话表达出来，从而使内心趋于平和。这种形式主要应用于三个方面：

1. 恋人、亲人或者朋友由于某种原因离开自己或者去世，来访者因为他们的离去感到特别悲伤、痛苦，甚至悲痛欲绝，却无法找到合适的途径进行排遣。

2. 空椅子所代表的人曾经伤害、误解或者责怪过来访者，来访者由于各方面的原因，又不能直接将负面情绪发泄出来，郁结于心的情感，此时可以通过对空椅子的指责，甚至谩骂，从而使来访者获得内心的平衡。

3. 椅子代表的人是来访者非常亲密或者值得来访者信赖的人，来访者由于种种原因，无法或者不便直接向其倾诉。

一、自我对话式

就是自我存在冲突的两个部分展开对话，假如来访者内心有很大的冲突，又不知道如何解决时，放两张空椅子在来访者面前，坐在一张椅子上，就扮演自己的某一部分，坐在另外一张椅子上，就扮演自己的另一部分，依次进行对话，从而达到内心的整合。这种形式主要应用于两个方面：

1. 由于种种原因，来访者认为自己本应该做的事情却没有做，引起了不好或者严重的后果时，产生了强烈的内疚感、负罪感和自责心理。此时，利用空椅子技术，让来访者自己与自己展开对话，从而降低内疚感。

2. 面对各种各样的选择，很难下定决心或者处于人生的十字路口不知道何去何从时，来访者会因此逃避现实，甚至通过烟酒或者其他方式来麻醉自己。此时，运用空椅子技术，让来访者自己与自己展开对话，澄清自己的价值观，分析各种选择的利弊，找到解决问题的途径。

二、他人对话式

它用于自己与他人之间的对话，操作时可放两张椅子在来访者面前，坐在一张椅子上面时，就扮演自己；坐在另一张椅子上时，就扮演别人，两者展开对话，从而可以站在别人的角度考虑问题，然后去理解别人。它主要应用于两个方面：

1. 来访者以自我为中心，不能或者无法体谅、理解或者宽容别人，因此存在人际交往方面的困难，自己却找不到原因。此时，运用空椅子技术，让自己和他人之间展开对话，让来访者设身处地站在他人的角度思考问题，从而领悟，找到人际交往困难的原因。

2. 来访者存在社交恐惧，不敢或者害怕和他人交往。此时运用空椅子技术，模拟人际交往的场景，让来访者在这种类似真实的情境当中减轻恐惧和焦虑，学会或者掌握与人交往的技巧。

单元七

心理危机干预

项目1　罪犯自杀危机干预

 引言

四川省嘉陵监狱"三步十二字诀"防控罪犯自杀[1]

针对近年来在押罪犯自杀案件逐年上升的趋势，嘉陵监狱在总结自身工作经验和其他监狱成功做法的基础上，探索出了防控罪犯自杀"排查分析、管控堵漏、疏导化解""三步十二字诀"。该方法实施以来，极大地提高了监狱监管安全水平，有力地确保了监狱场所的持续安全稳定。

第一步：排查分析。突出"五重点"排查、"五情况"分析。即排查突出"五重点"：一是罪重刑长、年老病重、不服判决、杀亲犯罪和新入监罪犯等；二是表现异常的罪犯；三是受到处分或处理的罪犯；四是家庭发生变故的罪犯，如离婚、亲人去世、亲人无人照顾、家庭生活困难、子女辍学、发生财产纠纷等；五是精神出现问题特别是有抑郁症的罪犯。分析到位"五情况"：一是观察掌握罪犯平时的表现和情绪变化情况；二是查阅罪犯档案及病历情况；三是掌握罪犯认罪和服教情况；四是罪犯反映和耳目信息情况；五是罪犯日记、信件、会见、亲情电话记录情况。

第二步：管控堵漏。坚持做到"五到位"：一是民警管理到位，进一步提高民警队伍的事业心和责任感，切实提高民警严格、公正、文明执法水平。二是互监组板块移动到位，推行罪犯互监组建设工作，对罪犯互监组实行科学编排，统一标识，明确功能定位。三是罪犯包夹、耳目暗控到位，进一步加强对有自杀倾向罪犯的监控防范。四是点名、搜身、清监制度落实到位，确保罪犯24小时不脱管、不失控。五是设施漏洞堵塞到位，突出对罪犯自杀案件多发易发的地点和时段进行全面分析排查，及时发

---

〔1〕　四川长安网，http：//www.sichuanpeace.gov.cn/system/20150916/000176754.html.

现和消除各类隐患，确保监控无死角、监管无漏洞。

第三步：疏导化解。坚持狠抓"六环节"：一是狠抓个别教育，用好个案形式探讨法。二是狠抓亲情关爱，整合罪犯亲属、社会资源扎实开展社会帮教。三是狠抓同改帮扶，在犯群中成立罪犯帮扶小组，有针对性地为困难犯提供服务。四是狠抓心理干预，多形式开展罪犯心理咨询工作。五是狠抓医疗救治，加强罪犯生活物资供应，认真抓好传染病防控工作。六是狠抓政策激励，从提高执法透明度入手，深化阳光工程，把罪犯百分考核工作及减刑、假释、保外就医、分级处遇等工作作为狱务公开的主要内容，确保监狱执法改造的公平性和严肃性。

实训目的和要求

1. 通过实训，学生应掌握罪犯自杀心理危机的内容、干预的方法原则和步骤。

2. 能根据罪犯自杀心理危机的表现进行识别，并能针对其心理问题，采取相对应的心理干预措施。

实训内容

1. 掌握预防罪犯自杀干预步骤。

2. 掌握预防罪犯自杀的心理支持技术。

实训准备

多媒体教室、纸、笔、实训教程。

实施方式

1. 分组，每组 3 名学生，自由组合。

2. 整理如何提升罪犯的挫折忍受能力及处理技巧的资料。

3. 讨论如何培养罪犯在服刑中的适应能力，培养良好的情绪，学会适度地表达、控制情绪，处理不良情绪，树立正确的人生观等。

4. 筛选对自杀罪犯应该实施的心理测试。

5. 选取合适的心理咨询与矫治的技术。

6. 提交罪犯自杀干预的总结报告。

注意事项

1. 罪犯自杀干预的三个关键：一是了解自杀者的真实动机和目的；二是让其开口以发泄情绪；三是做好心灵沟通，动之以情。

2. 建议：①对谋略的运用；②运用心理学理论中的心理需求的层次原理，这对我们在自杀干预过程中知道怎样满足对方的要求是有帮助的；③语言的表达是重要的，所有沟通、干预都要用语言来表达；④分析判断不能少；⑤我们要控制自杀者的思想，而不是控制其行为。

3. 本项目为基础性实训。

实训作业

2017 年甘肃省 4 所监狱相继有 5 人自杀身亡，以下是对这几起自杀案件的分析。从这 5 起罪犯自杀案件中，可以看出罪犯自杀的一些主要特点：

1. 农民占多数，5 人中有 4 人在被捕前是农民。

2. 文化程度较低，都在初中以下，小学和文盲占多数。

3. 刑期较长，5 人中有 3 人自杀时余刑在 12 年以上，余刑时间最短的也占原判有期徒刑的 4/5。

4. 入狱时间较短，最短的入狱 1 个月，服刑时间都没有超过原判有刑期的 1/5。

5. 年龄较轻，均为中青年人，最大的 44 岁，最小的只有 22 岁，且 40～45 岁占多数，5 人中有 3 人属于这一年龄区间。

6. 自杀方式都选择跳楼和上吊自缢，5 人中 3 人跳楼、2 人自缢。

7. 自杀时间都选择在白天，上午 9 时到 12 时和下午 14 时到 17 时。

8. 自杀地点都选择在劳动场所，5 人中 4 人自杀现场属于劳动场所。

9. 自杀时机多选择在监管相对放松的环节，自杀罪犯无一例外都选择上厕所等单独行动的时机实施自杀。

10. 自杀前改造表现一般，表面上都能做到认罪伏法，遵守监规纪律，服从管理教育，没有太差或太好的改造表现。

试根据以上资料分析导致罪犯自杀的心理因素，并提出对其进行自杀危机干预的措施。

项目 2　罪犯脱逃危机干预

引言

1999 年 4 月 16 日，广东省某某监狱医院监区一分监区（狱外单独关押点）发生一宗 2 名罪犯暴力行凶重伤一名值班警察、越狱脱逃的重大案件。值班警察喉管被切断，头部多处被击，脸部和十个手指均被利刃刺伤。罪犯在逃 4 小时后被抓捕归案。

这是一起有预谋的故意杀人脱逃案，实施这起案件的两名罪犯分别是：吴某某（男，犯抢劫、盗窃罪，被判死缓，余刑 12 年）、刘某某（男，犯抢劫罪，被判无期，余刑 18 年）。经查实，吴、刘两名案犯，因刑期长，思想悲观，不安心改造，曾多次产生逃跑念头，尤其是在案发前 3 个月，两犯因违反监规，分别受到扣分禁闭和调换劳动工种的处理后，逃跑的欲望更为强烈，仅在案发前两犯就曾密谋逃跑数十次之多。

实训目的和要求

1. 掌握罪犯脱逃心理危机的内容、干预的方法原则和步骤。

2. 能根据罪犯脱逃心理危机的表现进行识别，并能针对其心理问题，采取相对应的心理干预措施。

实训内容

1. 掌握预防罪犯脱逃干预步骤。

2. 掌握预防罪犯脱逃的心理支持技术。

实训准备

多媒体教室、纸、笔、实训教程、自制教具。

实施方式

1. 分组，每组 3 名学生，自由组合。

2. 整理如何提升罪犯的挫折忍受能力及处理技巧的资料。

3. 讨论如何培养罪犯在服刑中的适应能力，培养良好的情绪，学会适度地表达、控制情绪，处理不良情绪，树立正确的人生观等。

4. 筛选对脱逃罪犯应该实施的心理测试。

5. 选取合适的心理咨询与矫治的技术。

6. 提交罪犯脱逃干预的总结报告。

7. 指导教师进行点评与总结。

注意事项

1. 危机是由罪犯确定的，而不是由咨询师确定的，罪犯在任何时候由于任何原因都会发生危机，是否发生危机应当以罪犯的认识为标准。

2. 在危机干预过程中，对罪犯的接纳是稳定情绪的基础。危机干预过程中，咨询师必须无条件地以积极的方式接纳罪犯，接纳和肯定那些无人愿意接纳的人，表扬那些无人会给予表扬的人。只有这样建立起心理上的连接，才能建立良好关系，在此基础上才可以稳定罪犯情绪，才可以进行干预工作。

3. 危机干预后的跟进咨询，是对干预结果的巩固。

4. 危机中包含着危险，也蕴含着生机。遭遇危机坏的结果就是崩溃，也就是罪犯的脱逃行为再次发生，好的结果是能够有效地应对危机，罪犯从中获得经验，提升自我能力，此次的危机事件成为其成长的机会。

5. 本项目为基础性实训。

实训作业

根据本项目开篇案例，制定一份罪犯脱逃心理危机干预方案。

知识链接

《监狱法》第四十二条　监狱发现在押罪犯脱逃，应当即时将其抓获，不能即时抓获的，应当立即通知公安机关，由公安机关负责追捕，监狱密切配合。

《刑法》第三百一十六条第一款　依法被关押的罪犯、被告人、犯罪嫌疑人脱逃的，处五年以下有期徒刑或者拘役。

项目3 罪犯劫持人质危机干预

 **引言**

阳江监狱罪犯劫持人质事件

2004年2月13日，阳江监狱发生一起罪犯劫持人质事件，也是全省监狱系统首宗罪犯劫持人质事件。在各部门的大力协助下，经过近5个小时的谈话教育与政策攻心，有效地瓦解了罪犯的心理防线，促使罪犯自行放弃了犯罪企图，成功地解救了人质。

2月13日上午10时，罪犯陈某（23岁，小学文化，广东省化州市人，因抢劫罪被判处无期徒刑，2002年10月9日投监，在十二监区三车间从事仓管员工种）向当班警察报告，说要到公司办公室（与生产车间不是同一栋楼）交报表和拿生产单。取完生产单后，陈某以询问生产质量为由去仓库（公司的隔壁）找厂方师傅，当时现场有一名女师傅和两名男师傅在清理货物。陈某在和师傅们对话中，突然冲到女师傅何某某（24岁，广西人）的面前，从腰际拿出一把用压棉梳磨制的长24.2cm、宽1.4cm、厚0.3cm的单刃尖刀顶住其咽喉，挟持至仓库的小房内。警察见此情景即报告监区领导，3分钟后，正在监仓指导工作的副监狱长赶到事发地点，并及时向监狱长和其他监狱领导报告发生的情况。正在广州参加会议的监狱长接到电话后，明确指示：①立即启动监狱防暴应急预案，千方百计稳住罪犯的情绪，全力确保人质的安全；②迅速向省监狱管理局报告；③向地方公安、武警部队求援。随即动身火速从广州赶回监狱。

陈某挟持人质退到仓库的小房内后，关上铁闸门和玻璃门，拉上窗帘，向站在铁闸门前的监区长廖某说："我只有两个要求：提供笔、信纸和手提电话给我，写完信、打几个电话后，就放掉女师傅，然后自杀；如果你们强行冲入，我就先杀掉人质，再自杀。"为了稳定该犯情绪，指挥部指示廖某按陈某提出的要求，将纸、笔和手机从门缝中递给了陈某。紧接着，廖某按照指挥部的指令，通过电话的形式，对该犯进行政策前途教育，尽量拖延时间。

12时许，厅、局和武警总队的领导来到现场迅速作出决定：在确保人质人身安全的前提下，按照两个方案进行：①最好通过政策攻心，说服教育，尽量瓦解罪犯的心理防线，平息事件；②强行突破，解救人质。经过长达4个小时的谈话教育和劝解说服，最终使该犯放出人质，交出凶器，自行走出了犯罪地点。

实训目的和要求

1. 掌握罪犯劫持人质现场干预的要点和步骤。

2. 能够准确分析劫持人质罪犯的心理特点。

实训内容

1. 熟练掌握罪犯劫持人质的现场干预技巧。

2. 练习罪犯劫持人质现场干预的要点和步骤。

3. 能够对劫持人质罪犯的心理进行分析。

4. 模拟罪犯劫持人质现场干预演练。

实训准备

多媒体教室、纸、笔、实训教程、自制教具。

实施方式

1. 分组，每组3名学生，自由组合。

2. 整理如何与劫持人质罪犯进行谈判的处理技巧资料。

3. 以小组为单位设计模拟情景。

4. 以小组为单位进行罪犯劫持人质现场的演练。

5. 班级进行讨论与分享，指导老师进行点评。

注意事项

1. 干预人员一定要通过询问确认劫持者的需要和所要求的条件。

2. 鉴于劫持者的情绪一般都很激烈，参与人员应当帮助其缓和情绪。

3. 对劫持者所提出的要求，做理性而自然的回答。

4. 善于利用时间因素。

5. 对劫持者的要求进行评估，满足其一切可实现的需求，也使其作出有价值的让步。

6. 以协议或突击的方式结束人质事件，系在劫持者有所动摇、精疲力尽，或有向恶性方面转化时，当机立断地与外围警力配合解决问题。

7. 本项目为基础性实训。

实训作业

以小组为单位，进行模拟罪犯劫持人质现场的危机干预演练。

 知识链接

谈判技巧

一、谈判小组的构成

人质劫持谈判是高风险的作业，现场警匪双方斗智斗勇，在紧张的对峙与心理压力下，任何一点疏忽都可能造成无法想象的后果。因此，谈判员不但要求有极强的专业性与技巧性，而且需要由受过严格培训的专业人员组成谈判小组，分工合作，各司其责。谈判小组因对象不同而侧重面有所不同，目前在国际上通用的构成模式是：

1. 主谈判官，负责谈判的具体事宜。

2. 助理谈判官，负责协助主谈判官开展谈判，并在必要时替代主谈判官谈判。

3. 情报官，负责收集线索和情报。

4. 联络官，负责谈判小组与突击小组和其他行动小组的联络及物资供应。

5. 辅助人员，包括精神分析和临床心理学专家、其他专门学科专家等。

二、谈判员进入现场后的作用与表现

谈判员在进入现场，经短暂的观察与现场调查，与领导者、指挥官交换了看法，统一了观点以后，就揭开了与劫持者进行一场特殊交往的活动序幕。人质危机案件发生后，谈判员为案件成功处置承担着重要角色，其作用主要表现为四个方面：

1. 缓和情绪、控制事态。谈判员在出场前首先要调整好自己的心态，理清思路。用一种平和的表情面对行为人展开对话，以诚心帮助解决问题的态度让行为人接受自己，给行为人降温，缓和其激动的心情，阻止事态的恶化。

2. 收集信息、提供参谋。通过近距离面对面对话，谈判员能够直观了解现场的各种情况，并及时分析和判断行为人的表现，为指挥人员作出正确决策提供信息，当好参谋。

3. 拖延时间、谨慎决策。在人质危机案件中，由于犯罪行为的持续性和犯罪结果的不确定性，指挥人员和面对行为人的谈判员必须要有十分的把握方能决定采取何种措施，这就要求谈判员充分发挥自己的谈判水平，拉长对话时间，为指挥官的正确决策提供时间保障。

4. 创造条件、寻找战机。谈判员在用言语说服行为人弃械投降、实现目标的同时，还应树立为武力解救人质提供服务的意识。由于距离近，他不仅能为武力处置的民警提供帮助，还能为自己的角色切换创造战机。

模块五　罪犯心理矫正综合技能实训

单元一

服刑适应性问题矫正

项目1 服刑适应困难问题干预（1）

实训目的和要求

学生通过案例分析、矫正方案设计和模拟实训，掌握常见入监适应困难问题干预的基本技能。

实训内容

1. 设计服刑人员入监适应困难干预方案。

2. 按设计方案，模拟实施服刑人员入监适应困难干预。

实训准备

多媒体课室或心理咨询室、实训教材、实训案例、纸、笔等。

实训案例

一、一般资料

（一）人口学资料

李某，男，22 岁，高中文化，汉族，家住农村，未婚，父母都在农村务农。

（二）个人成长史

李某为长子，还有一个弟弟和一个妹妹，均在读书，自幼身体健康。父亲小学文化，家中农活又忙，平时几乎和他没有沟通交流。本人性格内向，不爱说话，自尊心强，学习成绩一般，在学校经常和同学打架，不合群，父母为此经常训斥他。高考落榜后在广州打工，因故意伤害罪被判处有期徒刑 6 年半，现在在青海某监狱服刑。

（三）精神状态

来访者衣着整洁，举止得体，满面愁容，思维清晰，说话有条理，表情焦虑、目光闪烁，局促不安，说话时不停地搓手，能主动诉述病情，主动求助。

（四）身体状态

转入青海某监狱时体检身体健康，无躯体疾病，无精神病家庭史。

（五）社会功能

不愿意和别人交往，学习、劳动效率差，粗心大意，经常出错，害怕与人交流，影响了正常的改造。

（六）心理测验结果

SCL-90 测试结果：

因子	躯体化	强迫	人际敏感	抑郁	焦虑	敌对	恐怖	偏执	精神病性	其他
得分	2.33	1.70	2.35	2.11	2.65	2.21	1.80	1.80	1.60	1.4

躯体化：2.33 分，表明来访者有头痛等躯体不适感；人际敏感：2.35 分，表明来访者人际关系敏感，人际交往中偶有不自在和自卑感；抑郁：2.11 分，表明来访者以抑郁苦闷的感情和心境为代表性心境，对生活兴趣减退，缺乏活动愿望等为特征；焦虑：2.65 分，表明来访者有烦躁、不安、紧张、失眠等躯体征象；敌对：2.21 分，表明来访者可能有不可抑制的冲动爆发表现。总分 193 分。

SAS 标准分：68 分，显示中度焦虑。

SDS 标准分：55 分，显示轻度抑郁。

二、主诉及个人陈述

（一）主诉

来访者转监两个多月来，内心烦躁不安，心慌头疼，情绪低落，晚上翻来覆去无法入睡，多梦，半夜容易惊醒，有焦虑、紧张郁闷的情绪，不愿和其他服刑人员交往，不愿与民警沟通，对一切都持无所谓的态度，劳动效率下降。

（二）个人陈述

我从小在江苏长大，在广东打工时因一时冲动打伤了别人，在广东某监狱时还基本习惯那里的生活，自从由广东监狱转来青海服刑以后，对监狱的环境还不适应，做什么事都比较害怕。两个多月前，有一天青海籍罪犯李某甲嘲笑我，我冲动之下推了他几下，民警马上制止了我，并严厉地教育了我，还扣了我的考核分。对此，我心里不服气，是李某甲先嘲笑我，我才去推他的，民警为什么只批评我，还扣我分？这不公平，是不是看我是外地新转来的就欺负我？自那以后，我就觉得这里的人都是欺负新来的，所以我不想参加任何活动，也不想与别人交往，我也不相信任何人，民警找我谈话我都不想听，也不想回答，觉得他们什么事都是针对我的，认为自己的改造没有什么前途和希望了，减刑可能没有我的份了，我这辈子什么时候才能出狱啊。我有时也很苦闷，吃不好，心里很烦躁，也很紧张，老喜欢发脾气，晚上也睡不着觉，睡着了总做梦，还很容易惊醒。我意识到自己有心理问题，希望咨询师能帮帮我。

三、观察和他人反映

（一）咨询师的观察

来访者相貌一般，身高175cm左右，身体较瘦，衣着整齐，很有礼貌，举止得体，精神不振，烦躁不安，说话时紧张、局促不安，搓手，不时叹气。注意力不能集中，提不起精神。

（二）监区民警反映

李某刚转监来时能认罪服法，积极改造。虽然平常不爱说话，可能够服从管理，最近突然不说话了，对其他服刑人员和管理民警都存有戒心，民警找他谈话时他基本不回答。他觉得是因为自己刚从广东监狱转来，心理上不适应，所以带他到心理咨询室来寻求帮助。

（三）同监舍反映

李某刚来时虽然不怎么爱说话，可是大家相处得还比较融洽。可现在不知道怎么了，总独自一个人坐在那里发呆。

四、评估与诊断

根据资料分析与评估，初步诊断为严重心理问题。（评估、诊断及鉴别诊断略）

……

七、咨询过程

（一）心理诊断阶段

1. 目的：通过和来访者进行摄入性谈话，了解基本情况，验证一般资料，进行诊断。

2. 咨询过程：第一次咨询，按照咨询原则，采用尊重、热情、真诚、共情、积极关注等方式，和来访者建立良好的咨询关系，填写咨询登记表，询问基本情况，介绍咨询的有关事项和规定，让来访者了解到自己的问题，以减轻其心理压力，树立治疗信心，与来访者共同制定咨询方案，获得来访者的信任，建立信任良好的咨询关系。

咨询过程谈话摘要：

咨询师：你好，请坐，我有什么能帮助你的？

来访者：我现在每天都烦躁不安、紧张、头痛、失眠、焦虑，不愿意与别人交往，不知道该怎么办？

咨询师：今天谈话的内容是保密的，你这样烦躁不安，发生了什么事情吗？

来访者：两个多月前，有一天，青海籍罪犯李某甲嘲笑我，我冲动之下推了他几下，民警马上制止了我，并严厉地教育了我，还扣了我的考核分，对此，我心里不服气，是李某甲先嘲笑我的，我才去推他的，民警为什么只批评我，还扣我分？这不公平，是不是看我是外地新转来的就欺负我？自那以后，我就觉得这里的人都欺负新来的，所以我不想参加任何活动，也不想与别人交往，我也不相信任何人，民警找我谈话我都不想听，也不想回答，觉得他们什么事都是针对我的，认为自己的改造没有什么前途和希望了，减刑可能没有我的份了，我这辈子什么时候才能出狱啊？

咨询师：你现在觉得民警和其他同改都因为你是新转监来的而欺负你，对吗？

来访者：是的。

咨询师：好，首先感谢你对我的信任，通过今天的咨询，我基本上对你的情况有了了解，下周我们再继续探讨，谢谢！

通过交谈，咨询师确立了来访者的咨询目标，发现来访者的一些不合理信念：别人都针对我；改造没有什么前途和希望了。

由此布置家庭作业：咨询后的体会。让来访者写出自己不满意、不接受的事情，并写明事情的经过。

（二）领悟阶段

1. 目的：让来访者学习、理解合理情绪 ABCDE 理论，寻找来访者的不合理信念、不适当的行为方式，改变来访者的认知，让来访者改变自己不合理的思维。

2. 咨询过程：第二次、第三次咨询，了解上次家庭作业的完成情况。让来访者理解合理情绪疗法中的相关理论，通过谈话引导来访者自己分析自己的问题，引导其发现在改造生活中确实有绝对化和一些不合理信念。

咨询过程谈话摘要：

咨询师：这次来觉得好点了吗？

来访者：没什么大的变化，还是觉得很难受。

咨询师：那你转监之前有过这样的情况吗？

来访者：没有。

咨询师：你觉得是什么原因使你出现现在这种状态呢？

来访者：主要是上次李某甲嘲笑我，我推了他几下，民警就扣了我的分，我心里很不服气，认为民警在整我、同改欺负我。

咨询师：你认为民警为什么整你？

来访者：因为我是广东监狱转过来的，和他们不熟。

咨询师：在你认为，凡是新来的都会受欺负吗？

来访者：是。

咨询师：其他广东转监过来的服刑人员未违规，民警批评过他们吗？

来访者：（想了一下）没有？

咨询师：那上次民警批评你是为什么？

来访者：（犹豫了一下）我推了李某甲。

咨询师：如果你不推，民警会批评你并扣分吗？

来访者：（想了一下）我想……不会吧。

咨询师：你的行为符合《服刑人员行为规范》吗？

来访者：不符合。

咨询师：那民警批评你对吗？

来访者：（思考……沉默不语）对吧！

通过交谈，帮助来访者认识到诱发事件 A（推李某甲扣分事件）、不良情绪 C（焦虑）和不合理信念 B（认为民警欺负新来的，他们什么都针对我，自己改造前途没什么希望了）之间的关系，引导来访者走出自己的思维模式，从另一个角度去看待自己面临的问题和困惑，认识到有些想法实际上并不存在。来访者认识到自己的状况不是由被李某甲嘲笑、欺负和民警批评而引起的，而是由自己错误的认知引起的，只要自己正确对待，是能够解决的。鼓励来访者重新思考和认识一些问题，引导其建立合理的认知行为模式。根据监区民警反映，来访者对诱发事件的信念有了一定的认识，症状得到了一定程度的缓解。

布置家庭作业：要求来访者主动找民警谈话，多和民警沟通。

实施方式

1. 学生 3~5 人为一组，每组在课前一周根据案例的基本信息设计认知矫正方案。

2. 每组选取 2 人，根据设计的矫正方案，一人扮演警察，另一人扮演罪犯李某。扮演警察的学生运用认知疗法对李某进行认知重建（此过程可以在课堂上操作，也可以让学生在课前拍成视频在课上播放）。

3. 每一对扮演者时间约为 10 分钟。

4. 每一对扮演结束后，组员先自评，然后其他学生进行评价，最后老师进行点评。

5. 所有扮演结束后，老师进行总结。

注意事项

1. 老师可自选合适的案例。

2. 老师要预留充足的时间给学生分析案例和设计矫正方案，并指导学生设计矫正方案。

3. 要重视点评与总结环节，让学生充分了解本组矫正方案与方案实施的优点与不足，帮助学生更好地学习技能。

4. 本项目为基础性实训。

实训作业

撰写以认知疗法干预入监适应问题实训报告。

项目 2　服刑适应困难问题干预（2）

实训目的和要求

学生通过案例分析、矫正方案设计和模拟实训，掌握常见入监适应困难问题干预的基本技能。

📝 **实训内容**

1. 设计服刑人员入监适应困难干预方案。
2. 按设计方案，模拟实施服刑人员入监适应困难干预。

📝 **实训准备**

多媒体课室或心理咨询室、实训教材、实训案例、纸、笔等。

📝 **实训案例**[1]

一、来访者一般资料

（二）人口学资料

服刑人员陈某，男，汉族，广东省遂溪县人，现年 17 岁，未婚，小学一年级文化程度，被捕前无业，家住广东省遂溪县杨柑镇龙湾村。

（二）个人成长史

来访者家里有父母和一个弟弟，家庭情况较差。8 岁开始读小学，由于学习成绩差，再加上无心读书，只读了一年级就辍学在家。辍学后无所事事，父母也疏于管教。

随着年龄增长，由于性格略显孤僻，来访者没有结交到很多朋友，整天在村子里东游西逛打发时间。由于该来访者母亲精神状态不正常，同村很多人说他母亲是"精神病"。受此影响，该来访者在村里也被人瞧不起，有时会被他人当作取笑、捉弄的对象。

2006 年，来访者认识了同村无业青年陈某某，陈某某比他大 2 岁，有时会给他一些小恩小惠，所以来访者视其为"知己"。2006 年 6 月份的一天，陈某某提出去抢摩托车，由于物质的诱惑和法治观念的淡薄，再加上"拿人手短、吃人嘴软"，来访者多年来才遇到陈某某这一个"知己"，他欣然同意参与抢劫。

2006 年 6 月下旬的一天，二人携带一条木棒窜到遂溪县北坡镇一条僻静小路上，当看到有人驾驶一辆摩托车过来时，陈某某用木棒将车主林某打倒在地，林某呼叫救命，陈某某又用木棒殴打林某的腹部及手臂，强行抢走林某的摩托车。该来访者作为同案犯以抢劫罪被判处有期徒刑 2 年。

该来访者犯罪当天就被抓获，在看守所被关押了 6 个多月。刚入看守所时就被"仓头"（在看守所犯人群体里的一种称谓）殴打过，由于慑于"仓头"的威势，他不敢报警，此后就一直低声下气地生活在那里，受尽了"仓头"的欺压。他在那里的表现也是比较差的，看守所要求每名犯罪嫌疑人要背 25 条行为规范，一直到 2007 年 1 月 15 日他被送来未成年犯管教所时还没有背完。

---

[1] 李军勇："一例服刑人员对监所适应困难的案例报告"，载《社会心理科学》2009 年第 1 期。

（三）精神状态

感知觉正常；注意力分散；记忆力正常，但有一定下降趋势；思维正常；自控能力较差；言行基本一致；生活、改造、和他犯交流效率有所下降；有焦虑、抑郁、恐惧、悲观、自责等不良情绪。

（四）身体状态

身体有不同程度的异常感觉，如：头痛、周身不舒服；体检没发现重大慢性疾病；未明确有精神病家族史。

（五）社会功能

基本能参加监狱组织的入所教育学习和训练，但学习效果差。和其他服刑人员交流少，不能接受他人的监督，对他人的监督有一定的逆反心理。

（六）心理测验结果

根据初次摄入性谈话中该来访者的精神状态和其表述的躯体症状，决定使用 90 项症状量表（SCL-90）及艾森克人格问卷（EPQ），测量其躯体状况及人格特征。

SCL-90 测试结果如下：

因子	躯体化	强迫	人际敏感	抑郁	焦虑	敌对	恐怖	偏执	精神病性	其他
得分	2.3	1.9	2.6	2.8	2.4	2.2	2.6	1.9	1.5	2.5

测验结果显示来访者有轻度身体不适感，如头痛、背痛、肌肉酸痛等。在人际关系中有中度自卑感，明显的不自在和消极的期待。有轻度烦躁，坐立不安，神经过敏，紧张等体验。对人群等对象怀有中度恐惧，甚至还有社交恐惧。有中度苦闷的情感和抑郁的心境，生活兴趣减退，动力缺乏，活力丧失，还包括有死亡的思想和自杀的观念。思想情感及行为等方面均有敌对表现，具体表现为厌烦的感觉，如摔物、争论，甚至有不可控制的脾气爆发等。

EPQ 测试结果如下：

分量表	E 量表	N 量表	P 量表	L 量表
T 分	40	65	60	50

测验结果显示来访者的人格特征为抑郁质（内向不稳定），表现为：人格内向，对人冷淡。焦虑、担忧、郁郁不乐、忧心忡忡、遇到刺激有强烈的情绪反应，以至出现不够理智的行为。孤独、不关心他人，难以适应外部环境，不近人情，感觉迟钝，与他人不友好，喜欢干奇特的事情，并且不顾危险。

二、主诉及个人陈述

（一）来访者主诉

烦躁、恐惧、郁闷、自责、失眠一个月余。

（二）个人陈述

我在看守所的时候就心情不好，到去年 12 月份时，我都感到在那里待不下去了，好不容易熬到了来监狱，谁知道这里也这么难过。1 月 15 日刚来那天，警察就安排说要背 40 条的行为规范，白天不是操练就是上课，组长还每时每刻在盯我，我不怎么会说普通话，也不会说广州话，听懂别人说的话很费力。我来了这么久很少和其他同改说话，只是警察和我谈过 2 次话，要我尽快适应环境，早点背完规范。我都快烦死了，压抑又郁闷，这简直不是人待的地方。在操场训练时，他们又说我动作慢，还说我不会穿衣服。要过年了，我连家里亲人都见不到。2 月 15 日那天，趁其他人都不注意，我藏在床底下，想等别人都出去操练时我就想个办法死掉算了。谁知道还是被他们找到了。警察批评我也觉得无所谓，爱怎么说就怎么说吧，再待在这里我都不想活了。警察教育、开导我，并建议我申请到监区心理辅导站进行心理咨询。通过接受心理健康教育，我知道这里有专门的心理咨询人员，在警察的安排下我写了申请。

三、观察和他人反映

（一）心理咨询师观察

在摄入性谈话中，来访者有一定合作态度，能信任咨询师，能如实将个人成长情况、家庭情况及在被抓后的改造经过向咨询师倾诉，但表现为性格内向、适应能力很差，社会化程度低、文化程度低、认知方面有比较大的缺陷，人生观、世界观、价值观扭曲，欠缺融入社会的技能。

（二）警察反映

为了更进一步了解来访者的情况，咨询师向其他警察了解他的情况。警察反映：该来访者入所后表现比较差，以文化低不认识字为由逃避背规范，思亲心理比较重，对这次的犯罪行为非常后悔，适应能力很差，很少和别人讲话。2 月 15 日那天，他趁别人不注意，藏在床底下，互监组成员及时报告后，在小组床铺底下发现了他。经过谈话了解，该来访者存在等别人都出去操练时自杀的念头。

（三）互监组成员反映

来访者同互监组成员反映，该来访者自入所以来不和别人主动说话，总是闷闷不乐地一个人坐在那里，互监组成员教他背规范他也不主动学。队列操练时经常被登记做错动作。

四、评估与诊断

根据对来访者的心理状态的评估，导致来访者的心理与行为异常的原因与现实联系紧密，有明显的道德因素，内容无泛化，社会功能轻度受损，初步判断其表现属于一般心理问题。

实施方式

1. 学生 3~5 人为一组，每组在课前一周根据案例的基本信息设计认知矫正方案。

2. 每组选取 2 人，根据设计的矫正方案，一人扮演警察，另一人扮演罪犯陈某。扮演警察的学生运用合理情绪疗法确定陈某的不合理信念及对陈某进行认知重建（此过程可以在课堂上操作，也可让学生在课前拍成视频在课上播放）。

3. 每一对扮演者时间约为 10 分钟。

4. 每一对扮演结束后，组员先自评，然后其他学生进行评价，最后老师进行点评。

5. 所有扮演结束后，老师进行总结。

注意事项

1. 老师可自选合适的案例。

2. 老师要预留充足的时间给学生分析案例和设计矫正方案，并指导学生设计矫正方案。

3. 要重视点评与总结环节，让学生充分了解本组矫正方案与方案实施的优点与不足，帮助学生更好地学习技能。

4. 本项目为基础性实训。

实训作业

撰写以认知疗法干预入监适应问题实训报告。

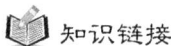 **知识链接**

罪犯适应障碍

罪犯适应障碍指罪犯在服刑过程中未能及时有效地调节自己的心理行为与监狱改造环境适应的一种状态或过程，主要表现在心理、行为、生理方面。

1. 心理适应障碍。主要表现为：自卑孤独、焦虑恐惧、绝望抗拒、痛苦怨恨、烦躁焦急、压抑、悲观。

2. 行为适应障碍。主要表现为：注意力不集中、小动作不断、自叹声不绝于耳、无精打采、无缘由吵架甚至打架。

3. 生理功能适应障碍。主要表现为：食欲不振、不适应监狱伙食，睡眠障碍，有生理疾病不适应监狱内强度较大的队列训练、教育学习等。

罪犯适应障碍时必须采取民警介入和帮助的同时，学习自我调整、自我解压的方法。这些方法如下：

1. 顺其自然法。即保持自然、平静、平常心态，坦然接受各种问题。

2. 内省法。对照规范检查自己的言行，常反思自己。

3. 转移法。有意识地避开不利的改造因素。

4. 性情陶冶法。通过自我修养和开展各种健康文化活动磨炼自己。

5. 自我控制法。遇见刺激性情境时，控制自己的极端心理与行为。

6. 自我激励法。通过肯定自己的积极点、优点激励自己进步，取得成绩。

项目3 服刑适应团体辅导

实训目的和要求

学生通过真实或模拟实训，掌握罪犯入监适应困难干预技术。

实训内容

1. 设计罪犯入监适应团体辅导方案。

2. 按设计方案，模拟实施团体辅导过程。

实训准备

多媒体课室或团体心理辅导室、团体心理辅导工具、实训教材等。

实施方式

1. 学生 2~5 人为一组，设计一份罪犯入监适应团体辅导方案。

2. 老师组织课堂就学生设计的方案展开讨论。组员先自评，其他学生再评价，之后老师作出点评。每组学生根据讨论的结果完善团体辅导方案，并做好实施团辅的准备工作。

3. 小组成员分工扮演心理矫正人员，其他学生扮演罪犯，各组按照设计方案开展模拟团辅活动。

4. 每组模拟时间约为 30 分钟。

5. 每组模拟结束后，组员先自评，然后其他学生进行评价，最后老师进行点评。

6. 所有扮演结束后，老师进行总结。

注意事项

1. 设计团体心理辅导方案时要考虑方案的可行性、实施的安全性等。

2. 实训过程要重视点评与总结环节，让学生充分了解本组矫正方案与方案实施的优点与不足，帮助学生更好地学习技能。

3. 团体辅导方案可在监狱真实情境中实施，但需在监狱民警的指导下实施。

4. 本项目为基础性实训。

实训作业

撰写罪犯入监适应团体辅导实训报告。

**知识链接**

从阶下囚到"三八红旗手"的蜕变[1]

——一例适应不良罪犯的矫治案例

一、罪犯基本情况

刘某，女，1973年10月26日出生，广东籍，初中文化。因职务侵占（5年）、挪用资金（6个月）于2009年1月16日被判处有期徒刑5年3个月。在入监教育期间，表现为易被激惹，人际敏感，对陌生环境和人容易感到恐惧并诱发恐惧症状，思想悲观消极，有轻生念头。

二、罪犯教育改造方案的制定和实施

（一）犯因分析

刘某两姐弟，母亲常年身体不适、弟弟患有精神疾病，在成长过程中，父母因为忙于生计和照顾生病的弟弟，对刘某很少关注，疏于管教，刘某有心事也很少跟父母讲，用刘某的话讲其家里人对其是"像牛一样放养"，从小缺少父母关爱，逐渐养成了不善言辞、听不进他人意见的性格。另外，母亲的患病和弟弟的痛苦也给刘某带来一定的冲击，从小就恐惧生病和死亡，进而养成了刘某成年后感觉谁都给不了她安全感，只有金钱才可以带给她幸福的观念。于是她不惜以犯罪的方式来获得金钱。

（二）现实改造表现

1. 性格缺陷。刘某入监心理测试显示刘某不合群、畏难心理、刻板认知严重，思维固化、片面，其性格内向且自卑心重，焦虑感较重，解决事情问题的方式较为单一，内心孤独，偏执。

2. 不服判决。刘某入监后一直认为是朋友害她坐牢的，对案情耿耿于怀，不能接受自己是罪犯的身份，一直认为自己没有错，是被他人陷害，痛骂法官判刑不公，拒绝操练、学习和劳动改造，拒绝与警察以及其他服刑人员交谈。

3. 支持系统薄弱。在刘某入狱前就与丈夫、家婆关系恶劣，家人更因刘某入狱而觉得蒙羞，既不来信更没来探望她，这让她感到被抛弃；而刘某在狱内也不愿意与他人交流、自我封闭、对其他服刑人员敌对意识明显。

（三）教育改造方案的实施

1. 攻坚小组融坚冰。组成以监区、心理矫治部门和教育部门三方联手的攻坚小组，全面了解刘某整体情况。通过档案资料、心理测试、朋辈反映、警察观察等四个方面全面掌握刘某的详细情况，制定了"入监初期、入监中期、入监后期"三阶段的"一人一策"教育改造方案，并集中开展3个月的攻坚教育。在攻坚的3个月内，对刘某

---

〔1〕 罗晖、戴永禄、何幽："从阶下囚到'三八红旗手'的蜕变——一例适应不良罪犯的矫治案例"，广东省女子监狱改造案例，2019，该文入选12348中国法网之司法行政（法律服务）案例库。

切实实施 24 小时全方位、全时段的严控，坚持"每天有谈话、每周有会诊、每月有推进、时时有帮教"的工作方式，从而取得刘某的信任和接纳，进而打开她的心扉，有效疏导和稳定她的情绪，3 个月后经评估，刘某的自杀危险性已基本消除。

2. 法律学习促悔罪。专管警察从职务侵占、挪用资金的一般动机说起，帮刘某查询相关的法律书籍，教给她相关的刑法知识。同时，也组织刘某参加法律援助活动，让法律人员给予其更加客观、公正的回复，促其正确地看待案情，也认识到法官是根据事实作出量刑结果，最终促其完成"现身说法"和书面的《认罪悔罪忏悔书》。

3. 心理矫治正心态。心病还需心药医，心理咨询师对刘某开展了 6 个月共计 26 次的个体跟踪咨询，并辅以团体辅导、心理拓展训练等，与刘某签订了"配合治疗、积极生活"协议书。心理矫治共分为探究心理真相阶段、修通内心冲突阶段和心理成长阶段三个阶段。咨询师先后运用心理动力疗法和沙盘治疗，通过"呈现问题—描述问题与行为模式—回顾成长经历—将成长经历与创伤经历的影响联系在一起"，让刘某宣泄内心的不良情绪，认识领悟到童年受到的教养方式会影响她的情绪情感反应模式，导致面对压力、遇到困难挫折时，不是选择沟通交流，而是会选择采取回避的应对方式；运用合理情绪疗法，矫正其"母亲身体不好和弟弟患有精神疾病，我就一定会患精神疾病""坐过牢的人就是一无是处的垃圾"和"丈夫、家人不要我了，我觉得全部人都不会关心我、关爱我"等认知偏差；最后帮助刘某修通内心的情结，实现心理成长。

4. 技能培训强本领。经过 9 个月的教育转化，刘某在心态、教育情况、行为规范等方面都有了很大改善，并且获得 1 个表扬的改造成绩。为了促进刘某更加积极改造，监区安排刘某作看护精神异常犯的值班员，此时刘某产生了强烈的抵触情绪，认为："同是穿囚服的人，为什么还要我去伺候他们吃喝拉撒，我不愿意"。随后监区长主动找其谈话，对其多次进行心理疏导，并对她说"你作看护，既能学习医学护理知识，也能参加监狱的按摩、护理技术培训班，说不定出去以后，这就是很好的一条出路呢！"这句话深深触动了刘某，让她安下心来阅读相关医学护理方面的书籍，积极参加监狱组织的按摩班、护理班的技能培训。同时，专管警察还鼓励刘某学习心理减压、情绪管理、婚姻家庭关系处理相关知识，参加相应科目的自学考试，帮助她在调整自身心理状态的同时也能够掌握更多护理病犯的心理学知识，不断提高刘某的自信心和职业技能。于是，在入监 1 年 3 个月后，刘某成为一名病犯护理值班员。

5. 亲情帮教化隔阂。刘某虽然因为婆媳关系和两地分居，与丈夫之间存在较多的矛盾，但是刘某内心还是很希望获得丈夫的关心关爱。监狱与其父母、丈夫取得联系，让他们与刘某建立书信联系，并鼓励刘某丈夫每月来监进行会见，适时鼓励刘某好好改造，同时在刘某申请拨打亲情电话时及时给予安排。一段时间后，刘某走出孤僻，主动和他人交流，也积极和家人进行书信沟通，并与丈夫化解了矛盾与隔阂，对警察多了接纳的同时也多了感恩。

6. 就业指导促回归。出监教育是罪犯刑释前教育改造过程中必须经历的一个十分重要的阶段，刑释前罪犯多会出现畏难情绪和恐慌心理，刘某也一样。监狱在得知刘某想出监后创办"老年公寓"的想法后，积极帮助刘某购买相应的创业书籍、帮助她制定创业方案，并安排其参加就业辅导和职业规划讲座，请有经验的老师对其创业方案进行指导。经过一系列辅导，刘某对出监后的创业规划明晰了很多。刘某出监后，监狱相关部门又启动"走出去"机制，主动和刘某居住所在地相关部门加强沟通，多次走进刘某家里，了解刘某刑释后的生活和就业、创业情况。

三、教育改造成效

1. 狱内改造成效：服刑期间，刘某从一名入监适应不良甚至有轻生念头的罪犯到能够积极改造，进而成为一名病犯护理值班员，共获减刑 2 次，累计减刑 1 年 2 个月。

2. 刑释后的成绩：2014 年 10 月，刘某在刑满释放两年半后，利用惠州市的宅基地自建房，和丈夫一起创办了惠州市长乐居老年公寓，目前能容纳 50～60 位老人。2015 年、2016 年"长乐居老年公寓"被评为"先进社会组织"，荣获"社会组织奖"；刘某个人于 2016 年被评为"惠城区巾帼文明岗"，2017 年被评为"惠州市巾帼文明岗"，2017 年被评为"惠城区三八红旗手"。

3. 回报社会的做法：2018 年，刘某主动来监分享心路历程并进行帮教，她在现场动情地说："我记不清楚自己创业失败过多少次了，但我深知，能走到今天这一步，没有亲人、警官和社会的关怀是绝对不可能的，感恩之心从未忘却。"她还邀请服刑人员刑释后到她的"老年公寓"就业。刘某表示，为了回馈社会，她会不定期到贫困山区走访，为贫困学子们提供捐赠，送上生活用品和学习文具。

单 元 二

回归社会心理问题矫正

项目1　刑释前心理问题干预（1）

实训目的和要求

学生通过案例分析、矫正方案设计和模拟实训，掌握常见罪犯刑释前心理问题干预的基本技能。

实训内容

1. 设计服刑人员刑释前心理问题干预方案。

2. 按设计方案，模拟实施罪犯刑释前心理问题干预。

实训准备

多媒体课室或心理咨询室、实训教材、实训案例、纸、笔等。

实训案例 [1]

一、基本情况

来访者王某，男，40岁，小学肄业，未婚，2003年因犯故意伤害罪被某某中级人民法院判处有期徒刑12年，罚金20 000元。刑期为2003年6月12日至2014年8月11日。

二、个人成长史

该来访者大概在10岁时，家庭出现变故，双亲先后病亡，小学未毕业就回家务农。后来，开始踏入社会，步入打工生涯。因为拿不到工资，加之年轻气盛，和老板发生争执后用三角刮刀将老板砍伤，经鉴定属于重伤。入狱后能服从民警管理和教育，认罪悔罪，遵守监规纪律和学习法律法规，积极改造，争取早日"新生"。

---

〔1〕 季国辉："一例服刑人员出监前产生焦虑情绪的个案分析"，载《社会心理科学》2014年第Z1期。

三、主诉与个人陈述

（一）主诉

近几个月来，我内心痛苦、焦虑不安，很大程度上妨碍了改造，担心照此下去会影响到自己的奖励和减刑，想尽快摆脱这样的状况，为此前来咨询。

（二）个人陈述

2012 年 11 月 26 日，某中级人民法院来监狱给我减刑，一次没有减完，剩余刑期 1 年 7 个月。接到法院的刑事裁定时，我刚开始还比较高兴，认为自己在这漫长的改造生活中总算是看到了希望。但 2 个月以后，开始紧张、烦躁，担心刑满释放出去后做什么、邻里亲戚怎么看待我。家里只有一个堂弟和自己亲近，谁能帮助我？想到这些，我痛苦得很，感到对不起死去的双亲，因此出现自卑和焦虑的情绪，慢慢头部不适、失眠，经常感到头昏目眩，心慌胸闷等。在这种状况下我尽量克制，能继续坚持"三课"学习；只是生产任务没有以前完成得好；不能严格遵守监规纪律，曾受到管教民警的批评。与同改相互交往中开始脾气暴躁，尤其是听到同改间谈论家事时，我就越发感到难受，于是怀疑自己是否有心理问题，遂到心理咨询室申请咨询。希望心理咨询师帮助我摆脱痛苦，能够全身心地投入到正常的改造中去。

四、相关资料搜集

（一）咨询师观察

来访者衣着整齐，意识清楚，无妄想、幻觉，无智力障碍，自知力完整，有主动求助动机。初次来访时较为被动，回答问题思路清晰，言语谨慎。

（二）狱中同犯反映

该来访者在班组里情绪不如以前稳定，大约三四十分钟要出去抽根烟，有时还发脾气，引起同组人的反感，但关系还能维持，一日三餐正常，晚上睡不着，经常翻来覆去……

（三）直接管理干警反映

该来访者近期改造表现有所下降，比以前相对差一点，自减刑一个星期后，就出现情绪低落，借故到监狱医院看病次数较多。

（四）监狱医院反映

该来访者血压正常，110/70mmHg，P（心率）79 次/分，其他检查指标都正常。

（五）资料的可靠性

接诊之后，咨询师调查了来访者的一些情况，除既往病史、家族史无法完全考证外，改造表现及心理状态基本属实。

五、心理测量

1. SCL-90 自评量表测试结果：

因子	躯体化	强迫	人际敏感	抑郁	焦虑	敌对	恐怖	偏执	精神病性	其他
得分	2.0	1.4	1.9	2.2	2.7	1.6	1.8	1.6	1.1	2.2

总分 162 分，任何一个因子超过 2 分可筛选为阳性项目。

2. SAS 测试标准分为 67 分，测试结果与中国常模对比：属于中度焦虑。

3. SDS 测试标准分为 60 分，表明来访者显示抑郁。

六、评估与诊断

（一）诊断

一般心理问题。

（二）诊断依据

据来访者自述和临床观察，来访者所述内容基本可信。对照症状标准，该来访者表现出不安、紧张、烦躁、焦虑等。从严重程度标准看，来访者的心理问题反应强度不甚强烈，问题基本局限在情绪方面，虽然爱发脾气，但和同犯关系还能基本维持，无泛化。虽然来访者的心理问题引起了一些躯体化反应，如头部不适、失眠，但没有对其社会功能造成严重影响，能正常参加"三课"学习，只是劳动改造效率有所下降，平时不能严格遵守监规纪律。病程持续 2 个月以上、半年以下，能主动找干警到咨询室申请咨询，自知力完整。心理测量 SCL-90，躯体化因子 2.0 分，焦虑因子 2.7 分；SAS 测量，标准分 67 分，属中度焦虑。因此，根据以上诊断依据和临床收集的资料、心理测验得分，来访者问题属于一般心理问题。

📝 **实施方式**

1. 学生 3~5 人为一组，每组在课前一周根据案例的基本信息设计认知矫正方案。

2. 每组选取 2 人，根据设计的矫正方案，一人扮演警察，另一人扮演罪犯王某。扮演警察的学生运用认知疗法确定王某的不良认知及对王某进行认知重建（此过程可以在课堂上操作，也可以让学生在课前拍成视频在课上播放）。

3. 每一对扮演者时间约为 10 分钟。

4. 每一对扮演结束后，组员先自评，然后其他学生进行评价，最后老师进行点评。

5. 所有扮演结束后，老师进行总结。

📝 **注意事项**

1. 老师可自选合适的案例。

2. 老师要预留充足时间给学生分析案例和设计矫正方案，并指导学生设计矫正方案。

3. 要重视点评与总结环节，让学生充分了解本组矫正方案与方案实施的优点与不足，帮助学生更好地学习技能。

4. 本项目为基础性实训。

实训作业

撰写以认知疗法干预罪犯刑释前心理问题实训报告。

项目2　刑释前心理问题干预（2）

实训目的和要求

学生通过案例分析、矫正方案设计和模拟实训，掌握常见罪犯刑释前心理问题干预的基本技能。

实训内容

1. 设计服刑人员刑释前心理问题干预方案。

2. 按设计方案，模拟实施服刑人员刑释前心理问题干预。

实训准备

多媒体课室或心理咨询室、实训教材、实训案例、纸、笔等。

实训案例 [1]

一、一般资料

陈某，男，52岁，大学文化，已婚，育有一子。1964年出生于广东省兴宁市，大学毕业后被分配到某国有企业工作。2012年因受贿罪被判处有期徒刑5年，2012年2月入监服刑，剩余刑期8个月，现已呈报减刑，即将减刑出监。

二、个人成长史

来访者出生在农村，家庭经济收入以务农为主，家中有四兄妹，来访者排行第四。来访者依靠家庭成员攒钱资助读完大学，毕业后被分配到某国企工作，是村里第一个靠读书走出大山的孩子，是父母和村里人的骄傲。1990年参加工作，事业发展顺利，捕前任某大型国企中层领导，家庭关系和睦，育有一子，已上大学。

三、主诉和个人陈述

（一）主诉

烦躁、焦虑、失眠一个月余。

（二）个人陈述

我在监狱服刑的几年里，一直在反省自己的犯罪行为，因辜负国家培养以及让家人蒙羞而感到耻辱。在监狱服刑期间，家人对自己不离不弃，让自己感到温暖，一直

---

〔1〕 来源：广东省监狱系统案例。

渴望早日出监，还妻子、儿子一个完整、温暖、幸福的家庭。一个月前，申报减刑之后，我本来很开心，之后便不知怎么回事突然感觉心神不宁、烦躁不安，想到很快就要减刑出监，无法面对以前的同事、朋友和村中的乡亲，觉得自己没脸面对他们，而且他们肯定也会瞧不起我。现在我真的对自己所犯的罪行感到后悔，对出监之后的生活也失去了信心，只要一想到这个就辗转难眠，白天也提不起精神劳动。

四、咨询师观察和搜集到的其他资料

1. 精神状态：来访者衣着整齐，思维逻辑清晰，神情焦虑。

2. 身体状态：经监狱医院检查身体健康，无重大躯体疾病史，最近一段时间食欲下降，入睡困难。

3. 社会功能：精力不集中，能够完成劳动任务，但效率降低。

4. 专管警察反映：陈某入狱 3 年来，各方面表现不错，积极参加劳动，与狱内服刑人员和谐相处；近一个月来，明显感觉该犯精神不集中，劳动效率下降。互监组罪犯反映陈某晚上睡眠不好，辗转反侧影响到其他服刑人员休息，其他情况均无异常。

五、心理测试结果

1. SAS 测验标准分为 64 分，表现为中度焦虑。

2. SCL-90 结果显示，焦虑 2.3 分，因子分分值偏高，表明焦虑症状明显。

六、评估与诊断

初步诊断：一般心理问题——焦虑情绪。（评估、诊断及鉴别诊断略）

七、咨询目标制定

根据评估与诊断，咨询师与来访者协商，共同商定如下咨询目标：

（一）近期目标

1. 减轻焦虑情绪，掌握一定的调节情绪的方法，改善睡眠质量。

2. 找出不合理信念并代之以合理信念，从而改变认知模式，恢复和提高对出监生活的信心。

（二）长期目标

熟练掌握调节情绪的方法，提高心理健康水平，促进人格的完善和身心健康。

👋 实施方式

1. 学生 3~5 人为一组，每组在课前一周根据案例的基本信息设计认知矫正方案。

2. 每组选取 2 人，根据设计的矫正方案，一人扮演警察，另一人扮演罪犯陈某。扮演警察的学生运用认知疗法确定陈某的不良认知及对陈某进行认知重建（此过程可以在课堂上操作，也可以让学生在课前拍成视频在课上播放）。

3. 每一对扮演者时间约为 10 分钟。

4. 每一对扮演结束后，组员先自评，然后其他学生进行评价，最后老师进行点评。

5. 所有扮演结束后，老师进行总结。

注意事项

1. 老师可自选合适的案例。

2. 老师要预留充足时间给学生分析案例和设计矫正方案，并指导学生设计矫正方案。

3. 要重视点评与总结环节，让学生充分了解本组矫正方案与方案实施的优点与不足，帮助学生更好地学习技能。

4. 本项目为基础性实训。

实训作业

撰写以认知疗法干预罪犯刑释前心理问题实训报告。

项目3 罪犯健康回归心理培养（1）

实训目的和要求

学生通过矫正方案设计和模拟实训，掌握培养罪犯健康的回归心理基本技能。

实训内容

1. 设计以自画像技术培养罪犯健康回归心理的矫正方案。

2. 按设计方案，模拟实施罪犯健康回归心理干预。

实训准备

多媒体课室或心理咨询室、实训教材、实训案例、纸、笔等。

实施方式

1. 学生2~5人为一组，每组在课前一周设计一份以自画像技术培养罪犯健康的回归心理的方案。

2. 根据设计的矫正方案，每组一人扮演警察，另一人或多人扮演罪犯。扮演警察的学生运用自画像技术，引导罪犯画出以回归社会为主题的自画像，从中探索其当时所处的心理状态。然后根据绘画过程和图画作品，与罪犯探讨交流，引导其自我探索，和他们一起分析自身心理状态和人格特征，就罪犯不良的回归社会心理提出有针对性的调整建议。

3. 每组扮演时间约为30分钟。

4. 每组扮演结束后，组员先自评，然后其他学生进行评价，最后老师进行点评。

5. 所有扮演结束后，老师进行总结。

注意事项

1. 老师要预留充足的时间给学生了解自画像技术和设计矫正方案，并指导学生设计矫正方案。

2. 设计团体心理辅导方案时要考虑方案的可行性、实施的安全性等。

3. 要重视点评与总结环节，让学生充分了解本组矫正方案与方案实施的优点与不足，帮助学生更好地学习技能。

4. 矫正方案可在监狱真实情境中实施，但需在监狱民警的指导下实施。

5. 本项目为基础性实训。

实训作业

撰写以自画像技术培养罪犯健康回归心理实训报告。

项目4　罪犯健康回归心理培养（2）

实训目的和要求

学生通过矫正方案设计和模拟实训，掌握培养罪犯健康回归心理的团体心理辅导基本技能。

实训内容

1. 设计培养罪犯健康回归心理的团体心理辅导方案。

2. 按设计方案，模拟实训罪犯健康回归心理的团体心理辅导。

实训准备

团体心理辅导室、多媒体设备、实训教材、纸、笔等。

实施方式

1. 学生 2~5 人为一组，每组在课前一周设计一份以培养罪犯健康的回归社会心理为主题的团体心理辅导方案（主题可由教师提供或学生自行确定）。

2. 根据设计的辅导方案，每组安排成员扮演团体导师、罪犯等角色，模拟开展罪犯团体心理辅导。

3. 每一组模拟实训时间约为 30 分钟。

4. 每一组模拟实训结束后，学生先自评，然后其他学生进行评价，最后老师进行点评。

5. 所有扮演结束后，老师进行总结。

注意事项

1. 设计团体辅导方案时要考虑方案的可行性、实施的安全性等。

2. 实训过程要重视点评与总结环节，让学生充分了解本组矫正方案与方案实施的优点与不足，帮助学生更好地学习技能。

3. 团体辅导方案可在监狱真实情境中实施，但需在监狱民警的指导下进行。

4. 本项目为基础性实训。

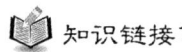 **实训作业**

撰写罪犯健康回归心理团体心理辅导实训报告。

知识链接1

罪犯刑满释放前的心理特征[1]

罪犯常见的出监狱前期的心理特征主要有以下几种：

1. 喜悦与紧张的心理。罪犯在狱中的最大愿望就是能够早日出狱获得自由。所以，这一目标的即将实现，会使他们从内心深处产生一种巨大的愿望得到实现的喜悦。××监狱有一即将刑满释放的罪犯曾经说过："面对即将回归社会获得自由，可以逛商场，去做自己想做的事情，就兴奋不已，甚至从梦中笑醒。"这是对新生自由的渴望，也是对美好生活的向往。但兴奋之余，又不得不冷静思考自己的未来，如何安排出狱后的生活，如何适应久违了的社会等一系列的问题便会萦绕在心头，总觉得没有着落，不踏实。一是怕不适应社会新的生活，怕别人瞧不起，怕别人用异样的眼光看自己，不知道应该怎样与人打交道。二是担心家庭、亲友对自己的态度，不知是否能接纳自己，特别是一些平时与家庭联系不多，甚至跟家庭有隔阂，闹矛盾、伤害过家人的人这种心理更为突出。三是觉得自己成了社会的另类、边缘人物，怕面对曾经的上下级和其他同事、街坊邻居、亲朋好友。这种心理在职务犯身上较为突出。四是担心参加社会矫治，在社区服刑，以受管制的身份抛头露面，在熟人面前和家门口"出洋相"，给家人带来负面影响和压力。这种心理在假释和剥夺政治权利的人身上较为突出，他们在刑满前经常打听类似情况的人在外的执行情况。因此，大多数即将刑满释放前期的服刑人员喜悦之余又很紧张、焦虑，处于一种矛盾的状态，从而背负着巨大的思想和心理压力。由此导致回归人员不能以正常的心态面对家庭、亲友、同事以及社会，不能正确处理好自己与家人及社会的关系，因此也就不能正常地融入社会，为社会所接纳。

2. 急迫与焦虑的心理。焦虑，是一种忧虑、紧张、恐惧和焦灼交织在一起的情绪反应，是心理应激引起矛盾冲突所产生的主要心理状态。进入即将刑满释放前期的罪犯一般并不会因为新生近在咫尺而感到自由在即，日子过得快。相反地，由于在心里计算着每一天每个小时甚至每分每秒，常常感到时间过得越来越慢，简直是度日如年。越是临近刑满，越是辗转反侧，甚至产生失眠、神经衰弱等症状。加之刑满释放在即，跨出监狱大门即意味着一日三餐、衣食住行都是由自己负责，不可避免地产生一种前路漫漫、前程渺茫的心理。甚至有些人对监狱生活产生某种依赖心理，不愁吃、不愁穿、不愁住，这一切一旦刑满便无从着落，因此，既盼星星盼月亮般地盼自由，又前怕"狼"后怕"虎"地愁白了头。这种情况在刑满前半个月或七八天内更为突出，一

---

〔1〕 缪文海："罪犯刑满释放前的心理特征及心理矫治策略"，载《贵州警官职业学院学报》2010年第2期。

般都存在失眠症状。××监狱某服刑人员，在刑满前几天患上一种俗称"鬼剃头"的病症，头发一块一块地脱落，其实质是焦虑过度所致。

3. 自信与自卑的心理。"自卑的价值是形而上的，自信的用处是形而下的。"自信与自卑的心理，几乎每一个处于即将刑满释放的服刑人员都会同时存在这两种心理。但由于每个人的情况不同，程度也不同。具有自信心理的，大多是平时改造表现好，有立功减刑等受奖记录，并在改造中将刑期当学期，学到一技之长，对出狱后人生有规划，坚信日后能有所作为的人。而自卑型的服刑人员，一般年龄偏大、对回归社会后的前途感到渺茫，缺乏信心，担心回归社会后难以就业谋生，难以组建家庭。特别是一些服刑时间比较长的服刑人员，面对一日千里、日新月异的社会和经济发展形势，心里担心，恐怕连回家的路也难以找到，甚至在城市无住房，在农村无土地，一切都要从头开始。一想到刑满后的艰难生活，一想到社会的歧视和众人的冷眼，自视卑微的心理便油然而生，不能不产生逢人矮三分的感觉。据调查，即将刑释、文化程度初中以下的服刑人员，一般对自己身无特长和技艺感到担忧。即使有些特长的，也因社会的竞争太激烈而焦虑。他们认为现在大学生找工作都这么难，他们出去肯定难以立足。极个别的居然直言出去只有继续"混"，别无出路，表现出较为严重的自信不足。

4. 松懈与怠惰的心理。无论减刑与否，临近改造尾期，服刑人员往往都会产生一定程度的"船泊码头车到站"的心理。无论是反映在身份意识上，还是遵规守纪、劳动态度上，都会有不同程度的松懈和淡薄。有的人认为多年的劳动改造都过来了，进入后期改造了，没有必要再苦自己了，只要不严重违规违纪，有点小毛病没有什么大不了的，没有功劳还有苦劳，自己稍微松一松，民警也不会拿自己怎么样。这种心理在各种因素的促成下，出监狱前期的服刑人员的改造表现就出现了纪律松懈、不遵守制度、完不成生产任务的现象。有的甚至不顾以前获得的奖励、荣誉，为了琐事逞强好胜，吵骂打架，直至严重违反监规纪律，自己也受到了应有的惩罚。有的虽然没有严重违纪，但小毛病不断，在前期改造中不敢做的事情，到了后期常常偷偷摸摸试探着去做，一经发现就软磨硬缠，不服从管理。有的争强好胜心膨胀，在改造过程中表现得比其他犯人要强，事事不吃亏，身份意识淡薄，搞得自己好像不是一名犯人了。还有的责任意识减弱，表现出在改造中不打扫卫生，不洗涮餐具。原先干得不错的犯人仅满足于完成任务，多一点也不干，而且对其他犯人讲："干那么多有什么用，只要完成任务，别让政府找着就行了。"对超额完成任务的罪犯冷嘲热讽，抱着"混"的心理，说什么"混一天等于2个半天，反正到时候就走人"。

5. 自暴自弃、破罐破摔的心理。从江苏省××监狱2005~2008年对即将刑满释放的罪犯的调查来看，有大约5.9%的服刑人员由于心理压力大，无法自控和主动调适、矫治，往往会产生自暴自弃、破罐破摔的心理。认为自己被释放出去也是"三等公民"，肯定会受到歧视和不公平对待，就业难度大，甚至无业可做。即使有一定文化、技能，也会因为受过惩处不能被录用。因此，有的人抱着无所谓的心理，特别是刑期较短的服刑人员，更是不在乎，认为早走几天晚走几天无所谓，反正差不了多少，出去也得自己挣饭吃，在哪都是吃饭，什么时候出去顺其自然。个别对前途失去信心的人认为，自己与世无争，当一天和尚撞一天钟，甚至可以不撞钟，自生自灭，怎么都是一生。极个别贫穷边远地区的罪犯甚至产生不思回归的心理。

6.其他的心理。极少数出狱前期的服刑人员还存在一些不良的心理和态度。一是报复心理。不思改悔，坚持犯罪立场，将犯罪受惩归于社会，对执法者、被害人、检举人、证人和离婚的妻子，一直怀恨在心，开始筹划报复的计划。二是重操旧业心理。有些服刑人员急切地盼望自己早日重返社会，重出"江湖"，甚至刑满前就在同犯中物色气味相投的伙伴和帮凶，准备出狱后做"大买卖"。××监狱某服刑人员因盗窃罪被判刑4年，刑释不足1年因报复杀人又被判刑。其原因是该犯的女友抛弃了他，而他认为自己之所以吃官司，就是为了让女友过上"幸福"生活，而女友在自己因盗窃吃官司期间，"忘恩负义"，既不来探监，又不寄钱寄物，还与他人结婚生子，联系到自己从小就被父母抛弃的私生子经历，该犯倍加愤恨，出狱后便将女友杀害。

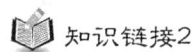 **知识链接2**

临出监情绪焦虑罪犯的团体心理矫治案例[1]

一、罪犯基本情况

（一）背景资料

由于长期监禁与社会生活脱节，部分罪犯在刑满释放前会产生明显的矛盾心理，既渴望回归社会，又对出监后可能遇到社会歧视、家庭接纳、就业困难、婚姻恋爱等现实问题充满担心和顾虑，形成焦虑心理。为缓解罪犯回归社会后的焦虑情绪，通过问卷调查、诉求收集和心理测量的方式筛选出临释情绪焦虑的同质性罪犯，开展团体心理矫治。

接受团体心理矫治罪犯的基本情况：

罪犯姓名	基本情况
陈某某	26岁，初中毕业，已婚，开设赌场，7年
刘某某	26岁，初中毕业，未婚，故意伤害罪，5年
吴某某	34岁，高中毕业，已婚，诈骗，6年
王某某	29岁，高中毕业，未婚，强奸罪，8年
谢某某	32岁，初中毕业，已婚，容留吸毒、贩毒，7年
李某某	33岁，初中毕业，已婚，绑架罪，11年

---

〔1〕　选自中国法律服务网（12348中国法网）司法行政（法律服务）案例库。

（二）测验与诊断

在开展团体心理矫治之前，分别对该6名情绪焦虑的罪犯进行访谈，初步了解他们的身体及心理状况，发现该群体身上存在着以下共性特征：

1. 身体状况。最近两个多月以来睡眠差，心慌，食欲不振。

2. 精神状态。性格偏内向，说话有条理但烦躁不安，注意力不集中，眉头紧锁，内心痛苦，焦虑。

3. 社会功能。近两个月以来，改造不积极，注意力不集中，不能完成劳动任务，人际关系紧张。

选用SCL-90症状自评量表对6名罪犯进行测试。

SCL-90量表测试结果：

罪犯姓名	陈某某	刘某某	吴某某	王某某	谢某某	李某某
人际关系敏感	3.11	3.54	4.46	3.34	3.00	3.67
焦虑	4.63	3.28	4.87	3.54	3.17	3.73
程度	极重	重度	极重	重度	重度	重度

二、罪犯教育改造方案的制定和实施

（一）对该6名服刑人员心理问题的界定

根据已收集的资料、主诉、个人陈述、他人反映与测验结果，初步诊断该6人为：严重心理问题。

（二）诊断依据

根据郭念锋教授判断心理正常与异常三原则：该6名罪犯主客观世界统一，心理活动内在协调一致，人格相对稳定，有自知力，主动寻求帮助，无逻辑思维的混乱，无感知觉异常、无幻觉、妄想等精神病性症状。

从严重程度看：反应比较强烈，对社会功能造成一定的影响。

从刺激源看：有明显的现实存在的改造问题引发的内心紧张和不安，这种现实存在和情绪产生的思维过程合乎逻辑，其反应强度可以理解。

从病程上看：焦虑情绪持续两个多月，感到痛苦，不想继续下去。

从自知力看：感到痛苦，希望得到帮助解决问题，有求治愿望。

心理测验的结果与相关资料等支持本诊断。

（三）病因分析

1. 社会学原因：

（1）知识技能差。初高中毕业，没有社会谋生的技能，渴望早日回归社会却又害怕不能适应，担心会受到社会歧视。

（2）家庭环境。经济状况差，兄弟姐妹都已经各自成家且经济状况也不好，对其无接济能力，社会支持低。对刑满释放后的家庭接纳感到担忧。

（3）服刑时间长。与外部社会严重脱节，担心无法适应新的生活。

2. 心理学原因：

（1）不合理信念。认为脱离正常社会生活时间太长，没有谋生技能，一无是处，在将来的社会生活中无法生存，没有出路。

（2）被无助、焦虑、抑郁等情绪所困扰，不能够自行解决，有内心的冲突、焦虑、烦躁、痛苦、情绪低落，兴趣下降。

（3）人际关系上与他人缺乏沟通和交流。

（4）性格内向、敏感、自卑。

（四）管理和矫正目标

团体心理矫治的目的是解决罪犯的焦虑、烦躁、入睡困难等不良情绪反应，降低其无助感，消除对现实问题的紧张焦虑状态，增强适应能力，使罪犯提前感受和适应社会生活，掌握赖以谋生的一技之长，在刑满释放后能正确对待可能遇到的社会歧视、家庭接纳、就业困难、婚姻恋爱受挫等回归社会的现实问题，能够正确看待集体、个人之间的关系，克服各种困难，树立自食其力的信心和勇气。

（五）日常管理规定

1. 坚持集中教育与个别转化相结合的原则，坚持民警直接管理与罪犯相互监督。

2. 密切注意情绪焦虑罪犯的日常动态，布建信息员重点管控，对改造表现、管理控制、教育转化和下一步措施等情况进行分析，发现问题及时采取措施。

3. 充分发挥心理矫治的作用，对出监前情绪焦虑的罪犯进行心理咨询，建立心理健康档案，并将心理测试的有关数据作为制定矫治方案的重要依据。

（六）团体心理矫治实施过程

1. 第一次团体心理矫治活动：团体形成阶段，促进改变、定位和变化过程。带领团体成员微笑握手，做滚雪球等热身运动，作自我介绍，相互认识，与他人建立良好关系，初步形成团体。

2. 第二次团体心理矫治活动：焦虑认知，探究情绪焦虑的个人根源。主要以团体心理游戏、分享的形式帮助团体成员对焦虑心理做内心探索，通过"说出你的故事：我担心什么？我为什么担心？"，引导个体说出内心的苦闷与彷徨，帮助个体认识自我。在活动中，心理辅导主体（警察）主动表达出愿意帮助他们解决心理问题的真诚态度，认真倾听，积极关注，适时地表达共情，使其不良情绪得到适当的发泄。

通过此次团体心理矫治，发现了团体成员的一些不合理信念：①我是个一无是处的人；②所有的人都瞧不起我；③我出狱后无人可帮，无业可就，生活没有希望。

3. 第三次团体心理矫治活动：通过课堂讨论的形式学习、理解合理情绪疗法。向罪犯介绍合理情绪疗法的原理和方法。根据合理情绪疗法的理论和方法，对团体成员的问题进行初步的分析、诊断，找出他们情绪困扰的具体表现（C），以及与这些反应相对应的诱发事件（A），并对这两者之间的不合理信念进行初步分析。帮助服刑人员寻找自身存在的非理性观念（B），根据区分合理不合理信念的标准，协助求助者寻找和确认自己的不合理信念。

经过讨论分析，团体成员找出了他们情绪困扰的具体表现（C）就是情绪低落、焦虑不安、失眠等；以及与这些反应相对应的诱发事件（A）就是即将刑满释放；不合理信念（B）就是因害怕出狱后无人可帮，无业可就，自己一无是处。

通过此次团体矫治，帮助团体成员达到三种领悟：①信念引起了情绪行为后果，而不是诱发事件本身；②应对自己的情绪和行为反应负有责任；③只有改变了不合理信念，才能减轻或消除其目前存在的各种症状。

4. 第四次团体心理矫治活动：引导团体成员做建设性思考，与原本不合理的信念进行辩论，放弃非理性观点。向罪犯给出一个观点："同样事件，不同的观念，对事件的看法不一样，引起的情绪体验也不一样"，让团体成员做建设性思考。能够自己识别不合理的信念并与之辩论，如认为"自己一无是处，出去后找不到工作""我是坐过牢的，没有人瞧得起我，没有人帮我"等。通过不合理信念辩论，使其放弃原来非理性观点，代之以合理的信念。

这次团体心理矫治后，团体成员表示已经能意识到"绝对化要求"和"糟糕至极"等观念是引起他们的焦虑、情绪低落、失眠等不适情绪的原因，要开始学习进行自我调适，改善不良情绪。

5. 第五次团体心理矫治活动：树立信心，保持良好心态。通过"抢椅子"游戏放松心态，随后向团体成员推荐参加监狱组织的职业技能培训班，劳动技能并不是回归社会后才能学习，在服刑期间学习掌握一门技术，既能增长技能，又能转移注意力。同时，联系他们的家属，多与团体成员写信沟通，多交流、多鼓励，使其感受到亲人盼望他们早日归来。鼓励团体成员树立起自信心，让他们有一个健康良好的心态顺利回归社会。

6. 第六次团体心理矫治活动：放松训练。通过引导团体成员做体验紧张与放松的感觉训练来对抗焦虑。通过意识控制使肌肉放松，同时间接地松弛紧张情绪，从而达到心理轻松的状态，有利于身心健康。活动后，建议团体成员每天坚持，让自己好好歇息，松弛紧张的情绪，保持心理健康。

7. 第七次团体心理矫治活动：心理健康教育。就心理健康的话题与团体成员进行交流与分享：回归社会后的主要心理表现及调适、保持心理健康的方法、再次犯罪的心理及预防等，使罪犯具备回归社会的心理承受能力。通过社会适应心理训练的学习，团体成员懂得要慢慢学会适应社会发展形势的变化，学会正确面对各种矛盾，增强人际交往和沟通能力，正确看待社会的不良现象，抵御不良风气的诱惑，树立回归社会的信心。

8. 第八次团体心理矫治活动：开展补课教育和适应社会教育，增强团体成员回归社会的适应能力。经过前几次的团体心理矫治，团体成员表示焦虑情绪得到了缓解，学会了心理调节的基本技能，提高了心理健康水平。此次咨询侧重开展社会生活适应性指导，组织罪犯学习医疗、住房、低保、就业、养老等社会保障方面的政策措施，掌握户口申报、社会救助、医疗卫生、电子商务等操作方法，增强团体成员回归社会后适应社会、就业谋生的能力。

三、教育改造成效

SCL-90量表测试结果：

罪犯姓名	陈某某	刘某某	吴某某	王某某	谢某某	李某某
人际关系敏感	2.11	1.4	2.44	2.0	1.56	1.44
焦虑	2.17	1.5	2.23	2.0	1.17	1.50
程度	中度	轻度	中度	轻度	轻度	轻度

活动结束后，对6人进行回访，SCL-90心理量表测试结果显示，6人的焦虑程度都在正常分值2分上下，人际关系敏感程度也由原来的重—中度减为轻度。在看到自己的量表结果后，他们也为自己的改变感到高兴，6人的焦虑情绪有了缓解，人际沟通能力得到改善。

对即将服刑期满的罪犯集中进行出监教育和心理健康教育非常必要。监狱针对罪犯回归社会前的焦虑、紧张、自卑等心理问题，进行团体心理辅导，使之掌握心理调节的基本技能，提升心理健康水平，同时开展社会生活适应性指导，增强罪犯回归社会后适应社会、就业谋生的能力，为罪犯将来出监后适应社会打下基础。

单 元 三

改造动机与态度问题矫正

项目 1　罪犯改造动机与服刑态度的识别

实训目的和要求

学生通过完成真实或模拟任务，掌握了解罪犯改造动机与服刑态度的识别技能。

实训内容

1. 设计了解罪犯改造动机与服刑态度的谈话问题。

2. 通过访谈了解罪犯改造动机与服刑态度。

实训准备

多媒体课室或心理咨询室、实训教材、实训案例、纸、笔等。

实施方式

1. 学生 2 人为一组，设计了解罪犯改造动机与服刑态度的谈话问题。

2. 老师组织课堂就学生设计的访谈问题展开讨论。组员先自评，其他学生再评价，之后老师作出点评。每组学生根据讨论的结果完善谈话问题，并作好访谈记录准备工作。

3. 访谈在监狱或模拟监狱中开展。依据设计的谈话问题，通过访谈方式了解罪犯改造动机与服刑态度。一人询问罪犯相关问题，另一人记录访谈内容；访谈完一名罪犯，询问角色和记录角色互换，再访谈另一名罪犯。

4. 每组谈话演示结束后，组员先自评，然后其他学生进行评价，最后老师进行点评。

5. 所有演示结束后，老师进行总结。

注意事项

1. 老师要预留充足的时间给学生设计改造动机与态度的谈话问题，并指导学生设计谈话问题。

2. 要重视点评与总结环节，让学生充分了解本组矫正方案与方案实施的优点与不足，帮助学生更好地学习技能。

3. 本项目可在监狱真实情境中实施，但需在监狱民警的指导下实施。

4. 本项目为拓展性实训。

实训作业

撰写罪犯改造动机与服刑态度访谈报告。

项目2 罪犯不良改造动机矫正（1）

实训目的和要求

学生通过案例分析、矫正方案设计和模拟实训，掌握不良改造动机干预的基本技能。

实训内容

1. 设计罪犯不良改造动机干预方案。

2. 按设计方案，模拟实施罪犯不良改造动机干预。

实训准备

多媒体课室或心理咨询室、实训教材、实训案例、纸、笔等。

实训案例 [1]

一、来访者一般资料

来访者项某，1971年5月28日出生，福建省福清市高山镇人，汉族，高中文化，因犯抢劫罪于2003年1月8日被福建省高级人民法院终审判处死刑缓期二年执行，2003年3月24日入监。由于刚到监狱，项某对改造环境不了解，加上其被判处的是死缓，刑期长，改造没有方向，看不到前途，以致焦虑、烦躁、紧张，睡眠和饮食受到一定影响，而且不敢与人沟通，持续时间已经有一个多月，自己也感觉到很痛苦。

二、资料收集部分

（一）基本情况

来访者项某，1971年5月28日出生，福建省福清市高山镇人，汉族，高中文化，因犯抢劫罪于2003年1月8日被福建省高级人民法院终审判处死刑缓期二年执行，2003年3月24日入监。

（二）来访者外观表现

该来访者中等身材、穿着整齐、貌龄相称、举止规矩略有些拘束、表述完整、语

---

〔1〕 陈育鑫："改变错误认知，增强改造信心——新入监罪犯适应障碍的案例报告"，载《社会心理科学》2007年第Z3期。

速平缓，进门时稍有点紧张，坐下后手脚不知怎样放才好，精神状态不佳、神情紧张、愁眉苦脸、烦躁不安，在队长的提醒下来做咨询。

（三）身体状态

来访者自幼身体健康，未得过严重疾病；入监训练时有些注意力不集中，经常心神不宁，与人讲话紧张，伴有焦虑、烦躁、紧张，睡眠和饮食受到一定影响，持续时间已经一个多月。

（四）社会功能

该来访者虽然照常参加训练，但是没有以前那么积极主动，非训练时间很少参加各种活动，而且很少与人交往，说话时紧张得不敢正视别人的眼睛。由于监区条件限制，没有对该来访者做心理测验。

三、主诉和个人陈述

（一）主诉

来访者由于刚到监狱，什么都不习惯，加上刑期这么长，不知道还有没有可能活着出去，改造没有方向，看不到前途，导致焦虑、烦躁、紧张，睡眠和饮食受到一定影响，持续时间已经有一个多月。

（二）个人陈述

我因犯抢劫罪于 2003 年 1 月 8 日被福建省高级人民法院终审判处死刑缓期二年执行，于 2003 年 3 月 24 日入监。在号房和同改聊天时，听他们说，在这里改造，一靠经济、二靠关系。我的家在乡下，比较穷，父母除了种地，没有其他的经济来源；妻子和我的感情很好，她在家乡的工厂打工，一天工作十几个小时，她靠打工赚钱接济我，替我照料家中父母亲，一心等我出狱，我可是死缓啊！我的刑期那么长，我想好好改造，可是，我实在没有能力拿出钱来打通关系，我也不敢写信告诉她。要是没有办法好好改造，我真不知道还有没有可能活着出去。我很担心、烦躁、紧张，真怕减不了刑，不能早点出去，我觉得对不起生我养我的父母，更对不起妻子。这段时间，我的训练也不如以前了，觉得改造没有方向，看不到前途，真不知道该怎么办，但又不敢直接去找队长或指导员，觉得什么都没有劲，可心里又不希望继续这样下去，真不知道该怎么办。队长知道后，劝我来做个心理咨询，于是我就来了。

四、他人观察和反映

队长反映该来访者一贯表现较好，平时训练也比较主动，改造积极性很高，家庭帮教较好，但较内向不爱说话。近一个月来，来访者不知什么原因，心情比较烦躁、紧张，晚上总失眠，常常吃不下饭。据同号房的号长反映，来访者近来喜欢向同改打听减刑的情况，显得有些紧张不安，参加非劳动时间教育活动时不像以往那么积极，喜欢一个人在号房里想心事。

五、评估与诊断

初步诊断结果为一般心理问题。

实施方式

1. 学生 3~5 人为一组，每组在课前一周根据罪犯项某的基本信息设计认知矫正方案。

2. 每组选取 2 人，根据设计的矫正方案，一人扮演警察，另一人扮演罪犯项某。扮演警察的学生运用合理情绪疗法确定项某的不合理信念及对项某进行认知重建（此过程可以在课堂上操作，也可以让学生在课前拍成视频在课上播放）。

3. 每一对扮演者时间约为 15 分钟。

4. 每一对扮演者扮演结束后，组员先自评，然后其他学生进行评价，最后老师进行点评。

5. 所有扮演结束后，老师进行总结。

注意事项

1. 老师可自选合适的案例。

2. 老师要预留充足的时间给学生分析案例和设计矫正方案，并指导学生设计矫正方案。

3. 要重视点评与总结环节，让学生充分了解本组矫正方案与方案实施的优点与不足，帮助学生更好地学习技能。

4. 本项目为基础性实训。

实训作业

撰写罪犯改造动机干预实训报告。

项目 3　罪犯不良改造动机矫正（2）

实训目的和要求

学生通过真实或模拟实训，掌握增强罪犯改造动机和信心的基本技能。

实训内容

1. 设计通过模仿学习提升罪犯改造动机的心理矫正方案。

2. 通过角色扮演等模拟矫正过程。

实训准备

多媒体课室或心理咨询室、实训教材、实训案例、纸、笔等。

实施方式

1. 学生 2~5 人为一组，课前设计一个基于模仿学习提升罪犯改造动机的心理矫正方案。如观看成功改造刑释人员事迹相关的视频（如"便衣反扒徐中抱—中国梦想秀第九季"等），或相关心理剧等。

2. 每组按方案模拟矫正过程，模拟时间约为 30 分钟。

3. 每组模拟结束后，组员先自评，然后其他学生进行评价，最后老师进行点评。

4. 所有扮演结束后，老师进行总结。

注意事项

1. 老师要预留充足的时间给学生设计矫正方案，并指导学生设计矫正方案。

2. 要重视点评与总结环节，让学生充分了解本组矫正方案与方案实施的优点与不足，帮助学生更好地学习技能。

3. 本项目可在监狱真实情境中实施，但需在监狱民警的指导下实施。

4. 本项目为基础性实训。

实训作业

撰写罪犯改造动机干预实训报告。

项目 4 罪犯不良改造动机矫正（3）

实训目的和要求

学生通过真实或模拟实训，掌握改变罪犯不良改造动机的基本技能。

实训内容

1. 设计罪犯不良改造动机的心理矫正方案。

2. 通过角色扮演模拟矫正过程。

实训准备

多媒体课室或心理咨询室、实训教材、实训案例、矫正活动所需工具、纸、笔等。

实施方式

1. 实训前由教师提供，或学生查找并确定有不良改造动机的罪犯案例。

2. 学生 2~5 人为一组，就案例的具体问题，设计罪犯不良改造动机个案或团体心理矫正方案。

3. 如果是个体矫正，一人扮演心理矫正人员，另一人扮演罪犯，按照设计方案矫正罪犯不良改造动机；如果是团体矫正，按团体辅导或咨询的方法来开展矫正工作。

4. 每组模拟时间约为 20 分钟。

5. 每组模拟结束后，组员先自评，然后其他学生进行评价，最后老师进行点评。

6. 所有扮演结束后，老师进行总结。

注意事项

1. 老师要预留充足的时间给学生确定案例及设计矫正方案，并给予适当的指导。

2. 设计方案时要考虑方案的可行性、实施的安全性等。

3. 要重视点评与总结环节，让学生充分了解本组矫正方案与方案实施的优点与不足，帮助学生更好地学习技能。

4. 矫正方案可在监狱真实情境中实施，但需在监狱民警的指导下实施。

5. 本项目为拓展性实训。

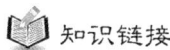 **实训作业**

撰写罪犯不良改造动机矫正实训报告。

知识链接

求同存异，文化融合促改造新生[1]
——记一例外籍女犯改造案例

一、罪犯基本情况

罪犯托某，女，34 岁，泰国人，特胖体型，初中文化，捕前无业，因走私毒品罪被判死缓。2011 年 1 月 10 日，托某被投入广东省女子监狱服刑。

托某 15 岁就放弃读书谈恋爱，18 岁结婚，和两任前夫共生有 3 个孩子，均是在孩子年幼时因感情破裂而离婚。和其他许多来自贫穷家庭的毒品类罪犯不同，托某来自一个相对富裕的家庭，其父母和弟弟均是泰国公务员。

二、罪犯教育改造方案的制定和实施

（一）改造背景

托某所在的监区有"小联合国"之称。其外国籍犯罪人员构成复杂，籍贯分布在多个国家，普遍是涉毒类罪犯，刑期长，会见困难。各个国家的罪犯之间因文化背景、语言习惯、思维方式的差异性容易形成文化冲突，造成行为模式的偏差。

（二）改造表现

入监之初，托某沉默寡言，封闭自己，入睡困难，意志消沉。随后情绪上暴躁易怒，一度出现殴打其他服刑人员的严重情况；身体出现高血压症状，需要定时定量服用药物控制血压；出现不服从管教，言语上顶撞民警等违反监规纪律的行为。另一方面又和其他外籍罪犯，特别是泰国籍罪犯接触过于密切和深入，出现抱团行为。

（三）原因分析

托某的性格偏外向开朗，争强好胜，容易受外部环境影响，意气用事。从其婚姻轨迹、人生历程来看，该犯生在一个富裕之家，且其被捕前经历的挫折较少，骄傲任性，为追求金钱和刺激，而走上贩毒之路，锒铛入狱。

托某能够认罪悔罪，但对于中国法律的认识和了解不足，完全不清楚中国政府对毒品的管控和对毒品类罪犯的惩处力度。在超出心理预期的刑期事实面前，托某受到

〔1〕刘翠松、黄慧、陈李红："求同存异，文化融合促改造新生——记一例外籍女犯改造案例"，广东监狱女子监狱改造案例，2019，该文入选 12348 中国法网之司法行政（法律服务）案例库。

较大心理冲击。

（四）教育改造的难点

1. 客观因素：托某为泰国籍罪犯，初期只会泰语和简单的英语，客观上，对其的教育改造工作存在文化差异和语言方面的障碍。

2. 性格因素：托某的性格时而开朗外向，时而悲观低落，情绪波动大，变化大。教育改造成果的维系需要时刻对其保持关注和跟进。

3. 心理因素：托某由于家庭和人生经历等情况的影响，其心理是偏向不成熟且不稳定的。这就注定了对其教育改造的过程同时也是对其心理和人格进行重塑和完善的过程。

对于托某的改造并不是一个一蹴而就的过程，而是一条不断发现问题、解决问题的迂回前进之路。

（五）教育矫治方案与实施情况

1. 身陷囹圄，敏感自闭，突破语言关助其走出困境，展示新我。托某刚投牢时，不屑与人交流，沉默自闭，睡眠质量差，意志消沉。语言方面，只会泰语和简单的英语，在当时没有泰籍专管的情况下，民警与其沟通存在语言障碍，收效甚微。因此，民警从语言学习方面着手，给予托某针对性的教育改造方案：

（1）利用亲情感化教育进行思想转变，即帮助其加强与泰国大使馆的信件沟通，使其顺利地与泰国的家人取得联系，令其从与家人的通信和电话中获取情感上的支撑。

（2）给其安排会中英文两种语言且表现较好的小组同伴，营造利于其学习交流的生活改造氛围。

（3）针对当时外籍罪犯日益增多的情况，监区专门成立了中文兴趣班，民警特意安排托某参加。经过一年左右的时间，托某的中文水平突飞猛进：从不会说到可以满足基本的对话交流。

随着中文的进步，托某渐渐敞开心扉，融入监狱改造的环境。

2. 情绪多变，血压异常，文化改造多渠道促其接纳调整，重获新生。托某的中文水平日渐提高，不再只关注自己的内心。随着对改造环境的熟悉，其在日常改造中和其他服刑人员，特别是中国籍罪犯发生的摩擦矛盾逐渐增多，这是导致其变得情绪波动起伏，暴躁易怒的原因之一；也体现了外籍罪犯这个群体的一个特点：喜欢以相同的文化背景和语言习惯为依托，和同国籍或地区的其他罪犯抱团，相对排斥中国籍罪犯，认为民警更看重中国籍罪犯。这种小团体在监规纪律的约束和监狱民警的管理执法下，不是明目张胆的，而是隐形的文化抱团。

针对这样的情况，在原有的基础上，借助监区多样的文化教育改造平台，民警尝试在托某的身上投入更多样性的教育改造手段：

（1）监区具有心理咨询师资格证的专业民警定期对托某进行心理咨询，缓解其情绪上的焦虑感，帮助其有效宣泄不良情绪。

（2）外籍专教民警主动加强自身的学习，利用网络搜集和下载具有积极良好意义的泰国影视剧、歌曲舞蹈、人文风光等内容，通过主题教育日的形式，组织泰国籍罪犯进行观看并相互交流，展现民警对泰国籍罪犯的关心，也体现对泰国文化的尊重。

（3）监区在中国传统节日里举办多样节日文化活动，宣传中国文化。专教民警鼓励托某发挥展示自身的才能，积极参与活动。例如托某先后在春节表演过穿长衫打快板；在中秋节表演过喜剧小品；体验参与过贴福字、剪窗花、舞龙狮、猜灯谜等各种中国特色的节日活动……通过活动，托某学会和中国籍罪犯配合排练，和睦相处，同时从活动中领略中国文化之美。

（4）充分挖掘托某身上的闪光点。得知托某喜欢化妆，民警安排她报名参加监狱组织的美容美发技能培训班，进行系统专业的化妆学习。截至目前，每逢大小活动或比赛，托某总是在监区演员化妆方面充当着不可或缺的角色，其个人也因此获得各种团体嘉奖。

通过一系列文化教育改造活动，托某的情绪、身体、改造态度均在向着积极良好的方向转变，已有两年的时间无需再通过药物控制血压了。

3. 挑战自我，又遇挫折，文体竞赛多平台激发其迎难而上，崭新蜕变。托某的改造状态越趋稳定，其劳动改造方面也表现良好。为了学习更多劳动技能，成为劳动能手，托某挑战自我，主动申请调换劳动项目，从头开始学习和接受培训。

然而，这一次，托某的信心受到了挫折。因为劳动环境的变动，竞争力大增，压力也随之而来。约一年的时间里，托某敏感而脆弱，怀疑自己，客观上又无法取得预期的目标和成绩，陷入了压抑的情绪低谷。

察觉到托某的困境，专教民警又一次对她进行疏导：

（1）为其调整合适的劳动岗位，给予她自我调整的机会。

（2）结合其佛教信仰，具有相关佛教知识的民警对其进行教育谈话，建议其树立更为合理的劳动目标，每天在睡前进行静坐反思，戒骄戒躁，放松身心。

（3）安排托某参加中文演讲比赛，民警帮助其修改演讲稿，纠正其字词发音；安排其代表所在楼层罪犯参加各种趣味运动会，让其通过比赛激发能力，获得快乐，成功找回信心。

最终托某再一次在挫折前站了起来，奋勇直追。目前，托某已经成为劳动能手。

三、教育改造成效

托某不仅能够遵守监规纪律，保持良好稳定的改造状态，还能够积极主动地利用自身所学，向他犯传递积极改造的正能量。

例如其在演讲比赛中表达对中文的喜爱，对民警的感恩，对毒品危害的认识，对中国人民的愧疚，表明其心底对监区改造文化的认同和接纳；又如在今年监区以泰国宋干节为契机，策划组织泰国文化年的活动中，托某向民警建议加入一个融合中泰两国风情的创新舞蹈节目，表示自己愿意教给同改泰式舞蹈，民警予以肯定和支持。泰籍专教民警则通过朋友旅游的机会特意购买泰国当地的传统服饰和饰品，为活动添彩。最终节目的呈现效果构成了整个文化年系列活动中的一大亮点，受到了监区民警和罪犯的一致好评。

从完全不会中文到如今能流利地使用中文交流；从自闭抗拒到坦然接纳并从改造中获得乐趣；从心态浮躁脆弱到情绪平和善于自我调整；从持有文化偏见到成为监区文化改造的成功代表，托某的转变不是偶然的结果，它是监区努力打造的"融"合文化大背景下一个小的成功缩影，也是各方面努力和客观条件影响下的最终呈现。

春风化雨，润物无声；纪律严明，刚柔并济。我们用心打造一个包容、融合的文化教育改造氛围，用行动去落实教育理念和方针，使监狱这座特殊的"学校"在彰显法律尊严的同时，焕发出人性中大爱的光芒。

项目 5　罪犯不良改造态度矫正

实训目的和要求

学生通过真实或模拟实训，掌握改变罪犯不良改造态度的基本技能。

实训内容

1. 设计罪犯不良改造态度的心理矫正方案。

2. 通过角色扮演模拟矫正过程。

实训准备

多媒体课室或心理咨询室、实训教材、实训案例、纸、笔等。

实施方式

1. 实训前由教师提供，或学生查找并确定有不良改造态度罪犯案例。

2. 学生 2~5 人为一组，就案例的具体问题，设计罪犯不良改造动机个案或团体心理矫正方案。

3. 如果是个体矫正，一人扮演心理矫正人员，另一人扮演罪犯，按照设计方案矫正罪犯不良改造态度；如果是团体矫正，按团体辅导或咨询的方法来开展矫正工作。

4. 每组模拟时间约为 20 分钟。

5. 每组模拟结束后，组员先自评，然后其他学生进行评价，最后老师进行点评。

6. 所有扮演结束后，老师进行总结。

注意事项

1. 老师要预留充足的时间给学生确定案例及设计矫正方案，并给予适当的指导。

2. 设计方案时要考虑方案的可行性、实施的安全性等。

3. 要重视点评与总结环节，让学生充分了解本组矫正方案与方案实施的优点与不足，帮助学生更好地学习技能。

4. 矫正方案可在监狱真实情境中实施，但需在监狱民警的指导下实施。

5. 本项目为拓展性实训。

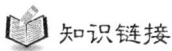 **实训作业**

撰写罪犯不良改造态度矫正实训报告。

知识链接

罪犯改造态度的心理机制[1]

一、罪犯改造态度内涵界定

（一）罪犯改造态度的概念

按照社会心理学的解释，态度是指个人对特定对象以一定的方式作出反应时所持有的评价性的、较为稳定的内部心理倾向。基于这一定义，笔者认为，罪犯改造态度是指罪犯在监狱服刑期间对改造过程和改造活动所持有的稳定的、持久的内部心理倾向。罪犯改造态度包括以下四个内涵：罪犯改造态度是一种心理倾向；罪犯改造态度所指向的对象包括监狱中与改造有关的一切人与事；罪犯改造态度具有一定的稳定性，一旦形成将不会轻易改变；罪犯改造态度具有价值判断的成分和感情色彩。

（二）罪犯改造态度的构成成分和分阶段变化理论

态度由三种成分构成，俗称 ABC 模型，认知成分、情感成分、行为倾向成分，这三种成分是彼此相互关联的。罪犯改造态度的构成成分也可以从这三个方面进行分析。罪犯改造的认知成分是指罪犯对于改造活动的认知综合，具体包括观念、概念、意见、评价等。罪犯改造态度的情感成分是指罪犯在改造中所产生的一种主观感受和内心体验，如对于改造的态度是接受还是拒绝，积极还是消极。罪犯改造态度的行为倾向成分是指罪犯在改造活动中表现出来的行为意图，即对改造采取什么样的行为反应。心理学家凯尔曼通过实证提出了态度的分阶段变化理论，态度的改变经历三个阶段，分别为依从、认同、内化。同样罪犯态度转化也经历以上三个阶段。依从是指罪犯为了获得奖励或避免惩罚，按照监狱的要求和规范，而采取的表面顺从的行为。认同是指罪犯开始意识到改造活动的重要性、规章制度的正确性，自觉遵守监规制度。内化指罪犯表现出愿意接受监狱的教育并愿意参加监狱的改造活动，在这一阶段改造态度的变化已经有了情感成分的变化，并开始涉及认知的改变。

二、罪犯改造态度转变的心理学理论分析

（一）罪犯"态度转变——说服"模型①

心理学家霍夫兰德（C. Hovland，1959）等人曾提出一个态度转变模型，见下图。

---

〔1〕 王伟："罪犯态度转变的心理机制与方法研究"，载《江苏警官学院学报》2013 年第 1 期。

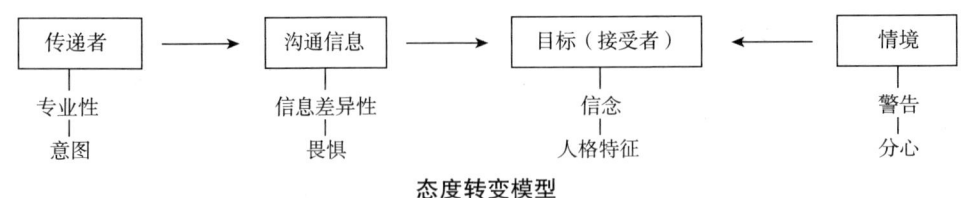

态度转变模型

霍夫兰德把复杂的态度转变过程放到程序化的信息模式中去考察，而且在说服者、信息、被说服者之外，还考虑到了情绪、人格特点、情境等因素对态度转变的影响，其有效性也得到了社会心理学界的公认。受霍夫兰德的模型启发，我们可以构建一个罪犯态度转化的说服模型，见下图。

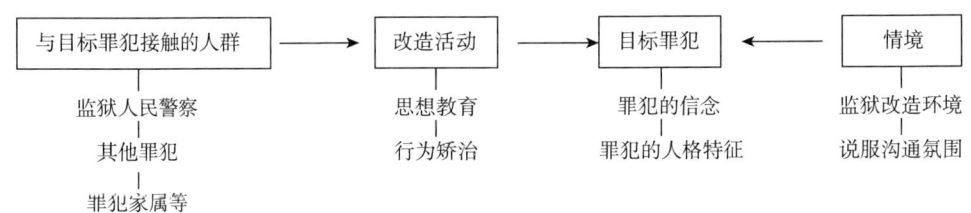

罪犯态度转化的说服模型

在这一模型中与罪犯接触的人群主要有狱警、其他罪犯、罪犯家属等；改造活动包括思想教育、行为矫治等内容；情境包括硬件和软件情境，硬件情境主要指监狱的设施条件环境等，软件情境主要指与罪犯沟通时的氛围。"态度转变——说服"模型在罪犯态度转变过程中的作用在于它把罪犯态度转变看成一个说服的过程，以被说服者（罪犯）为中心，找出影响罪犯态度转变的相关因素，包括与目标罪犯接触的人群、改造活动、目标罪犯本身的心理特点及说服情境等。这给我们转变罪犯的态度提供了一个思路，即从影响罪犯态度转变的各个因素着手，采取积极措施，转变罪犯原有的不良态度。

（二）平衡理论

海德（F. Heider，1958）的平衡理论重视人与人之间的相互影响在态度转变中的作用。他认为，在人的态度系统中存在某些情感因素之间或评价因素之间的趋于一致的压力，如果出现不平衡就会倾向于向平衡转化。海德的平衡理论对于罪犯态度转变的指导意义在于，在转变罪犯态度的过程中不要把目标罪犯看成孤单的个体，而是把他看成群体中的一员，除通过狱警对目标罪犯进行个别教育改造外，还可以发挥群体的作用，重视其他罪犯在目标罪犯改造中的作用，利用改造积极的罪犯群体去影响目标罪犯，因为罪犯绝大多数时间是跟其他罪犯而不是狱警在一起的。

（三）认知失调理论

费斯廷格（L. Festtinger，1957）认为个体对于自我、环境和态度对象都有许多的认知因素，当各认知因素出现"非配合性"的关系时，个体就会产生认知失调。失调认知对个体的意义越大，失调的认知成分多于协调的认知成分，则认知失调的程度越大。认知失调给个体造成心理压力，使之处于不愉快的心理状态。此时个体就会产生消除失调、缓解紧张的动机，通过改变态度中的某些认知成分，以达到认知协调的平衡状态。认知失调可能有逻辑的矛盾、文化价值的冲突、观念的矛盾、新旧经验相悖等四种原因。解决认知失调的措施有：一是改变或否定失调的认知因素一方，使之协调；二是引入或增加新的认知因素，以改变原有的不协调关系；三是降低失调的认知因素各方的强度。

失调程度＝（失调的认知数量×认知的重要性）／（协调的认知数量×认知的重要性）

认知失调理论告诉我们：当个体原有的认知与现在的认知相冲突时，个体就会产生改变压力。所以在转变罪犯的态度过程中，我们可以通过给罪犯引入新的认知，使之产生认知失调，从而产生改变的压力，创造一个态度转变的时机。

（四）社会交换论

社会交换论从个体对得失进行权衡与比较后，产生的趋向与回避的动机角度来解释态度的形成与转变。该理论认为，决定个体采取何种态度以及转变态度的关键是诱因的强度。态度持有者不是被动地接受环境的影响，而是主动地对诱因进行周密计算，态度是肯定因素（得）与否定因素（失）的代数和。

A（态度）＝f（肯定因素、否定因素）

社会交换论把态度的转变看成一个物质交换的过程，当个体通过精密的计算发现外界刺激对自己的利大于弊时，他就会改变自己对事物的看法，改变自己的态度。所以在罪犯态度的转变过程中，我们要重视奖励和惩罚手段的运用，寻求改变罪犯态度的外力。

单 元 四

降低再犯风险的循证矫正

项目 1   罪犯再犯风险评估

实训目的和要求

学生通过真实或模拟实训，掌握罪犯再犯风险评估相关工具的操作方法，并能使用相关工具对罪犯的再犯风险作出规范、准确的评估。

实训内容

1. 罪犯再犯风险评估相关工具，如《中国罪犯心理评估个性分测验》（COPA-PI）、《罪犯人身危险性检测表》（RW）（江苏省监狱管理局）、《罪犯再犯风险自评量表》（江苏省监狱管理局）等测试操作。

2. 合理使用"指导语"。

3. 罪犯再犯风险评估测验记分表达使用。

4. 根据测验结果进行罪犯再犯风险分析。

实训准备

心理测评室、罪犯再犯风险评估工具、实训教材、纸、笔等。

实施方式

1. 测试分组开展。学生 3~5 人为一组，每组学生运用罪犯再犯风险评估相关工具对罪犯进行测试，或相互测试（测验工具由老师准备）。

2. 对测验进行计分、评估。

3. 每组学生对测验情况进行讨论。

4. 每组学生代表对测试及讨论结果进行陈述。

5. 老师进行点评、总结。

注意事项

1. 实训前准备好罪犯再犯风险评估工具。

2. 本项目可在监狱真实情境中实施，但需在监狱民警的指导下实施。

3. 本项目为拓展性实训。

实训作业

撰写罪犯再犯风险评估报告。

项目2　罪犯犯因性需求评估

实训目的和要求

学生通过真实或模拟实训，掌握罪犯犯因性需求评估相关工具的操作方法，并能使用相关工具对罪犯的犯因性需求作出规范、准确的评估。

实训内容

1. 罪犯犯因性需求评估相关工具，如《罪犯需求评估量表》（CNAS）（江苏省监狱管理局）等测试操作。

2. 合理使用"指导语"。

3. 罪犯犯因性需求评估测验记分表达使用。

4. 根据测验结果进行罪犯犯因性需求分析。

实训准备

心理测评室、罪犯犯因性需求评估工具、实训教材、纸、笔等。

实施方式

1. 测试分组开展。学生3~5人为一组，每组学生运用罪犯犯因性需求评估相关工具对罪犯进行测试，或相互测试（测验工具由老师准备）。

2. 对测验进行计分、评估。

3. 每组学生对测验情况进行讨论。

4. 每组学生代表对测试及讨论结果进行陈述。

5. 老师进行点评、总结。

注意事项

1. 实训前准备好罪犯犯因性需求评估工具。

2. 本项目可在监狱真实情境中实施，但需在监狱民警的指导下实施。

3. 本项目为拓展性实训。

实训作业

撰写罪犯犯因性需求评估报告。

 知识链接

犯因性需求

犯因性需求（criminogenic need）是会直接导致犯罪行为发生的需求。研究表明，罪犯主要的犯因性需求包括：反社会的态度，与反社会同伴交往，物质滥用，工作不稳定，缺乏共情和冲动性等。而焦虑、低自尊、创造能力差和身体状况不良等都属于非犯因性需求（noncriminogenic need），很多罪犯可能都具有这些非犯因性需求，但是这些非犯因性需求不会直接导致犯罪行为的出现。

有研究总结了再犯罪主要影响因素及犯罪人需求如下[1]：

因素	风险	动态需要
反社会行为	青少年期间，多次持续实施反社会行为	培养风险情境下的非罪行为选择
反社会人格	高冒险倾向、低自我控制、高攻击性	问题解决技巧训练、自我管理、愤怒控制和应对策略
认知	态度、价值观、信念、罪行合理化；愤怒、怨恨、蔑视的认知情绪状态；罪犯身份	认识自身行为的危险性及对被害者造成的伤害；培养其他行为选择方式；实现罪犯改造/成为守法公民
人际圈	同其他罪犯的亲密关系；同守法公民的隔离；共犯支持	减少同其他犯罪人的联系；加强同守法公民的交流
家庭/婚姻	缺乏抚养/情感支持/监管	减少家庭冲突；建立正向家庭关系；提供情感支持
学校/工作	表现较差、满意度低、低参与度	提高参与度、奖赏和满意度
休闲娱乐	健康休闲中的低满足感	主动采取健康娱乐方式；提高奖赏和满意度
药物滥用	酒精成瘾/其他药物成瘾	减少药物滥用；去除其药物滥用的人际支持；互助小组

循证矫正相关研究表明，矫正要遵循"需要性原则"。高风险罪犯的犯因性需求比较多，如果针对罪犯的多重犯因性需求进行矫正，其矫正效果会更明显；如果针对罪犯的非犯因性需求进行矫正，其效果将不会那么明显。评价罪犯的犯因性需求并对其进行矫正，可以更有效地降低罪犯再犯的可能性。如果违反犯因性需求原则其矫正效果不仅可能会不明显，还可能会增加再犯率，因为那些方案没有改变直接导致罪犯犯罪的因素。但针对非犯因性因素进行矫正并不是完全没有意义，其可以降低罪犯的矫正阻碍，使他们更配合矫正，妥善处理非犯因性需求有利于犯因性需求的改善。如高

---

〔1〕 何川、马皑："罪犯危险性评估研究综述"，载《河北北方学院学报（社会科学版）》2014年第2期。

兴或悲伤的情绪状态不会直接影响犯罪行为，但是这些情绪状态可能会对其矫正过程产生影响。

项目3　熟悉罪犯循证矫正

实训目的和要求

学生通过案例分析，初步掌握罪犯循证矫正的工作流程。

实训内容

1. 了解循证矫正的流程。

2. 学习如何设计与实施罪犯循证矫正方案。

实训准备

多媒体课室、实训教材、实训案例、纸、笔等。

实训案例[1]

罪犯张某，男，1993年12月生，汉族，初一文化，捕前无业，未婚，抢劫、盗窃罪，共同犯罪，多次作案，恶习较深，A类。其被判处3年3个月刑期，为2010年1月15日至2013年4月14日，2010年3月31日入监。本报告基于循证矫正的理念，通过提出犯因性问题、制订循证矫正计划、实施循证矫正计划和评价循证矫正效果等四个模块，对罪犯张某的犯因性问题实施个案矫正。

一、提出犯因性问题

（一）信息处理

接案后，我们通过查阅档案，罪犯自述，进行XRX量表、COPA-PI量表和RW量表测试，以及开展结构性面谈等方式，全面客观地分析、提炼和收集罪犯张某的各种有用信息。对收集的信息，我们按照犯因性的个性因素和环境因素进行筛选和归纳。

1. 犯因性个性因素：认知水平低；无劳动技能；缺乏意志，自控力差，易冲动；侵占贪财恶习较深；自主性差，缺乏主见，不会拒绝，易受人指使；同情心、进取心较弱；不诚实；宽容心严重不足；荣辱观、幸福观错误问题严重；对法律价值的态度认识较差；缺乏自信，自卑感很强；自我调节能力差，遇到挫折易激动。

2. 犯因性环境因素：受到不良家庭教育，学校教育缺失；家庭经济状况较差；长期不回家，没有固定的居住场所；交往人员中很多人有违法犯罪经历；存在无人看管或看管松懈的财物。

---

〔1〕　陆景、李凤奎："对罪犯张某的循证矫正报告"，载《河南司法警官职业学院学报》2013年第4期。

（二）诊断分析

1.（略）。

2. 诊断。张某存在明显的意识缺陷，主要表现为错误的幸福观和自主性缺失；同时存在明显的行为缺陷，主要表现为侵占贪财恶习较深。经分析，这些问题已表现为张某稳定的心理状态，成为犯罪心理的组成部分，是张某犯盗窃罪的直接原因，是实施循证矫正的基本内容。

3. 界定。①错误的幸福观，往往片面追求物质需要，一般表现为：缺乏理想，精神空虚，情趣低级，灵魂卑劣，前途渺茫，消极悲观。②自主性缺失，就是缺乏自我判断、自我行动的能力，一般表现为：依赖性强，遇事让别人为自己做决定；缺少反省能力，做了错事不能吸取教训；缺少辨别是非的能力，易受他人的干涉和支配；有惰性，不求上进。③侵占贪财恶习，往往是在贪利性动机驱使下，为达成非法获取财物的目的，通过非法手段，将公私财物据为己有，一般表现为：经常产生不可克制的贪财冲动，如果得不到想要的东西，就产生强烈的焦虑和抑郁。

4.（略）。

5. 结论。张某的犯因性问题是：错误的幸福观、自主性缺失和侵占贪财恶习。张某存在的这些犯因性问题正是我们实施循证矫正的具体内容。

二、制订循证矫正计划

经与张某共同协商，整个矫正过程分为三个矫正单元，每个矫正单元计划用时 8 个月，共需 24 个月。最后的 8 个月，视矫正目标实现情况，可作为法律奖励的内容，也可作为补充的矫正阶段。三个矫正单元的矫正计划如下：

（一）第一矫正单元

1. 矫正目标。通过本单元的矫正，力求让张某的错误的幸福观彻底转变，自主性缺失状况有所改善，侵占贪财倾向有所好转，并在本阶段矫正结束后，实施 XRX 量表检测，幸福观从原来的 1.9 降到 0 以下、自主性从原来的 1.8 降到 1.0 以下、侵占贪财倾向从原来的 1.6 降到 1.0 以下。

2. 矫正期间。从 2010 年 6 月 15 日起到 2011 年 2 月 14 日止。

3. 矫正方法。本单元主要是应用消除认知曲解技术，以矫正错误的幸福观为主线，做好三个层次的矫正工作。首先，让张某学习并掌握社会主义幸福观的概念、内涵和主要内容，正确地理解物质幸福和精神幸福的关系、个人幸福和集体幸福的关系、创造幸福和享受幸福的关系，充分认识树立社会主义幸福观对自我发展的重要意义。其次，让张某正确理解幸福和不幸，正确认识幸福与不幸的关系，以"不幸和幸福之间"为题，结合社会现象，让其写一篇感想。再次，让张某慢慢体会幸福，让其每日坚持做心理保健操《感恩的心》，每次做时，内心体会歌词和动作的含义。在日常生活中，帮助他学会用心体会幸福、用心思考和感悟幸福、用心发现幸福，让其感悟到原来幸福就在自己身边。

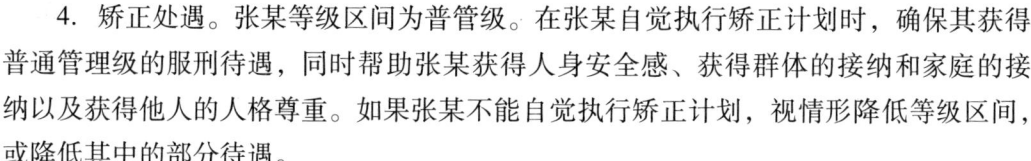

4. 矫正处遇。张某等级区间为普管级。在张某自觉执行矫正计划时，确保其获得普通管理级的服刑待遇，同时帮助张某获得人身安全感、获得群体的接纳和家庭的接纳以及获得他人的人格尊重。如果张某不能自觉执行矫正计划，视情形降低等级区间，或降低其中的部分待遇。

（二）第二矫正单元

1. 矫正目标。通过本单元的矫正，力求让张某的自主性缺失状况彻底改善，侵占贪财倾向进一步好转，并在本阶段矫正结束后，实施 XRX 量表检测，自主性的测量值降到 0 以下、侵占贪财倾向的测量值降到 0.5 以下。

2. 矫正期间。从 2011 年 2 月 15 日起到 2011 年 10 月 14 日止。

3. 矫正方法。本单元主要是应用行为矫正综合性技术，以矫正自主性缺失为主线，做好三个层次的矫正工作。首先，运用自我反思法让张某正确认识自主性的重要。认真回顾自己的成长过程，对自己的人生经历进行总结和反思；掌握自主性的概念和自主性健全的特征，列举和分析自主性健全、不健全和缺失的各种表现形式；认真查找在自主性方面存在的问题，及其对自身成长造成的消极影响；认真分析自身犯罪与自主性不健全或自主性缺失的关系，切实认清犯罪危害。其次，运用帮助引导法让张某掌握提高自主性的方法和途径。学会减少依赖，避免迷信和盲目崇拜别人，遇事不让别人左右自己，学会把来自各方面的关爱、期望和鼓励转化为增强自主性的动力；掌握自主性的人格品质，懂得自尊和他尊、责任心与义务感对完善自主性人格品质的积极影响；学会预防自我陶醉、固执己见、妄自尊大等消极心态对提高自主性产生的不利影响。再次，运用自我管理法让张某养成自主性的行为习惯。以月为周期，确定改造目标，制订改造计划，并努力完成，结束时总结改造收获；通过竞赛性改造活动提高自主性，自选竞赛对手，制定竞赛方案，默默地与其竞争，并在规定时间内赶上或超过对手；通过反思性改造活动提高自主性，对是否按照自主性要求规范日常行为进行日反思、周小结和月总结；通过学习名著《钢铁是怎样炼成的》，以及张海迪等人物的先进事迹，启发自己正确走好自主性人生。

4. 矫正处遇。张某自觉执行矫正计划时，确保其获得所处等级的服刑待遇，同时，根据矫正表现，及时满足张某合理的物质性需求，以及安排休息、娱乐等精神性需求。根据矫正需要，及时满足张某的自我发展性需求，如征订报刊、购买书籍等。张某满足行政奖励或法律奖励条件，且能自觉执行矫正计划时，及时给予奖励。如果张某不能自觉执行矫正计划，视情形降低等级或部分待遇。

（三）第三矫正单元

1. 矫正目标。通过本单元的矫正，力求让张某的侵占贪财倾向彻底转变，并在本阶段矫正结束后，实施 XRX 量表检测，侵占贪财倾向的测量值降到 0 以下。

2. 矫正期间。从 2011 年 10 月 15 日起到 2012 年 6 月 14 日止。

3. 矫正方法。本单元主要是综合应用心理、认知和行为方面的矫正技术，以矫正侵占贪财倾向为主线，做好两个层次的矫正工作。首先，实施系统矫正。采用"条件反射法"，让张某每当实施侵占贪财行为时，通过接受相同刺激，逐渐形成对侵占贪财行为的排斥感和厌恶感；采用"心理暗示法"，让张某坚持每天默查自己，并有意识地默念一些能够激励自己的话，通过反复暗示，转化为潜意识，变成自己的习惯行为；采用"自我教育法"，让张某针对侵占贪财行为，自觉实施自我提醒、自我约束和自我反省。其次，做好巩固练习。进行"内省法"巩固练习，按照"三思而后行，行后再三思"的要求，让张某内省自己的思想或行为；进行"名言激励法"巩固练习，选择合适的名言、警句，让张某作为自己行为准则的座右铭，时常提醒自己、激励自己；进行"责任激励法"巩固练习，让张某明确自己在矫正"侵占贪财行为"过程中，应对自己、家庭和社会所承担的责任，自觉以强烈的责任意识提醒、约束和激励自己。

4. 矫正处遇。张某自觉执行矫正计划时，确保其获得所处等级的服刑待遇。同时，帮助和指导张某树立融入社会的信心，预防其产生出狱前的焦虑症，及时满足张某以社会接纳和归属感为主要内容的自我发展性需求。

三、实施循证矫正计划

（一）第一矫正单元

计划用时 8 个月，实际用时也是 8 个月，实际矫正期间从 2010 年 6 月 15 日起到 2011 年 2 月 14 日止。

1. 矫正。本单元对张某的矫正，以错误的幸福观为主、自主性缺失和侵占贪财恶习为辅，将第一单元矫正计划中所用的消除认知曲解技术的矫正方法细分为 14 个矫正回合。

2. 评估。

（1）考核与检测。按矫正计划预设的第一矫正单元期限届满时，综合表现奖励分月均 4.5 分，行政奖励和法律奖励均不符合条件；XRX 量表检测结果为：幸福观的检测值为 -0.5、自主性的检测值为 1.0、侵占贪财倾向的检测值为 0.9。

（2）评估结论。第一矫正单元的矫正目标达成，按时执行原方案中第二矫正单元的矫正计划。

（3）奖惩意见。激励阶梯在普管级区间内提升一个台阶；按要求执行第二矫正单元的矫正计划期间，符合行政奖励条件，可及时办理。

3. 修正。因第一矫正单元的矫正计划执行效果较好，第二矫正单元的矫正目标、矫正方法、矫正周期仍按原定计划执行，在第二矫正单元的矫正期限内不作修正。

（二）第二矫正单元

计划用时 8 个月，实际用时 10 个月，实际矫正期间从 2011 年 2 月 15 日起到 2011 年 12 月 14 日止。

1. 矫正。本单元对张某的矫正，以自主性缺失为主、侵占贪财恶习为辅，将第二单元矫正计划中所用的行为矫正综合性技术的矫正方法细分为 12 个矫正回合。

2．评估。

（1）考核与检测。按矫正计划预设的第二矫正单元的矫正期限届满时，综合表现奖励分月均 7 分，获监所级表扬 2 次；XRX 量表检测结果为：幸福观的检测值为-0.4、自主性的检测值为 0.4、侵占贪财倾向的检测值为 0.6。

（2）评估结论。第二矫正单元的矫正目标未达成，自主性的测量值未能降到 0 以下，完善原方案，推迟执行第三矫正单元的矫正计划。

（3）奖惩意见。激励阶梯在第二矫正单元的矫正目标达成后，等级区间由普管级升至从宽级；已经符合法律奖励条件，在按要求执行第三矫正单元的矫正计划期间，可办理减刑或假释。

3．修正。经评估，第二矫正单元的矫正目标在预设的矫正期限内未达成，将第二矫正单元的矫正周期延长 2 个月，在矫正方法上重点增加一些巩固性练习，延长期限届满后，再开始执行第三矫正单元的矫正计划。

（三）第三矫正单元

计划用时 8 个月，实际用时 6 个月，实际矫正期间从 2011 年 12 月 15 日起到 2012 年 6 月 14 日止。

1．矫正。本单元主要是矫正张某的侵占贪财恶习，将第三单元矫正计划中所用的心理、认知和行为方面的矫正方法细分为 9 个矫正回合。

2．评估。

（1）日常考核。按矫正计划预设的第三矫正单元的矫正期限届满时，综合表现奖励分月均 8.5 分，减刑 10 个月。

（2）出监检测。XRX 量表检测结果为：幸福观的检测值为-0.3、自主性的检测值为-0.1、侵占贪财倾向的检测值为-0.6；CX 检测结果为 9 分，重新犯罪可能性不大；XT 检测结果为 79 分，刑罚体验很深。

（3）评估结论。目标达成，正常结案。

（4）奖惩意见。减刑后，服刑当事人还有不足 2 个月就重新步入社会，在此期间，尽可能满足他以社会接纳和归属感为主要内容的自我发展性需求，强化服刑指导，提供必要帮助，使其能顺利回归社会。

3．修正。因符合减刑 10 个月的条件，第三阶段矫正计划从开始执行到服刑当事人释放，总共只有 6 个月时间。必须对原计划进行修正，用前 4 个月完成原第三矫正单元的矫正计划，并在计划完成时进行出监评估，用后 2 个月实施回归指导和结案工作。

在上述三个矫正单元的每一个矫正回合中，矫正人员都要对完成的矫正作业进行循证记录、循证分析和循证修正，并要得出循证结论，整个过程按照《循证矫正跟踪验证表》进行填写。

四、评价循证矫正效果

（一）出监评估

出监前的 XRX、CX、XT 检测表明，张某与改造初期、中期的数据进行对比，各项指标均向好的方向转化，并且都在临界值以下，矫正目标基本实现，张某已经得到较好的矫正。

（二）自我评价（略）

（三）社会评价（略）

实施方式

1. 学生分组讨论案例。学生 3~5 人为一组，讨论内容包括循证矫正的流程、矫正项目设计与实施的优缺点等。

2. 各组代表发言。

3. 老师总结陈述。

注意事项

1. 老师可自选合适的案例。

2. 要重视点评与总结环节，让学生更好地了解循证矫正的工作流程。

3. 本项目为拓展性实训。

实训作业

撰写罪犯循证矫正工作流程实训报告。

项目4   罪犯愤怒情绪控制训练

实训目的和要求

学生通过真实或模拟实训，掌握一些愤怒情绪控制训练技术，以帮助罪犯，尤其是暴力犯降低再犯罪风险。

实训内容

1. 设计愤怒情绪控制的团体矫正方案。

2. 按设计方案，模拟实施矫正过程。

实训准备

多媒体心理辅导室、实训教材、团体心理辅导工具、纸、笔等。

实施方式

1. 学生 2~5 人为一组，设计一个愤怒情绪控制团体矫正方案。活动方案可采用如下：

（1）觉察愤怒。活动的目的是帮助受训人认识愤怒的过程，包括事件、愤怒时的生理和行为特点。先让受训人回忆最近发生的最令自己愤怒的事件，试着把愤怒情绪引发出来，并写出自己当时愤怒的以下方面表现：表情、动机；生理感觉，如心跳加速、呼吸急促等；内心的感受，如"他（她）太过分了"等；行为反应，如骂人、打人、摔东西等；作出愤怒反应后自己和对方的感受。之后小组分享自己写的内容。最后小组讨论。

（2）角色扮演。首先，组织者讲解愤怒情绪控制的知识、演示愤怒情绪控制技术，以及使用这些技术的具体情境的活动。之后，要求受训者根据示范在特定情境中练习如何使用愤怒情绪控制技术的活动。角色扮演的情境，可以是最近遇到的情境，也可以是未来可能遇到的情境。之后，对受训者的表现作出反馈，让团体其他人评论扮演者在愤怒情绪控制中的表现。

（3）练瑜伽，学画画。

（4）反手（非利手）投篮、写字练习等。

2. 小组成员扮演心理矫正人员，其他学生扮演罪犯，按照设计方案开展愤怒情绪控制训练。

3. 每一组模拟时间约为30分钟。

4. 每一组模拟结束后，组员先自评，然后其他学生进行评价，最后老师进行点评。

5. 所有扮演结束后，老师进行总结。

注意事项

1. 老师要预留充足的时间给学生设计矫正方案，并给予适当的指导。

2. 设计方案时要考虑方案的可行性、实施的安全性等。

3. 要重视点评与总结环节，让学生充分了解本组矫正方案与方案实施的优点与不足，帮助学生更好地学习技能。

4. 矫正方案可在监狱真实情境中实施，但需在监狱民警的指导下实施。

5. 本项目为拓展性实训。

实训作业

撰写罪犯愤怒情绪控制技术实训报告。

项目5　罪犯同情心训练

实训目的和要求

学生通过真实或模拟实训，掌握一些同情心（共情能力）训练技术，以帮助罪犯，尤其是暴力犯降低再犯罪风险。

实训内容

1. 设计提升同情心的个体或团体矫正方案。

2. 按设计方案，模拟实施矫正过程。

实训准备

团体心理辅导室、实训教材、团体心理辅导工具、纸、笔等。

实施方式

1. 学生 2~5 人为一组，设计一个同情心团体矫正方案。活动可采用如下：

（1）慈悲冥想。让受训者将注意力集中在一个特定的人身上，先是爱人、朋友、自己、陌生人，然后是与自己有冲突的人，并不停地重复一句话，例如"祝愿您远离痛苦"。每天这样锻炼 30 分钟，持续 2 个星期。

（2）共情训练。第一次活动："缘聚你我，共话共情"。目的在于打破陌生，建立团体契约，让受训者了解共情的知识等。第二次活动："识别表情，洞察情绪"。让受训者了解情绪和表情的知识，练习提高自己识别他人表情和情绪的能力。第三次活动："无声的交流"。让受训者了解生活中的非语言信号，在非语言信息中了解他人的意见。第四次活动："用心的倾听"。让受训者意识到倾听的重要性，掌握倾听的技巧，在倾听中体会他人的情绪，理解他人的意图。第五次活动："体验自己和他人的情绪，学会调控情绪"。让受训者对自己的情绪和他人的情绪保持敏感，掌握情绪调节方法。第六次活动："体会他人需要，学会关心"。让受训者觉察他人的需要，学会关心关怀他人。第七次活动："换位思考，理解他人"。让受训者学会站在他人的角度思考问题，走出自我框架，更好地接纳和理解他人。第八次活动："表达共情，分享收获"。让受训者学会更好地表达自己的共情，成员分享自己的收获和成长。[1]

2. 小组成员扮演心理矫正人员，其他学生扮演罪犯，按照设计方案开展同情心训练。

3. 每一组模拟时间约为 20 分钟（系列活动的方案选其一）。

4. 每一组模拟结束后，组员先自评，然后其他学生进行评价，最后老师进行点评。

5. 所有扮演结束后，老师进行总结。

注意事项

1. 老师要预留充足的时间给学生设计矫正方案，并给予适当的指导。

2. 设计方案时要考虑方案的可行性、实施的安全性等。

3. 要重视点评与总结环节，让学生充分了解本组矫正方案与方案实施的优点与不足，帮助学生更好地学习技能。

4. 矫正方案可在监狱真实情境中实施，但需在监狱民警的指导下实施。

5. 本项目为拓展性实训。

实训作业

撰写罪犯同情心训练实训报告。

---

[1] 张冬："共情团体训练对改善大学生人际交往状况的干预研究"，东北师范大学 2015 年硕士学位论文。

项目6　犯因性需求干预

实训目的和要求

学生通过真实或模拟实训，掌握一些罪犯犯因性需求矫正技术，以降低罪犯的再犯罪风险。

实训内容

1. 设计针对某种犯因性需求的个体或团体矫正方案。

2. 按设计方案，模拟实施矫正过程。

实训准备

团体心理辅导室或心理咨询室、实训教材、矫正活动所需工具、纸、笔等。

实施方式

1. 实训前由教师提供，或学生确定罪犯案例，确定有关罪犯具体的犯因性需求。

2. 学生3~5人为一组，针对案例的某一犯因性需求设计一个矫正方案。

3. 小组成员扮演心理矫正人员，其他学生扮演罪犯，按照设计方案开展模拟矫正活动。

4. 每组模拟时间约为20分钟。

5. 每组模拟结束后，组员先自评，然后其他学生进行评价，最后老师进行点评。

6. 所有扮演结束后，老师进行总结。

注意事项

1. 老师要预留充足的时间给学生设计矫正方案，并给予适当的指导。

2. 设计方案时要考虑方案的可行性、实施的安全性等。

3. 要重视点评与总结环节，让学生充分了解本组矫正方案与方案实施的优点与不足，帮助学生更好地学习技能。

4. 矫正方案可在监狱真实情境中实施，但需在监狱民警的指导下实施。

5. 本项目为拓展性实训。

实训作业

撰写罪犯犯因性需求干预实训报告。

知识链接

循证矫正简介

一、什么是循证矫正

（一）循证矫正的概念

循证矫正源自循证医学。循证矫正，即"遵循证据的矫正"，其核心是遵循研究证据进行矫正实践，强调罪犯改造的科学性和有效性，把研究者的科研成果与矫正工作者的矫正实践结合起来，实现矫正实践效果的最大化。最佳的研究证据、矫正者个人的能力与经验以及罪犯的需求三极鼎力，构成了循证矫正三个最基本的方面。

循证矫正将自己严格地建立在科学研究证据的基础上，不仅要在研究领域进行"科学化"，还必须在实践上"科学化"。循证矫正主张矫正者要遵循研究者提供的最佳研究进行矫正，这种理念很好地迎合了时代精神。但是，什么是研究证据？证据的来源有哪些？已有的证据中哪些是最佳证据？判定最佳证据的标准是什么？循证矫正为解决这些问题提供了一套有特色的理论与可操作的方法。

循证矫正是发达国家最新流行并实证认为有效的囚犯矫正模式。这个模式兴起于20世纪八九十年代，被美国、加拿大、澳大利亚、挪威、瑞典等发达国家成功应用。2012年9月17日，以司法部预防犯罪研究所主办的"循证矫正方法及实践与我国罪犯矫正工作研讨班"在江苏省宜兴市开班为标志，循证矫正在我国开始推广。

（二）循证矫正的实质

1. 循证矫正是一种方法论。"循证"本就是一种方法论，也是一种具体的方法。"循证"是遵循或根据证据的方法。

循证作为一种具体的方法即为循证实践。循证实践基于实证研究方法，而非传闻轶事或单纯的专业经验，重点关注被证实有效的方法。循证实践是客观、均衡、负责地使用现有研究成果和最有效的数据来指导政策和实践，从而改善循证服务对象的实践。循证实践运用于矫正中，在矫正决策、项目选择以及矫正过程中的阶段性评估和最后效果评估等都要依靠证据。循证矫正就是那些已经被持续研究所证明了的能够明显降低罪犯重新犯罪的实践。

循证实践涉及研究者、实践者、实践对象与管理者四个方面的理论体系。研究者提供与实践相关的最佳证据。管理者进行协调，制定相关指南与标准，建立证据数据库，并沟通与其他三方的关系。实践者根据最佳证据进行实践。实践对象积极参与决策，与实践者一道制定实践的决策。最终的决策应是实践者经验、实践对象的愿望及研究证据之间所取得的平衡。因此，循证实践的核心是遵循研究证据进行实践，强调在实践过程中寻找"最好的研究证据"。循证矫正领域中的"最好证据"，是指那些已经被研究证明能够明显降低罪犯重新犯罪的项目和政策。

2. 循证矫正是一种实用、科学、系统的矫正。循证矫正在北美的源起与发展成熟的直接动力是实用主义。实用主义的根本纲领是把确定信念作为出发点，把采取行动当作主要手段，把获得实际效果当作最高目的。在实用主义哲学的理论指引下，在监狱人满为患的现实背景下，在传统缓刑监管失效及行刑替代措施的现实迫使下，通过严格的科学和数据方式对原有的矫正模式进行修正，以实现"最佳实践"，达到"最佳效果"成为司法机构和社会现实的需求。循证矫正，正是符合实用主义要求的一种新的矫正模式。

循证矫正是科学的矫正方法。"科学"来自于实证的研究，以实证研究为基础，这里的实证通俗来说是指做什么事情、怎么做事情、做什么选择都要有证据。科学的方法，可以避免资料的浪费，实现矫正资源的最优效果。

实现循证过程的科学化、合理化，必须使循证活动中的相关内容系统化、匹配化，这样才能使循证的作用得到有效的发挥。在系统优化理论下"循证矫正"指的是研究者、实践者、矫正对象、管理者为一定的矫正目标而实施的由不同的环节所组成的一个体系，一个循证结果的好坏取决于两个方面：一是发挥了四个主体的作用。实践者本身也要按照循证的方法去实践，过程就是一种证据；矫正对象不是被动的，其也是矫正的主体，要和实践者一起讨论在众多的方案中选择哪个更适合；管理者当然也不是旁观者，在资源有限的情况下，其掌握的资源投向哪个方案会取得更好的效果。二是循证过程，强调循证对象有无需求，有什么样的需求，如何满足，有无效果等，这里的每一步都需要证据支持，同时循证的最佳效果也是证据，即为将来循证的证据。研究者、实践者、对象者与管理者共同演奏了交响乐。

二、循证矫正的主要成果

（一）有效干预的三原则：风险原则、需求原则和反应性原则

基于大量的实证研究，研究提出了有效干预的三大原则：风险原则、需求原则和反应性原则，这些原则对循证矫正实践产生了重要的指导作用。

风险原则（Risk Principle）是关于针对"谁"（WHO）进行矫正的原则。所谓的风险，并非犯罪行为的严重程度，而是再犯罪的风险。研究表明，对罪犯进行高强度循证矫正，高风险罪犯的再犯率可以下降约20%，中等风险罪犯的矫正效果不明显，而低风险罪犯的再犯率反而会上升约10%。基于类似的大量实证研究，研究者提出了风险性原则的三元素：①矫正要针对有更高再犯罪风险的罪犯；②对更高再犯风险的罪犯要提供高强度的干预；③对低再犯罪风险罪犯进行高强度干预反而会增加再犯风险。

需求原则（Need Principle）是关于在矫正中对罪犯"做什么"（WHAT）的原则。研究表明，通过针对犯因性需求进行干预，可以减少罪犯再犯的风险。例如Gendreau等（2002）的一项元分析研究表明，针对4~6项犯因性需求进行干预，罪犯的再犯率可以下降约31%，而针对1~3项非犯因性需求进行干预，罪犯的再犯率并没有下降，甚至有上升的趋势。那么，哪些罪犯需求是犯因性需求，哪些罪犯需求是非犯因性需求呢？一系列研究表明，主要的犯因性需求包括反社会态度、物质滥用、缺乏同情心、冲动行为；而非犯因性需求包括焦虑、低自尊心、创造力、医疗需求、身体状况等。

反应性原则（Responsivity Principle）是关于在罪犯矫正中"如何做"（HOW）的原则。哪些干预可以降低罪犯的再犯风险？而哪些干预对降低再犯风险是无效的呢？反应性原则提出，对罪犯最有效的干预是行为性的，需要关注当前影响罪犯行为的因素，罪犯的行为要适当地得到强化。而最有效的行为干预是以社会学习方法塑造罪犯

新的技能与行为，以及以认知行为疗法针对罪犯的犯因性需求进行干预。例如，Landenberger & Lipsey（2005）对认知行为疗法矫治罪犯的最新元分析表明，认知行为疗法平均可以有效减少罪犯再犯率达25%，其中有效的矫治减少再犯率可达50%。French & Gendreau（2006）发现，针对不同数量的犯因性需求的矫治效果不同，针对3~8个犯因性需求可以降低罪犯再犯率约29%，1~2个可以降低罪犯再犯率约16%，不针对犯因性需求可以降低罪犯再犯率约6%。相反，研究也指出了一些干预手段对罪犯矫正是没用的，其中包括了一些已被广泛采用的手段。这些无效的手段包括：无法维持其忠实度的项目，不针对犯因性需求的项目，关注恐惧和其他感情需求的预防吸毒成瘾的培训班，戒毒教育项目，非导向性的、以来访者为中心的方法，阅读疗法，谈话疗法，自助项目，模糊的不系统的康复项目，"惩罚向善"（军训式矫治中心、恐吓从善等）。

（二）不断发展与完善罪犯再犯风险评估工具：从第一代到第四代

降低罪犯的再犯风险，是罪犯矫正工作的根本。那么，如何评估罪犯的再犯风险？如何预测矫正干预后罪犯是否会再犯罪？如何知道哪些干预手段能降低罪犯的再犯风险，哪些干预手段是无效的呢？要解决这些问题，必须要有一套有效的罪犯再犯风险评估工具。随着循证矫正研究与实践的不断推进，罪犯再犯罪风险评估工具得到了很大的发展。以加拿大为例，罪犯再犯罪风险评估工具已从第一代发展到了目前的第四代。

1. 早期风险评估。第一代风险评估是松散的、主观的评估，最基本的方法通常描述为"临床方法"。临床工作人员使用现有的罪犯信息，作出罪犯风险的主观判断，而不是试图构建信息。

20世纪70年代，加拿大开始实施一种可选择的替代方法"（基于证据的）精算方法"。这种方法的关键特征是有条理地、统一地收集信息。这种情况下通过与犯罪行为密切相关的经验研究，就显示出了信息条目的内容。在这"第二代"方法中，已经开发出来的精算风险量表包含一系列个体条目，这些条目安排有数值权重，并以机械的方式相加得出与犯罪行为风险相关的分数。这些量表上的条目主要是静态的，即不变化的。例如，以前的犯罪判决数量。整体上，在加拿大和其他地方，研究已发现，精算预测比基于临床判断的预测更准确。例如，研究心理紊乱罪犯的研究发现，临床法和精算法与一般再犯的平均相关系数分别为0.03和0.39，而临床法和精算法与暴力再犯的平均相关系数分别为0.09和0.30（Bonta, Law & Hanson, 1998）。

再犯统计信息量表（The Statistical Information on Recidivism, SIR）是第二代精算评估手段的典型。SIR量表开发于20世纪70年代后期和80年代早期。组成SIR量表的条目包括：现行犯罪，收押年龄，以前判刑次数，附条件释放的撤销，逃跑，警戒程度分级，第一次成年判决时的年龄，以前因伤害被判决，收押时的婚姻状况，刑期长短，以前对性犯罪的判决，以前对非法入室（并盗窃）的判决，逮捕时的就业情况等。

SIR 的计分集中起来，形成具有不同再犯可能性的五个组。加拿大矫正局做的一项研究报告说，再犯率的范围分布为从"糟糕"小组的 44% 到"良好"小组的 6%（Nafekh & Motiuk，2002）。

2. 动态风险评估。在加拿大，罪犯风险评估的重大进度是随着提出动态风险的概念而出现的。也就是，与风险相关的因素是可变的。研究者创造"犯因性需求"这个术语来描述那些与犯罪行为相关的动态因素（如反社会态度、犯罪同伙），区别于那些与犯罪行为不相关的因素（如自尊、情感不幸）。犯因性需求成为干预对象，它们替代焦点，即干预能起作用的地方。

将静态和动态条目合并在一起的方法，被称为"第三代"评估。一个典型的范例是服务级别目录——修订版（Level of Service Inventory-Revised，LSI-R）。LSI-R 植根于一般人格和犯罪行为的社会心理学观点。除了辨别评估的适当领域之外，由 D. A. Andrews 和 James. Bonta 详细阐述的理论还支持罪犯改造，因为它确认了那些需要通过干预把罪犯从反社会行为转向亲社会行为的领域。

LSI-R 由 54 个条目组成，这些条目围绕下面 10 个维度进行排列（括号中为每一维度的条目数）：

犯罪历史（10）；教育/就业（10）；经济（2）；家庭/婚姻（4）；住处（3）；休闲/消遣（2）；同伴（5）；酒精/毒品问题（9）；情感/私密（5）；态度/倾向性（4）。

大量研究证明了 LSI-R 量表对各种人口的预测准确性，各种人口包括男性和女性，土著居民和心理紊乱者及在不同环境下的人，即从监狱释放的，处于缓刑期的，或在回归社会训练所的。由于它是动态方法，长时间里个体罪犯的风险程度可能发生变化，而且近期研究已表明 LSI-R 量表的动态准确性，即从第一个至后来的方法实施中风险程度的变化与累犯变化相联系。

詹德鲁、利特尔和戈金（Gendreau, Little & Goggin，1996）的一项元分析研究全面概括了与累犯相联系的静态和动态因素的研究。下表展示了让德罗审查的 10 项风险因素的平均相关系数。这个列表中前四项是反社会支持（犯罪同伙）、反社会人格、反社会认知和犯罪记录（反社会行为史），称为"The Big Four Risk Factors"。

风险因素	相关性
反社会支持	0.21
反社会人格	0.18
反社会认知	0.18
犯罪历史	0.16
社会成就	0.13
家庭因素	0.10

续表

物品滥用	0. 10
智力	0. 07
较低层的社会出身	0. 05
个人不幸	0. 05

来源：Gendreau, Little, and Goggin, 1996.

  "第四代"评估以整合风险管理与风险评估实践的方式，提供了一个更加综合的措施方法。在加拿大矫正领域，服务级别/个案管理目录（The Level of Service/Case Management Inventory, LS/CMI）是这个领域最新发展的典型。LS/CMI 增加了对罪犯优点的评估，也就是说，能够抵消特定范围内风险的特别积极情形。它也将风险/需求概况与个案管理议定书联系起来，个案管理议定书需要矫正方案、进步记录和解除摘要的内容，并在制定个案管理策略过程中考虑诸如性别、文化和种族等因素。

参考文献

［1］戴海崎、张峰、陈雪枫主编：《心理与教育测量》，暨南大学出版社 2011 年版。

［2］范辉清：《罪犯心理分析与治疗》，法律出版社 2015 年版。

［3］汪向东编著：《心理卫生评定量表手册》，中国心理卫生杂志社 1999 年版。

［4］郑日昌主编：《心理测验与评估》，高等教育出版社 2005 年版。

［5］郭念峰主编：《心理咨询师（三级）》，民族出版社 2005 年版。

［6］郭念峰主编：《心理咨询师（二级）》，民族出版社 2005 年版。

［7］郭念峰主编：《心理咨询师·基础知识》，民族出版社 2005 年版。

［8］车文博主编：《心理治疗手册》，吉林人民出版社 1990 年版。

［9］李丹主编：《心理咨询与治疗技能实训教程》，武汉大学出版社 2016 年版。

［10］林崇德、杨治良、黄希庭主编：《心理学大辞典》，上海教育出版社 2003 年版。

［11］钱铭怡编著：《心理咨询与心理治疗》，北京大学出版社 1999 年版。

［12］邱鸿钟编著：《临床心理学》，广东高等教育出版社 2002 年版。

［13］王玲、刘学兰：《心理咨询》，暨南大学出版社 1998 年版。

［14］王甦、汪安圣：《认知心理学》，北京大学出版社 1992 年版。

［15］叶浩生主编：《西方心理学的历史与体系》，人民教育出版社 1998 年版。

［16］易法建主编：《心理医生》，重庆大学出版社 1996 年版。

［17］岳文浩、赵耕源主编：《现代临床心理学手册》，山东科学技术出版社 1997 年版。

［18］郑晓边编著：《心理变态与健康》，安徽人民出版社 1998 年版。

［19］林秉贤主编：《心理咨询的技术与方法》，天津科学技术出版社 2008 年版。

［20］林秉贤、张克荣：《社会心理学》，吉林人民出版社 2003 年版。

［21］林秉贤：《罪犯改造与心理矫治》，吉林人民出版社 2003 年版。

［22］王淑芸："阳性强化法矫正视障儿童不良行为咨询案例报告"，载《中国心理卫生协会残疾人心理卫生分会第八届学术交流会论文集》2010 年 8 月。

［23］马立骥主编：《罪犯心理与矫正》，中国政法大学出版社 2009 年版。

［24］［美］Phillip L. Rice：《健康心理学》，胡佩诚等译，中国轻工业出版 2000 年版。

［25］［美］Judith S. Beck：《认知疗法：基础与应用》，翟书涛等译，中国轻工业出版社 2001 年版。

［26］［美］Gerald Corey：《心理咨询与心理治疗》，石林、程俊玲译，中国轻工业出版社 2000 年版。

［27］［美］Barbara A. Turner：《沙盘游戏疗法手册》，陈莹、姚晓东译，中国轻工业出版社 2016 年版。

［28］陈育鑫："改变错误认知，增强改造信心——新入监罪犯适应障碍的案例报告"，载《社会心理科学》2007 年第 5~6 期。

［29］季国辉："一例服刑人员出监前产生焦虑情绪的个案分析"，载《社会心理科学》2014 年第 2~3 期。

［30］李军勇："一例服刑人员对监所适应困难的案例报告"，载《社会心理科学》2009 年第 1 期。

［31］陆景、李凤奎："对罪犯张某的循证矫正报告"，载《河南司法警官职业学院学报》2013 年第 4 期。

［32］王泽光、薛红霞："神经症类心理问题在高校心理咨询中的识别和处置"，载《江苏教育学院学报》2017 年第 9 期。

［33］缪文海："罪犯刑满释放前的心理特征及心理矫治策略"，载《贵州警官职业学院学报》2010 年 2 月 24 日。

［34］王平、安文霞："西方国家循证矫正的历史发展及其启示"，载《中国政法大学学报》2013 年第 3 期。

［35］王伟："罪犯态度转变的心理机制与方法研究"，载《江苏警官学院学报》2013 年第 1 期。

［36］张崇脉："当代美国循证矫正及其启示"，载《中国刑事法杂志》2013 年第 6 期。

［37］张冬："共情团体训练对改善大学生人际交往状况的干预研究"，东北师范大学 2015 年硕士学位论文。

［38］张峰、赵刚、杨波："论循证矫正方案的科学设计"，载《河南司法警官职业学院学报》2014 年第 2 期。

［39］Creswell J. D., "Indfulness Interventions", *Annual Review of Psychology*, 2016, 68（1）：491.

［40］Gu J., Strauss C., Bond R., et al., "How do Mindfulness-based Cognitive Therapy and Mindfulness-based Stress Reduction Improve Mental Health and Wellbeing? A

Systematic Review and Meta-analysis of Mediation Studies", *Clinical Psychology Review*, 2015, 37: 1~12.

[41] Haley J., "Uncommon Therapy: The Psychiatric Techniques of Milton H. Erickson, M. D. ", *Family Process*, 2010, 12 (4): 467.

[42] Heap M., Brown R. J., Oakley D. A., *The Highly Hypnotizable Person*, 2004.

[43] Joseph Barber, *Hypnosis and Suggestion in the Treatment of Pain: A Clinical Guide*, NY: Norton, 1996.

[44] Kabat-Zinn J., *Full Catastrophe Living: Using the Wisdom of Your Body and Mind to Face Stress, Pain, and Illness*, New York: Bantam Dell, 2013.

[45] Kenneth Bowers, *Hypnosis for the Seriously Curious*, NY: W. W. Norton, 1993.

[46] Mclaughlin K. A., Nolenhoeksema S., "Rumination as a Transdiagnostic Factor in Depression and Anxiety", *Behav Res Ther*, 2011, 49 (3): 186~193.

[47] Baer R. A., "Mindfulness Training as a Clinical Intervention: A Conceptual and Empirical Review", *Clinical Psychology Science and Practice*, 2003, 10 (2): 125~143.